基 层 党 组 织 选 举 工 作 实 操 手 册

权威 · 实用 · 创新

基层党组织选举工作一本通

陈永法◎编著

JICENG DANGZUZHI XUANJU GONGZUO YIBENTONG

浙江人民出版社

前言

FOREWORD

1980 年 2 月 29 日，党的十一届五中全会通过的《关于党内政治生活的若干准则》强调指出："党内真正实行民主选举，才有可能建立起在党员和群众中有威信的强有力的领导班子。"

党的基层组织选举工作是一项十分复杂的例行性、周期性、经常性的工作，也是一项党的各级组织和广大党员、群众普遍关注、政策性非常强的工作。

规范党的基层组织选举工作意义十分重大。为了便于基层党组织和党务工作者在党的基层组织选举工作中参考使用，编者依据党章、《中国共产党基层组织选举工作暂行条例》等党内法规、规范性文件等有关规定和解释，吸收近年来党的基层组织选举工作理论创新、制度创新、实践创新成果，编著了本书。

本书由"党的基层组织选举概述""党的基层组织选举筹备工作""党的基层代表大会代表选举""党的基层组织领导成员候选人的产生""党的基层组织组成人员选举""党的基层组织领导成员的增补""基层党组织选举工作常用文本"七章组成，运用党内法规、规范性文件和《中国共产党组织工作辞典》等权威解释，对党的基层组织选举制度和概念、选举候选人产生方法和注意事项、党的基层代表大会代表和班子成员选举、班子成员增补等进行详细说明，并提供了党的基层组织选举经常用到的文本样例，以便于党的基层组织进行选举、培训基层党务干部时参考使用。

编　者

2017 年 5 月

前言

目 录

CONTENTS

第五节　党的基层组织选举选票概述/037

第二节　党的基层代表大会代表候选人的产生/099

第七章　基层党组织选举工作常用文本/264

第一节　党的基层组织选举通知类会议材料/264

第二节　党的基层组织选举名册类会议材料/283

第三节 党的基层组织选举请示报告类会议材料/290

第四节 党的基层组织选举主持词/322

第一章　党的基层组织选举概述

本章依据党章、《中国共产党基层组织选举工作暂行条例》(中共中央于1990年6月27日印发,下同)等党内法规、规范性文件和《中国共产党组织工作辞典(修订本)》(中共中央组织部编,党建读物出版社2009年版,下同)、《中国共产党组织工作教程》(中共中央组织部编写,党建读物出版社2015年版,下同)、《党组织选举工作手册》(第二次修订本,中共中央组织部组织一局编著,党建读物出版社2011年版,下同)等有关规定和解释,对党的基层组织在组织选举(包括换届选举、补选班子成员,下同)工作中必须掌握的规定和要求进行详细说明,对党的基层组织选举可能遇到的疑难问题进行分析预测,对党的基层组织选举探索和创新进行前瞻性思考,并着重说明组织选举、解决问题、探索创新的科学内涵、政策依据和理论方法,具体分党的基层组织概述、党的基层组织选举概述、党的基层组织选举人概述、党的基层组织选举监票人和计票人概述、党的基层组织选举选票概述五节来展开。

第一节　党的基层组织概述

☛ 党的基层组织的含义是什么?

《中国共产党基层组织选举工作暂行条例》第二条明确说明:“党的基层组织是指工厂、商店、学校、机关、街道、合作社、农场、乡、镇、村和其他基层单位党的委员会、总支部委员会、支部委员会,包括基层委员会经批准设立的纪律检查委员会。”《中国共产党组织工作辞典》解释:“中国共产党设置在企业、农村、机关、学校、科研院所、街道社区、社会组织、人民解放军连队和其他基层单位的基层委员会、总支部委员会和支部委员会,统称党的基层组织。”

☛ 依据党员数量和工作需要设置党的基层组织应注意什么？

党章第三十条规定："党的基层组织，根据工作需要和党员人数，经上级党组织批准，分别设立党的基层委员会、总支部委员会、支部委员会。"《中国共产党组织工作教程》说明了依据这一原则设置党的基层组织形式要注意的问题："一是基层组织设置形式与党员人数的关系。按照党的有关文件规定，正式党员 3 人以上、不足 50 人的社会基层单位，可以成立党的支部，其中党员人数超过 7 人的可以成立党的支部委员会；党员人数超过 50 人、不足 100 人的社会基层单位，可以成立党的总支部，设立党的总支部委员会；党员人数超过 100 人的，可以成立党的基层委员会。二是正确理解工作需要。一般情况下既要考虑党员人数，又要考虑工作需要。在特殊情况下，如果工作确实需要，党员人数接近成立相应党的基层组织的规定要求的，也可以批准成立相应的党的基层组织，但要从严掌握。三是成立党的基层组织必须报上级党组织审批。"

☛ 党的基层委员会的基本含义是什么？

党的基层委员会就是我们通常所说的基层党委。《中国共产党组织工作辞典》对党的基层委员会的基本含义作出了"党的基层组织的形式之一。一般情况下，党员超过一百人的基层单位，经上级党委批准，可设立党的基层委员会"的解释。

☛ 党的基层委员会是否必须设立同级基层纪律检查委员会？

党章第四十五条对此作出的规定是："党的基层委员会是设立纪律检查委员会，还是设立纪律检查委员，由它的上一级党组织根据具体情况决定。党的总支部委员会和支部委员会设纪律检查委员。"从目前各地的具体实践看，有些地方规定党的基层委员会要设同级党的基层纪律检查委员会，如杭州市设机关党委的部门都要同时设立同级机关纪委。

☛ 党员不足 100 人的哪些基层单位可以设立党的基层委员会？

《中国共产党组织工作辞典》说明："部分对国计民生影响重大的科研院所、工矿企业、外交外贸机构和边防要塞机关，虽然党员不足一百人，但领导力量配备较强的，经上一级党委批准，也可以建立党的基层委员会。”在实际工作中，对于不同类型的基层单位，应根据相关规定、报上级党委批准设立党的基层委员会，如党和国家机关应根据《中国共产党党和国家机关基层组织工作条例》第六条“党员 100 人以上的，设立党的基层委员会。党员不足 100 人的，因工作需要，经上级党组织批准，也可以设立党的基层委员会”的规定执行；社会组织应根据 2015 年 9 月中共中央办公厅印发的《关于加强社会组织党的建设工作的意见（试行）》“规模较大、会员单位较多而党员人数不足规定要求的，经县级以上党委批准可以建立党委”的规定落实。

☛ 哪些党的基层委员会可以设立常务委员会？

党的基层委员会一般不设常务委员会。《中国共产党组织工作辞典》解释：“党的基层委员会一般不设党委常委。一些大型厂矿企业、大专院校由于党员人数多，工作范围宽，有些单位驻地又比较分散，为了便于工作，加强集体领导，根据工作需要和党员人数，经上级党委批准，可以设立党委常委会。”《党的地方和基层组织选举工作流程》（中共中央组织部组织局同志编写，中共党史出版社 2006 年版，下同——编者注）等说明：少数大型厂矿、企业，规模大的高等院校，因其所属党组织和党员人数多，为便于工作确需设立常务委员会的，必须报经上级党组织批准；党的基层纪律检查委员会一般不设常委会。《中国共产党普通高等学校基层组织工作条例》（中共中央于 2010 年 8 月 13 日印发，下同——编者注）第五条规定：“规模较大、党员人数较多的高等学校，根据工作需要，经上级党组织批准，党的委员会可以设立常务委员会。常务委员会由党的委员会全体会议选举产生，对党的委员会负责并定期报告工作。”《中国共产党国有企业基层组织工作条例（试行）》（2019 年 11 月 19 日中共中央政治局会议修订，2019 年 12 月 30 日中共中央印发，下同——编者注）第四条作出了“经党中央批准，中管企业一般设立党组，中管金融企业设立党组性质党委”、第六条作出了“国有企业党委一般由 5 至 9 人组成，最多不超过 11 人，其中书记 1 人、副书记 1 至 2 人。设立常务委员会的，党委常务委员会委员一般 5 至 7 人、最多不超过 9 人，党委委员一般 15 至 21 人”的规定。

☛ 党的基层组织设立的委员会有哪些形式？ 如何确定其名称？

党的基层组织设立的委员会，包括党的基层委员会、总支部委员会和支部委员会，也包括党的基层委员会经批准设立的同级党的基层纪律检查委员会。《党组织选举工作手册》对确定党的委员会名称的说明是："党的委员会的名称一般应与行政区划或单位的名称相一致，如：'中国共产党××省委员会'，'中国共产党××公司委员会'，'中国共产党××村支部委员会'。"

☛ 党的总支部委员会的含义是什么？ 如何成立党总支部？

党的总支部委员会简称"党总支"，就是我们通常所说的党总支部。《中国共产党组织工作辞典》对党的总支部委员会的含义和成立的说明是："党的基层组织的形式之一。一般情况下有党员五十人以上的基层单位，经上级党委批准，可设立党的总支部委员会。"

☛ 党员不足 50 人的哪些基层单位可设立党的总支部委员会？

《中国共产党组织工作辞典》的解释是："在一些对国计民生影响重大的科研院所、工矿企业、外交外贸机构和边防要塞机关，虽然党员不足五十人，但领导力量配备较强的，经上一级党委批准，也可以建立党的总支部委员会。"在实际工作中，对于不同类型的基层单位，应根据相关规定、报上级党委批准设立党的总支部委员会，如党和国家机关应根据《中国共产党党和国家机关基层组织工作条例》第七条"党员不足 50 人的，因工作需要，经上级党组织批准，也可以设立党的总支部委员会"的规定执行。

☛ 党的支部委员会的含义是什么？ 如何成立党支部？

《中国共产党组织工作辞典》对党的支部委员会的含义作出了"支部党员大会闭会后党支部的领导机关"的解释。《中国共产党支部工作条例（试行）》（中共中央印发，于 2018 年 10 月 28 日起施行，下同）第六条规定："党支部的成立，一般由基层单位提出申请，所在乡镇（街道）或者单位基层党委召开会议研究决定并批复。"根据工作需要，上级党委可以直接作出在基层单位成立党支部的决定。

☛ 对确定党的基层纪律检查委员会的名称有什么规定？

根据《党组织选举工作手册》关于“党的纪律检查委员会的名称一般应与行政区划或单位的名称相一致，如：‘中国共产党××省纪律检查委员会’，‘中国共产党××公司纪律检查委员会’”的相关解释，党的基层纪律检查委员会的名称一般应与行政区划或单位的名称相一致，如：中国共产党××校纪律检查委员会、中国共产党××机关纪律检查委员会、中国共产党××镇纪律检查委员会等。

☛ 党的基层代表大会的含义是什么？

党代表大会制度是党的一项带根本性的组织制度。《中国共产党组织工作辞典》对党的基层代表大会的含义作出了“设立党的委员会的基层组织的领导机关”的解释。按照《党组织选举工作手册》等有关说明，党的基层代表大会是指部分党的基层组织（就是符合条件、经上一级党委批准召开党员代表大会的党的基层委员会——编者注）讨论、决定党的重大问题和选举党的领导机关的会议。

☛ 哪些党的基层组织可以召开党员代表大会进行选举？

党章第三十条规定：“基层委员会由党员大会或代表大会选举产生。”《中国共产党基层组织选举工作暂行条例》第四条规定：“党员人数在五百名以上或所辖党组织驻地分散的，经上级党组织批准，可以召开党员代表大会进行选举。”因此，党员人数在五百名以上或所辖党组织驻地分散的党的基层委员会（即我们通常所讲的基层党委，下同——编者注）和经批准设立的同级党的基层纪律检查委员会（即我们通常所讲的基层纪委，下同——编者注），经上级党组织批准，可以召开党员代表大会进行选举。

☛ 党员人数超过 500 名的基层党组织都能召开党代表大会进行选举？

不一定，要具体问题具体分析。《中国共产党基层组织选举工作暂行条例》第四条规定：“党员人数在五百名以上或所辖党组织驻地分散的，经上级党组织批准，可以召开党员代表大会进行选举。”2009 年 9 月 18 日党的十七届四中全会通过的《中共中央关于加强和改进新形势下党的建设若干重大问题的决定》规定：“推广基层党组织领导班子成员由党员和群众公开推荐与上级党组织推荐相结合的办法，逐步扩大基层党组织领导班子直接选举范围。”根据中共中央组织部 1990 年 9 月 27 日关于贯彻《中国共产党基层组织选举工作暂行条例》有关问题的答复精神，党员人数不足 500 名，或者超过 500 名，但驻地比较集中，又便于召开党员大会的基层组织进行换届选举，一般应召开党员大会进行直接选举。

☛ 党的基层代表大会的职权是什么？ 党代表会议的含义是什么？

《中国共产党组织工作辞典》明确说明的党的基层代表大会的职权是：“(1) 听取和审查同级委员会的报告；(2) 听取和审查同级纪律检查委员会的报告；(3) 讨论本级党组织及党组织职权范围内的重大问题并作出决议；(4) 选举同级党的委员会，选举同级党的纪律检查委员会。党的地方各级代表大会和基层代表大会还有权选举出席上级党的代表大会或代表会议的代表。”关于上述所说的党的代表会议的含义，《党组织选举工作手册》作出的具体解释是：“党代表会议，是指在中央和地方各级委员会任期内，根据工作需要召集的、由代表参加讨论和决定重大问题的会议。”

☛ 党的基层代表大会代表的职责和权利是什么？

根据 2008 年 5 月 5 日中共中央印发的《中国共产党全国代表大会和地方各级代表大会代表任期制暂行条例》第六条、第二十九条的规定，党的基层代表大会代表的职责和权利主要有八个方面：(1) 在同级党代表大会召开期间参与听取和审查党的基层委员会、纪律检查委员会的报告；(2) 在同级党代表大会召开期间参与讨论和决定有关重大问题；(3) 在同级党代表大会上行使表决权、选举权，有被选举权；(4) 了解同级党的基层委员会、纪律检查委员会以及所在选举单位党组织贯彻执行党的决议、决定的情况；(5) 向同级党代表大会或者同级党的基层委员会就经济建设、政治建设、文化建设、社会建设和党的建设的重大问题提出意见和建议；(6) 对同级党的基层委员会、纪律检查委员会及其成员进行监督;(7)参加同级党代表大会或者同级党的基层委员会组织的活动;(8)受同级党代表大会或者同级党的基层委员会的委托,完成有关工作。

☞ 对党的基层代表大会的时限有哪些具体的规定?

党章、《中国共产党基层组织选举工作暂行条例》等党内法规对党的基层代表大会的时限没有作出统一的规定。《中国共产党组织工作辞典》对此的解释是:"党的基层组织按规定召开党员代表大会进行换届选举的,其党员代表大会的时限原则上应同党的基层委员会的任期一致。"

☞ 党的基层代表大会的名称应该如何确定?

党章、《中国共产党基层组织选举工作暂行条例》等党内法规对如何确定党的基层代表大会的名称没有作出统一的规定。根据《党组织选举工作手册》等有关解释,党的基层代表大会的名称一般应与单位的名称相一致,如"中国共产党××公司第×次代表大会","中国共产党××市××局机关第×次代表大会"。

☞ 党的基层代表大会能否排列次数? 应该如何排列次数?

能。党章对党的基层代表大会能否排列次数、如何排列次数没有作出统一的规定。《党组织选举工作手册》对此的说明是:"党的基层代表大会进行换届选举的,可以排列次数。'次'的计算方法,原则上参照党的地方各级代表大会的排列计算方法。"根据《党组织选举工作手册》的有关说明,如果党的基层代表大会所在单位的名称发生了变更,不论其党组织隶属关系、管理范围、职责权限是否发生变化,凡召开党代表大会进行换届选举的,其党代表大会的次数应重新排列(因为所在单位的名称发生变更,其党代表大会名称也必然发生变更——编者注)。如果党的基层组织所在单位的名称不变,不论其党组织隶属关系、管理范围、职责权限有无变化,其党代表大会的次数仍应连续排列计算(因为所在单位的名称不变,其党代表大会的名称也不发生变更——编者注)。

☞ 党员大会的含义是什么?

党员大会是党的支部、总支部和基层委员会的领导机关。《中国共产党组织工作辞典》对党员大会的解释是:"党员大会是指由党的基层委员会、总支部委员会或支部委员会(应包括不设支部委员会的党支部书记——编者注)召集的由基层组织全体党员参加的会议。"

哪些党的基层组织要召开党员大会进行选举?

党章第三十条规定:"基层委员会由党员大会或代表大会选举产生,总支部委员会和支部委员会由党员大会选举产生。"党员大会是指党的基层委员会、总支部委员会、支部委员会(不设委员会的党支部为支部书记——编者注)召集的、全体党员参加的会议。对于大部分党的基层组织来说,一般都要通过召开党员大会进行选举(包括换届选举、补选党的基层组织领导成员——编者注)。

党的基层组织进行换届选举时的党员大会的职权是什么?

党员大会是党的支部、总支部和基层党委的领导机关。《党组织选举工作手册》对进行换届选举的党员大会职权的说明是:"(1) 听取和审查党的委员会(基层委员会或总支部委员会或支部委员会——编者注)的报告(应包括不设支部委员会的支部工作报告——编者注);(2) 讨论本级党组织及党组织职权范围内的重大问题并作出决议;(3) 选举党的委员会(基层委员会或总支部委员会或支部委员会——编者注)及出席上级党代表大会或党代表会议的代表(应包括不设支部委员会的支部书记、副书记——编者注)。"

党的基层组织应该如何掌握召开党员大会的时限?

党章对党员大会的时限没有作统一的规定,一般应根据工作需要召开。作为"三会一课"的党员大会,一般每三个月召开一次。对于换届选举的党员大会的时限,《中国共产党组织工作辞典》作出的解释是:"换届选举的党员大会,必须在委员会任期届满时召开。提前或延期换届选举,须经上级党组织批准。延期(包括提前——编者注)换届选举的期限最多不能超过一年(一般不超过1年——编者注)。"

☛ 对党员大会的组织领导有哪些具体的规定？

《党组织选举工作手册》对此的回答是："党员大会的组织领导由党的基层委员会（总支部委员会或支部委员会——编者注）负责。不设委员会的党支部召开党员大会，由支部书记主持。"

☛ 对确定党员大会的名称有哪些具体的规定和说明？

党章等党内法规对如何确定党员大会的名称没有作出统一的规定，不同的党的基层组织的做法也不尽相同。根据有关解释和各地党的基层组织的基本做法来看，党员大会的名称一般应与所在单位的名称相一致，如"杭州市××局机关党员大会""中共杭州市××局机关委员会党员大会""中共××村支部委员会党员大会"等。

☛ 党的基层组织召开党员大会要不要排列次数和届数？

一般不排列次数和届数。党章对党员大会排列次数、届数没有规定。根据《党组织选举工作手册》关于"党的基层代表大会进行换届选举的，可以排列次数。'次'的计算方法，原则上参照党的地方各级代表大会的排列计算方法""党的地方和基层组织召开党代表大会选举产生的委员会，应与党代表大会的次数相应排列届数。如：中国共产党××省第八次代表大会选举产生的委员会为'中国共产党××省第八届委员会'"和"党的基层组织召开党员大会选举产生的委员会一般不排列届数"等有关说明，党员大会一般不排列次数和届数。

☛ 党的基层组织设立的委员会的任期的含义是什么？

《中国共产党组织工作辞典》对党的各级委员会的任期作出的解释是："党的各级委员会行使职权的期限。"《党组织选举工作手册》对此所作的进一步说明是："指由党的各级代表大会或党员大会选举产生的同级委员会按照党章规定履行领导机关职责，行使领导职权的期限。"根据上述解释和说明，党的基层组织设立的委员会任期是指党的基层组织设立的基层委员会（纪律检查委员会）、总支部委员会和支部委员会按照党章规定履行党的基层组织领导机关职责、行使领导职权的期限。对于不设支部委员会的党支部书记、副书记的任期可以理解为党支部书记、副书记按照党章规定行使职权的期限。

对党的基层组织的任期的具体规定是什么?

党章第三十一条规定:“党的基层委员会、总支部委员会、支部委员会每届任期三年至五年。”对党的基层组织的任期,在2018年6月30日中共中央办公厅印发《关于党的基层组织任期的意见》前换届或成立的,本届任期应根据以下规定加以把握:(1) 1993年7月6日中共中央办公厅转发的《中共中央组织部关于党的基层组织任期的意见》,对党的基层组织任期作出“大中型企业、大专院校、规模较大的科研院所党的委员会、地(市、州、盟)级和地(市、州、盟)级以上机关党的委员会执行四年任期,其他党的基层委员会执行三年任期”“党的总支部委员会、村党支部委员会执行三年任期,其他党的支部委员会执行两年任期”“需作出更具体的规定或需变通执行第一条(指上述规定——编者注)规定的,分别由各省、自治区、直辖市党委,中央直属机关工委,中央国家机关工委根据实际情况确定。铁路、民航系统由铁道部党组、民航局党委提出意见,报中央组织部审定”“党的基层组织的任期确定后,原则上不得随意变动,确需调整的必须报批准任期的党组织审批”“中国人民解放军党的基层组织的任期,由总政治部提出意见,报中央军事委员会审批”的明确规定。(2)《中国共产党组织工作辞典》的解释:“乡镇党的委员会执行五年任期。”(3) 2009年12月30日中共中央办公厅、国务院办公厅印发的《中央企业领导人员管理暂行规定》明确,中央管理领导班子的国有重要骨干企业党委任期为五年。(4) 2010年6月4日中央颁布的《中国共产党党和国家机关基层组织工作条例》规定,市(地)级以上机关党的基层委员会,每届任期4年;县级机关党的基层委员会,每届任期3年;机关党的总支部委员会每届任期3年;机关党的支部委员会和不设支部委员会的党支部书记、副书记每届任期2年或者3年。(5) 2010年8月13日中共中央印发的《中国共产党普通高等学校基层组织工作条例》第四条规定:“高等学校党的委员会(不包括高等学校设立的党的总支部委员会、支部委员会——编者注)由党员大会或党员代表大会选举产生,每届任期5年。”

注意:党的基层组织在2018年6月30日中共中央办公厅印发《关于党的

基层组织任期的意见》后换届的或成立的，其具体的任期为：(1) 党的基层委员会及其经批准成立的同级基层纪律检查委员会的任期一般为 5 年；(2) 除村和社区外，党的总支部委员会、支部委员会和不设支部委员会的支部书记、副书记，每届任期一般为 3 年；(3) 村和社区党的委员会、总支部委员会、支部委员会，每届任期为 5 年。另外，《中国共产党党和国家机关基层组织工作条例》(2019 年 11 月 19 日中共中央政治局会议修订，中共中央于 2019 年 12 月 27 日印发，下同——编者注)第五条作出了“党的基层委员会由党员大会或者党员代表大会选举产生，每届任期一般为 5 年”、第六条作出了“党的总支部委员会由党员大会选举产生，每届任期一般为 3 年”、第七条作出了“党的支部委员会和不设支部委员会的支部书记、副书记，每届任期一般为 3 年”、《中国共产党国有企业基层组织工作条例(试行)》第五条作出了“国有企业党委由党员大会或者党员代表大会选举产生，每届任期一般为 5 年。党总支和支部委员会由党员大会选举产生，每届任期一般为 3 年”的规定。

☛ 党的基层组织任期届满是否都要按期进行换届选举？

是的。1993 年 7 月 6 日中央办公厅转发的《中共中央组织部关于党的基层组织任期的意见》规定：“党的基层组织必须按期进行换届选举。”2016 年 10 月 27 日党的十八届六中全会通过的《关于新形势下党内政治生活的若干准则》规定：“按期进行党的基层委员会、总支部和支部委员会换届。”《中国共产党基层组织选举工作暂行条例》第三条规定：“党的基层组织设立的委员会任期届满应按期进行换届选举。”《中国共产党组织工作辞典》进一步解释：“党的各级委员会按期换届选举，是党的组织制度的基本要求，也是保障党员民主权利和加强领导班子建设的重要途径。”《中国共产党国有企业基层组织工作条例(试行)》第五条规定：“任期届满应当按期进行换届选举。根据党组织隶属关系和干部管理权限，上级党组织一般应当提前 6 个月提醒做好换届准备工作。”

☛ 党的基层组织提前或延期进行换届选举要办理什么手续？

1993 年 7 月 6 日中央办公厅转发的《中共中央组织部关于党的基层组

织任期的意见》规定："因特殊情况需提前或延期进行换届选举的，应报上级党组织批准。党的各级组织要加强对换届选举工作的具体指导和检查督促。"2016 年 10 月 27 日党的十八届六中全会通过的《关于新形势下党内政治生活的若干准则》作出了"未经批准不得提前或延期召开党的代表大会"的规定。中共中央办公厅 2018 年 7 月印发的《关于党的基层组织任期的意见》明确：如需延期或提前进行换届选举，应报上级党的委员会批准，延长或提前期限一般不超过 1 年。

党的基层组织提前或延期进行换届选举的情形有哪些？

1993 年 7 月 6 日中央办公厅转发的《中共中央组织部关于党的基层组织任期的意见》规定："因特殊情况需提前或延期进行换届选举的，应报上级党组织批准。"根据 1980 年 2 月 29 日党的十一届五中全会通过的《关于党内政治生活的若干准则》等有关规定、党内有关工作问答和各地做法，这里所讲的特殊情况，主要是指：领导班子处于软弱涣散或者瘫痪半瘫痪状态的；组织不纯，派性严重的；主要干部以权谋私，不正之风严重的；需要整顿，暂不具备民主选举条件的；遇到某些突发性事件或者严重自然灾害等，党的基层组织必须全力以赴去处理的；任期届满时，正好需要集中一段时间完成某项紧迫任务的；发现党的组织有严重问题需要进行整顿的；由于党员或者代表外出较多，召开党员大会或者党员代表大会达不到规定人数的；党的基层组织负责人暂时没有合适人选的。党的基层组织如遇上述情况，报经上级党组织批准，可以提前或延期进行换届选举。另外，如遇到党内开展重大活动前，上级党组织要求接近任期届满的党的基层组织提前进行换届选举的，也可以根据党的工作需要和上级党组织的规定提前进行换届选举。

民族自治地方党内选举时如何办理某些变通办法的手续？

民族自治地方指在少数民族聚居地方，经国家批准成立的民族自治区、自治州、自治县等。《党组织选举工作手册》明确指出："民族自治地方在党内选举时，因工作需要确需采取某些变通办法的，应报上级党组织批准。"在实际工作中，具体采取哪些变通办法，应严格按照上级党组织的规定执行。

第二节　党的基层组织选举概述

☛ 党的选举制度的含义是什么？

根据《中国共产党组织工作辞典》解释，党的选举制度是指："由党章和有关文件规定的选举产生党的各级代表大会代表（应包括选举产生党的代表会议的代表——编者注）和党的各级领导机关的制度。它包括党内进行选举时必须遵循的原则、程序、方法和有关规定。"

☛ 党的基层组织设立的委员会换届选举的含义是什么？

根据《党组织选举工作手册》对党的委员会换届选举作出的"指党的各级委员会（对于党的基层组织而言，委员会包括党的基层委员会、纪律检查委员会、总支部委员会、支部委员会，下同——编者注）任期届满，召开党代表大会或党员大会选举产生新的一届委员会"的解释，党的基层组织设立的委员会任期届满，召开党代表大会或党员大会选举产生新一届党的基层组织设立的委员会。

☛ 党的基层组织换届选举应遵循的原则是什么？

《中国共产党组织工作辞典》对换届选举的原则的解释是："按照党章规定的制度进行换届选举。主要是：(1) 要严格党章规定的民主选举制度。各级党组织要严格按照党章规定，按期召开党员大会或代表大会选举新的党的各级委员会。(2) 每届当选的代表和委员要有一定数量的更新，这样才能把在改革开放和建设事业中成长起来的优秀分子及时补充进去。(3) 民主推荐候选人，其名单必须由党员或党员代表提出，并经党员或党员代表充分讨论（提出委员候选人还必须广泛征求党员和群众的意见——编者注），不能由上级或某个人指定。(4) 采取各种有利于表达选举人意志，保护选举人积极性的选举方式，如实行差额选举、采用无记名方式投票、充分体现选举人的意志等。"

☛ 如何认识党的委员会按期进行换届选举的重要意义？

《党组织选举工作手册》对此作出的明确说明是："党的各级委员会按期换

届选举，是党的组织制度的基本要求，也是保障党员民主权利和加强领导班子建设的重要途径。党的委员会换届选举是党内政治生活中的一件大事，必须严格按照党章和党内有关选举工作条例办事。”

☛ 党的基层组织差额选举的含义是什么？ 有哪些差额选举方式？

根据《中国共产党组织工作辞典》对差额选举的含义作出的“候选人数多于应选人数的选举方式”的解释，党的基层组织差额选举是指党的基层组织选举候选人数多于应选人数的选举方式。根据党章等党内法规的规定，党的基层组织差额选举的方式有两种：一是直接采用候选人数多于应选人数的差额选举办法进行正式选举；二是先采用差额选举办法进行预选，产生候选人名单，然后进行正式选举。

☛ 党的基层组织设立的委员会是否必须实行差额选举？

是。党章第十一条规定：“党的各级代表大会的代表和委员会的产生，要体现选举人的意志。选举采用无记名投票的方式。候选人名单要由党组织和选举人充分酝酿讨论。可以直接采用候选人数多于应选人数的差额选举办法进行正式选举。也可以先采用差额选举办法进行预选，产生候选人名单，然后进行正式选举。”

☛ 党的基层组织设立的委员会委员候选人的差额比例是多少？

不少于20%。《中国共产党基层组织选举工作暂行条例》第十二条明确规定：“委员候选人的差额为应选人数的20%。”《党组织选举工作手册》说明：“党的基层委员会和纪律检查委员会委员候选人的差额比例不少于百分之二十。总支部委员会、支部委员会委员候选人的差额比例不少于百分之二十。”

☛ 党的基层组织等额选举的含义是什么？ 等额选举能否另选他人？

根据《党组织选举工作手册》对等额选举的含义作出的“候选人数与应选人数相等的选举”的解释，党的基层组织等额选举是指党的基层组织选举候选人数等于应选人数的选举方式。《中国共产党组织工作辞典》解释:“等额选举,选举人可按候选人名单投票,也可以另选他人,但所选举的人数必须与应选人数相等(或少于应选人数——编者注)。”

党的基层组织的书记、副书记能否实行等额选举? 需办理什么手续?

能实行等额选举,但必须经上级党组织的批准。《中国共产党组织工作辞典》《党组织选举工作手册》解释:“党的基层组织的书记、副书记经上级党组织批准,也可实行等额选举。”1990 年 9 月 27 日中共中央组织部在《关于贯彻〈中国共产党基层组织选举工作暂行条例〉有关问题的答复》中明确:“委员会人数较少的,经报请上级党组织批准,也可以把所有委员都作为候选人,经充分酝酿后,直接选举。”在实际工作中,党的基层组织的书记、副书记是否采取等额选举的方式选举产生,都要在呈报上级党组织的请示中明确说明。

党的基层组织的直接选举的含义是什么? 为什么提倡直接选举?

根据《中国共产党组织工作辞典》对直接选举作出的“有选举权的人直接参加选举,行使选举权利的选举方式”的解释,党的基层组织的直接选举是指有选举权的党员直接参加党员大会选举、行使选举权利的选举方式。根据《党的地方和基层组织选举工作流程》等说明和实践经验,基层党组织直接选举更有利于充分发扬党内基层民主,增加党员了解和直接参与党内事务的机会,更能体现党员本人的意志,选出的领导成员更有群众基础,所以,应积极提倡党员大会的直接选举。

党内的直接选举一般在哪些党组织进行?

《党组织选举工作手册》对此的说明是:“党内的直接选举,一般是在党的基层组织进行,即召开党员大会,由党员直接投票选举党的支部委员会、党的总支部委员会、党的基层委员会(应包括党的基层委员会经批准设立的同级纪律检查委员会——编者注)或出席上级党的代表大会(应包括党的代表会议——编者注)的代表。”

☛ 党的总支部委员会、支部委员会是否必须实行直接选举?

是的。党章第三十条规定:“总支部委员会和支部委员会由党员大会选举产生。”

☛ 哪些党支部可不提出候选人进行直接选举?

1990年9月27日中共中央组织部在《关于贯彻〈中国共产党基层组织选举工作暂行条例〉有关问题的答复》中解答:“委员会人数较少的,经报请上级党组织批准,也可以把所有委员都作为候选人(指党支部书记候选人——编者注),经充分酝酿后,直接选举。”

☛ 目前党的基层组织探索创新的“公推”“直选”的含义是什么?

《〈中国共产党党和国家机关基层组织工作条例〉学习读本》(红旗出版社2011年版,下同)解答:“‘公推’是指党员和群众公开推荐基层党组织领导班子成员,是一个初始提名的问题,目的是增进基层党组织领导班子的合法性基础;‘直选’是指党员直接选举基层党组织书记、副书记,是一个自由选择的问题,目的是更好地体现选举人的意志。”

☛ 党的基层组织间接选举的含义是什么?

根据《党组织选举工作手册》对间接选举作出的“指有选举权的人通过选出的代表进一步行使选举权利的选举方式”的解答,党的基层组织间接选举是指有选举权的党员通过选出的党员代表参加党的基层代表大会(代表会议)进一步行使选举权利的选举。

☛ 党的基层组织的间接选举一般在哪些党的基层组织进行?

一般在部分党的基层委员会(纪律检查委员会)进行。根据《中国共产党基层组织选举工作暂行条例》第四条关于“党员人数在五百名以上或所辖党组织驻地分散的,经上级党组织批准,可以召开党员代表大会”的规定和《中国共产党组织工作辞典》等有关解答,党的基层组织的间接选举一般是在党员人数在五百名以上或所辖党组织驻地分散、经上级党组织批准，召开党员代表大会，由同级党代表大会代表选举党的基层委员会（纪律检查委员会）或出席上级党的代表大会（代表会议）的代表。在实际工作中，要注意把握1990年9月27日中共中央组织部关于贯彻《中国共产党基层组织选举工作暂行条例》有关问题的答复，即：党员人数不足500名，或者超过500名但驻地比较集中，又便于召开党员大会的基层组织进行换届选举，一般应召开党员大会进行直接选举。

☛ 党的基层组织预选的含义是什么？

党章第十一条对党的各级代表大会的代表和委员会的产生作出了“也可以先采用差额选举办法进行预选，产生候选人名单，然后进行正式选举”的规定。根据《党组织选举工作手册》对预选作出的“指在党内选举时，为确定正式候选人而进行的选举”的解释，党的基层组织的预选是指为确定党的基层组织设立的委员会和出席上级党的代表大会（代表会议）的代表正式候选人而进行的选举。

☛ 预选是否有助于党的基层组织选举工作的组织实施？

是。《中国共产党组织工作辞典》对此的解释是：“党代表大会或党员大会选举产生党的委员会（纪律检查委员会）委员，一般可先采用差额预选方式，选举产生正式候选人，然后进行正式选举。实践证明，在党内选举中实行差额预选，有助于选举工作的组织实施。”

☛ 党的基层组织组成人员的哪些职务一般不搞预选？

1980年2月29日党的十一届五中全会通过的《关于党内政治生活的若干准则》规定：“党员数量少的单位，可不实行差额选举或实行预选。”

☛ 党的基层组织经预选的，正式选举时能否实行等额选举？

能。《党的地方和基层组织选举工作流程》等说明是：党的地方组织选举党的各级代表大会代表、委员会委员（候补委员）、纪律检查委员会委员，可以直接采用候选人数多于应选人数的差额选举办法进行正式选举，也可以先采用差额选举办法进行预选，产生正式候选人名单，然后采用等额选举的办法进行正式选举（这种办法称为“差额预选，等额选举”——编者注）。同时还进一步明确：党员大会选举产生委员必须进行差额选举。可以采用候选人数多于应选人数的办法直接进行正式选举；也可以先采用差额选举的办法进行预选，产生正式候选人名单，然后进行正式选举。正式选举时一般实行等额选举。

☛ 选举办法的含义是什么？ 党的基层组织选举是否必须制定选举办法？

简单地说，选举办法就是规范选举行为的规则。党的基层组织选举必须制定选举办法。《党组织选举工作手册》明确：“党的各级代表大会、党员大会、党的委员会（纪律检查委员会）全体会议进行选举，都必须制定具体的选举办法。”

☛ 党的基层组织选举办法一般应该包括的主要内容有哪些？

根据党章规定和中央组织部的有关要求，党的基层组织制定的选举办法的主要内容一般应该包括：(1) 制定选举办法的依据；(2) 选举的任务；(3) 提名确定选举候选人的办法；(4) 选举的方式和程序；(5) 选举的有效性和有效票的规定；(6) 确定当选人的原则；(7) 候选人、当选人名单排列顺序的规定；(8) 填写选票的注意事项；(9) 监票人、计票人的产生办法；(10) 选举的纪律等。

说明：选举办法的文本样例请参阅本书第七章的相关内容。

☛ 党的基层组织制定选举办法时应注意哪些问题？

《党组织选举工作手册》对制定选举办法应注意的问题作出的明确说明是：“(1) 必须符合党章和有关党的选举工作条例的规定。(2) 内容要具体、明确、全面，对选举中可能出现的各种情况要有明确的处理办法。(3) 程序步骤要清楚，便于操作。(4) 文字准确，简明易懂，不用可能产生歧义的字句。”

☛ 党的基层组织选举有效的含义是什么？ 选举有效须符合哪些情形？

党的基层组织选举有效的含义是对党的基层组织选举给予肯定的一种表

述。根据党章和中央组织部的有关规定，党的基层组织进行选举时，必须同时符合以下各种情形，才可认定选举有效：(1) 有选举权的党员（或代表或委员）实到会人数达到（或超过）应到会人数的五分之四；(2) 收回的选票数等于或少于发出的选票数（且收回的选票数必须等于或少于有选举权的实到会参加投票的党员或代表或委员人数——编者注）；(3) 符合选举办法规定的程序和要求；(4) 符合党章等有关规定。

党的基层组织选举无效的含义是什么？ 出现哪些情形选举无效？

选举无效是一个与选举有效相对的概念。党的基层组织选举无效的含义是对党的基层组织选举给予否定的一种表述。根据党章和中央组织部的有关说明，党的基层组织进行选举时，如果出现下列任何一种情形，就可认定选举无效：(1) 有选举权的党员（或代表或委员）实到会人数少于（或不超过）应到会人数五分之四的；(2) 收回的选票数多于发出的选票数，或收回的选票数多于有选举权的实到会参加投票的党员或代表或委员人数的；(3) 违反选举办法规定的程序和要求的；(4) 伪造选举文件，虚报选票数的；(5) 不符合党章等有关规定的。出现以上一种或多种情形，均可认定选举无效，必须重新进行选举。

党的基层组织选举重新选举的含义是什么？ 目的是什么？

根据党章的规定和《中国共产党组织工作辞典》对重新选举的含义作出的“党内选举时如果不符合党章及有关规定，选举无效，需要再次进行选举”等解释，党的基层组织选举重新选举是指党的基层组织选举时发生不符合党章及有关规定、选举无效、报经再上一级党的委员会批准后进行的再次选举。无论是何种原因造成的重新选举，其目的都是为了切实维护党章党规党纪，严格贯彻执行党的民主集中制原则，充分发扬党内民主，保障党员或代表或委员的民主权利，充分体现党员或代表或委员的选举意志。因此，无论是党的基层组织还是参加选举的党员或代表或委员，都要严肃认真地对待党的基层组织选举工作，严格按党章、《中国共产党基层组织选举工作暂行条例》等有关规定和上级党组织的要求办事。

党的基层组织选举需要重新选举的情形有哪些？

根据党章等有关规定和《中国共产党组织工作辞典》等有关解释，在党的基层组织选举时，必须重新选举的情形有以下方面：(1) 有选举权的党员（或代表或委员）实到会人数少于（或不超过）应到会人数五分之四的；(2) 收回的选票多于发出的选票，或收回的选票多于有选举权的实到会参加投票的党员（或代表或委员）人数的；(3) 违反选举办法规定的程序和要求的；(4) 伪造选举文件，虚报选票数的；(5) 不符合党章等有关规定的；(6) 党员或代表或委员不能自由行使民主权利，选举中发生严重不正常情况，如选举中使用欺骗、贿赂、暴力威胁等手段，或利用家族、宗派势力妨碍党员或代表或委员自由行使权利，或者弄虚作假等情况的。

党的基层组织重新选举需要严格办理哪些手续？

党章第十一条规定："党的地方各级代表大会和基层代表大会的选举，如果发生违反党章的情况，上一级党的委员会在调查核实后，应作出选举无效和采取相应措施的决定，并报再上一级党的委员会审查批准，正式宣布执行。"根据党章等规定和中央组织部要求，党的基层组织选举如果出现选举无效的情形或在选举中选举人不能自由行使民主权利、发生严重不正常情况，上一级党组织调查核实后有权作出选举无效、责令该基层党组织重新选举的决定，报再上一级党组织批准后执行。

党内表决的含义是什么？

《现代汉语词典》解释，表决是指会议上通过举手、投票等方式做出决定。《中国共产党组织工作辞典》对党内表决的含义作出了"党的各级委员会（包括党员大会、党员代表大会、党员代表会议、委员会全体会议等——编者注）通过决议或作出决策所采用的一种方式"的解释。

党的基层组织进行表决的主要方式有哪些？

党章第十七条规定："党组织讨论决定问题，必须执行少数服从多数的原则。决定重要问题，要进行表决。"《党组织选举工作手册》说明："党内进行表决的方式主要有投票、举手、按表决器等。在实际工作中，具体采用哪种方式，可根据有关规定和具体情况确定。比如，党内选举必须采用无记名投票方式；党代表大会或党员大会通过决议一般采用举手表决方式，有条件的可以采用按表决器方式。”党的基层组织进行表决时，应根据以上说明，按照相关规定和本党组织的实际情况、表决需要确定具体的表决方式。需要注意的是，党的基层组织选举中的表决方式一般要由组织选举的党的基层组织设立的委员会（不设委员会的党支部为支部大会——编者注）集体讨论决定并在选举前制定的相关文件中作出明确的说明。

党的基层组织表决权的含义是什么？

根据《现代汉语词典》的解释，表决权是指在会议上参加表决的权利。根据《中国共产党组织工作辞典》对党内表决权的含义作出的“党员在党的会议上，对讨论决定的问题表示赞成、反对或弃权的权利”的解释，党的基层组织表决权是指党员在党员大会上、委员在同级党的基层组织设立的委员会全体会议上、党员代表在同级党员代表大会或党员代表会议上、常委在常务委员会上、主席团成员在主席团全体成员会议上，对讨论决定的问题表示赞成、反对或弃权的权利。

党的基层组织表决时如对重要问题发生争论怎么解决？

党章第十七条规定：“决定重要问题，要进行表决。对于少数人的不同意见，应当认真考虑。如对重要问题发生争论，双方人数接近，除了在紧急情况下必须按多数意见执行外，应当暂缓作出决定，进一步调查研究，交换意见，下次再表决；在特殊情况下，也可将争论情况向上级组织报告，请求裁决。”在实际工作中，必须严格执行党章等有关规定并根据实际情况确定具体的解决办法，如党的支部委员会全体会议对某个重要问题发生争论，双方人数接近，应根据党章等有关规定和实际情况采取具体的解决办法：(1) 紧急情况下，按多数意见执行；(2) 非紧急情况，暂缓作出决定，进一步调查研究，酝酿讨论和交换意见，下次再表决；(3) 把发生争论的问题提交支部党员大会讨论决定；(4) 特殊情况下将争论情况向上一级党组织报告，请求上级党组织裁决。

表决人在党的基层组织进行表决时能否弃权？ 哪些党员无表决权？

关于表决时能否弃权问题，在实际工作中，表决人(在党员大会上为党员、在委员会全体会议上为委员、在党代表大会或党代表会议上为代表、在常务委员会会议上为常委、在大会主席团全体成员会议上为主席团成员——编者注)应该采取对党负责的态度，从以下方面把握：(1) 慎重行使自己的表决权，在进行酝酿讨论时，要主动了解情况，明确提出自己的看法和意见；(2) 表决时要慎重决定赞成或反对，而不要轻易弃权；(3) 在经过充分讨论后，对表决的问题仍然难以作出正确判断的，表决时弃权也是允许的。根据党章等有关规定和中央组织部的有关说明，在党的基层组织表决时，没有表决权的党员是：(1) 预备党员没有表决权；(2) 受留党察看处分尚未恢复权利的党员没有表决权(受警告、严重警告、撤销党内职务处分的党员仍有表决权——编者注)；(3) 持有临时组织关系(即只持有党员证明信、流动党员活动证——编者注)的党员，在现所在单位党组织不能行使表决权。需要注意的问题是，2018 年 10 月 1 日起施行的《中国共产党纪律处分条例》第三十条规定："党员被依法留置、逮捕的，党组织应当按照管理权限中止其表决权、选举权和被选举权等党员权利。根据监察机关、司法机关处理结果，可以恢复其党员权利的，应当及时予以恢复。"

党的基层组织选举无记名投票的含义是什么？

根据《党组织选举工作手册》对无记名投票作出"指采取投票的方式进行选举或表决时，选举人或表决人不必在选票或表决票上署自己姓名，并由本人亲自将选票或表决票投入票箱的方式"的解释，党的基层组织选举无记名投票是指党的基层组织采取投票的方式进行选举时，选举人不在选票上署自己的姓名，并由本人亲自将选票投入票箱的选举方式。

党的基层组织选举是否必须采取无记名投票方式？

是的。党章第十一条规定："党的各级代表大会的代表和委员会的产生，要体现选举人的意志。选举采用无记名投票的方式。"《中国共产党基层组织选举工作暂行条例》第二十四条规定："选举一律采用无记名投票的方式。"《中国共产党组织工作辞典》明确："在选举党的各级领导机关和各级党代表大会（应包括党代表会议——编者注）的代表时，采用无记名投票的方式。"

党的基层组织选举一律采取无记名投票方式的缘由是什么？

首先，是严格遵守党章的体现。党章第十一条规定："党的各级代表大会的代表和委员会（对于党的基层组织而言，包括党的基层委员会、纪律检查委员会和总支部委员会、支部委员会——编者注）的产生，要体现选举人的意志。选举采用无记名投票的方式。"其次，是党内选举充分体现选举人意志的重要举措。《中国共产党组织工作辞典》明确说明："采用无记名投票的方式，选举人表达自己的意见除自己外，别人不知道，这样可以减轻或消除选举人的顾虑，便于选举人对被选举人进行分析、比较和挑选，充分表达自己的意愿，行使自己的民主权利，在一定程度上可以防止压制民主、打击报复等不良现象的发生。"

第三节　党的基层组织选举人概述

如何正确理解党的基层组织选举人的含义和对象？

根据《党组织选举工作手册》对党内选举人作出的党内"选举中具有选举权的人"的解释，党的基层组织选举人是指在党的基层组织选举中具有选举权的人。在党的基层组织选举中，在不同情况下，选举人的对象是各不相同的：(1) 在直接选举中，每个有选举权的党员都是选举人；(2) 在间接选举中，每个正式代表都是选举人；(3) 在委员会全体会议的选举中，委员会的每个正式委员都是选举人。

党的基层组织选举的选举权的含义是什么？

按照《中国共产党组织工作辞典》对党内选举权所作的"党员或党员代表、委员会成员按照自己的意愿，选举党的领导机关和出席上级党的代表大会（应包括党代表会议——编者注）代表的权利"的解释，党的基层组织选举的选举权具体是指党员或党员代表或委员按自己的意志选举产生同级党的基层组织设立的基层委员会(纪律检查委员会)及其经批准设立的常务委员会(党的基层委员会一般不设常务委员会——编者注)、总支部委员会、支部委员会(包括不设支部委员会的党支部——编者注)委员、常委、书记、副书记和出席上级党代表大会(党代表会议)代表的权利。

在党的基层组织选举中哪些党员、代表、委员享有选举权?

根据党章等有关规定和中央组织部的有关说明,在党的基层组织选举中,包括选举党的基层组织设立的基层委员会(纪律检查委员会)及其经批准设立的常务委员会、总支部委员会、支部委员会(不设支部委员会的党支部——编者注)委员、常委、书记、副书记和出席上级党代表大会(党代表会议)代表,正式党员(包括受警告、严重警告、撤销党内职务处分的党员,在留党察看处分期间的党员除外——编者注)在同级党员大会选举中享有选举权,正式党员代表在同级党代表大会(党代表会议)选举中享有选举权,正式委员在同级委员会全体会议选举中享有选举权。需要注意的是,2018 年 10 月 1 日起施行的《中国共产党纪律处分条例》第三十条规定:“党员被依法留置、逮捕的,党组织应当按照管理权限中止其表决权、选举权和被选举权等党员权利。根据监察机关、司法机关处理结果,可以恢复其党员权利的,应当及时予以恢复。”

在党的基层组织选举中哪些党员、代表、委员没有选举权?

根据党章等规定和《中国共产党组织工作辞典》《党组织选举工作手册》等有关解释,在党的基层组织选举中,可从以下方面正确判断党员、代表、委员有没有选举权:(1) 预备党员没有选举权;(2) 受留党察看处分尚未恢复权利的党员没有选举权(受警告、严重警告、撤销党内职务的党员仍有选举权——编者注);(3) 持有临时组织关系(即只持有党员证明信、流动党员活动证——编者注)的党员,在现所在单位党组织选举中不能行使选举权;(4) 候补委员没有选举权。需要注意的是,2018 年 10 月 1 日起施行的《中国共产党纪律处分条例》第三十条规定:“党员被依法留置、逮捕的,党组织应当按照管理权限中止其表决权、选举权和被选举权等党员权利。根据监察机关、司法机关处理结果,可以恢复其党员权利的，应当及时予以恢复。”

在党的基层组织选举中能否妨碍选举人依照规定自主行使选举权？

不能。2009年9月18日党的十七届四中全会通过的《中共中央关于加强和改进新形势下党的建设若干重大问题的决定》规定：“党的任何组织和个人不得以任何方式妨碍选举人依照规定自主行使选举权。”2016年10月27日党的十八届六中全会通过的《关于新形势下党内政治生活的若干准则》进一步规定：“党的任何组织和个人不得以任何方式妨碍选举人依照规定自主行使选举权，坚决反对和防止侵犯党员选举权和被选举权的现象，坚决防止和查处拉票贿选等行为。”

党的基层组织选举的选举人意志的含义是什么？

根据《党组织选举工作手册》对选举人意志作出的“指选举人在选举中按照自己的意愿对被选举人作出的选择”的解释，党的基层组织选举的选举人意志可以简单地理解为党员或党员代表或委员在党的基层组织选举中按照自己的意愿对被选举人作出的赞成或反对或弃权的选择。

党的基层组织选举应该如何充分体现党员或代表或委员的意志？

在实际工作中，只有严格执行以下规定和要求，才能充分体现党员或代表或委员的意志：(1) 严格执行党章第十一条关于“党的各级代表大会的代表和委员会的产生，要体现选举人的意志。选举采用无记名投票的方式。候选人名单要由党组织和选举人充分酝酿讨论。可以直接采用候选人数多于应选人数的差额选举办法进行正式选举。也可以先采用差额选举办法进行预选，产生候选人名单，然后进行正式选举。选举人有了解候选人情况、要求改变候选人、不选任何一个候选人和另选他人的权利。任何组织和个人不得以任何方式强迫选举人选举或不选举某个人”和“党的地方各级代表大会和基层代表大会的选举，如果发生违反党章的情况，上一级党的委员会在调查核实后，应作出选举无效和采取相应措施的决定，并报再上一级党的委员会审查批准，正式宣布执行”的规定。(2) 严格执行1980年2月29日党的十一届五中全会通过的《关于党内政治生活的若干准则》作出的“不得规定必须选举或不选举某个人。个别有特殊情况的人，需要由组织上推荐选入的，也必须确实取得多数选举人的同意。要坚决反对和防止侵犯党员选举权利，使选举流于形式，妨碍选举人体现自己意志的现象”的明确规定。(3) 严格执行 2016 年 10 月 27 日党的十八届六中全会通过的《关于新形势下党内政治生活的若干准则》明确的“党的任何组织和个人不得以任何方式妨碍选举人依照规定自主行使选举权，坚决反对和防止侵犯党员选举权和被选举权的现象，坚决防止和查处拉票贿选等行为”的规定。(4) 严格执行 2018 年 10 月 1 日起施行的《中国共产党纪律处分条例》第七十八条“侵犯党员的表决权、选举权和被选举权，情节较重的，给予警告或者严重警告处分；情节严重的，给予撤销党内职务处分”和“以强迫、威胁、欺骗、拉拢等手段，妨害党员自主行使表决权、选举权和被选举权的，给予撤销党内职务、留党察看或者开除党籍处分”的规定。(5) 严格执行 2018 年 10 月 1 日起施行的《中国共产党纪律处分条例》第七十五条关于对有“党内选举中搞拉票、助选等非组织活动的”“在法律规定的投票、选举活动中违背组织原则搞非组织活动，组织、怂恿、诱使他人投票、表决的”“在选举中进行其他违反党章、其他党内法规和有关章程活动的”行为的“给予警告或者严重警告处分；情节较重的，给予撤销党内职务或者留党察看处分；情节严重的，给予开除党籍处分”和“搞有组织的拉票贿选，或者用公款拉票贿选的，从重或者加重处分”的决定。

说明： 根据《党组织选举工作手册》等有关要求，对妨碍选举人行使民主权利，或对检举选举中违纪行为的人进行压制、打击报复的，要按违纪进行处理。

党的基层组织选举人有效人数的含义是什么？

根据《党组织选举工作手册》对有效人数的含义作出的“指进行选举时，参加选举的有选举权的选举人必须达到的数量”的解释，党的基层组织选举人有效人数的含义可以理解为党的基层组织进行选举时参加选举的有选举权的党员（或党员代表或委员）必须达到（或超过）应参加选举的党员（或党员代表或委员）的五分之四。

对党的基层组织选举时有效人数的具体规定是什么?

《中国共产党基层组织选举工作暂行条例》第十九条规定:“进行选举时,有选举权的到会人数超过应到会人数的五分之四,会议有效。”《党组织选举工作手册》说明:“考虑到基层的实际情况,如果有选举权的到会人数正好为应到会人数的五分之四,可算作会议有效。”综上所述,党的基层组织召开党员大会或党的基层代表大会或委员会全体会议进行选举时,有选举权的党员(或党员代表或委员)实际参加选举的人数不少于(或超过)应参加选举的党员(或党员代表或委员)人数的五分之四。在实际工作中,容易出现的错误有两个:(1) 选举办法规定有选举权的党员或党员代表或委员实到会人数超过应到会人数的五分之四,而实际参加选举的人数正好是应到会人数的五分之四,从而出现选举无效的问题;(2) 计算合法到会党员人数时(计算公式:党员合法到会人数≥有选举权的党员应到会参加选举人数×4/5),计算结果出现小数点,小数点后的数字又小于5,有的简单地采用四舍五入的方法确定最少到会人数,而实际参加选举的人数正好又是计算出来的最少到会人数,则因实到会党员人数少于应到会人数五分之四而选举无效。

案例1:某党支部召开党员大会进行换届选举,有选举权的党员应到会参加选举的人数为35人,经党员大会表决通过的选举办法规定“有选举权的党员实到会人数超过应到会人数的五分之四的,会议有效”。该党支部在计算有选举权的党员合法到会人数时,按照合法到会人数>有选举权的选举人应到会参加选举人数×4/5=35×4/5=28(人),进行选举时,有选举权的党员实到会参加选举的人数刚好是28人,该党支部认为到会人数符合规定,就按党员大会选举程序选举产生了支部委员会委员。结果因违反选举办法“有选举权的党员实到会人数超过应到会人数的五分之四的,会议有效”的规定,被认定选举无效。

启示:选举办法应规定“有选举权的党员实到会人数不少于应到会人数的五分之四的,会议有效”。如出现有选举权的党员实到会人数刚好是应到会人数的五分之四、但选举办法规定超过应到会人数的五分之四会议有效的情况,应提请党员大会进行举手表决,多数选举人同意选举的可以继续进行选举。

案例2:某党支部召开党员大会进行换届选举,有选举权的党员应到会参加选举的人数为19名，经党员大会表决通过的选举办法规定“有选举权的党员实到会人数不少于应到会人数的五分之四的，会议有效”。该党支部在计算有选举权的党员合法到会人数时，按照合法到会人数≥有选举权的党员应到会参加选举人数×4/5＝19×4/5＝15.2（人），该党支部错误地认为只要有15名有选举权的党员到会参加选举就符合规定。进行选举时，有选举权的党员实到会参加选举的人数刚好是15人，党员大会也严格按照程序选举产生了支部委员会委员。结果因有选举权的党员实到会人数少于应到会人数的五分之四，被认定为选举无效。

启示：计算有选举权的选举人合法到会人数时，如果出现小数点，应采取“取整＋1”法确定最少的合法到会人数如“15.2人”为“15＋1＝16人”。

党员因特殊原因确实无法到会的能否不计算在应到会人数之内？

能。《中国共产党基层组织选举工作暂行条例》规定：“进行选举时，有选举权的到会人数超过应到会人数的五分之四，会议有效。”中组部工作问答指出，作这样的规定，是为了尊重和保障选举人的选举权利，使党的基层组织选举能够充分体现多数选举人的意志。1991年4月18日中央组织部关于《党的基层组织选举工作问答（二）》说明：“从实际情况看，有的党员由于种种特殊原因，确实无法到会参加选举。为了保证党的基层组织的选举工作能够顺利进行，党员因下列情况（指下一个问题的前五类有选举权的党员——编者注）不能参加选举的，经报上级党组织同意，并经党员大会通过，可以不计算在应到会人数之内。”在实际工作中，有的党员由于种种特殊原因，确实无法到会参加党员大会的选举，为了保证党员大会的选举工作能够顺利进行，经报上级党组织同意，并经党员大会或党代表大会或委员会通过，可以不计算在应到会人数之内。

哪些有选举权的党员可不计算在应到会人数之内？

中共中央组织部于1991年在《组工通讯》中对可不计算为应到会人数的党员作出的明确规定和说明是：为保证党的基层组织的选举工作能够顺利进行，党员因下列情况不能参加选举的，经报上级党组织同意，并经党员大会通过，可以不计算在应到会人数之内:(1) 患有精神病或者其他疾病导致不能表达本人意志的;(2) 自费出国半年以上的;(3) 虽未受到留党察看以上(含留党察看——编者注)党纪处分,但正在服刑的(2018 年 10 月 1 日施行的《中国共产党纪律处分条例》第三十条规定'党员被依法留置、逮捕的,党组织应当按照管理权限中止其表决权、选举权和被选举权等党员权利'——编者注);(4) 年老体弱卧床不起和长期生病生活不能自理的;(5) 工作调动,下派锻炼、蹲点,外出学习或工作半年以上等,按规定应转走正式组织关系而没有转走的。另外,(6) 1995 年 11 月 23 日中共中央组织部《组工通讯》明确:"已回原籍长期居住的离退休人员中的党员,原则上应把党员组织关系转到居住地的党组织。因特殊情况,没有从原单位转出党员组织关系的、确实不能参加选举的,经上级党组织同意,并经党员大会通过,可以不计算在应到会人数之内。"(7)《党员管理手册》(中共中央组织部组织局编著,党建读物出版社 1998 年版)对"流动党员参加选举问题"的解释明确说明:"外出党员(指没有办理正式组织关系转移手续的流动党员中的正式党员——编者注)原所在党组织召开党员大会进行选举时,如外出党员确因情况特殊无法到会,经党员大会同意(须先报经上级党组织同意——编者注),可不计算为应到会人数。"

因故没有出席选举会议的选举人能否委托他人代为投票?

不能。《中国共产党基层组织选举工作暂行条例》第二十四条明确规定:"因故未出席会议的党员或党员代表不能委托他人代为投票。"《中国共产党组织工作辞典》进一步解释:"因故请假不能参加选举的党员、党代会代表或委员,应视为缺席,不可以委托他人代为投票。"根据以上规定和解释,有选举权的党员因故没有出席党员大会的、委员因故没有出席委员会全体会议的、党员代表因故没有出席党员代表大会(党员代表会议)的,都不能委托他人代为投票。

为什么要规定因故未出席会议的选举人不能委托他人代为投票?

《党组织选举工作手册》对《中国共产党地方组织选举工作条例》第三十三条作出的"因故未出席会议的选举人,不能委托他人代为投票"、《中国共产党基层组织选举工作暂行条例》第二十四条作出的"因故未出席会议的党员或党员代表不能委托他人代为投票"的规定的缘由作出的解释是:"作这样的规定,是基于以下考虑:党内选举是党内政治生活中的一件大事。进行选举时,凡有选举权的党员或党代表大会(应包括党代表会议——编者注)代表或委员会委员都应参加。只有直接参与酝酿提名候选人和投票选举,才能充分表达选举人的意愿,正确行使党章赋予的神圣权利。规定未出席会议的选举人不能委托他人代为投票,也可以防止在选举中可能出现的搞亲亲疏疏、团团伙伙一类的不正常现象。"

实到会的选举人因故不能画写选票,能否委托他人代写选票?

能。依据是《中国共产党基层组织选举工作暂行条例》第二十四条关于"选举人不能写选票,可由本人委托非候选人按选举人的意志代写"的规定。《中国共产党组织工作辞典》还作了进一步说明:"在党内选举过程中,参加选举的党员、党代会代表或委员因不识字或其他特殊情况,不能自己填写选票时,可以委托到会的其他同志代写选票。"需要注意的问题是,委托他人代写选票的党员或党员代表或委员,必须是参加党员大会或党员代表大会(党员代表会议)或委员会全体会议的,没有参加选举会议是不能委托他人代写选票的。在实际工作中,对此必须切实加以把握。

说明:在党的基层组织选举的有关文件中,"画写"或"划写"、"画○"或"划○"等同样经常出现,其实意思都一样、都对,讲的都是填写选票,本书在此一并说明,以后不再赘述。

党的基层组织选举对选举人委托他人代写选票有哪些具体规定?

关于委托代写选票的问题,是容易出现差错的。因此,必须弄清有关规定。在实际工作中,要遵守的规定和要求是:(1)《中国共产党基层组织选举工作暂行条例》第二十四条规定:"由本人委托非候选人按选举人的意志代写。"(2)《中国共产党组织工作辞典》的解释是:"委托他人代写选票时,委托人应按照自己的意愿,向被委托人清楚地表述自己赞成哪些候选人,不赞成哪些候选人,或另选哪些人。被委托人必须按照委托人的意愿填写选票,并应向委托人复述选票上填写的人选。被委托人负有为委托人保守秘密的责任。选票填写完毕后，一般应由委托人亲自将选票投入票箱。”

☛ 党的基层组织选举时选举人能否把已经投出的选票取回来更改？

不能。《党组织选举工作手册》对此的明确要求是：“在投票选举时，选举主持人员应给选举人以充分考虑和填写选票的时间。选票一经投出，不得再取回更改。”

☛ 党的基层组织选举人或表决人弃权的含义是什么？ 是否允许？

《中国共产党组织工作辞典》对此解释：“在党的会议上，选举人或表决人自愿放弃自己的全部或部分选举权或表决权的行为，并以适当的方式予以表达。如在选票上按规定画弃权符号等。”在实际工作中，一般会在选举办法或表决办法中进行明确说明，如在党的基层组织选举中，被视为弃权（即投弃权票）的一般是不画任何符号或画赞成票（一般在规定位置画“○”）、反对票（一般在规定位置画“×”）以外的符号。根据上述解释和《中国共产党基层组织选举工作暂行条例》第二十五条关于“选举人对候选人可以投赞成票或不赞成票，也可以弃权”等规定，党的基层组织的选举人或表决人是可以弃权的，但一般不要轻易弃权。

☛ 在党的基层组织选举中，有选举权的选举人能否投弃权票？

能，但选举人尽量不要弃权即投弃权票。《中国共产党基层组织选举工作暂行条例》第二十五条规定：“选举人对候选人可以投赞成票或不赞成票，也可以弃权。”《党组织选举工作手册》作出了“在党内选举中，选举人应慎重对待自己的选举权，不要轻易弃权，尽量表明自己的态度。但确实无法确定自己的意见时，也可以弃权”和“选举时投弃权票，也是选举人的一种权利，应当得到尊重”等进一步的说明。需要注意的是，党的基层组织在选举前应教育、提醒选举人不要轻易弃权即轻易投弃权票。

☛ 党的基层组织选举人对选票上所列候选人如何表达自己的意愿？

可以表示赞成，也可以表示不赞成，还可以弃权，其依据是《中国共产党基层组织选举工作暂行条例》第二十五条作出的“选举人对候选人可以投赞成票或不赞成票,也可以弃权”的规定。

党的基层组织选举时,选举人投弃权票后能否再另选他人?

《中国共产党基层组织选举工作暂行条例》第二十五条作出了“投不赞成票者可以另选他人”的规定。对于投弃权票后能否再另选他人,目前各地做法不尽相同。但从党的基层组织选举工作顺利进行的角度出发,建议党的基层组织进行选举时,投弃权票的选举人可以另选他人,但必须在每次选举前制定的《选举办法》中,根据党的基层组织的具体情况作出明确规定和说明,经多数选举人表决通过后执行。作这样的建议,主要依据《党组织选举工作手册》关于“对弃权票的计算方法,目前各地做法不尽相同。一种是把弃权票与不赞成票一样对待,投弃权票后可以另选他人,只要选票上的赞成票数不超过应选名额,即认为该选票有效;另一种是把弃权票看作是对某一票(或几票)权利的放弃,投弃权票后不能另选他人,选票上赞成票不超过应选名额减去弃权票数的差,即认为该选票有效”。

注意: 选举人投弃权票后能另选他人,但在每次选举前制定的《选举办法》中不出现“投不赞成票者可以另选他人”“投弃权票者不能另选他人”字样。

党的基层组织选举时,如何做好有选举权的流动党员参加选举工作?

根据党章、2006年6月21日中共中央办公厅印发的《关于加强和改进流动党员管理工作的意见》、1995年11月23日中组部《关于党的基层组织选举工作的问答》和中组部组织局编著的《党员管理手册》等有关规定和解释,流动党员参加选举问题,应按以下方法进行把握和处理:(1)办理正式党员组织关系转移手续的流动党员,应在转入地区、单位的党组织参加党内选举,享有表决权、选举权和被选举权。(2)开具党员证明信、持流动党员活动证外出的流动党员,他们没有转移正式组织关系,都应在原所在单位党组织参加党内选举,行使表决权、选举权和被选举权。(3)流动党员正式组织关系所在单位的党组织进行党内选举时,要通知他们参加选举。(4)正式党员组织关系所在单位党组织召开党员大会进行选举时，如流动党员确因情况特殊无法到会，经上级党组织批准和党员大会同意，可不计算为应到会人数。

第四节　党的基层组织选举监票人和计票人概述

党的基层组织选举监票人的含义是什么？

根据《中国共产党组织工作辞典》对监票人的含义作出的“进行选举时，对投票选举进行监督的人员”的解释，我们可以把党的基层组织选举监票人理解为对党的基层组织投票选举进行监督的人员。

党的基层组织选举时是否必须要设选举监票人？

是的。《中国共产党基层组织选举工作暂行条例》第二十二条规定：“选举设监票人，负责对选举全过程进行监督。”《党组织选举工作手册》进一步说明：“在党内选举中，必须设监票人，必要时可以设总监票人。”

党的基层组织选举在哪些必要的情况下可以设总监票人？

党的基层组织选举，一般不设总监票人、副总监票人。在监票人员设置较多的情况下，可以设总监票人。总监票人是指组织协调监票人员、对投票选举全过程进行监督的人员。《中国共产党组织工作辞典》指出：“党代表大会（应包括党代表会议——编者注）或党员大会进行选举时，在监票人员设置较多的情况下，为加强对监票人员的组织协调，根据工作需要，一般可设总监票人一名，必要时也可设副总监票人一名。”

党的基层组织选举时选举监票人的主要职责是什么？

党内选举必须设监票人，必要时设总监票人、副总监票人，对投票选举包括清点选举人数、发放选票、投票、计票等进行监督。《党组织选举工作手册》明确：“监票人的主要职责是：(1) 投票前检查票箱，监督发放选票；(2) 投票时监督投票；(3) 投票结束后，当众打开票箱，监督计票人清点选票，核实收回的选票数是否与发出的选票数相等，并将核实情况如实报告会议主持人（设总监票人的应向总监票人报告——编者注);(4) 在会议主持人宣布选举有效后,监督计票人计票;(5) 计票结束后,审核计票结果并签字(按规定向大会或总监票人报告计票的结果——编者注)。”

党的基层组织选举时选举监票人应该如何产生?

在实际工作中,应按《中国共产党基层组织选举工作暂行条例》第二十二条规定去做,即:“党员大会或党员代表大会(应包括党员代表会议——编者注)选举的监票人由全体党员或各代表团(组)从不是候选人的党员或代表中推选,经党员大会或党员代表大会(应包括党员代表会议——编者注)表决通过。委员会选举的监票人从不是书记、副书记、常委候选人的委员中推选,经全体委员表决通过。”《党组织选举工作手册》还进一步作出了“党代表大会(应包括党员代表会议——编者注)选举的监票人,由各代表团(组)从不是候选人的选举人中推荐,经主席团或大会表决通过;党员大会选举的监票人,由全体党员从不是候选人的党员中推荐,经党员大会表决通过;党的委员会、纪律检查委员会第一次全体会议选举的监票人由会议主持人从不是候选人的委员中提名,经选举人表决通过”和“监票人应由党性强、作风正派、办事公道,并熟悉选举工作的同志担任”的进一步说明。

注意: 党的基层组织选举监票人的产生办法,必须在每次选举前制定的《选举办法》中作出明确的规定。

党的基层组织选举时选举总监票人、副总监票人应如何产生?

对于绝大多数的基层党组织而言,由于党员人数或代表人数不是很多,监票人也不多,所以一般不需要设总监票人、副总监票人。如果需要设总监票人、副总监票人,应按照《中国共产党组织工作辞典》的有关说明办理,即:“党的代表大会选举的总监票人、副总监票人由大会主席团或主席团常务委员会从监票人员中提名,经主席团表决通过或提交大会表决通过。党员大会选举的总监票人,由党的委员会从监票人员中提名,提交党员大会表决通过。”

注意: 党的基层组织选举如果设总监票人,其产生办法必须在每次选举前制定的《选举办法》中作出明确说明。

☛ 党的基层组织选举时选举总监票人的主要职责是什么?

《中国共产党组织工作辞典》的解释是:"总监票人的主要职责是:(1) 负责监督选举的全过程。(2) 负责对监票人员进行职责分工并协调他们之间的工作。(3) 负责审核参加选举的人数、发出选票数和收回选票数,对有争议的选票作出鉴别或裁决。(4) 审查选举结果并签字,向主席团报告预选结果和向大会报告正式选举结果。"

☛ 党的基层组织选举的计票人的含义是什么?

根据《党组织选举工作手册》对计票人作出的"进行选举时,清点和计算选票的人员"的解释,党的基层组织选举计票人可以简单地理解为党的基层组织进行选举时清点和计算选票的人员。

☛ 党的基层组织选举时是否必须设选举计票人?

是。《中国共产党基层组织选举工作暂行条例》第二十三条明确规定:"选举设计票人。计票人在监票人监督下进行工作。"《中国共产党组织工作辞典》和《党组织选举工作手册》对此都作出了"在党内选举中,必须设计票人,在监票人监督下负责清点选举人数、发放选票、清点选票、计算选票等"的进一步说明和解答。

☛ 党的基层组织选举时选举计票人的设置原则是什么?

《党组织选举工作手册》对此解释:"党代表大会(应包括党代表会议——编者注)、党员大会、党的委员会和纪律检查委员会第一次全体会议的选举,必须设计票人负责计票工作。计票人数量的确定,应本着有利于准确、迅速地统计选举情况的原则,根据会议规模和实际需要确定。"

☛ 党的基层组织选举时选举计票人的主要职责是什么?

《中国共产党基层组织选举工作暂行条例》第二十六条规定:"投票结束后,

监票人、计票人应将投票人数和票数加以核对，作出记录。”《党组织选举工作手册》对选举计票人的主要职责作出的进一步解释是：“计票人的主要职责是：(1)在监票人监督下分发、清点和计算选票；(2) 在计票结果报告单上签字。”《中国共产党组织工作辞典》明确说明计票人“在监票人监督下负责清点选举人数、发放选票、清点选票、计算选票等”。

党的基层组织选举时选举计票人应该如何产生？

召开党的基层代表大会的，选举计票人由大会秘书长（不设主席团的由会议主持人——编者注）从会议工作人员或不是候选人的代表中指定；召开党员大会或委员会全体会议的，选举计票人由会议主持人从会议工作人员或不是候选人的党员或委员中指定。其依据是《党组织选举工作手册》关于“根据规定，计票人由党代表大会秘书长或党的委员会第一次全体会议的主持人，从会议工作人员或不是候选人的党员中指定。应选择党性强、作风正派、办事公道并熟悉选举计票工作的同志担任”的明确解释。

注意：党的基层组织选举计票人的产生办法，必须在每次选举前制定的《选举办法》中作出明确规定。

党的基层组织选举时选举监票人、计票人如何确定比较合理？

党章、《中国共产党基层组织选举工作暂行条例》等党内法规对选举监票人、计票人的数量没有作统一要求，党的基层组织的做法也不尽相同。根据《党组织选举工作手册》关于“监票人数量的确定，应本着有利于对选举过程实施有效监督的原则，根据参加选举的人数或代表团(组)数量确定”和“计票人数量的确定，应本着有利于准确、迅速地统计选举情况的原则，根据会议规模和实际需要确定”等说明和选举工作的需要，一般情况下，按照监票人、计票人的数量与选举人数量、会议规模成正比（即选举人数越多、会议规模越大，设选举监票人、计票人的人数越多——编者注），监票人数：计票人数=1∶2（即设1名监票人、设2名计票人，设N名监票人、设2N名计票人，计票时按照1名监票人、2名计票人为1组进行分组——编者注）确定比较合理（选举人数不足7人的，确定1名监票人、1—2名计票人即可——编者注）。

党的基层组织选举投票结束后，监票人、计票人要做好哪些工作？

根据《中国共产党基层组织选举工作暂行条例》第二十六条关于“投票结束后，监票人、计票人应将投票人数和票数加以核对，作出记录，由监票人签字并公布候选人的得票数字”的规定和各地各类党的基层组织选举工作实践做法，党的基层组织选举投票结束后，各位监票人、计票人应按事先分工和以下方法步骤，迅速开展工作：(1) 监票人迅速打开票箱。(2) 各位计票人在监票人的监督下，迅速清点收回的选票。(3) 监票人汇总各位计票人清点选票数量，核实收回的选票数是否等于或少于发出选票数(且必须少于或等于实际参加选举的选举人的人数)，确认选举有效后，在《收回选票情况报告单》(没有统一格式，请参阅本书第七章的相关内容——编者注)上签字，并将收回选票的情况如实向会议主持人或总监票人报告。(4) 计票人在监票人监督下计票[选举人数多、会议规模大、需要分组计票的，按 1 名监票人、2 名计票人(1 人唱票、1 人计票，计票的同志一般画“正”字——编者注)为 1 组进行分组，每组计票的选票数量大致等于收回的选票总数÷计票组数，以防止因各组计票数量多少不均而导致各组计票快慢相差过大，导致计票时间相对变长]。(5) 总监票人或监票人(不设总监票人的，监票人多的应指定 1 名监票人负责——编者注)汇总各组计票情况，将各位被选举人得票情况记录在《计票结果报告单》(没有统一格式，请参阅本书第七章的相关内容——编者注)并签字，按程序及时、如实将计票结果向会议报告。

第五节　党的基层组织选举选票概述

党的基层组织选举时选票的含义是什么？

根据《中国共产党组织工作辞典》对选票的含义作出的“进行选举时提供给选举人选择被选举人的工具”的解释，党的基层组织选举的选票是指党的基层组织进行选举时提供给党员(或党员代表或委员)选择委员(或常委或书记或副书记或代表)的工具。

党的基层组织选举时选票上候选人名单应该如何正确排列?

一般按照以姓氏笔画为序排列。《中国共产党基层组织选举工作暂行条例》第二十四条规定:“选票上的候选人名单以姓氏笔画为序排列。”《中国共产党组织工作辞典》解释:“党的地方和基层组织进行选举时,代表、委员、候补委员、常务委员会委员,党的基层委员会和纪律检查委员会书记、副书记的候选人,按姓氏笔画为序排列。”《党组织选举工作手册》明确要求:“选票上的候选人名单按姓氏笔画排列,实践证明简便易行。这样做,有利于充分发扬民主,保障选举人和被选举人的民主权利。”需要说明的是,党的总支部委员会、支部委员会一般设 1 名副书记,因此,书记、副书记的选票一般不存在如何排列的问题。

姓氏笔画的含义是什么?

我们这里所说的“笔画”具有两个层面的含义,第一个是指组成汉字的各种形状的点和线,如横(一)、竖(丨)、撇(丿)、点(丶)、捺(㇏)、折(乛)等;第二个是指笔画数。了解了姓氏笔画的上述含义,对于在选票上正确的按姓氏笔画为序排列候选人具有十分重要的作用。

选票上的候选人名单按姓氏笔画为序排列的规则是什么?

《党组织选举工作手册》对此的明确说明是:“一、姓按字的画数多少排列(如‘成功’排在‘程序’前面——编者注)。同画数的姓字按起笔一、丨、丿、丶、乛的顺序排列,画数和笔形相同的字,按字形结构,先左右形字,再上下形字,后整体字(如‘朴树’排在‘任人’前面,‘松林’排在‘杭州’前面——编者注)。二、姓字相同的,单字名排在多字名之前(如‘朴树’排在‘朴一笑’前面——编者注);多字名依次看名的第一、第二字……先看画数,后看起笔顺序,再看笔形(如‘朴一笑’排在‘朴一满’前面——编者注)。三、复姓字也按第一个字笔画画数多少排列,笔画相同的按笔形顺序排列(如‘淳于微笑’排在‘慕容一力’前面,‘慕容一力’排在‘端木村’前面——编者注)。”

党内选举姓氏笔画排列顺序索引是什么?

根据中共中央组织部组织一局编著的《党组织选举工作手册》的“附录四:

姓氏笔画排列顺序索引”，本书将其列表如下：

一画	二画					
乙	丁	七	卜	刁	刀	乜

三画										
干	于	土	大	万	万俟	寸	上官	山	千	么
广	弓	卫	马	子车	习					

四画											
丰	王	天	井	元	韦	云	专	扎	木	支	不
太叔	尤	车	区	牙	比	瓦	戈	长孙	巨	日	贝
牛	毛	仁	仉仇	化	从	丹	今	仓	公	公西	公羊
公冶	公良	公孙	乌	殳	勾	凤	卞	六	文	方	亢
火	计	尹	孔	巴	邓	双	毋	水			

五画											
玉	未	正	甘	艾	古	节	左	左丘	厉	石	布
龙	平	东	东门	东郭	东方	占	卢	帅	归	申	申屠
叶	田	由	冉	央	史	只	生	付	丘	白	仝
丛	令狐	印	包	乐	乐正	邝	立	玄	闪	兰	宁
冯	司	司徒	司寇	司空	司马	弘	召	尼	皮	边	尕

六画											
耒	刑	邢	列	戎	吉	巩	朴	权	亚	西	西门
有	百	百里	达	成	夹谷	匡	扬	毕	过	师	曲
吕	则	肉	年	朱	竹	乔	伍	伏	仲	仲孙	任
华	仰	伉	伊	向	后	全	危	多	邬	庄	刘
齐	衣	充	闯	羊	羊舌	羊角	关	米	江	池	汝
汤	宇文	安	军	冰	祁	许	农	寻	那	阮	阳
阴	牟	买	红	纪	孙						

七画											
寿	麦	玛	远	运	赤	贡	却	芮	花	苍	严
克	劳	苏	杜	巫	巫马	李	杨	甫	邴	束	励
邳	来	扶	连	轩辕	步	肖	时	吴	旷	员	别
岑	秀	利	邱	何	伯	佟	佘	余	谷	邸	狄
邹	言	享	库	应	辛	闵	怀	忻	况	冷	汪
沙	沃	沧	汲	沈	完	宋	罕	良	初	迟	张
陆	阿	陈	邵	郃	纳						

八画											
青	武	幸	苗	苟	苑	范	茅	林	松	杭	郁
郏	拓跋	欧	欧阳	郅	卓	虎	尚	国	昌	畅	明
果	易	典	呼	呼延	迪	岩	罗	帕	凯	贯	牧
季	和	竺	佴	岳	依	金	郄	周	鱼	庞	庚
底	府	於	郑	羌	单	单于	冼	法	宗	宝	宠
官	宛	空	宓	郎	房	居	屈	练	经	孟	终

九画											
封	项	赵	贲	郝	荆	茜	草	荀	荣	胡	茹
药	柯	查	相	柏	柳	郦	咸	南	南门	南宫	战
是	贵	蚁	哈	钟	钟离	钦	钮	郜	种	秋	笃
段	段干	修	皇甫	禹	侯	律	须	俞	郗	郤	昝
逄	饶	施	恽	恰	闻	闻人	闾丘	姜	娄	首	养
洪	宣	宦	宫	冠	祖	祝	费	胥	姚	贺	勇
羿	骆	骈									

十画											
秦	敖	班	载	袁	都	耿	聂	莫	莘	晋	桂
桓	格	索	栗	贾	夏	夏侯	热	原	顾	顿	柴
党	晁	晏	哨	钱	铁	倪	皋	徐	殷	爱	奚
翁	卿	栾	高	郭	席	唐	竞	郯	浩	凌	资
益	浦	海	涂	浣	家	宾	容	宰	宰父	诸	诸葛
谈	郎	展	陶	姬	通	能	桑				

十一画											
排	理	堵	教	黄	营	萧	萨	梅	曹	戚	龚
盛	常	晨	鄂	唯	啜	崔	崇	铫	银	笪	符
第五	盘	庹	麻	痍	康	鹿	章	商	阎	盖	淳于
淡	梁	梁丘	寇	宿	谌	扈	逮	尉	尉迟	屠	隋
隆	续	绳	巢								

十二画											
琴	越	喜	彭	斯	葛	董	蒋	蒉	韩	辜	森
惠	覃	粟	揭	辉	戢	景	喻	黑	嵇	程	税
傅	焦	储	舒	鲁	赓	童	羡	普	尊	曾	湛
温	滑	游	富	禄	谢	强	疏	隗	缑		

十三画											
鄢	靳	蓝	蒯	蓟	蓬	蒲	蒙	楚	楼	裘	赖
甄	雷	訾	虞	路	筱	简	微生	詹	鲍	解	廉
裔	靖	新	雍	阙	慎	满	溥	窦	福	褚	

十四画											
赫	赫连	綦	綦母	慕	慕容	蔡	蔚	蔺	臧	裴	管
鲜于	雒	廖	韵	端木	阚	漆	漆雕	赛	谭	谯	暨
翟	熊	缪									

十五画											
麴	燕	樊	暴	颛孙	墨	稽	黎	腾	颜	翦	潘

十六画											
薛	薄	融	霍	遽	冀	穆	衡	澹台			

十七画											
戴	鞠	檀	魏	糜	濮	濮阳	蹇				

十八画		二十画					二十一画			二十二画		
瞿		壤驷	酆	耀	籍		露	夔		囊	鬻	

对党的基层组织选举选票设计和用纸的规定和要求是什么？

选票是选举人表达真实意志和希望的载体，必须认真做好设计和印刷工作。《党组织选举工作手册》对设计、印刷选票的规定和要求作出了“总的要求是庄重、大方、清晰、准确，便于选举人填写。使用计算机计票的，选票的设计、印制还应符合计算机计票要求。候选人姓名的上方应留出空格供选举人填写表示意见的符号，并应留有选举人填写另选他人的姓名的位置（应有与应选名额相等的位置——编者注）。选票上适当的地方应标明选票的名称，注明填写选票使用的符号及填写说明。选票上的文字说明要简明、准确、清晰。用于不同选举目的的选票，在颜色上应有明显的区别”“票面式样和大小要根据候选人数来确定，各类选票折叠后的票面大小要一致。选票用纸应注意厚度适宜、不洇，便于画写符号和迅速、准确地清点选票”的说明。

说明：党的基层组织选举选票文本样例请参阅本书第七章的相关内容。

党的基层组织选举印制选票的注意事项是什么？

党章第十一条明确提出了“党的各级代表大会的代表和委员会的产生，要体现选举人的意志”“候选人名单要由党组织和选举人充分酝酿讨论”。因此，党的基层组织选举印制选票的注意事项除了前述说明的设计、用纸外，《党组织选举工作手册》还对印制选票过程中应注意的事项作了进一步的说明，即：“(1) 候选人名单要严格保密，不得泄露（这是因为选票一般在上级批准选举候选人预备人选后、正式候选人确定前排版，此时正式候选人还没有最后确定——编者注）；(2) 候选人名单最后正式确定后，才能交付印刷（对于党的基层组织进行选举而言，有的在上级党组织批准选举候选人预备人选后，即进行选票的设计、排版，于会议召开前夕印制并妥善保管选票、严格落实有关保密规定，如果最后确定的正式候选人与上级批准的选举候选人预备人选有变化，则应在确定正式候选人后迅速进行调整和印制——编者注）；(3) 印刷选票的有关事宜应提前联系，确定承印单位（对于多数党的基层组织而言，一般不需要承印单位，指定专人负责设计、排版、印制选票即可——编者注)。选票正面应提前印刷，内面也应提前空名排版(党的基层组织选举应根据实际情况确定——编者注)；(4) 为做好重新选举的准备工作，应印制一套备用选票。”另外，选票不得编号、严禁做标记，票面的式样和大小，要根据候选人数来确定。

党的基层组织选举分发选票要注意哪些问题？ 多余的选票怎么办？

党的基层组织选举(包括换届选举、补选)分发选票是顺利完成选举任务的重要环节，必须引起足够重视。总的要求是发出的选票数必须与有选举权的选举人实际到会参加选举的人数相同，且必须是 1 名选举人 1 套(或 1 名选举人 1 张)选票，不能有任何差错，否则，不能进行选举。《党组织选举工作手册》特别要求：“分发选票时，要认真核对到会人数，按实到会有选举权的人数分发，每人一张(或一套)选票，不能少发，也不能多发。选票分发完毕，要记录发出的选票数，以便收回选票后进行核对。多余的选票应当场撕毁或剪角作废。”

党的基层组织选举如何报告选票分发情况？

党章、《中国共产党基层组织选举工作暂行条例》等党内法规对此没有作出统一的规定，不同的选举如党代表大会、党代表会议、党员大会、委员会全体会议的选举也不完全一样。党的基层组织选举选票分发完毕后，监票人(设选举总监票人的由总监票人)向主持人(也可以向会议)报告有表决权的党员(代表、委员)××名，有选举权的党员(代表，委员)实到会参加本次选举的共有××名，领取××、××选票各××张，发出××、××选票各××张，经核对无误(有误)，可以(不能)进行投票。

说明：《分发选票情况报告单》文本样例请参阅本书第七章的相关内容。

党的基层组织选举如何报告选票收回情况？

《中国共产党基层组织选举工作暂行条例》第二十七条规定：“选举收回的选票，少于投票人数，选举有效；多于投票人数，选举无效，应重新选举。”在实际工作中，党的基层组织选举投票结束后，监票人、计票人应将投票人数和票数加以核对，由监票人(设选举总监票人的由总监票人)向主持人报告有选举权的党员(代表、委员)实到会参加本次选举的共有××名,发出××、××选票各××张,收回××、××选票各××张,经核对无误(有误),选举有效(无效)。

说明:《清点选票情况报告单》文本样例请参阅本书第七章的相关内容。

党的基层组织选举填写选票的含义是什么?

根据《中国共产党组织工作辞典》对"填写选票"的含义作出的"选举人在选票上用规定的符号表达自己意愿的行为"的解释,党的基层组织选举填写选票是指有选举权的党员(代表,委员)在党的基层组织选举的选票上用规定的符号表达自己意愿的行为。通俗一点来说,就是选举人按照选举办法的规定划(画)写选票。

党的基层组织选举对选举人填写选票的基本要求是什么?

《中国共产党基层组织选举工作暂行条例》《党组织选举工作手册》等对参加党的基层组织选举的选举人填写选票提出的有关规定和要求有以下方面:(1) 选票必须用钢笔或圆珠笔(也可用签字笔)画写。(2) 符号要正确,字迹要清楚。(3) 亲自将选票投入指定的票箱。(4) 选举人对选票中的候选人可以投赞成票,可以投不赞成票,也可以弃权。(5) 考虑成熟后再画写,不要随意涂改。(6) 对选票中的候选人如赞成,一般应在该候选人姓名上方的空格内画"○";如不赞成,就画"×";不画符号或画其他符号的作为弃权。如另选他人的,要在选票预留的另选人姓名的空格栏内写上自己要选人的姓名,并在姓名上面的空格内画上"○",不画"○"的无效。(7) 每张选票所选人数等于或少于应选名额的有效,多于应选名额的全票作废。(8) 不能画写选票的,可由本人委托非候选人按自己的意志代写(但要亲自将选票投入指定的票箱——编者注)。(9) 要坚持党性原则,以对党、对同志负责的态度慎重选择被选举人。

注意:对于选举人如何正确填写选票,要在选举办法、会议主持词和选票上都作出明确的规定和说明。

党的基层组织选举时选举人填写选票要注意哪些问题?

党章第十一条规定:"选举人有了解候选人情况、要求改变候选人、不选任何一个候选人和另选他人的权利。”填写选票是选举人表达自己意愿、行使民主权利的一项非常严肃的事情，因此，参加选举的选举人都应持慎重态度，考虑成熟后再填写。选举人填写选票除了落实前述有关规定和要求外，还应把握《党组织选举工作手册》对选举人填写选票应注意的问题：“(1) 坚持党性原则，以对党、对同志负责的态度慎重选择被选举人。(2) 考虑成熟后再填写，不要随意涂改。(3) 按照选票上说明的要求填写，符号要准确，字迹要清楚。选票填写好以后，选举人要亲自将选票投入指定的票箱。”

党的基层组织选举时投票顺序有没有具体的规定和要求？

党章、《中国共产党基层组织选举工作暂行条例》对党的基层组织选举时的投票顺序没有作具体规定。在实际工作中，党的基层组织选举的投票顺序要根据选举工作需要确定。党的基层组织选举投票顺序一般是：首先请总监票人、副总监票人、监票人、总计票人、计票人投票，然后请在主席台就座（主席团成员）的选举人投票，最后请其他各位选举人依次投票。

注意：①对于选举人的投票顺序应在选举前制定的选举办法、会议主持词上作出明确的规定和说明。②选举人投票后一般要按秩序回到自己座位上，在监票人、计票人、选举工作人员清点收回的选票，确认选举有效后，再按照会议的安排进行活动（如考虑计票时间长、安排其他活动等因素，请选举人观看电影、录像、上党课、参加其他活动等）或原地休息（党的基层组织选举时选举人少，计票时间一般都不长，通常安排选举人在原地休息）。

党的基层组织选举票箱的含义及相关要求是什么？

根据《中国共产党组织工作辞典》对党内选举票箱的含义作出的“选举时为选举人设置的投放选票的工具。选举之前，监票人和选举工作人员应当众开启票箱，确定箱内没有任何纸张一类的东西时，再上锁，供选举人投放选票”的解答，党的基层组织选举票箱是指党的基层组织选举时为参加选举的有选举权的党员（代表、委员）设置的投放选票的工具。具体设多少个票箱及相关规定都应在选举前制定的选举办法中作出明确的规定和说明。

党的基层组织选举赞成票的含义是什么？

《中国共产党基层组织选举工作暂行条例》第二十五条规定："选举人对候选人可以投赞成票或不赞成票，也可以弃权。"根据《中国共产党组织工作辞典》对赞成票作出的"在党的会议上，对讨论的问题或准备任命的人选表明同意的一种态度，并以适当的方式予以表达。如在选票上按规定画赞成符号，或举手表示赞成等"的定义，党的基层组织选举赞成票是指在党的基层组织召开的党员大会或党代表大会（代表会议）或委员会全体会议上，有选举权的党员或代表或委员对候选人表明同意的一种态度，并在选票上按规定填写赞成符号（一般在规定位置画"○"——编者注）。

注意：表示赞成票的赞成符号必须在选举前制定的选举办法中明确规定。

党的基层组织选举不赞成票的含义是什么？ 能否投不赞成票？

不赞成票也称反对票，是和赞成票相对的一个概念。党章第十一条规定："选举人有了解候选人情况、要求改变候选人、不选任何一个候选人和另选他人的权利。"因此，选举人有权投不赞成票。根据《中国共产党组织工作辞典》对不赞成票作出的"在党的会议上，对讨论的问题或准备任命的人选表明反对的一种态度，并以适当的方式予以表达。如在选票上按规定画不赞成符号，或不举手表示不同意等"的解答，党的基层组织选举不赞成票是指在党的基层组织召开的党员大会或党代表大会（党代表会议）或委员会全体会议上，有选举权的党员或代表或委员对候选人表明不同意的一种态度，并在选票上按规定填写不赞成符号（一般在规定位置画"×"——编者注）。

注意：表示不赞成票的不赞成符号必须在选举前制定的选举办法中明确规定。

党的基层组织选举弃权票的含义是什么？ 选举人能否投弃权票？

依据《中国共产党组织工作辞典》对弃权票作出的"在党的会议上，选举人或表决人自愿放弃自己的全部或部分选举权或表决权的行为，并以适当的方式予以表达。如在选票上按规定画弃权符号等"的解释，党的基层组织选举弃权票是指在党的基层组织召开的党员大会或党代表大会（代表会议）或委员会全体会议上，有选举权的党员或代表或委员自愿放弃自己的全部或部分选举权的行为，并在选票上按规定画弃权符号（一般把不画任何符号或画不规范的、难以辨认的符号作为弃权票——编者注）。党章第十一条规定："选举人有了解候选人情况、要求改变候选人、不选任何一个候选人和另选他人的权利。"因此，党的基层组织选举时选举人有权投弃权票。在实际工作中，选举人应认真理解和把握《党组织选举工作手册》关于"在党内选举中，选举人应慎重对待自己的选举权，不要轻易弃权，尽量表明自己的态度。但确实无法确定自己的意见时，也可以弃权"的要求。在党的基层组织选举中，一般把"弃权票"视同"不赞成票"或"反对票"，因此，选举人往往对不赞成或不同意的被选举人投弃权票。

注意：表示弃权票的符号必须在选举前制定的选举办法中明确规定。

☛ 党的基层组织选举如何才能准确、快速地完成计票工作？

为了确保准确、快速计票，实践中，选举人数量多、会议规模大的选举计票工作，一般应按照1名计票人唱票（即按照约定的方法报告被选举人得票情况——编者注）、1名计票人计票（一般在计票单、黑板等计票载体上画"正"字符号——编者注）、1名监票人监督（监督唱票、计票有无错误和计票过程有无违反规定的问题——编者注）、"反计法"（由于一般情况下，每张选票上"赞成票"要远远超过"不赞成票""弃权票"之和，且"被选举人获得赞成票数＝有效票数－不赞成票数－弃权票数"，因此，计票时只需把每张选票上被选举人获得"不赞成票"或"弃权票"统计出来，然后就可按公式计算出被选举人获得的赞成票数，这样计票既准确又快速——编者注）的方法进行。"反计法"举例如下（以1张选票为例）：

选票

符号	○	×	○	○	○	
候选人姓　名	1	2	3	4	5	6

计票单

赞成票						
不赞成票		一				
弃权票						一
候选人姓　名	1	2	3	4	5	6

注意：①候选人得赞成票数＝有效票数－不赞成票数－弃权票数。②用计算机计票的，要根据计算机的计票要求确定计票方法和工具。

党的基层组织选举收回的选票符合哪些情形就可确认为有效票？

党的基层组织选举有效票是指党的基层组织进行选举时收回的选票中符合既定要求的选票。《中国共产党组织工作辞典》解释："在党内选举时，在整个选举过程符合规定程序、选举有效的前提下，每张选票所选的人数等于或少于规定的应选人数为有效票。"

党的基层组织选举收回的选票出现哪些情况就可确认为无效票？

无效票就是我们通常所说的"废票"。党的基层组织选举无效票是和有效票相对的概念，指党的基层组织进行选举时收回的选票中不符合既定要求的选票。根据党章等规定和《中国共产党组织工作辞典》等解释，在党的基层组织选举中，收回的选票出现下列情形，就可确认其为无效票：(1) 选票上的赞成票多于应选名额的为无效票；(2) 选票上选举人表达意愿的符号不符合选举办法的规定，填写不规范且无法辨认的选票为无效票；(3) 选举过程不符合规定程序、违反党章等规定被确认为选举无效的，则收回的选票全部无效。

党的基层组织选举时收回的一些特殊选票应如何判读？

这个问题主要是指在党的基层组织选举中，收回的选票被确认为有效票，但又容易因判断错误而影响统计结果、甚至影响选举结果等问题的选票。下面通过举例进行详细说明。

举例：某基层党委召开党员代表大会进行选举，经预选确定 7 名委员正式候选人。选举办法和选票上都明确规定：①每张选票所选人数等于或少于 7 人的为有效票，多于 7 人的全票作废。②对选票上所列的候选人，赞成的，就在其姓名上方的空格内画"○"；不赞成的，就画"×"；弃权的，不画任何符号；画其他符号的视为弃权。③如要另选他人，就在另选人姓名栏预留的空格内写上自己要选人的姓名，并在其姓名上方的空格内画"○"，不画"○"的无效。规定投弃权票可以另选他人(即把弃权票视同投了反对票——编者注)。如在选举中收回出现下列特殊的委员选票，应根据不同情况加以正确判读：

样票1	符　号	○		○	×	○	○		○	×	符　号	○	○					
	候选人姓　名	丁诚	万诚	韦诚	甘诚	仲诚	宋诚	武诚	俞诚	鲍诚	另选人姓　名	戴诚	金诚					

样票 1 的正确判读：该选票为有效票，丁诚、韦诚、仲诚、宋诚、俞诚、戴诚、金诚各获得赞成票 1 票，甘诚、鲍诚各获得不赞成票 1 票，万诚、武诚各获得弃权票 1 票。

样票2	符　号	○		○	×	○	○		○	×	符　号	○						
	候选人姓　名	丁诚	万诚	韦诚	甘诚	仲诚	宋诚	武诚	俞诚	鲍诚	另选人姓　名	戴诚	金诚					

样票 2 的正确判读：该选票为有效票，丁诚、韦诚、仲诚、宋诚、俞诚、戴诚各获得赞成票 1 票，甘诚、鲍诚各获得不赞成票 1 票，万诚、武诚各获得弃权票 1 票，金诚不计票（因为没有在其姓名上方的空格内划“○”——编者注）。

样票3	符　号	○		○	×	○	○		○	×	符　号	○	○	○				
	候选人姓　名	丁诚	万诚	韦诚	甘诚	仲诚	宋诚	武诚	俞诚	鲍诚	另选人姓　名	戴诚	金诚	于己				

样票 3 的正确判读：该选票为无效票（因为所选人数多于 7 人——编者注）。

样票4	符　号	√		√		√	√		√		符　号							
	候选人姓　名	丁诚	万诚	韦诚	甘诚	仲诚	宋诚	武诚	俞诚	鲍诚	另选人姓　名							

样票 4 的正确判读：该选票为有效票，所有候选人都得 1 票弃权票（因为全部画其他符号或没画任何符号——编者注）。

样票5	符　号	○	√	○	×	○	○		○	×	符　号							
	候选人姓　名	丁诚	万诚	韦诚	甘诚	仲诚	宋诚	武诚	俞诚	鲍诚	另选人姓　名							

样票 5 的正确判读：该选票为有效票，丁诚、韦诚、仲诚、宋诚、俞诚各获得赞成票 1 票，甘诚、鲍诚各获得不赞成票 1 票，万诚、武诚各获得弃权票 1 票（因为画其他符号的视为弃权票，弃权的不画任何符号——编者注）。

样票6	符　号	⊠	○	○	○	○	○	×	○		符　号							
	候选人姓　名	丁诚	万诚	韦诚	甘诚	仲诚	宋诚	武诚	俞诚	鲍诚	另选人姓　名							

样票 6 的正确判读：该选票为有效票，万诚、韦诚、甘诚、仲诚、宋诚、俞诚各获得赞成票 1 票，武诚获得不赞成票 1 票，鲍诚获得弃权票 1 票，丁诚上方的空格内划了其他符号，故获得弃权票 1 票。

样票7	符　号										符　号							
	候选人姓　名	丁诚	万诚	韦诚	甘诚	仲诚	宋诚	武诚	俞诚	鲍诚	另选人姓　名							

样票7的正确判读：该选票为有效票，丁诚、万诚、韦诚、甘诚、仲诚、宋诚、武诚、俞诚、鲍诚各获得弃权票1票。

样票8	符　号	×	×	×	×	×	×	×	×	×	符　号						
	候选人姓　名	丁诚	万诚	韦诚	甘诚	仲诚	宋诚	武诚	俞诚	鲍诚	另选人姓　名						

样票8的正确判读：该选票为有效票，丁诚、万诚、韦诚、甘诚、仲诚、宋诚、武诚、俞诚、鲍诚各获得不赞成票1票。

样票9	符　号										符　号	○	○	○	○	○	○	○
	候选人姓　名	丁诚	万诚	韦诚	甘诚	仲诚	宋诚	武诚	俞诚	鲍诚	另选人姓　名	丁一	王舞	石城	武进	刘彤	寿光	肖元

样票9的正确判读：该选票为有效票，丁一、王舞、石城、武进、刘彤、寿光、肖元各获得赞成票1票，丁诚、万诚、韦诚、甘诚、仲诚、宋诚、武诚、俞诚、鲍诚各得1票弃权票。

☛ 对报告党的基层组织选举计票结果的有关要求有哪些？

党章第二十七条规定："投票结束后，监票人、计票人应将投票人数和票数加以核对，作出记录，由监票人签字并公布候选人的得票数字。"党的基层组织选举时，报告计票结果一般由监票人（设总监票人的由总监票人）向党员大会或党代表大会（党代表会议）或委员会全体会议报告：本次选举有表决权的党员或代表或委员共×××名，实到会有选举权的党员或代表或委员共×××名，发出××选票×××张、××选票×××张，收回××选票×××张、××选票×××张，其中××选票有效票×××张、××选票有效票×××张，被选举人获得的赞成票数（一般只报告被选举人即候选人、另选人获得的赞成票数——编者注）。

说明：《计票结果报告单》文本样例请参阅本书第七章的相关内容。

☛ 党的基层组织选举当选的含义是什么？ 确认当选的原则是什么？

《党组织选举工作手册》对当选的含义作出了"指对选举结果的确认"的解

释。《中国共产党基层组织选举工作暂行条例》第二十八条作出了“实行差额预选时，赞成票超过实到会有选举权的人数半数的，方可列为候选人”、第二十九条作出了“进行正式选举时，被选举人获得的赞成票超过实到会有选举权的人数的一半，始得当选。当选人多于应选名额时，以得票多的当选。如遇票数相等不能确定当选人时，应就票数相等的被选举人重新投票，得票多的当选”的明确规定。以上这些就是党的基层组织选举时必须遵循的确认当选的原则。

注意：《中国共产党支部工作条例(试行)》(中共中央印发，自 2018 年 10 月 28 日起施行，下同——编者注)第十一条规定：表决必须有半数以上有表决权的党员到会方可进行，赞成人数超过应到会有表决权的党员的半数为通过。

☛ 获得赞成票等于实到会有选举权人数半数能否当选?

不能当选。《中国共产党基层组织选举工作暂行条例》第二十九条明确规定：“进行正式选举时，被选举人获得的赞成票超过实到会有选举权的人数的一半，始得当选。”1991 年 8 月 17 日中共中央组织部印发的《党的基层组织选举工作问答(四)》答复：“获得赞成票等于实到会有选举权人数半数的被选举人，不能当选。这是因为，少数服从多数是我们党的一项组织原则。”需要注意的是，党的基层组织在选举前制定的选举办法中必须对当选的原则作出明确的规定和说明。

☛ 党的基层组织选举落选的含义是什么？ 确认落选的原则是什么?

《中国共产党组织工作辞典》对此作出的解释是：“对选举结果的一种确认。在选举有效的前提下，被选举人获得的赞成票未超过应到会(基层党组织为实到会——编者注)人数半数的，不能当选；获得赞成票超过半数的被选举人数多于应选名额时，得票少的落选。”

举例：某党支部召开党员大会进行换届选举，有选举权的党员应到会人数为 33 人、实到会参加选举的人数为 27 人，应选委员 5 人。选举计票结果：丁诚、万诚、韦诚、甘诚、仲诚、宋诚、俞诚 7 名委员候选人获得的赞成票分别是 19 票、17 票、22 票、14 票、26 票、17 票、15 票，在确认选举有效的情况下，7 名候选人全部当选(都超过实到会参加选举的 27 名选举人的半数——编者注)。根据确认当选的原则，甘诚（得赞成票 14 票）、俞诚（得赞成票 15 票）2 名委员候选人获得赞成票数少于其他 5 名委员候选人获得的赞成票数，因此甘诚、俞诚落选。

注意：党的基层组织选举（包括换届选举、补选）委员、常委、书记、副书记、代表，各位候选人获得赞成票数之和不能超过选举人×应选名额。否则，就可能是计票错误或选票分发错误或选举人数清点错误，或者兼而有之。对于本例而言，7 名候选人获得的赞成票数＝19 票＋17 票＋22 票＋14 票＋26 票＋17 票＋15 票＝130 票＜27 人×5 票/人＝135 票。

党的基层组织选举不同计票结果情况下确认当选应注意哪些问题？

党的基层组织选举时，被选举人即候选人获得赞成票数可能出现可以预料和难以预料的情况，这就给确认当选人带来一定困难。党的基层组织选举的计票结果如果出现某些特殊情况，确认当选的总的原则是严格按照党章和《中国共产党基层组织选举工作暂行条例》第二十九条关于“进行正式选举时，被选举人获得的赞成票超过实到会有选举权的人数的一半，始得当选。当选人多于应选名额时，以得票多的当选。如遇票数相等不能确定当选人时，应就票数相等的被选举人重新投票，得票多的当选。当选人少于应选名额时，对不足的名额另行选举。如果接近应选名额，也可以减少名额，不再进行选举”的规定执行。下面通过分析预测党的基层组织进行选举（包括换届选举、补选——编者注）委员、常委、书记、副书记、代表时，以党的总支部委员会召开党员大会选举委员为例（适用于所有党的基层组织召开党员大会或党代表大会或委员会全体会议选举代表、委员、常委、书记、副书记——编者注），详细说明不同选举计票结果情况下确认当选的方法及有关问题的处理。

举例：某党的总支部委员会召开党员大会选举委员，有选举权的党员应到会人数为 53 人、实到会参加选举的人数为 43 人。应选委员 5 人。丁诚、万诚、韦诚、甘诚、仲诚、宋诚 6 名同志为委员候选人。

计票结果 1：丁诚、万诚、韦诚、甘诚、仲诚、宋诚 6 名委员候选人获得的赞成票分别是 33 票、34 票、31 票、22 票、26 票、28 票。则 6 名委员候选人全部当选，丁诚、万诚、韦诚、仲诚、宋诚 5 名获得赞成票数超过甘诚而当选，甘诚落选。

计票结果2：丁诚、万诚、韦诚、甘诚、仲诚、宋诚6名委员候选人获得的赞成票分别是22票、34票、31票、29票、22票、21票。则丁诚、万诚、韦诚、甘诚、仲诚5名同志当选，宋诚落选（获得赞成票数不超过实到会选举人的半数，即至少获得赞成票22票才能当选——编者注）。

计票结果3：丁诚、万诚、韦诚、甘诚、仲诚、宋诚6名委员候选人获得的赞成票分别是22票、34票、31票、29票、23票、22票。则万诚、韦诚、甘诚、仲诚4名同志当选。丁诚、宋诚两位候选人由于获得的赞成票均为22票，不能确定当选人。进行重新投票，丁诚获得赞成票19票、宋诚获得赞成票20票，则宋诚当选（宋诚获得赞成票虽然没有超过实到会选举人的半数，但上一轮选举时已当选，重新选举不需要再超过半数——编者注）。

计票结果4：丁诚、万诚、韦诚、甘诚、仲诚、宋诚6名委员候选人获得的赞成票分别是21票、34票、31票、29票、22票、19票。则万诚、韦诚、甘诚、仲诚4名同志当选。丁诚、宋诚没有当选（获得的赞成票数均没有达到或超过22票——编者注），出现当选人数少于应选名额的情况，把丁诚、宋诚作为委员候选人再次进行选举，丁诚获得赞成票22票、宋诚获得赞成票21票，则丁诚当选、宋诚落选。

计票结果5：丁诚、万诚、韦诚、甘诚、仲诚、宋诚6名委员候选人获得的赞成票分别是21票、34票、31票、29票、22票、19票。则万诚、韦诚、甘诚、仲诚4名同志当选。丁诚、宋诚没有当选（获得的赞成票数均没有达到或超过22票——编者注），出现当选人数少于应选名额的情况，把丁诚、宋诚作为委员候选人再次进行选举，丁诚获得赞成票19票、宋诚获得赞成票21票，则丁诚、宋诚还没有当选（获得的赞成票数均不超过实到会选举人的半数——编者注）。把丁诚、宋诚作为委员候选人再次进行选举，丁诚获得赞成票19票、宋诚获得赞成票22票，则宋诚当选、丁诚落选。

计票结果6：丁诚、万诚、韦诚、甘诚、仲诚、宋诚6名委员候选人获得的赞成票分别是21票、34票、31票、29票、22票、19票。则万诚、韦诚、甘诚、仲诚4名同志当选。丁诚、宋诚没有当选（获得的赞成票数均没有达到或超过22票——编者注），出现当选人数少于应选名额的情况，把丁诚、宋诚作为委员候选人再次进行选举，丁诚获得赞成票19票、宋诚获得赞成票21票，则丁诚、宋诚还都没有当选（获得的赞成票数均不超过实到会选举人的半数——编者注）。

把丁诚、宋诚作为委员候选人再次进行选举，丁诚获得赞成票 17 票、宋诚获得赞成票 19 票，如果经党员大会表决通过的《选举办法》规定“接近应选名额的，不再进行选举”，可以不再进行选举，尽快在适当时候补选 1 名委员（出现这种情况的原因，一般是酝酿推荐委员候选人工作出了问题，这 2 名委员候选人得不到多数党员认可——编者注）。

党的基层组织选举中党员能否请求放弃被选举权？ 应该如何处理？

能。按党章等党内法规、规范性文件和工作问答等规定和说明的精神，党员享有被选举的权利，也有请求放弃被选举的权利；党员在党内选举中，按照规定的程序被提名为党代表大会代表、党的委员会委员或其他党内职务的候选人后，如因健康状况、工作能力，或其他正当原因，自己认为当选以后不能胜任的，可以向党组织提出不作为候选人（包括委员、常委、书记、副书记和代表候选人，下同——编者注）的请求。党组织应充分考虑党员本人的意见，并根据党员的实际情况和多数选举人的意见作出决定；但是如果党员放弃被选举权的请求未获同意，应尊重多数选举人的意见，服从党组织的决定；党员放弃被选举权的请求未获批准，当选以后仍坚持自己的意见或拒不任职的，应看作是违背党的组织原则的行为，也是不尊重选举人意志和不履行党员义务的表现。党组织应按党章等对其进行严肃的批评教育和组织处理，甚至给予必要的党纪处分。

选举结果公布后发现计票有差错怎么正确处理？

《党组织选举工作手册》对此说明：“选举结果公布以后，如发现计票有差错，应及时向选举工作领导机构报告。领导机构应向选举人作出负责的说明，并责成原监票人、计票人重新进行计票，经查对无误后，重新公布选举结果。”

第二章　党的基层组织选举筹备工作

党的基层组织召开党员大会或党员代表大会或委员会全体会议进行选举（包括换届选举、补选班子成员，下同），组织工作十分复杂，只有做好充分筹备工作，才能确保选举工作顺利实施。本章依据党章、《中国共产党基层组织选举工作暂行条例》等党内法规、规范性文件和《中国共产党组织工作辞典（修订本）》、《党的地方和基层组织选举工作流程》（中共党史出版社 2006 年版，下同）、《党组织选举工作手册》等有关规定和解释，对党的基层组织开展选举筹备工作必须掌握的规定和要求进行详细说明，对筹备工作流程进行系统思考和设计，对筹备工作可能遇到的问题进行预测并依规提出解决办法，具体分党的基层代表大会筹备工作流程及领导、党员大会筹备工作流程及领导、选举材料起草及注意事项、党的基层组织选举会务工作、党的基层组织选举宣传教育工作五节来展开，其他的选举筹备工作内容放在后续章节中进行说明，目的是更便于党的基层组织和党务工作者在组织实施选举中参考使用。

第一节　党的基层代表大会筹备工作流程及领导

☛ 党的基层代表大会筹备阶段的工作流程是什么？

根据党章、《中国共产党基层组织选举工作暂行条例》等党内法规的有关规定和《中国共产党组织工作辞典》《党组织选举工作手册》《党的地方和基层组织选举工作流程》等解释，以及党的基层代表大会选举工作的实际需要，党的基层委员会召开党员代表大会进行选举的前期筹备阶段的工作流程如下：(1) 经批准召开党的基层代表大会的基层党组织负责人向上级党组织报告拟召开党员代表大会进行选举的有关事宜，请上级党组织指导把关；(2) 选举单位党组织召开党的委员会全体会议(第一次),讨论决定召开党员代表大会进行选举的有关事宜;(3) 向上级党组织呈报召开党员代表大会进行选举的请示(第一次呈报);(4) 成立党员代表大会筹备工作机构;(5) 成立代表资格审查小组;(6) 发出做好召开党员代表大会筹备工作的通知;(7) 搞好召开党员代表大会的宣传教育工作;(8) 组织指导选好党员代表大会代表;(9) 做好党员代表大会代表资格的审查工作;(10) 组织酝酿推荐选举候选人预备人选名单;(11) 向上级党组织呈报《关于选举候选人预备人选的请示》(第二次呈报)及有关资料;(12) 起草党委、纪委工作报告;(13) 成立党费审查小组,对党费进行审查并写出报告;(14) 提出有关名单,编制代表名册;(15) 做好党员代表大会材料准备工作;(16) 召开党委全委会(第二次),审议党员代表大会的各项筹备工作;(17) 做好临开会前的各项准备工作。

说明: 此流程可根据有关规定和选举工作需要进行调整或增减。有关文本样例请参阅本书第七章的相关内容。

党的基层代表大会筹备工作的主要内容一般有哪些?

根据党章、《中国共产党基层组织选举工作暂行条例》等规定和《党组织选举工作手册》等说明,党的基层委员会召开的党代表大会筹备工作主要内容一般有:(1) 建立党代表大会筹备工作领导机构和工作机构,制订筹备工作计划;(2) 召开党的委员会全体会议,作出召开党代表大会决定;(3) 起草关于召开党代表大会的请示,报上级党委审批;(4) 印发代表选举工作通知,组织指导代表选举单位做好代表选举工作,对代表资格进行初步审查;(5) 做好换届人事安排工作,组织好选举候选人预备人选的推荐、提名、酝酿、考察工作,报上级党委审批;(6) 提出大会领导机构及其组成人员建议名单(一般由党代表大会筹备工作领导机构和工作机构转化而来——编者注);(7) 起草党的基层委员会工作报告、纪律检查委员会工作报告(党的基层委员会没有设同级纪律检查委员会的不需要起草。另外,党的基层纪律检查委员会可以不单独起草工作报告,而把纪律检查方面的内容写进同级党的基层委员会工作报告中,下同——编者注)、党代表大会代表资格审查情况报告、党费收缴使用管理情况报告及其他重要文件、领导讲话、主持词等。(8) 做好党代表大会选举各项准备工作。

(9) 做好党代表大会的宣传报道工作。(10) 做好党代表大会会务准备和安全保卫工作等。

说明：在实际工作中，可根据有关规定和选举需要调整、增减筹备工作内容。

党的基层委员会讨论召开党代表大会有关事宜应作出哪些决定？

这是党的基层委员会召开的集体讨论决定召开党员代表大会进行选举的有关事宜的第一次全体会议。根据《党组织选举工作手册》《党的地方和基层组织选举工作流程》等说明和党组织的实践做法，党的基层委员会一般应于任期届满 1.5—2 个月前，召开党委全会分析召开党员代表大会进行换届选举的条件是否具备，如条件具备，应讨论决定：召开大会的时间；大会的指导思想、任务和主要议程；代表名额、构成比例及选举办法；下届党委委员、常委、书记、副书记和纪委委员、书记、副书记名额及两委委员选举方式。在实际工作中需要注意两个问题：(1) 设常务委员会的基层党委应先召开常委会(党的基层组织一般不设常务委员会——编者注)，提出意见，再提交党委会全体会议讨论通过，常委会的议题同上；(2) 如果换届选举条件不具备，应讨论决定延期召开党员代表大会进行换届选举，会后要立即向上级党组织呈报《关于延期召开党员代表大会进行换届选举的请示》，经上级党组织同意后，方可延期换届。

说明：有关文本样例请参阅本书第七章的相关内容。

党的基层组织如何做好党员代表大会筹备工作的组织领导工作？

《党组织选举工作手册》对此说明："召开党代表大会进行换届选举的，党代表大会的筹备工作应在党的委员会(对党的基层组织而言，指党的基层委员会，下同——编者注)领导下进行。党的委员会认为有必要时(党代表大会规模大，筹备任务重，党委设立组、宣、办、纪委等部门的——编者注)，也可以建立党代表大会筹备工作领导小组，具体负责党代表大会筹备工作的组织领导(没有必要成立筹备工作领导小组的，由组织召开党代表大会的党的基层委员会直接领导党代表大会的筹备工作——编者注)。但筹备工作中的重大问题，比如，召开党代表大会的决议，提交大会的党委、纪委工作报告和下一届党委、纪委组成的原则，以及大会组织中的有关重大问题等重大事项，必须提交党的委员会全体会议讨论决定。”需要特别注意的问题是，党的基层代表大会筹备工作领导小组一般由组织召开党代表大会的党的基层委员会领导成员组成，书记或副书记任组长。

党的基层组织召开党代表大会的筹备工作机构应该如何设置？

党的基层委员会召开党代表大会进行选举的请示经上级党组织批准后，即可成立党代表大会筹备工作机构，认真做好党代表大会的筹备工作。《党组织选举工作手册》对此的要求是：“根据工作需要，党的委员会（对党的基层组织而言，指党的基层委员会，下同——编者注）成立党代表大会筹备工作领导小组的，可从党的委员会有关部门抽调有经验的同志组成若干工作小组，如人事安排小组、代表选举工作小组、文件起草工作小组、会务准备工作小组、宣传工作小组等，分别负责党代表大会筹备工作的有关事宜。”在实际工作中需要注意三个问题：(1) 筹备工作全部准备就绪、党代表大会召开后，筹备工作各小组即转为党代表大会秘书处下设的工作小组；(2) 如果党代表大会筹备工作不需要，可不成立党代表大会筹备工作机构，由党委直接领导，但必须指定党委班子成员或其他有经验的同志，专人负责做好各项筹备工作。(3) 成立筹备工作机构应由召开党的基层代表大会的党的基层委员会全体会议集体讨论决定。

党的基层组织召开的党代表大会工作机构秘书组的任务是什么？

党的基层代表大会是否设立党代表大会工作机构秘书组（文件起草工作小组），根据党代表大会的工作需要确定。设立的，这个小组组长一般由党委负责同志担任。根据《党组织选举工作手册》等说明和党代表大会选举工作的需要，党代表大会工作机构秘书组的主要任务有：(1) 起草大会文件（包括开幕词、闭幕词，两委工作报告及决议草案等——编者注）；(2) 负责大会期间的记录及联络工作，收集大会讨论情况；(3) 负责上述会议文件的打印、校对、装订及分发；(4) 负责会议文件的整理归档。

说明：①设立秘书组或文件起草工作小组的，其任务可根据有关规定和党代表大会选举工作的需要，由召开党代表大会的党委进行补充或调整。②不设立秘书组的，由党委直接领导，指定专人负责完成上述任务。③上述任务包含了会前筹备工作和会中实施工作。④有关文本样例请参阅本书第七章的相关内容。

党的基层组织召开党代表大会工作机构组织组的任务是什么？

党的基层代表大会是否设立党代表大会工作机构组织组（即人事安排工作小组或代表选举工作小组——编者注），根据有关规定和党代表大会工作需要确定。设立的，组织组的组长一般由党委负责同志或组织部门负责同志（没有党委组织部的，为党委组织委员——编者注）担任。根据《党的地方和基层组织选举工作流程》《党组织选举工作手册》等说明和党代表大会选举工作的需要，党的基层代表大会工作机构组织组的任务主要有：(1) 起草召开党员代表大会的通知；(2) 组织指导代表的选举工作，汇总代表名单，提出列席人员、邀请人员名单；(3) 编制代表名册和代表编组名单；(4) 提出大会主席团、秘书长建议名单，以及大会执行主席的分组建议名单；(5) 提出党委委员、常委、书记、副书记和纪委委员、书记、副书记候选人预备人选名单，起草候选人的基本情况介绍；(6) 起草选举办法和填写选票注意事项的说明，印制选票；(7) 安排大会日程，大会召开时负责统计每天到会人数；(8) 起草大会有关会议的主持词；(9) 培训总监票人、副总监票人、监票人和总计票人、计票人；(10) 做好党委、纪委第一次全体会议的准备和组织工作；(11) 负责上述文件的打印、校对、装订及分发。

说明：①其任务可根据有关规定和党代表大会选举工作需要，由召开党代表大会的党委进行调整或增减。②不设立组织组的，由党委指定专人负责完成上述任务。③上述任务包含了会前筹备工作和会中实施工作。④有关文本样例请参阅本书第七章的相关内容。

党的基层组织召开党代表大会工作机构会务组的任务是什么？

党的基层组织召开党代表大会是否设立大会会务组或会务准备工作小组，应根据规定和党代表大会工作需要确定。设立会务组的，其组长一般由党委办公厅（室）负责同志［没有党委办公厅（室）的，应由党委明确一名班子成员］担任。根据中共中央组织部的有关要求和党代表大会选举工作的需要，党的基层代表大会工作机构会务组的任务主要有:(1) 负责大会的宣传教育工作,编写印发宣传资料;(2) 负责代表证等各种证件佩条和文件袋的制作;(3) 负责会场的布置;(4) 负责邀请和接待上级领导及来宾;(5) 组织代表报到;(6) 收发会议讨论记录本;(7) 通知各次会议与会人员参加会议;(8) 负责会议期间的宣传报道、环境布置、照相(包括音像资料的录制及管理工作——编者注)及文娱活动安排等。

说明:①会务组或会务准备工作小组的任务可根据有关规定和党代表大会选举需要,由召开党代表大会的基层党委进行调整或增减。②不设立会务组或会务准备工作小组的,由党委指定专人负责完成上述任务。③上述任务包含了会前筹备工作和会中实施工作。

☛ 党的基层组织召开党代表大会工作机构生活组的任务是什么?

党的基层组织召开党代表大会进行选举,一般是不需要设立生活组的。需要设立生活组的,其任务可按照《党的地方和基层组织选举工作流程》等有关说明加以把握,即:负责安排代表的住宿、代表讨论地点和会务用房;负责代表就餐等事宜;负责会议用车;负责安排大会期间的卫生保健等事宜;负责会场秩序和安全保卫工作。

说明:①生活组的任务由召开党代表大会的基层党委进行调整或增减。②不设生活组的,由党委直接领导,指定专人负责完成上述任务。③上述任务包含了会前筹备工作和会中实施工作。

☛ 党的基层组织召开党代表大会工作机构保卫组的任务是什么?

党的基层组织召开党代表大会进行选举,是否设立保卫组,根据有关规定和党代表大会实际需要确定。根据工作问答、各地经验和党员代表大会工作需要,代表人数较多的单位,还应成立保卫组。保卫组的主要任务一般有:(1) 承担安全保卫方面的事宜,包括各个会场、代表驻地以及代表集体外出活动的安全保卫、警卫工作;(2) 负责会场和代表驻地车辆疏导;(3) 协助会务组搞好证件的查验工作等。

说明:①大会保卫组根据有关规定和党代表大会工作需要设立,其任务由召开党代表大会的基层党委调整或增减。②不成立保卫组的，由党委直接领导，指定专人负责完成上述任务。③上述任务包含了会前筹备工作和会中实施工作。

党的基层委员会全体会议审议党员代表大会筹备工作哪些事项？

在党的基层代表大会各项筹备工作基本结束后，即应召开第二次党的基层委员会全体会议（召开党的基层代表大会预备会议前的最后一次党委全体会议——编者注），听取和审议党员代表大会各项筹备工作的情况汇报。《党组织选举工作手册》《党的地方和基层组织选举工作流程》等对本次全体会议要审议通过的事项作出的说明是：党委、纪委工作报告；代表资格审查报告；党费收缴、使用和管理情况的报告；大会议程和日程安排；大会主席团和秘书长建议名单；大会执行主席分组建议名单；列席人员、邀请人员名单；党委、纪委委员候选人预备人选名单和大会选举办法（草案）；党委常委（设常务委员会的党的基层委员会——编者注）、书记、副书记和纪委书记、副书记候选人预备人选名单和选举办法（草案），以及大会会务工作中的其他有关事项。

说明：有关文本样例请参阅本书第七章的相关内容。

第二节　党员大会筹备工作流程及领导

党的基层组织召开党员大会进行选举的筹备工作流程是什么？

根据党章、《中国共产党基层组织选举工作暂行条例》等规定和《党组织选举工作手册》等解释，以及召开党员大会进行选举工作的实际需要，召开党员大会进行选举的前期筹备工作的流程一般是：(1) 召开党员大会的党的基层组织负责人向上级党组织报告拟召开党员大会进行选举的有关事宜，请上级党组织指导把关；(2) 召开委员会第一次全体会议（不设委员会的党支部为支部大会，下同——编者注）研究决定召开党员大会进行选举的有关事项；(3) 向上级党组织呈报关于召开党员大会进行选举的请示（第一次呈报请示）；(4) 召开委员会第二次全体会议研究召开党员大会进行选举的筹备事项；(5) 做好党员大会材料和会务准备工作；(6) 搞好召开党员大会进行选举的宣传教育工作；(7) 组织酝酿、推荐选举候选人初步人选；(8) 召开委员会第三次全体委员会议，确定选举候选人预备人选等有关事项；(9) 向上级党组织呈报关于选举候选人预备人选的请示(第二次呈报请示)；(10) 召开所属党组织(党支部召开党员大会选举的为党小组，下同——编者注)负责人会议；(11) 向所属党组织(党小组)或全体党员发出召开党员大会进行选举的通知；(12) 做好临开会前各项工作如布置好会场、准备选举工具等。

党的基层组织召开党员大会进行选举筹备工作一般包括哪些内容？

根据党章、《中国共产党基层组织选举工作暂行条例》等有关规定和中央组织部的有关要求，以及召开党员大会进行选举的工作需要和实践做法，召开党员大会进行选举的筹备工作内容一般有：(1) 根据需要建立党员大会筹备工作领导机构和工作机构，制订筹备工作计划；(2) 召开委员会第一次全体会议(不设委员会的党支部应召开支部大会，下同——编者注)，作出召开党员大会进行选举的决定；(3) 起草关于召开党员大会进行选举的请示，报上级党组织审批；(4) 做好换届人事安排工作，组织好选举候选人的推荐、提名、酝酿、考察工作，报上级党组织审批；(5) 起草委员会工作报告、纪律检查委员会工作报告(党的总支部委员会、支部委员会、党的基层委员会不设立同级党的基层纪律检查委员会的都不涉及。另外，经上级党组织批准，也可把纪律检查工作情况写入同级党的基层委员会工作报告，不单独起草党的基层纪律检查委员会工作报告——编者注)；(6) 起草党费收缴使用管理情况报告；(7) 起草选举办法、主持词及其他文件、领导讲话等；(8) 做好党员大会选举准备工作；(9) 做好党员大会的宣传报道工作；(10) 做好党员大会会务准备等。

委员会第一次全体会议讨论召开党员大会进行选举应作出哪些决定？

这是组织选举的党的基层组织设立的委员会召开的集体讨论决定召开党员大会进行选举的有关事宜的第一次全体会议(不设委员会的党支部为支部大会，下同——编者注)。《党组织选举工作手册》《党的地方和基层组织选举工作流程》解答精神和要求是：在党的基层委员会(总支部委员会、支部委员会)任期届满之前(一般提前一至二个月)，召开委员会全体会议研究召开党员大会进行换届选举的有关事宜，包括是否按期进行换届选举，确定召开党员大会时间、指导思想、主要议程；下届党的委员会（纪律检查委员会）委员、书记、副书记名额（设常务委员会的还包括常委——编者注）及提名和选举产生办法等。需要注意两个问题：(1) 设常务委员会的基层党委应先召开常委会议，提出意见，再提交党委会全体会议讨论通过，常委会议的议题同上；(2) 如换届选举条件不具备，应讨论决定延期召开党员大会进行换届选举，会后立即向上级党组织（指具有审批权限的党委或党组或党的机关工作委员会，下同——编者注）呈报《关于延期召开党员大会进行换届选举的请示》，报上级党组织同意。

注意：《中国共产党党和国家机关基层组织工作条例》(2019 年 11 月 19 日中共中央政治局会议修订，中共中央于 2019 年 12 月 27 日印发，下同——编者注）第三十七条规定："机关党的基层委员会（含不设党的基层委员会的总支部委员会、支部委员会）的设置调整、换届、委员会组成以及机关党的纪律检查委员会的组成，书记、副书记的任免等，经党组（党委）讨论决定后，报党的机关工作委员会审批"。

☛ 党的基层组织召开党员大会进行选举如何成立筹备工作机构？

召开党员大会进行选举（包括换届选举、补选）的请示经上级党组织批准后，组织选举的党的基层组织即应根据党员大会的规模和实际需要，成立党员大会筹备工作机构，认真做好筹备工作。根据党章、《中国共产党基层组织选举工作暂行条例》等规定和党员大会选举工作的需要，成立党员大会筹备工作领导小组一般由党委书记、副书记、委员和党委组、宣、办、纪委等部门负责人组成，根据需要可下设秘书组、组织组、会务组、生活组、保卫组等，分工负责具体筹备工作，做到责任明确，按期完成。党员大会筹备工作全部准备就绪后，各小组即转为党员大会的工作机构。在实际工作中，党员人数少、会议规模小的党的基层组织召开党员大会进行选举，如果党员大会筹备工作不需要，可不成立筹备工作机构，由委员会（不设委员会的党支部为支部书记——编者注）直接领导，指定专人负责做好各项工作。

☛ 党的基层组织召开党员大会设立的工作机构秘书组的任务是什么？

党的基层组织召开党员大会进行选举，是否必须设立党员大会工作机构秘书组，应根据有关规定和党员大会的工作需要确定。设立秘书组的，其组长一般由党的基层组织办公厅（室）负责同志或委员会班子成员[不设办公厅（室）的党的基层组织]担任。根据工作问答，党员大会秘书组的主要任务一般有：(1) 起草党员大会文件（委员会的工作报告及决议草案等——编者注）；(2) 负责党员大会期间的记录及联络工作，收集党员大会讨论情况；(3) 负责上述会议文件的打印、校对、装订及分发；(4) 负责党员大会文件的整理归档等。

说明：①设立党员大会秘书组的，其任务可根据有关规定和党员大会选举工作的需要，由召开党员大会的党的基层组织设立的委员会进行补充或调整。②不设秘书组的，由党的基层组织设立的委员会或不设委员会的党支部书记直接领导，指定专人负责完成上述任务。③上述任务包含了党员大会会前筹备工作和会中实施工作。④有关文本样例请参阅本书第七章的相关内容。

☛ 党的基层组织召开党员大会设立的工作机构组织组的任务是什么？

党员大会要不要设立大会工作机构组织组，应根据有关规定和党员大会工作需要确定。设立的，组织组的组长一般由党的基层组织设立的委员会负责同志（组织委员）或党的基层组织组织部门负责同志担任。组织组的主要任务一般有：(1) 起草召开党员大会的通知；(2) 组织酝酿推荐提出党的基层组织设立的委员会委员、常委、书记、副书记候选人预备人选名单及其基本情况介绍；(3) 起草选举办法和填写选票注意事项的说明，印制选票；(4) 安排党员大会日程，党员大会召开时负责统计每天到会人数；(5) 起草党员大会主持词；(6) 培训总监票人、副总监票人、监票人和总计票人、计票人；(7) 做好党的基层组织设立的委员会第一次全体会议的准备和组织工作；(8) 负责上述文件的打印、校对、装订及分发。

说明：①设立组织组的，其任务可根据有关规定和党员大会的需要进行调整或增减。②不设组织组的，由党的基层组织设立的委员会指定专人负责完成上述任务。③上述任务包含了会前筹备工作和会中实施工作。④有关文本样例请参阅本书第七章的相关内容。

党的基层组织召开党员大会设立的工作机构会务组的任务是什么?

党的基层组织召开党员大会进行选举是否设立会务组，应根据有关规定和党员大会选举工作需要确定。设立会务组的，其组长一般由党委办公厅(室)负责同志或一名班子成员[没有办公厅(室)的党的基层组织]担任。党员大会工作机构会务组的主要任务一般是:(1) 负责党员大会的宣传教育工作，编写印发宣传资料;(2) 负责党员大会各种证件佩条和文件袋的制作发放;(3) 负责党员大会会场布置;(4) 负责邀请、接待上级领导及来宾;(5) 组织党员报到;(6) 收发党员大会讨论记录本;(7) 通知与会人员参加党员大会;(8) 负责党员大会期间的宣传报道、环境布置、照相(包括音像资料的录制及管理工作——编者注)及文娱活动安排等。

说明: ①设立会务组的，其任务可根据有关规定和党员大会选举需要进行调整或增减。②不设会务组的，由党的基层组织设立的委员会指定专人负责完成上述任务。③上述任务包含了会前筹备工作和会中实施工作。④有关文本样例请参阅本书第七章的相关内容。

党的基层组织召开党员大会设立的工作机构生活组的任务是什么?

召开党员大会进行选举有没有必要设立专门的生活组，根据党员大会的实际情况确定。需要设立生活组的，其组长一般由党的基层组织办公厅(室)负责人或党的基层组织一名班子成员[没有办公厅(室)的党的基层组织]担任。其主要任务一般有:(1) 负责安排与会人员的住宿、大会讨论地点和会务用房;(2) 负责与会人员就餐等事宜;(3) 负责党员大会用车的安排和调度;(4) 负责安排党员大会期间的卫生保健等事宜;(5) 负责会场秩序和安全保卫工作。

说明: ①设立生活组的，其任务可根据有关规定和党员大会的实际需要进行调整或增减。②不设生活组的，由党的基层组织设立的委员会或不设委员会的党支部书记直接领导，指定专人负责完成上述任务。③上述任务包含了会前筹备工作和会中实施工作。④有关文本样例请参阅本书第七章的相关内容。

党的基层组织召开党员大会设立的工作机构保卫组的任务是什么?

党的基层组织召开党代表大会进行选举，要不要设立保卫组，应根据有关规定和党员大会需要确定。成立保卫组的，其主要任务一般有：(1) 承担安全保卫方面的事宜，包括各个会场、党员驻地以及党员集体外出活动的安全保卫、警卫工作；(2) 负责党员大会会场和党员驻地的车辆疏导工作；(3) 协助会务组搞好证件的查验工作等。

说明：①设保卫组的，其任务可根据有关规定和党员大会选举的实际需要进行调整或增减。②不设保卫组的，由党的基层组织设立的委员会或不设委员会的党支部书记直接领导，指定专人负责完成上述任务。③上述任务包含了会前筹备工作和会中实施工作。④有关文本样例请参阅本书第七章的相关内容。

委员会第二次全体会议应对党员大会哪些筹备事项进行讨论？

在党员大会各项筹备工作基本结束后，即应召开第二次党的基层组织设立的委员会全体会议（召开党员大会进行选举前的最后一次委员会全体会议——编者注），听取和审议党员大会各项筹备工作的情况汇报。《党的地方和基层组织选举工作流程》对本次委员会全体会议要审议通过的事项作出的说明是：“召开党员大会进行换届选举的请示经上级党组织批准后，即可召开委员会全体会议（不设委员会的党支部为支部大会，下同——编者注），研究召开党员大会的筹备事项，包括对党员进行召开党员大会的目的、意义和党的民主集中制、党员权利及义务的宣传教育工作；组织酝酿、推荐下届委员会委员、书记、副书记候选人预备人选；起草委员会的工作报告，党费收缴、使用和管理情况的报告等文件。党委（总支部、支部）领导成员对各项筹备工作实行分工负责。”

注意：设常务委员会的党的基层委员会，要在这次会议上确定组织酝酿、推荐下届常委候选人预备人选的有关事宜。

党的基层组织召开委员会第三次全体会议要确定党员大会哪些事项？

选举候选人初步人选酝酿、推荐完成后，即应召开委员会全体会议（不设委员会的党支部为支部大会，下同——编者注）集体讨论决定召开党员大会进行换届选举的有关事宜。《党的地方和基层组织选举工作流程》明确指出：“根据对下届委员会委员（纪委委员）候选人初步人选的考察结果确定下届委员会委员（纪委委员）候选人预备人选，并提出书记、副书记候选人预备人选，报上级党组织（指具有审批权限的党委或党组或党的机关工作委员会，下同——编者注）审批。党的总支部委员会、支部委员会也要召开委员会全体会议（不设委员会的党支部为支部大会——编者注），根据支部或党小组对下届党的总支部委员会、支部委员会委员候选人初步人选的酝酿中多数党员的意见（以及考察结果）确定候选人预备人选（包括常委、书记、副书记候选人预备人选——编者注），报上级党组织审批。”

注意：党的基层委员会、总支部委员会、支部委员会还可以根据党员大会的需要，在这次会议上审议通过党的基层组织设立的委员会（纪律检查委员会）的工作报告，党费收缴、使用和管理情况的报告等文件。

☛ 党的基层组织召开所属党组织（党小组）负责人会议内容有哪些？

收到上级党组织对下届党委（纪委）或党总支委员会或党支部委员会组成人员候选人预备人选的批复后，党的基层组织设立的委员会即可召开所属各党组织负责人或各党小组长会议。根据《党的地方和基层组织选举工作流程》对会议主要内容的说明和基层党组织的经验做法，介绍党员大会前期筹备工作情况，确定党员大会召开具体日程、召开具体时间和地点，对如何开好大会向党员提出要求，确定召开大会的其他有关注意事项。

第三节　选举材料起草及注意事项

☛ 党的基层组织召开党代表大会进行选举需要起草哪些会议材料？

党的基层组织召开党的基层代表大会进行选举，做好党员代表大会文件材料的准备工作，是开好党代表大会的基础和保证。因此，一定要精心组织、精心准备、精心起草，保质保量地按时完成。会议材料一般可分为以下几类：(1) 通知类。包括发给与会人员的有关会议通知、会议须知、作息时间表、会议日程安排、大会工作机构及联系电话表等。(2) 名册类。包括代表名册、列席人员和来宾名册，大会工作人员名册，大会主席团成员、主席团常委建议名单、代表资格审查委员会成员建议名单、大会秘书长和副秘书长建议名单、选举候选人预备人选名单、各类选票等。(3) 文件材料类。主要有党的基层委员会工作报告、纪律检查委员会工作报告、有关决议(草案)、选举办法(草案)、会议简报等。(4) 其他会议材料。包括大会文件材料的分发流程表,正式代表、列席人员、工作人员发文目录单,各代表团(组)的发文单,供会务工作人员使用的各种表单,如报到时使用的报到表、报到情况统计表、分发文件登记表、召开全体会议和代表团(组)会议代表出席情况单、各种会议记录的封皮等。

说明: ①上述文件材料,有的在党代表大会召开之前就应准备好,有的在会议期间、会后才能印制,必须有计划、有步骤地进行,而且绝不能出差错,否则就会影响会议的顺利进行。②所列会议材料是从最复杂的情况考虑的,大部分党的基层组织召开党代表大会选举不需要起草这么多会议材料。在实际工作中,要根据有关规定、从党代表大会实际出发,确定需要起草的会议材料。③有关文本样例请参阅本书第七章的相关内容。

党的基层代表大会筹备工作阶段要准备的选举材料有哪些?

为了便于党的基层组织细致全面做好党代表大会筹备阶段的材料起草工作,本书从严格落实党章、《中国共产党基层组织选举工作暂行条例》等党内法规有关规定和中共中央组织部有关要求、党的基层代表大会顺利召开的需要出发,结合党的基层组织的实际情况,把在党的基层代表大会召开之前要做好的材料起草准备工作归纳如下:(1) 起草向上级党组织(指具有审批权限的党委或党组或党的机关工作委员会,下同)呈报的关于召开党代表大会进行选举的请示;(2) 起草关于做好召开党员代表大会筹备工作的通知;(3) 起草关于做好酝酿推荐选举候选人预备人选的通知;(4) 起草向上级党组织呈报的关于选举候选人预备人选的请示;(5) 起草大会开幕词、闭幕词和选举工作主持词;(6) 起草党的基层委员会(纪律检查委员会)工作报告及决议(草案);(7) 起草关于党费收缴、使用和管理情况的报告;(8) 起草大会议程和日程安排;(9) 起草大会选举办法(草案);(10) 起草关于填写选票注意事项的说明;(11) 起草新一届党的基层委员会(纪律检查委员会)委员候选人建议名单及候选人基本情况介绍;(12) 起草新一届党的基层委员会常委、书记、副书记和纪委书记、副书记候选人建议名单;(13) 起草新一届党的基层委员会(纪律检查委员会)第一次全体会议选举办法(草案);(14) 起草上一届委员会负责同志在代表团(组)召集人会议上的讲话稿;(15) 起草党代表大会预备会议、正式会议、主席团会议和新一届党的基层委员会(纪律检查委员会)第一次全体会议等主持词;(16) 起草选票式样和清点人数报告单、分发选票报告单、收回选票报告单、计票单、计票结果报告单等;(17) 起草关于参加党员代表大会的通知;(18) 起草党代表大会须知等。

注意: ①党组织主要负责同志要加强督促检查,协调好各方面工作,做到重大问题集体讨论决定,并经常与上级党组织沟通情况。②在实际工作中,具体起草哪些材料应根据有关规定、从党代表大会实际出发确定。③有关文本样例请参阅本书第七章的相关内容。

☛ 党的基层组织召开党员大会选举的筹备工作阶段要准备哪些材料?

党的基层组织召开党员大会进行选举(包括换届选举、预选)的实践证明,充分做好党员大会有关材料准备工作,是开好党员大会的基础和保证。因此,一定要高度重视、精心组织、认真起草。根据严格落实党章等有关规定和中央组织部有关要求、保证党员大会选举工作顺利进行的需要,在党员大会筹备工作阶段一般要认真细致地做好以下党员大会材料的起草准备工作:(1) 起草关于召开党员大会进行选举的请示;(2) 起草关于做好召开党员大会筹备工作的通知;(3) 起草关于做好酝酿推荐选举候选人预备人选的通知;(4) 起草关于选举候选人预备人选的请示;(5) 起草大会议程和日程安排;(6) 起草大会选举办法(草案);(7) 起草党的基层组织设立的委员会(纪律检查委员会)工作报告及决议(草案);(8) 起草关于党费收缴、使用和管理情况的报告;(9) 起草党员大会主持词;(10) 起草新一届党的基层组织设立的委员会(纪律检查委员会)第一次全体会议主持词;(11) 起草新一届党的基层组织设立的委员会(纪律检查委员会)委员候选人预备人选名单及基本情况介绍;(12) 起草新一届基层党委常委、书记、副书记和纪委书记、副书记候选人预备人选及基本情况介绍;(13) 起草新一届党的基层组织设立的委员会(纪律检查委员会)第一次全体会议选举办法(草案);(14) 起草选票和清点人数报告单、分发选票报告单、收回选票报告单、计票单、计票结果报告单等;(15) 起草大会须知;(16) 起草关于参加党员大会的通知等。

注意：①这里所说的党的基层组织设立的委员会，包括党的基层委员会、纪律检查委员会、总支部委员会、支部委员会。②在准备过程中，党组织主要负责同志要加强督促检查，协调好各方面工作，做到重大问题集体讨论决定，经常与上级党组织沟通情况。③在实际工作中，具体起草哪些材料应根据有关规定、从党员大会实际出发确定。④不设支部委员会的党支部召开党员大会选举书记、副书记需要准备的材料，就是上述所列的材料中不包括与委员会有关的材料。⑤有关文本样例请参阅本书第七章的相关内容。

党的基层组织呈报召开党代表大会进行选举的请示包括哪些内容？

党的基层委员会全体会议作出召开党员代表大会的决定后，应及时向上级党组织（指具有审批权限的党委或党组或党的机关工作委员会，下同——编者注）呈报《中国共产党××委员会关于召开第×次党员代表大会进行换届选举的请示》（换届选举时使用——编者注）或《中国共产党××委员会关于召开党员代表大会补选××的请示》（届中补选党的基层组织领导班子成员时使用——编者注）。《党组织选举工作手册》《党的地方和基层组织选举工作流程》对其作出的具体说明综合起来就是：大会召开的时间地点、指导思想、主要议程；代表的名额、构成比例、差额比例及选举办法（补选领导班子成员的党的基层代表大会代表可以是换届选举时选出的代表，也可以重新选举代表。具体请参阅本书其他章节的相关内容——编者注）；下届党委委员、常委、书记、副书记名额和纪委委员、书记、副书记名额及选举办法等[补选领导班子成员的应为补选党的基层委员会（纪律检查委员会）委员或常委或书记或副书记的名额及选举办法等——编者注]。

注意：①如因不具备换届选举条件需延期换届选举的，应及时向上级党组织呈报《中国共产党××委员会关于延期召开党员代表大会进行换届选举的请示》（内容主要包括：不能按期召开党代表大会进行换届选举的党的基层组织的基本情况如任期届满时间等、不能换届选举的缘由、计划何时召开党代表大会进行换届选举等——编者注）。②受双重领导的党组织，应同时抄报上级协管单位党组织。③文本样例请参阅本书第七章的相关内容。

党的基层组织何时向上级呈报召开党代表大会进行选举的请示?

党章、《中国共产党基层组织选举工作暂行条例》等对此没有作具体规定和要求。基层党组织一般应于党的基层委员会第一次全体会议作出召开党代表大会进行选举(包括换届选举、预选)的决定后、召开党代表大会一个半月前向上级党组织(指具有审批权限的党委或党组或党的机关工作委员会,下同——编者注)呈报《中国共产党××委员会关于召开第×次党员代表大会进行换届选举的请示》(换届选举时使用——编者注)或《中国共产党××委员会关于召开党员代表大会补选××的请示》(届中补选党的基层组织领导班子成员时使用——编者注)。

注意:①党的基层委员会召开不是选举的党代表大会的请示,也应按照上述解释把握呈报的时间。②受双重领导的党的基层组织,召开党代表大会的请示应同时抄报上级协管单位党组织。③有关文本样例请参阅本书第七章的相关内容。

党的基层组织向上级党组织呈报召开党员大会请示的内容有哪些?

党的基层组织设立的委员会召开党员大会进行选举的(包括换届选举、补选,下同——编者注),要以书面形式向上级党组织(指具有审批权限的党委或党组或党的机关工作委员会,下同——编者注)呈报《中国共产党××委员会关于召开党员大会进行换届选举的请示》(换届选举时使用——编者注)或《中国共产党××委员会关于召开党员大会补选××的请示》(届中补选党的基层组织领导班子成员时使用——编者注)。根据《党组织选举工作手册》《党的地方和基层组织选举工作流程》等有关解答的精神和党的基层组织的实践做法,召开党员大会进行选举的请示的主要内容一般包括:(1) 召开党员大会的时间地点、指导思想、主要议程;(2) 下届党的基层组织设立的委员会(纪律检查委员会)委员、常委、书记、副书记名额(补选领导班子成员的应为补选委员或常委或书记或副书记的名额——编者注)及提名和选举产生方式等。

说明:根据有关规定和工作问答,①党的支部委员会或不设委员会的党支部进行选举的,可由党支部负责人直接向上级党组织汇报支部委员会全体会议或支部党员大会酝酿讨论的上述情况。②目前,有的基层党组织把召开党员大会的请示与选举候选人预备人选的请示合并在一起，在酝酿推荐产生选举候选人预备人选后，立即向上级党组织呈报《中国共产党××委员会关于召开党员大会进行换届选举及选举候选人预备人选的请示》（换届选举时使用）或《中国共产党××委员会关于召开党员大会补选××及补选××候选人预备人选的请示》（届中补选党的基层组织领导班子成员时使用）。采用这种方式的，党的基层组织负责人要向上级党组织请示报告上述内容、合并请示等有关事项，上级党组织同意后，再立即召开党的基层组织设立的委员会第一次全体会议（不设支部委员会的党支部召开支部党员大会），讨论决定召开党员大会进行选举的有关事宜。③文本样例请参阅本书第七章的相关内容。

党的基层组织何时向上级党组织呈报召开党员大会进行选举的请示？

根据党内工作问答，召开党员大会进行换届选举的：(1) 如果具备换届选举条件、决定按期进行换届选举的，一般在召开党员大会进行换届选举前1—2个月向上级党组织（指具有审批权限的党委或党组或党的机关工作委员会，下同——编者注）呈报，如某党的总支部委员会于2018年5月30日任期届满，则该党总支部委员会应于2018年4月30日前，把换届选举的有关事项报经上一级党组织原则同意后，立即召开委员会全体会议并作出召开党员大会进行换届选举的决定，并于2018年4月30日前向上级党组织呈报《中国共产党××委员会关于召开党员大会进行换届选举的请示》。(2) 如果不具备换届选举条件、决定延期进行换届选举的，要在任期届满前一个半月向上级党组织呈报《中国共产党××委员会关于延期进行换届选举的请示》，如某党的总支部委员会于2018年5月30日任期届满，由于种种原因需要延期换届，应于2018年4月15日前向上级党组织呈报延期换届选举的请示，因为，如果上级党组织不同意延期进行换届选举的，也能有足够的时间完成党员大会的各项筹备工作，从而确保按期进行换届选举。

召开党员大会补选领导班子成员的：(1) 一般应在计划召开党员大会补选班子成员1个月前向上级党组织呈报。如：某党的总支部委员会计划2018年5月下旬召开党员大会补选委员，则该党总支部委员会应于2018年4月下旬前，把补选委员的有关事项报经上级党组织原则同意后，立即召开委员会全体会议并作出召开党员大会补选领导班子成员的决定，应于 2018 年 4 月 30 日前向上级党组织呈报《中国共产党××委员会关于召开党员大会补选××的请示》。(2) 也可以先向上级党组织呈报《中国共产党××委员会关于召开党员大会补选××的请示》，待上级党组织批复后，再组织实施补选工作。

注意：①受双重领导的党的基层组织，应同时抄报上级协管单位党组织。②有关文本样例请参阅本书第七章的相关内容。

党的基层组织设立的委员会工作报告的主要内容是什么？

根据党章等有关规定、中共中央组织部的有关要求和各地各类各级党的基层组织的实践做法，党的基层组织设立的委员会（包括党的基层委员会、总支部委员会、支部委员会，下同——编者注）工作报告的主要内容包括：(1) 回顾和总结过去的工作。全面总结上次代表大会（党员大会）以来的委员会的工作，包括肯定成绩、找出存在的问题、总结经验教训。(2) 提出今后一个时期的目标任务和各项具体任务，以及完成这些任务的措施。(3) 号召广大党员和人民群众紧密团结起来，为圆满完成本地区、本单位的奋斗目标而努力。

党的基层纪律检查委员会工作报告的主要内容是什么？

党的基层纪律检查委员会由党员大会（党的基层代表大会）选举产生，在同级党的基层委员会和上级纪律检查委员会的领导下，向党员大会（党的基层代表大会）负责并报告工作。根据《党组织选举工作手册》关于纪律检查委员会工作报告应包括的主要内容的说明，党的基层纪律检查委员会的工作报告的主要内容包括三个方面：(1) 回顾过去的工作。主要是在同级党委和上级纪律检查委员会领导下，在维护党的章程和其他党内法规，检查党的路线、方针、政策和决议的执行情况，协助党的基层委员会加强党风廉政建设和组织协调反腐败工作等方面所做的工作、取得的成绩及存在的问题。(2) 总结纪律检查工作的基本经验。(3) 提出纪律检查工作的主要任务及措施。

注意：党的基层纪律检查委员会工作报告形成后，先提交纪律检查委员会全体会议讨论通过，再提交同级党的基层委员会全体会议讨论通过，方可向党员大会或党的基层代表大会报告。

党的基层组织设立的委员会工作报告的起草和定稿有哪些要求?

党的基层组织设立的委员会(包括党的基层委员会、总支部委员会、支部委员会,下同——编者注)和党的基层纪律检查委员会的工作报告必须经过委员会(纪律检查委员会)全体会议讨论通过(纪律检查委员会工作报告还必须经同级党的基层委员会讨论通过——编者注)后,方可向党员大会或党的基层代表大会报告。《党组织选举工作手册》《党的地方和基层组织选举工作流程》对如何起草党委、纪委工作报告作出的解答综合起来就是:党委(包括党的总支部委员会、支部委员会、基层纪律检查委员会——编者注)工作报告要在深入调查研究、广泛听取意见的基础上,组织专人撰写,并由党委(纪委、党总支部、党支部——编者注)领导同志负责。报告初稿形成后,要印发所属党组织进行讨论,认真听取所属党组织和党员(代表)意见,进行反复修改,最后经党委会(或党的总支部委员会、支部委员会、基层纪律检查委员会——编者注)定稿。纪委工作报告初稿形成后,要先召开纪委会讨论通过,然后经同级党委会讨论定稿。

党的基层组织如何落实起草委员会工作报告的“四要”要求?

党的基层组织设立的委员会(包括党的基层委员会、总支部委员会、支部委员会,下同——编者注)向同级党员大会(党的基层代表大会)报告工作并接受审议,是党的委员会必须履行的职责,也是党员大会(基层党代表大会)的重要议程。因此,在大会筹备工作中,要把起草好委员会工作报告作为一项重要工作,认真细致做好。在起草委员会工作报告的实际工作中,就是要落实好《党组织选举工作手册》提出的“四要”要求,即:(1) 要实事求是地总结过去,肯定成绩、找出差距,给人以继往开来的信心和动力;(2) 要清醒研判形势,把握机遇、应对挑战,给人以战胜困难的决心和勇气;(3) 要科学规划未来,明确目标、理清思路,给人以开拓进取的方向和希望;(4) 要有务实管用的举措,出实招、办实事、求实效,让群众听得懂、干部好操作、组织能落实。

党的基层组织设立的纪律检查委员会工作报告应该如何通过?

《党组织选举工作手册》对此的要求是:“纪律检查委员会工作报告形成后,先提交纪律检查委员会全体会议讨论通过,再提交同级党的委员会(对于党的基层组织而言，是指党的基层委员会，因为党章第四十五条规定党的总支部委员会、支部委员会设纪律检查委员——编者注）全体会议讨论通过，方可向党的代表大会（或党员大会）报告。”

对党费收缴、使用和管理情况的报告有哪些规定？

2008年2月4日中共中央组织部印发的《关于中国共产党党费收缴、使用和管理的规定》第二十六条明确规定：“党费收缴、使用和管理的情况要作为党务公开的一项重要内容。党的基层委员会（应包括党的总支部委员会、支部委员会——编者注）和各级地方委员会应当在党员大会或者党的代表大会上，向大会报告（或书面报告）党费收缴、使用和管理情况，接受党员或者党的代表大会代表的审议和监督。各级地方党委组织部门应当每年向同级党委和上级党委组织部门报告党费收缴、使用和管理情况，同时向下级党组织通报。党支部应当每年向党员公布一次党费收缴情况。”

党费收缴、使用和管理情况的报告有哪些主要内容？ 由谁起草？

《党组织选举工作手册》对党费收缴、使用和管理情况报告的主要内容作出的进一步说明是：“(1) 党费收缴、使用和管理工作的基本情况。包括党费收支的具体情况；对党费收缴、使用和管理工作的基本评价；做了哪些工作，取得哪些成绩，有哪些经验或体会。(2) 党费收缴、使用和管理工作中存在的问题和主要原因。(3) 改进和加强党费收缴、使用、管理工作的具体意见和措施。”党的基层组织设立的党的支部委员会、总支部委员会、基层委员会的党费收缴、使用和管理情况的报告一般由组织委员（党的基层组织不设组织部门的）或党委组织部门（党的基层组织设组织部门的）负责起草。

说明：文本样例请参阅本书第七章的相关内容。

党的基层组织起草党费收缴使用管理情况报告要注意哪些事项？

《党组织选举工作手册》指出的起草党费收缴使用管理情况报告应该注意的事项有三个方面：“一是坚持实事求是的原则，报告的情况要属实，提供的数据要准确；二是既要肯定过去的工作和取得的成绩，又不回避存在的问题，同时要针对存在的问题，提出改进意见；三是报告要提纲挈领，简明扼要。”

党的基层代表大会党费审查小组的成立及其主要任务是什么？

《党的地方和基层组织选举工作流程》对此作出的说明是：“在党员代表大会召开之前，党委要成立党费审查小组，成员一般由纪委和财务、审计等部门的党员干部、所属党组织负责人组成。其主要任务是：按照上级党组织的规定，对党费的收缴、使用和管理情况进行审查，写出党费收缴、使用和管理情况的审查报告，并负责向代表大会预备会议报告。”

党的基层代表大会如何审议党费收缴、使用和管理情况的报告？

2008 年 2 月 4 日中共中央组织部印发的《关于中国共产党党费收缴、使用和管理的规定》第二十六条明确：“党的基层委员会和各级地方委员会应当在党员大会或者党的代表大会上，向大会报告（或书面报告）党费收缴、使用和管理情况，接受党员或者党的代表大会代表的审议和监督。”根据《党组织选举工作手册》的解释，党的基层委员会召开的党代表大会审议党费收缴、使用和管理情况的报告的做法一般是：党的基层委员会组织部门或党代表大会筹备工作领导小组提出《关于党费收缴、使用和管理情况的报告》，经党的基层委员会讨论通过，提交党代表大会主席团审议通过，列入党代表大会文件以书面形式提请党代表大会审议。也可由党的基层委员会负责同志（或组织部门负责同志）向党代表大会报告。党代表大会主席团还要安排一定的时间请各代表团（组）审议。

党的基层代表大会党费审查小组审查党费的主要内容是什么？

《党的地方和基层组织选举工作流程》说明的审查党费的主要内容是：“管理制度是否健全、落实；收缴手续是否完备；账目是否清楚，单据是否完备；使用支出是否符合规定。”

党的基层代表大会党费审查小组审查党费的一般程序是什么？

根据中央组织部有关要求和党的基层组织的实践做法，党费审查小组审查党费的程序一般是：(1) 负责党费管理的同志做好准备，并向党费审查小组汇报党费收缴、使用和管理情况；(2) 审查小组按照审查内容进行审查；(3) 审查后，写出党费收缴、使用和管理情况的报告，经党委讨论同意后，由党费审查小组负责人向大会预备会议报告，大会表决通过。

注意：党费审查小组按照规定和要求严格审查《关于党费收缴、使用和管理情况的报告》后，要写出《关于党费收缴、使用和管理情况的审查报告》，文本样例请参阅本书第七章的相关内容。

☛ 党员大会如何审议党费收缴、使用和管理情况的报告？

《党组织选举工作手册》解释："党员大会审议党费收缴使用情况报告的做法一般是，党的委员会组织部门(或总支部委员会、支部委员会组织委员)提出党费收缴使用情况报告，经党的委员会(包括党的基层委员会、总支部委员会、支部委员会——编者注)讨论通过，可以书面报告形式提请党员大会审议，也可由党的委员会组织部门负责同志(或总支部委员会、支部委员会组织委员)向党员大会报告，接受审议。党员大会可分组或以党支部(对于党支部来说，也可以党小组——编者注)为讨论单位进行审议。"不设组织部门的一般为委员会的组织委员报告。

☛ 关于做好党员大会或党员代表大会筹备工作的通知包括哪些内容？

党的基层组织召开党员大会或党的基层代表大会进行选举(包括换届选举、补选)的请示经上级党组织批复后，组织召开党员大会或党的基层代表大会的党的基层委员会或总支部委员会或支部委员会(不设委员会的党支部)应立即向所属党组织(对于党支部来说，为党小组或不设党小组的党员——编者注)发出《中共××关于做好召开党员大会(第×次党员代表大会)筹备工作的通知》。《党组织选举工作手册》《党的地方和基层组织选举工作流程》对此作出的说明和要求的精神是：主要内容包括：召开大会的时间；大会的主要议程；代表名额、构成比例、名额分配(附表)；代表条件和产生办法；代表选举工作完成时间及需报的材料；大会筹备工作的组织领导；对所属党组织和党员的号召及要求。按照上述说明和党员大会选举工作的实际需要，党的基层组织发出的《中共×××关于做好召开党员大会筹备工作的通知》的内容一般包括：召开党员大会的时间；党员大会的主要议程；党员大会筹备工作完成时间及需报的材料；党员大会筹备工作的组织领导；对所属党组织（党支部应对所属的党小组，不设党小组的除外——编者注）和党员的号召及要求。

说明：有关文本样例请参阅本书第七章的相关内容。

党的基层组织关于推荐选举候选人预备人选的通知内容有哪些？

党的基层组织设立的委员会（包括党的基层委员会、总支部委员会、支部委员会——编者注）和党的基层纪律检查委员会组成人员候选人名额（含差额）及酝酿产生办法经上级党组织批准后，组织选举（包括换届选举、补选）的党的基层组织即可向所属党组织或党小组（指设立党小组的党支部，不设党小组的党支部直接向党员——编者注）发出推荐选举候选人预备人选的通知，着手进行酝酿提出选举候选人预备人选。根据党章等有关规定和《党的地方和基层组织选举工作流程》《党组织选举工作手册》等对该通知应该包括的主要内容作出的说明和党员大会（党员代表大会）选举工作的需要，党的基层组织发出的《中共××委员会关于推荐换届选举（补选××）候选人预备人选的通知》内容主要包括：(1) 推荐党的基层委员会（纪律检查委员会）或总支部委员会或支部委员会组成人员（补选的为补选委员或常委或书记或副书记——编者注）候选人预备人选名额（含差额）；(2) 推荐候选人应掌握的原则和条件，如德才兼备和班子结构合理的原则，党的基层委员会或总支部委员会或支部委员会成员中党群干部应占多数，党的基层纪律检查委员会成员中专职干部应占多数（根据纪检监察机关转职能、转方式、转作风"三转"新任务新规定新要求，目前有些地方按照中央要求和落实党风廉政建设主体责任、监督责任的实际需要，明确派驻纪检监察机关人员不再担任派驻单位纪检组织成员，如杭州市明确规定"市纪委派驻机构不承担市直单位机关纪委日常工作，派驻机构负责人和工作人员不兼任机关纪委相关职务"，对这些有关规定和要求，在酝酿推荐候选人预备人选中应认真加以落实——编者注），党的基层委员会、纪律检查委员会成员除同级党的基层纪律检查委员会书记外一般不搞交叉重叠（不搞交叉重叠，是指一名候选人不能既是党的基层委员会组成人员候选人，又是同级党的基层纪律检查委员会组成人员候选人——编者注)，党龄必须在一年以上[2019 年 11 月 19 日中共中央政治局会议审议批准、自 2019 年 12 月 30 日起施行的《中国共产党国有企业基层组织工作条例(试行)》第六条对国有企业党委委员的党龄作出了“一般应当有 3 年以上党龄，其中中央企业及其直属企业(单位)、省属国有企业的党委委员应当有 5 年以上党龄”的规定——编者注]等;(3) 推荐的方法。如由党员和群众公开推荐与党组织推荐相结合等办法产生候选人。(4) 做好推荐候选人预备人选的有关要求。如提名前对广大党员和群众进行宣传教育，把提名的原则、程序和基本要求讲清楚，科学分析和运用民主推荐、民主测评结果，综合考虑岗位需求和提名人选的工作实绩、综合素质、班子结构等因素，既要尊重民意，又要防止简单地以票取人。需要特别注意的是，由于各地各类各级党的基层组织酝酿推荐选举候选人的具体规定和要求不尽相同，在实际工作中，必须严格执行党章、《中国共产党基层组织选举工作暂行条例》等党内法规、文件和上级党组织的有关规定。

党的基层组织如何向上级党组织呈报选举候选人预备人选的请示?

在实际工作中，一般由组织换届选举或补选的党的基层委员会(党的基层委员会设常务委员会的由常务委员会——编者注)或总支部委员会或支部委员会于召开党员大会或党员代表大会半个月前，向上级党组织(指具有审批权限的党委或党组或党的机关工作委员会，下同——编者注)呈报《中共××委员会关于换届选举(补选××)候选人预备人选的请示》(需干部主管部门审批的，则应根据上级党组织要求、按照干部管理权限，报干部主管部门审批——编者注)。根据落实党章、《中国共产党基层组织选举工作暂行条例》等有关规定的需要和《党的地方和基层组织选举工作流程》等有关说明，向上级党组织呈报选举候选人预备人选的请示时，还要同时呈报如下相关材料:(1) 党的基层委员会(纪律检查委员会)或总支部委员会或支部委员会委员候选人预备人选名册(必须按姓氏笔画为序排列——编者注);(2) 党的基层纪律检查委员会委员候选人预备人选登记表、名册(根据上级党组织的要求填报。对于有些党的基层组织来讲，一般只需报送按姓氏笔画为序排列的名册——编者注);(3) 常务委员会委员(必须按姓氏笔画为序排列，党的基层组织一般不设常务委员会——

编者注）和书记、副书记（多于1人的要按姓氏笔画为序排列——编者注）候选人预备人选名册；(4) 干部任免审批表和考察材料（应根据上级党组织要求报送，有些党的基层组织选举一般不需要报送——编者注）。

说明： 目前，召开党员大会进行换届选举或补选的党的基层组织，报经上级党组织批准，可以把《关于召开党员大会进行换届选举（补选××）的请示》和《关于换届选举（补选××）候选人预备人选的请示》合并，变“两次请示”为“一次请示”，党的基层组织负责人向上级党组织报告换届选举（补选）的有关事宜、得到上级党组织同意后，即组织酝酿、推荐、确定选举候选人预备人选，向上级党组织呈报《关于召开党员大会进行换届选举（补选××）及选举候选人预备人选的请示》，需要同时报送的相关材料按照前述内容及实际情况确定。有关文本样例请参阅本书第七章的相关内容。

☛ 党的基层组织关于召开党员大会或党代表大会的通知有哪些内容？

收到上级党组织关于同意选举候选人预备人选的批复、党员大会或党员代表大会筹备工作就绪后，即可向所属党组织（对于设党小组的党支部来讲，向所属党小组；不设党小组的党支部，则向本党支部全体党员，下同——编者注）或选举单位（召开党的基层代表大会时）发出关于召开党员大会或党代表大会的通知。《党组织选举工作手册》对召开党员大会的通知一般应包括的内容作出的说明是：“召开党员大会的时间、地点、会期、主要议题、基本要求等。”

注意： ①有选举权的应到会的党员或代表外出较多的党的基层组织，应将党员大会或党员代表大会安排在党员或代表比较集中的时间召开，发通知的时间一般应提前一些。②在通知中可明确要求所属党组织（党小组）采取切实可行的措施，保证所有能参加会议的党员或党员代表都参加会议。③召开党员代表大会的通知，以书面的形式。召开党员大会的通知，一般也以书面的形式，特殊情况时（如党员人数很少的党支部等）也可口头通知。④党的基层组织召开党员大会或党代表大会不能设特邀代表。⑤有关文本样例请参阅本书第七章的相关内容。

第四节　党的基层组织选举会务工作

党的基层组织召开党的基层代表大会临开会时的准备工作有哪些？

实践证明，充分做好党的基层代表大会临开会时的各项准备工作十分重要，必须高度重视，精心组织实施。《党组织选举工作手册》《党的地方和基层组织选举工作流程》等对此的说明是：(1) 打印各种文件材料，并将有关材料装袋；(2) 制作代表证、列席证、工作人员证和监票人、计票人佩条（总监票人和副总监票人、总计票人的佩条，具体根据实际情况确定，没有列席代表和总监票人、副总监票人、总计票人的不制作——编者注）；(3) 准备票箱（票箱大小、数量，根据选举工作的实际需要安排，一般要采用红色票箱——编者注）等选举用具；(4) 布置会场；(5) 向代表（包括列席代表——编者注）发出报到时间、地点的通知（一定要提前通知到每一位代表、列席代表，确保各位代表、列席代表都能提前安排好工作，按时出席、列席会议——编者注）；(6) 联系邀请上级领导（应提前将有关事项告知上级领导——编者注）；(7) 落实代表（包括上级领导、列席代表——编者注）食宿、医疗、会务用车等安排；(8) 组织接待代表（包括上级领导、列席代表——编者注）报到等。

说明：在实际工作中，要根据规定和需要，有领导有计划有步骤地扎实做好党的基层代表大会临开会时的各项会务准备工作。

党的基层组织召开党员大会临开会时的会务准备工作有哪些？

《党组织选举工作手册》《党的地方和基层组织选举工作流程》等对党员大会临开会时需要做好的会务准备工作作出的说明是：编制经费的预算，制作佩条，准备选举用品（投票箱大小、数量，根据选举工作的实际需要设置，一般要采用红色票箱——编者注），布置会场，邀请上级党组织领导等。在准备过程中，组织召开党员大会的党的基层委员会或总支部委员会或支部委员会主要负责同志要加强督促检查，注意协调好各方面工作，做到重大问题集体讨论决定，并注意经常与上级党组织沟通情况、请示报告准备工作。

党的基层组织开展党的基层代表大会会务工作要注意哪些问题?

党的基层代表大会的会务工作,包括党代表大会的会务准备工作和会议期间的会务工作,事情庞杂,头绪繁多,涉及面非常广。实践证明,严密做好党代表大会的会务工作,是开好党代表大会的前提条件和重要保证,总的要求是周密细致、优质高效。根据中共中央组织部要求和大会需要,要注意以下几个方面:(1) 要切实加强领导。大会筹备工作领导机构和大会领导机构要重视会务工作,要设立会务工作机构,抽调党性强、作风正、有会务工作经验的同志做会务工作。要加强检查指导,及时研究解决工作中存在的问题。(2) 要实行责任制。各项会务工作都应有专人负责并实行责任制,做到事事有人管,人人有专责。同时,要加强工作人员之间的协调与沟通,使整个会务工作形成一盘棋,各项工作衔接配套、循序渐进。(3) 对会务工作人员要高标准严要求,既要有高度的政治责任感和组织性、纪律性,又要有认真细致、一丝不苟、精益求精的工作作风。(4) 要注意节约。本着少花钱多办事的精神,使党代表大会既隆重热烈,又不铺张浪费。

注意: 在组织召开党的基层代表大会的全过程,都要严格落实中央八项规定精神和上级党组织的有关规定,坚决防止"四风"问题。

党的基层组织如何加强党员大会或党代表大会会务工作组织领导?

加强对党员大会(党员代表大会)各项会务工作的组织领导,是做好党员大会(党员代表大会)各项会务工作的关键。根据工作问答及各地经验做法,一般:(1) 召开党员大会进行换届选举(补选)的,党员大会的会务工作的组织领导,在党员大会筹备期间,由党的基层组织设立的委员会(包括党的基层委员会或总支部委员会或支部委员会,下同——编者注)负责(不设支部委员会的党支部由支部书记负责——编者注),具体工作由党的基层组织有关部门承担(设工作部门的党委,下同——编者注)或党的基层组织设立的委员会明确党委领导成员具体负责、指定专人承担(不设工作部门的党的基层组织,下同——编者注)。成立党员大会筹备工作领导小组的,可在领导小组下设会务工作小组承担具体工作。党员大会召开期间,由党的基层组织设立的委员会负责,具体工作由党的基层组织有关部门承担或党的基层组织设立的委员会明确班子领导成员具体负责、指定专人承担。(2) 召开党的基层代表大会进行换届选举(补选)的,党代表大会的会务工作的组织领导,在党代表大会筹备期间,由党的基层委员会负责,具体工作由党委有关部门承担(党委不设工作部门的,应该明确党委领导成员具体负责、指定专人承担——编者注)。成立党代表大会筹备工作领导小组的,可在领导小组下设会务工作小组承担具体工作。党代表大会开幕以后,由大会主席团负责,具体工作由大会秘书处及其工作机构承担。

党的基层组织制作党员大会或党代表大会证件种类有哪些?

党的基层组织召开党员大会或党代表大会是十分重要的会议,有的与会人员数量多、会期长,会议组织工作比较复杂。为了适应代表大会组织工作的实际要求,一般都要制作各种必要的会议证件。实践中,规模较大的党的基层代表大会,应根据党内有关要求及需要,通常制作以下四类证件:(1) 证卡类,主要有出席证、列席证、工作证、记者证、签到证,不专门制作佩条的还应根据需要制作总监票人、副总监票人、监票人、总计票人、计票人证等。(2) 证书类,主要有党的基层代表大会代表证,大会选举产生的党委委员、候补委员(根据有关规定确定是否制作,目前党的基层组织设立的委员会不设候补委员——编者注)和纪委委员通知书等。(3) 佩条类,主要有主席团成员佩条,秘书长、副秘书长佩条,来宾佩条,总监票人、副总监票人、监票人佩条,总计票人、计票人佩条等。(4) 其他类,如座位名签、车辆通行证等。党的基层组织召开党员大会进行换届选举或补选的,应根据有关规定和实际需要确定是否制作上述列示的证件,多数党的基层组织召开党员大会一般不需要制作这些证件。

说明: 有关证件样例请参阅本书第七章的相关内容。

党的基层组织制作党员大会或党代表大会证件要注意哪些问题?

党员大会或党代表大会会议证件是证明与会人员身份的标识,主要的目的在于做好会议的组织管理工作,保证大会安全、顺利召开和与会人员的安全。因此,要以严肃认真的态度来做好这项工作。在实际工作中,党的基层组织在证件制作中应根据有关要求及本单位实际,注意以下几个问题:(1) 证件的设计制作应从会议组织管理的需要来安排,要兼顾会议安全和方便工作两个方面，既不能只图简单，影响会议的组织管理；又不能搞得太烦琐，给参加党员大会（党的基层代表大会）的党员（代表）和工作人员带来不便；(2) 在证件设计和色彩运用上，既要便于区别各种不同用途的证件，又要体现党员大会或党员代表大会庄严特征、热烈特点；(3) 民族区域自治地区召开党员大会或党员代表大会，在证件设计、制作中，要充分体现党的民族政策，坚持汉字和少数民族文字并用；(4) 会议证件的管理、发放必须有严格的规则，一般应有专人负责这项工作。

说明：有些党的基层组织召开党员大会进行选举，参加会议的党员和工作人员人数少、规模比较小，相互比较熟悉，故一般不需要制作会议证件。

党的基层组织党员大会或党代表大会文件运行管理要求是什么？

换届选举或补选的党的基层代表大会或党员大会文件种类多、数量大、时限要求紧，有些文件保密要求高。因此，严格按照规定管理好会议文件，显得十分重要。在实际工作中，要根据本单位实际、党代表大会或党员大会的需要，按《党组织选举工作手册》明确要求去做，即："一是大会秘书处和各个代表团都要选派工作认真细致、责任心强的同志负责文件的收发、保管工作。二是要建立文件的收发登记制度，大会秘书处应制发统一的收发文登记表，所有文件的收发都必须如实登记，以防止文件材料漏发和错发。三是收发、运转要及时准确。会议文件要在会前发到有关人员手中。例如党委、纪委的工作报告，一定要在代表大会开幕前发到每一个代表手中。四是严防文件丢失、泄密现象的发生。文件资料的发放必须严格按照规定的发放范围发放。大会闭幕后，要及时按规定搞好文件清退工作。"党员大会文件运行、管理和注意事项应根据上级的有关规定和要求、党员大会顺利召开需要等，参照上述文件运行、管理工作要求去做。

对党的基层组织党员大会或党代表大会生活服务工作要求是什么？

党的基层代表大会和党员大会的生活服务工作主要包括与会人员的食宿安排、医疗保健和会议各项活动的交通保障工作，在实际工作中，根据实际情况和会议需要安排。《党组织选举工作手册》对做好大会的生活服务工作作出了明确说明，即："做好生活服务工作总的要求是，安排细致，服务周到，态度热情，在规定的标准范围内，把与会人员的吃、住、行安排好，保证代表（召开党员大会的为党员——编者注)的身体健康和各项活动的顺利进行,同时又要贯彻勤俭节约的原则,达到既要开好会、又要端正会风的目的。”

党的基层组织开展党员大会或党代表大会生活服务工作要注意什么?

根据《党组织选举工作手册》《党的地方和基层组织选举工作流程》等有关说明,在做党员大会或党的基层代表大会生活服务的实际工作中,要特别注意如下方面:(1) 对参加党员大会或党员代表大会的党员或代表等与会人员的食宿安排,应根据实际情况确定。可以全部安排食宿,也可以部分安排食宿,即主要安排所在城、镇以外的与会人员和必须驻会的工作人员的食宿;(2) 食宿地点的选择,应根据是否便于党员大会或党代表大会的组织和召开,符合大会的安全、保卫条件等因素来决定;(3) 会议车辆的管理调度工作,要安排专人负责,保证参加大会的党员或代表等与会人员准时参加会议组织的各项活动;(4) 医疗保健工作要统筹安排,党员或代表等与会人员集中住宿的每个地点,原则上应设置医疗点,并配备必要的医护人员和常用药品;(5) 在党代表大会召开期间,有条件的地方或单位,应适当安排一些文化娱乐活动和参观,丰富代表的文化生活;(6) 在整个生活服务工作过程中,都要严格落实党风廉政建设和反腐败工作的规定和要求,防止发生违反中央八项规定精神和各级有关党风廉政建设规定的问题,防止发生“四风”问题。

党的基层组织党员大会或党代表大会安全保卫工作及注意事项有哪些?

党的基层组织开展党代表大会或党员大会的安全保卫工作是党代表大会或党员大会会务工作的重要组成部分,越是参会人员多、会议规模大,越是要加强领导,精心组织,制订严密的工作方案。根据《党组织选举工作手册》等有关说明及顺利安全召开大会的需要,开展党的基层代表大会或党员大会的安全保卫工作及注意事项是:(1) 要抽调责任心强、业务技术熟练的人员负责这项工作,有条件的可从保卫部门或保安部门抽调专门人员;(2) 要着重抓好两个方面的工作。一是代表或党员等与会人员的驻地和会议活动场所的安全保卫工作。对会场、代表或党员驻地和其他活动场所的设施,包括房屋建筑、机电设备、消防器材、各种管线等,事先要进行认真细致的安全检查和保密工作的技术性检查。必要时应在代表驻地、会场设立专门的警卫人员。要认真验证,严格执行出入、会客制度。二是要搞好车辆管理和交通管理。需要时,要认真检查党员大会或党代表大会使用的各种车辆并发放专门的汽车通行证。必要时提前对司机进行安全行车和交通法规教育、提出要求。代表或党员乘车所经路线,要合理设计,必要时可以联系协调交通部门,请他们协助指挥,保证行车通畅安全;(3) 在实际工作中,要根据党代表大会或党员大会的需要、参照上述的说明做好党代表大会或党员大会的安全保卫工作。

☛ 党的基层组织编排党员大会或党代表大会日程的注意事项是什么?

进行选举的党的基层代表大会或党员大会的组织工作一般都十分复杂。实践表明,科学合理编排党代表大会或党员大会日程,对保证大会顺利召开、圆满完成各项任务至关重要。从一定意义上说,编排大会日程就是对党代表大会或党员大会任务(议程)的具体实施作出的统筹安排,是一项综合性、计划性、操作性、前瞻性都比较强的工作。在实际工作中,要把党代表大会或党员大会日程编排得科学、合理、严谨、符合实际情况,必须熟知党代表大会或党员大会及其选举工作的基本要求、程序,要安排有一定的组织召开换届选举(补选)党代表大会或党员大会工作经验的同志完成日程编排工作。具体是要根据《党组织选举工作手册》提出的要求和各地各类党的基层组织的实践经验,注意以下几个方面:(1) 编排党代表大会或党员大会的日程要充分考虑会期、会议议程以及拟采用的选举方式等情况。一般可根据党代表大会或党员大会的议程,把大会划分为几个阶段,如党的基层代表大会可把大会划分为预备会议阶段、大会开幕和讨论党的基层委员会(纪律检查委员会)工作报告阶段、选举党的基层委员会(纪律检查委员会)阶段、大会闭幕阶段等。对每个阶段的议程和主要活动作出初步规划,然后再根据会期设计日程;(2) 要根据大会议程的具体内容、议程、活动、要求,合理安排日程。程序性比较强的,如选举委员会应安排得紧凑一些,使其有条不紊,环环相扣。需要代表或党员充分酝酿讨论、发表意见的,如酝酿讨论工作报告、候选人预备人选、重要决议(草案)等,应尽可能把时间安排得充裕一些;(3) 大会日程的文字精练,精准规范,不用生僻字,防止产生歧义、似是而非的问题;(4) 编排要明确具体,使人一目了然。

说明:有关文本样例请参阅本书第七章的相关内容。

党的基层组织编排党员大会或党代表大会日程应包括哪些内容?

在实际工作中,要按照党代表大会或党员大会会务工作需要、委员会全体会议确定的会议日程安排等编排大会日程。根据《党组织选举工作手册》《党的地方和基层组织选举工作流程》说明和提供的文本样例,《中国共产党×××第×次代表大会日程》《中国共产党×××党员大会日程》内容一般应包括:(1) 具体的会议或活动时间,包括上午、下午、晚上,其中有的会议如主席团常务委员会和主席团会议以及全体会议的时间要精确到时、分;(2) 具体的会议或活动内容;(3) 具体的会议或活动详细地点;(4) 具体的会议或活动主持人;(5) 有关注意事项或温馨提醒。

注意:①党的基层代表大会日程由党的基层委员会全体会议集体研究决定并由主席团第一次会议通过。②党员大会日程由党的基层委员会或总支部委员会或支部委员会全体会议集体研究决定。③有些党的基层组织如召开换届选举或补选的党员大会,由于与会人员少、会议规模小、会期比较短等,不需要编排会议日程的也可不专门编排大会日程。

党的基层组织布置党的基层代表大会会场有哪些具体要求?

党的基层组织布置党的基层代表大会会场的总的原则是:"庄严隆重,朴素大方。"根据《党组织选举工作手册》等有关说明和党的基层组织的经验做法,党的基层代表大会会场布置的基本要求是:(1) 主席台台口上方可悬挂红底白字的"中国共产党×××第×次代表大会"大会会标;(2) 在大会主席台正中悬挂由中央组织部指定企业制作的标准党徽,两侧各布五面红旗,红旗下摆放若干松柏盆景;(3) 主席台上可摆放适当花卉盆景;(4) 大会主席台的对面,悬挂一幅反映大会主题或党的基层组织所在单位特点、富有号召力的横标;(5) 会标和横标用字要规范,一般用长宋体;(6) 大会主席团成员一般可在主席台上就座;(7) 设立大会主席团常务委员会的,其成员一般可坐在主席台座席前排;(8) 大会主席团成员的座席一般按姓氏笔画顺序安排;(9) 重要来宾可专设来宾席;(10) 各代表团(组)的座区和座席,可按本地本单位的习惯,由左至右或由中间向两边依次排列,也可根据代表人数纵向排成若干行;(11) 列席会议的人员,一般安排在正式代表座区的后面;(12) 可根据大会的实际情况,在会场布置必要的录音、扩音、录像、拍照设备。

说明: 在实际工作中,党的基层组织布置党员代表大会会场,应根据上述说明并结合本单位实际情况、具备条件和有关规定确定。要严格落实中央八项规定精神,防止出现“四风”等方面的问题等。

党的基层组织如何布置换届选举(补选)的党员大会会场?

党员大会会场布置总的原则应同党的基层代表大会会场布置,就是庄严隆重、朴素大方。在实际工作中,应根据上级规定、本单位的实际情况、具备的条件等确定。参照党的基层代表大会会场布置有关要求和各地经验,党的基层组织可以参考以下方面布置党员大会的会场:(1) 可在大会主席台台口上方悬挂红底白字的“中国共产党×××党员大会”大会会标;(2) 条件具备、党员大会规模大的,可在党员大会主席台正中悬挂标准党徽,两侧各布五面红旗,红旗下摆放若干松柏盆景;(3) 主席台上可摆放适当花卉盆景;(4) 主席台对面,悬挂一幅反映大会主题或本单位特点、富有号召力的横标;(5) 会标和横标用字要规范,一般用长宋体;(6) 党员大会同级的党的基层委员会或总支部委员会或支部委员会组成人员一般应在主席台上就座(设立常务委员会的,常委一般可坐在主席台座席前排——编者注)。列席会议的上级党组织负责人、不是基层党组织班子成员的所在单位主要负责人,在主席台座席前排适当位置就座;(7) 所属党组织(党小组)的党员座区和座席,可按本地本单位的习惯,由左至右或由中间向两边依次排列,也可根据党员人数纵向排成若干行;(8) 没有选举权的预备党员、工作人员等与会人员,一般安排在有选举权党员座区的后面或专门区域。

说明: ①党的基层组织布置党员大会会场,应按照上级党组织的要求、结合本单位的实际情况确定。②如果条件许可、党员大会需要的,应在会场布置必要的录音、扩音、录像、拍照等设备。③投票箱根据选举工作需要设置,一般要采用红色票箱。④要严格落实中央八项规定精神和上级规定,防止出现“四风”等方面的问题。

☛ 党的基层组织必须做好的党员大会的会务准备工作有哪些?

周密做好党员大会的会务工作,对开好党员大会至关重要。《党组织选举工作手册》对党员大会会务准备工作内容的说明是:“党员大会的会务准备工作主要有:起草委员会(包括党的基层委员会、纪律检查委员会或总支部委员会或支部委员会,下同——编者注)工作报告,组织党员酝酿提名新一届委员会候选人预备人选,并报上级党组织审批,印制选票,草拟选举办法(草案),布置大会会场等。”在实际工作中,要根据上级党组织的规定、本基层党组织的实际情况确定会务准备工作内容如有些党的基层委员会要起草会议决议(草案)等。

说明: 有关文本样例请参阅本书第七章的相关内容。

第五节　党的基层组织选举宣传教育工作

☛ 对党的基层组织做好党的基层代表大会宣传工作的要求是什么?

搞好党的基层代表大会宣传教育工作,是党的基层组织开好党员代表大会的重要环节。党的基层代表大会的宣传报道工作,包括会前的宣传教育和会议期间的宣传报道。根据《党组织选举工作手册》《党的地方和基层组织选举工作流程》等有关说明和党的基层代表大会的需要,在实际工作中要特别注意坚持和把握以下几点:(1) 必须坚持马克思列宁主义、毛泽东思想、邓小平理论、“三个代表”重要思想、科学发展观、习近平新时代中国特色社会主义思想为指导,在政治上同党中央保持一致;(2) 必须坚持实事求是的原则,做到客观实在、有根有据;(3) 必须坚持理论与实践相结合和正面宣传为主的方针;(4) 必须严肃宣传纪律。严格按稿件的审批程序办事,不得自行其是;(5) 必须有认真细致的工作作风。宣传报道中涉及人名、地名和各种数据,都要认真核对,确保准确无误;(6) 必须聚焦宣传重点。会前和会议期间的宣传报道,重点各不相同,要围绕不同的重点做好宣传报道工作;(7) 必须加强党的民主集中制和选举知识的宣传教育。会前要通过宣传,提高广大党员、干部和群众贯彻执行党的基本路线的自觉性,更好地统一大家的思想认识,充分调动各方面的积极性,动员各行各业各有关方面都以实际行动迎接党的基层代表大会的召开;(8) 必须加强形势任务宣传。通过会议期间的宣传,使广大党员、干部和群众了解近年来本单位工作的主要成就以及取得这些成绩的基本经验，了解本单位本党组织今后一个时期的主要任务、目标和实现这些目标的基本措施；了解新一届党委领导班子基本情况，造成团结奋进的生动局面，为实现党的基层代表大会提出的各项目标任务而努力奋斗，切实推动本单位各项事业不断向前发展。

☛ 党的基层组织加强党员大会或党代表大会宣传教育的目的意义有哪些？

《党组织选举工作手册》《党的地方和基层组织选举工作流程》等对此解释是：在党委（对于党的基层组织来说，还包括党总支部、党支部——编者注）发出做好召开党员代表大会（对于党的基层组织而言，包括党员大会，下同——编者注）筹备工作的通知后，党组织要通过上党课、过组织生活等形式，在党员中进行召开党代表大会或党员大会目的、意义的教育，使广大党员明确召开党代表大会或党员大会的指导思想和重要意义，自觉认真搞好本职的工作，以实际行动迎接党代表大会或党员大会的召开；进行党的民主集中制和党员权利、义务的教育，使广大党员增强党性观念，激发光荣感和责任感，积极正确地行使自己的民主权利；进行实行差额选举重要意义的教育，使广大党员充分认识实行差额选举有利于发扬党内民主，体现选举人的意志，要求党员以认真负责的态度正确对待党内选举，保证党代表大会或党员大会的顺利召开，圆满完成大会的各项任务。

☛ 党的基层组织如何加强党代表大会宣传报道工作的组织领导？

党的基层代表大会前的舆论宣传工作，在党的基层委员会领导下进行，由党委宣传部门（不设宣传部门的党委由党委宣传委员——编者注）具体组织实施。实践中，要结合自己实际，落实《党组织选举工作手册》对党代表大会宣传报道工作的组织领导提出的“一般在党委全委会作出召开党代表大会的决议以后，就可以配合学习贯彻决议，选举产生代表，推荐提名委员候选人初步人选开展舆论宣传。为了使这项工作有组织、有计划、有步骤地进行，更好地完成各项宣传任务，必要时可成立一个党代表大会舆论宣传小组，在党委领导下开展工作（舆论宣传小组组长一般由党委宣传部负责同志或不设宣传部的党委宣传委员担任——编者注)。舆论宣传小组的任务是,负责制订宣传计划,编发宣传提纲,组织并检查各项宣传计划和内容的落实,及时处理和解决舆论宣传工作中出现的各种问题,协调好各新闻单位之间的关系,及时向党委汇报舆论宣传工作的安排部署和落实情况"和"党代表大会期间的宣传报道工作,在大会主席团的统一领导下进行,由大会秘书处及其工作机构(一般设宣传组)负责组织实施。大会秘书处应根据党代表大会的主题、主要议题和日程安排,制定党代表大会宣传报道工作计划,并对其做出具体部署。同时要做好组织协调工作,做到及时、准确地报道党代表大会情况"等有关要求。

☛ 对党的基层组织开展党员大会宣传报道工作的组织领导有何要求?

党的基层组织设立的委员会(包括党的基层委员会、总支部委员会、支部委员会——编者注)和不设支部委员会的党支部召开党员大会进行换届选举或补选党的基层组织班子成员,是党的基层组织政治生活中的一件大事。组织召开党员大会进行换届选举(补选)的党的基层委员会或总支部委员会或支部委员会(包括不设委员会的党支部)必须高度重视,认真做好党员大会的宣传教育工作,以保证党员大会顺利召开并圆满完成各项任务。《党组织选举工作手册》对此也明确要求:"党员大会的宣传工作与会务工作由党的基层委员会或总支部委员会(支部委员会)负责。"在实际工作中,党的基层委员会召开党员大会的宣传报道工作,由党委宣传部门(设宣传部门的党委)或党委宣传委员(不设宣传部门的党委)具体组织实施;党的总支部委员会、支部委员会召开的党员大会的宣传报道,一般由宣传委员具体组织实施;不设支部委员会的党支部召开的党员大会的宣传报道,应由党支部书记或副书记具体组织实施。

☛ 党的基层组织开展党代表大会宣传教育工作的内容有哪些?

搞好党的基层代表大会宣传教育工作,是开好党代表大会不可或缺的一个重要环节。组织召开党代表大会的党的基层委员会(根据党章规定,党的总支部委员会、支部委员会和不设委员会的党支部,是不能召开党代表大会进行换届选举、补选的——编者注)发出做好召开党员代表大会筹备工作的通知后,即应开展党代表大会宣传教育工作。对于党的基层代表大会宣传教育的形式、目的和内容,《党的地方和基层组织选举工作流程》给出了解释:“党组织要通过上党课、过组织生活等形式,在党员中进行召开党员代表大会目的、意义的教育,使广大党员明确召开党员代表大会的指导思想和重要意义,自觉认真搞好本职工作,以实际行动迎接党员代表大会的召开;进行党的民主集中制和党员权利、义务的教育,使广大党员增强党性观念,激发光荣感和责任感,积极正确地行使自己的民主权利;进行实行差额选举重要意义的教育,使广大党员充分认识实行差额选举有利于发扬党内民主,体现选举人的意志,要求党员以认真负责的态度对待党内选举,保证党员代表大会的顺利召开,圆满完成大会的各项任务。”

☛ 党的基层组织开展党员大会宣传教育工作的内容主要有哪些?

组织召开党员大会进行换届选举(补选)的党的基层委员会或总支部委员会或支部委员会(不设委员会的党支部)发出做好召开党员大会筹备工作的通知(或召开党员大会进行换届选举或补选的请示经上级党组织批准)后,即应进行党员大会的宣传教育工作。党员大会的宣传教育工作的主要内容,《党组织选举工作手册》作出的说明是:“党员大会的宣传工作主要包括,会前对全体党员进行党的民主集中制原则和换届选举的目的、意义的宣传教育,组织党员学习党章、党的基层组织选举工作暂行条例和有关党内文件,使党员了解换届选举的基本要求,了解党的干部政策、干部标准,增强党性观念,积极参与党内事务,在选举中正确行使自己的民主权利。”

☛ 党的基层组织开展党代表大会宣传报道工作的形式主要有哪些?

《党组织选举工作手册》对此的要求是:“无论是党代表大会以前还是党代表大会期间,宣传报道的形式和方法都应该是多种多样的。要通过党报党刊、广播电视、网络、图片宣传等多种手段,以及生动活泼的宣传,使党的路线、方针、政策更加深入人心。”

☛ 党的基层组织开展党代表大会宣传报道应注意的问题是什么?

《党组织选举工作手册》对此的要求是:“一是宣传报道工作必须服从大会

的统一指挥和统一安排，按照大会的统一口径进行，严防出现宣传报道与大会精神不一致的现象，更不能把大会需要保密的内容报道出去。二是宣传报道工作要做到会内会外相结合。既促进会议开好、开成功，又促进会外各项工作任务的完成。三是在抓好重点宣传的同时，要兼顾到各个方面。不仅在宣传内容上要兼顾，还要注意宣传对象的兼顾，比如对代表的宣传，要注意地区的、行业的面，还要考虑领导干部和一般党员代表。四是要注意协调好各新闻单位之间的关系。要提倡互相协作，密切配合，使整个宣传工作有组织、有计划、有步骤、有重点，有条不紊地进行。”对于这些注意事项，在实际工作中要切实加以把握，防止因宣传报道方面的问题影响大会的顺利召开和效果，不能使党的基层代表大会边际效益最大化。

第三章　党的基层代表大会代表选举

实践表明，党的基层委员会经批准召开同级党的基层代表大会进行选举（包括换届选举、补选班子成员，下同），选好党的基层代表大会代表是非常重要的环节，直接决定党代表大会成功与否。因此，必须高度重视党的基层代表大会代表选举工作。为了便于党的基层组织做好党代表选举工作，本章依据党章、《中国共产党基层组织选举工作暂行条例》等党内法规、规范性文件和《党组织选举工作手册》《中国共产党组织工作辞典（修订本）》《党的地方和基层组织选举工作流程》等有关规定和解释，对党的基层委员会组织选举党的基层代表大会代表工作必须掌握的规定和要求进行详细说明，对代表选举工作流程（程序）进行系统思考和设计，对代表选举工作可能遇到的问题进行预测和依规提出解决办法，具体分党的基层代表大会代表名额及构成、党的基层代表大会代表候选人的产生、党的基层代表大会代表的选举、党的基层代表大会代表资格的审查这四节来阐述。

第一节　党的基层代表大会代表名额及构成

☛ 党的基层委员会召开党的基层代表大会代表名额是多少？

党的基层代表大会代表一般为 100 名至 200 名，最多不超过 300 名。《中国共产党基层组织选举工作暂行条例》第七条规定："代表的名额一般为一百名至二百名，最多不超过三百名。"为便于党代表大会各项决议顺利表决通过、党的基层代表大会换届选举（补选）等任务顺利完成，党的基层代表大会代表人数可考虑为奇数（单数）。

党的基层代表大会代表有无任期？ 届期内享有哪些职权？

党的基层代表大会代表有任期。党章第十一条规定："党的各级代表大会代表实行任期制。"根据2008年5月5日中共中央印发的《中国共产党全国代表大会和地方各级代表大会代表任期制暂行条例》第四条、第二十九条的规定，党的基层代表大会代表每届任期与同级党的基层代表大会当届届期相同，如下一届党的基层代表大会提前或者延期举行，其代表任期相应地改变；党的基层代表大会代表在党的基层代表大会召开和闭会期间，享有代表资格，行使代表权利，履行代表职责，发挥代表作用。

说明：党的基层代表大会代表的任期也可以理解为"与同级党的基层委员会的任期一致"，其依据是《党组织选举工作手册》关于"党的基层组织按规定召开党代表大会进行换届选举的，其党代表大会的时限原则上应同党的基层委员会的任期一致"的说明。

确定党的基层代表大会代表名额的原则是什么？ 由谁批准？

《中国共产党基层组织选举工作暂行条例》第七条规定："其具体名额由召集代表大会的党组织按照有利于党员了解和直接参与党内事务，有利于讨论决定问题的原则确定，报上级党组织（指具有审批权限的党委或党组或党的机关工作委员会，下同——编者注）批准。"《党组织选举工作手册》对此要求："党代表大会代表名额，应由召开代表大会的党的委员会（对于换届选举、补选的党的基层组织而言，是指党的基层委员会即基层党委，因为党章规定党的总支部委员会、支部委员会由党员大会选举产生——编者注）根据上级党组织的有关规定，按照有利于充分发扬党内民主，有利于讨论决定问题和代表具有广泛性的原则来确定，并报上一级党的委员会批准。"

注意：《中国共产党国有企业基层组织工作条例（试行）》（2019年11月19日中共中央政治局会议审议批准，自2019年12月30日起施行）第五条规定："中央企业及其直属企业（单位）召开党员代表大会，可以为党组织隶属地方党组织的下一级企业（单位）分配代表名额。"

党的基层委员会如何确定进行选举的党代表大会代表的名额?

根据《中国共产党基层组织选举工作暂行条例》等有关规定和《党组织选举工作手册》等有关解释,召开党代表大会进行选举(包括换届选举、补选,下同——编者注)的党的基层委员会在具体确定代表名额时,要重点把握以下四个方面:(1) 要从本单位的实际情况考虑,既要使代表具有广泛的代表性,以充分反映广大党员、群众的意见;(2) 要控制会议规模,以便于讨论决定问题;(3) 必须由按规定召开党代表大会进行选举的党的基层委员会全体会议讨论决定;(4) 必须报上一级党的委员会或党组或党的机关工作委员会批准。

注意:《中国共产党国有企业基层组织工作条例(试行)》(2019 年 11 月 19 日中共中央政治局会议审议批准,自 2019 年 12 月 30 日起施行)第五条规定:“中央企业及其直属企业(单位)召开党员代表大会,可以为党组织隶属地方党组织的下一级企业(单位)分配代表名额。”

党的基层代表大会代表选举单位、成员单位的含义是什么?

党的基层代表大会选举单位是指在党的基层组织间接选举中,依据党章和其他党内法规产生上一级党的基层代表大会代表的单位。而组成某选举单位的几个党的基层组织就是某选举单位的成员单位。

举例:A 基层党委按规定召开党的基层代表大会进行换届选举。A 下一级党组织有 B1 基层党委、B2 基层党委、B3 独立总支、B4 独立支部、B5 独立支部。如果 A 确定 B1、B2 各为 1 个选举单位,把 B3、B4、B5 划分为 B35 选举单位,则 B1、B2、B35 就是 A 召开的党员代表大会的选举单位,而 B3、B4、B5 就是 B35 这个选举单位的成员单位。其中的独立总支、独立支部可以理解为 A 的直属党组织。

党的基层代表大会是否必须划分代表选举单位? 应如何划分?

是。依据《中国共产党基层组织选举工作暂行条例》第九条关于“代表候选人由选举单位组织全体党员酝酿提名”、第十条关于“代表的产生不符合规定程序的,应责成原选举单位重新进行选举”的规定,召开党的基层代表大会进行换届选举(包括补选同级党的基层委员会、纪律检查委员会领导成员——编者注)

的，都要按规定划分选举单位。《党组织选举工作手册》对如何划分选举单位的要求是："基层党代表大会的代表选举单位，一般是按下一级党委或独立的总支、支部划分。必要时，也可以将几个基层党组织划分为一个选举单位。"要加深对这一问题的理解，可参阅上一个问题。

☛ 党的基层委员会应当如何分配党的基层代表大会的代表名额？

在实际工作中，按规定召开党代表大会进行换届选举或补选的党的基层委员会，要切实做好代表名额的分配，认真落实《中国共产党基层组织选举工作暂行条例》第七条关于"代表名额的分配根据党员人数和代表具有广泛性的原则确定"的规定和《中国共产党组织工作辞典》关于代表名额的分配"由召开代表大会的党的委员会（对于党的基层组织而言，是指党的基层委员会，因为党章规定党的总支部委员会、支部委员会只能由党员大会选举产生——编者注）按选举单位所辖党组织的数量、党员人数和工作需要，确定参加代表大会的名额"的进一步解释。《中国共产党国有企业基层组织工作条例（试行）》（2019 年 11 月 29 日中共中央政治局会议审议批准，2019 年 12 月 30 日中共中央发布，下同——编者注）第五条规定："中央企业及其直属企业（单位）召开党员代表大会，可以为党组织隶属地方党组织的下一级企业（单位）分配代表名额。"

☛ 党的基层委员会按规定召开的党代表大会代表构成要求是什么？

党的基层代表大会代表的构成，党章、《中国共产党基层组织选举工作暂行条例》等没有做统一规定。《党组织选举工作手册》对党的基层代表大会代表的构成作出了"基层党组织在实际工作中可参照上述原则（是指党的地方各级代表大会代表的构成原则——编者注）办理"的明确要求。《中国共产党地方组织选举工作条例》第十一条对代表构成比例作出的规定（即党的基层委员会确定党代表大会代表构成比例可以参照的——编者注）是："党的地方各级代表大会代表中应有各级领导干部、各类专业技术人员、各条战线先进模范人物、解放军、武警部队等各方面的代表。代表构成的指导性比例由召开代表大会的党的委员会根据实际情况确定。妇女代表和少数民族代表所占比例一般不少于本地区妇女、少数民族党员占党员总数的比例。党的省、自治区、直辖市代表大会代表中各类专业技术人员和各条战线的先进模范人物占代表总数的比例一般不少于百分之二十五。”实践中，应根据上述要求和党组织实际情况确定代表构成。

党的基层委员会分配党员代表大会代表名额应注意哪些问题？

《中国共产党组织工作辞典》对此说明：“(1) 党员人数是分配代表名额的一项重要依据，但不是简单地按党员人数分配。如党员人数较多，但比较集中的地区和单位，可以适当减少代表名额；对党政机关和少数民族地区要适当增加代表名额。要考虑代表的广泛性。(2) 党委、纪委负责人和有关领导机关的主要党员负责人因工作需要，可以作为党委提名的代表候选人分配到有关选举单位(通常是领导同志工作过的单位或原籍——编者注)选举。”

注意：《中国共产党国有企业基层组织工作条例(试行)》(2019 年 11 月 19 日中共中央政治局会议审议批准，自 2019 年 12 月 30 日起施行)第五条规定：“中央企业及其直属企业(单位)召开党员代表大会，可以为党组织隶属地方党组织的下一级企业(单位)分配代表名额。”

党的基层委员会如何把握党的基层代表大会代表的构成比例？

党的基层委员会组织召开党的基层代表大会，一般都应对代表构成提出要求，即通常所说的提出代表构成的指导性比例。这样做的目的是为了使代表的构成具有一定的代表性。党章、《中国共产党基层组织选举工作暂行条例》对党的基层代表大会代表构成比例及如何把握没有作统一规定。在实际工作中，党的基层委员会应按照《党组织选举工作手册》的说明把握好代表构成比例问题，即：“(1) 代表构成比例是指导性的而不是指令性的。不能硬性要求选举单位必须选什么人，不能选什么人，应当通过做深入细致的工作达到预定的要求。在分配代表名额时，可根据各选举单位的实际情况，对代表构成比例提出不同的要求。比如，对先进模范人物比较集中的单位，在组织推荐提名代表候选人预备人选时，可以要求他们适当提高这方面人选的比例。(2) 要坚持实事求是、从实际出发的原则。党的委员会(对党的基层组织来说，是指按规定召开党的基层代表大会的党的基层委员会——编者注)在确定代表的指导性比例时，应从本地区或本单位的实际情况出发，既保证有一定数量的领导干部代表，又要有一定数量的生产、工作一线的先进模范人物。领导干部、专业技术人员、生产及工作一线先进模范人物的划分也要从实际出发。比如，省与县、地方与基层就会有不同的划分标准。(3) 要保证代表质量，不能为了实现代表构成比例而降低代表条件。”

第二节　党的基层代表大会代表候选人的产生

党的基层委员会按规定召开党代表大会代表候选人含义是什么？

根据《党组织选举工作手册》对党内候选人作出的“指选举时被确定为选举对象的人员”的解释，党的基层代表大会代表候选人是指在党的基层委员会经批准召开的党的基层代表大会代表选举时被确定为代表选举对象的党员。党的基层代表大会代表候选人必须严格按党章、《中国共产党基层组织选举工作暂行条例》等党内法规规定的程序产生，其产生办法要在代表选举的通知、代表选举办法中明确。

党的基层组织召开的党员代表大会代表候选人产生程序是什么？

党的基层代表大会代表必须严格按照党章、《中国共产党基层组织选举工作暂行条例》等规定程序选举产生。《中国共产党组织工作辞典》对此的说明是：“(1) 选举单位根据上级党组织分配的代表名额和有关要求，组织所属党组织采取自下而上、自上而下，充分酝酿协商的办法，提出代表候选人推荐名单；选举单位党组织根据多数党组织或多数党员的意见，从推荐名单中，按照多于代表 30%以上的比例提出候选人推荐人选名单(如果应选代表为 101 人，根据代表候选人推荐人选名单人数＞101 人＋101 人×30%＝131.3 人的计算结果，代表候选人推荐人选名单人数至少为 132 人。如果推荐人选名单人数确定为 131 人，则差额比例低于 30%，这是需要特别注意的——编者注)，与上级党组织沟通。根据上级党组织提出的代表构成比例的要求，按多于代表 20%以上的差额比例，提出代表候选人初步人选名单(如果应选代表为 105 人，根据代表候选人初步人选名单人数＞105 人＋105 人×20%＝126 人的计算结果，代表候选人初步人选名单人数至少为 127 人。如果初步人选名单人数确定为 126 人，则差额比例刚好为 20%，没有多于 20%，这也是需要特别注意的——

编者注)。(2) 选举单位组织代表候选人初步人选推荐单位,在广泛征求所在单位党内外群众意见的基础上,写出考核材料,填报代表候选人初步人选登记表。(3) 选举单位召开党的委员会(对党的基层组织来说,是指按规定召开党的基层代表大会的党的基层委员会,下同——编者注)全体会议,在充分讨论的基础上,确定代表候选人预备人选名单,报上级党组织审查。(4) 选举单位召开党代表大会或党员大会或党代表会议,对候选人预备人选(建议名单)进行充分酝酿,根据多数选举人的意见确定候选人,进行选举。选出的代表,上报召开代表大会的党的委员会审批。"《党组织选举工作手册》明确:"代表候选人预备人选可以在一定范围内进行公示。"

注意: 目前,各地各级党的基层委员会按规定召开党的基层代表大会,普遍实行了在规定范围内对代表候选人预备人选进行公示的制度。在实际工作中,必须严格按照上级党组织的规定进行公示,并在向上级党组织呈报的关于召开党员代表大会的请示、向所属党组织发出的关于做好代表选举工作的通知中明确说明。

☛ 党的基层委员会召开的党代表大会代表候选人的差额数是多少?

《中国共产党基层组织选举工作暂行条例》第八条规定:"代表候选人数应多于应选人数的百分之二十。"对于这个规定,应理解为党的基层代表大会代表候选人的差额数为多于应选人数的20%。下面介绍两个应该知晓也经常使用的计算公式:

(1) 代表候选人差额比例的计算公式:差额比例=(代表候选人数-代表应选人数)÷代表应选人数×100%。举例:代表应选人数为105人,代表候选人数为126人,则差额比例=(126-105)÷105×100%=20%。

(2) 党的基层代表大会代表候选人的合法人数的计算公式:合法代表候选人数>代表应选人数+代表应选人数×20%=代表应选人数×(1+20%)。举例:如果某党的基层委员会经上级党组织批准,召开党员代表大会进行换届选举、代表名额为105人,那么,代表候选人数至少应有127人才合法。因为,合法代表候选人数>代表应选人数×(1+20%)>105×1.2=126(人)。如果代表候选人数等于或少于126人,则代表候选人的差额比例就等于或少于应选人数的 20%(没有多于应选人数的 20%),就可能发生因违反党内法规而重新进行代表选举的问题。

党的基层委员会召开的党代表大会代表应具备的条件是什么?

党的基层代表大会代表必须具备党章等党内法规、文件规定的各项条件。在实际工作中,按规定组织召开党的基层代表大会的党的基层委员会、各代表选举单位都要严格把握《党组织选举工作手册》等明确的党代表大会代表应具备的条件,即:(1) 具有坚定的共产主义信念,在关键时刻和重大原则问题上,是非分明,坚定地站在党的立场上;(2) 认真学习马克思列宁主义、毛泽东思想、邓小平理论、"三个代表"重要思想、科学发展观、习近平新时代中国特色社会主义思想,学习党的路线、方针、政策和上级党组织的决议、指示,有较高的政治理论水平和议政、议事能力;(3) "两学一做"学习教育等成效明显,带头创先争优,在生产、工作、学习和社会活动中,起表率作用并做出显著成绩;(4) 有良好的思想作风、工作作风和生活作风,公道正派,清正廉洁,密切联系群众,能够尽职尽责地完成党组织交给的任务,积极并如实反映党员、群众的意见和要求,受到群众的拥护;(5) 坚持党性原则,以对党的事业高度负责的精神,如实反映本选举单位党组织和党员的意见,正确行使党员的权利。

说明: 党的基层代表大会代表应具备的条件是与时俱进的,组织召开党的基层代表大会的党的基层委员会,在实际工作中要按照上级党组织的规定和要求,确定代表应具备的条件。

党的基层委员会能否指定某些党员作党的基层代表大会的代表?

不能。1980 年 2 月 29 日,党的十一届五中全会通过的《关于党内政治生活的若干准则》规定:"不得规定必须选举或不选举某个人。个别有特殊情况的人,需要由组织上推荐选入的,也必须确实取得多数选举人的同意。"《中国共产党基层组织选举工作暂行条例》第九条规定:"代表候选人由选举单位组织全体党员酝酿提名,根据多数人的意见确定,提交党员大会或党员代表大会进行选举。"

说明:《党组织选举工作手册》要求:"党的基层委员会委员(常委)如果未能当选为党代表大会代表,根据工作需要,可以列席党代表大会。"

党的基层委员会能否把党委成员分配到所属党组织参加代表选举？

对于这个问题，需要具体问题具体分析。根据中共中央组织部的有关要求和党的基层组织的经验做法，党的基层委员会按规定召开党代表大会进行换届选举（补选领导成员）时，党的基层委员会委员一般不要分配到所属党组织参加代表选举，而应当参加所在党支部的代表选举。对于少数的大型企事业单位，如因党的基层委员会委员（设立常务委员会的常委）较多地集中在一个或几个党支部，不便于进行代表选举时，也可以将部分党委委员（常委）分配到所属其他党组织参加选举。至于这些委员（常委）能否被提名为代表候选人或被选举为代表，应当尊重选举单位大多数选举人的意志。

上级党代表大会代表是否只限于从本级党代会代表中产生？

不是。选举出席上级党代表大会的代表，不限于从本级党代表大会或党代表会议代表中产生。也就是说，召开党代表大会（党代表会议）或党员大会选举产生出席上级党代表大会的代表时，其代表候选人不仅可以是本级党代表大会（党代表会议）代表或参加党员大会的有被选举权的党员，也可以是本级党组织有被选举权的其他党员，还可以是召开党代表大会的上级党组织所属各党组织范围内的有被选举权的其他党员。为便于读者理解，下面举例作进一步解释：

举例：A 基层党委按规定召开党的基层代表大会进行换届选举。A 下一级党组织有 B1 基层党委［B1 下一级党组织有 C1 党总支（C1 下一级党组织有 D1 党支部、D2 党支部、D3 党支部）、C2 党支部、C3 党支部］、B2 基层党委（B2 下一级党组织有 C4 党支部、C5 党支部、C6 党支部）、B3 独立总支（B3 下一级党组织有 C7 党支部、C8 党支部、C9 党支部）、B4 独立支部、B5 独立支部。B1、B2、B3、B4、B5 各为 1 个推荐单位。A 党委组织结构图如右所示：

- A 基层党委
  - B1 基层党委
    - C1 党总支
      - D1 党支部
      - D2 党支部
      - D3 党支部
    - C2 党支部
    - C3 党支部
  - B2 基层党委
    - C4 党支部
    - C5 党支部
    - C6 党支部
  - B3 独立总支
    - C7 党支部
    - C8 党支部
    - C9 党支部
  - B4 独立支部
  - B5 独立支部

如果 B5 酝酿、推荐、提名 A 基层党委召开的党代表大会代表候选人，既可以推荐、提名 B5 的所有有被选举权的党员，还可以推荐、提名 B4、C2、C3、C4、C5、C6、C7、C8、C9、D1、D2、D3 的所有有被选举权的党员；如果 D3 酝酿、推荐、提名 A 基层党委召开的党代表大会代表候选人，既可以推荐、提名 D3 的所有有被选举权的党员，还可以推荐、提名 B4、B5、C2、C3、C4、C5、C6、C7、C8、C9、D1、D2 的所有有被选举权的党员。其他的以此类推。

注意：《中国共产党国有企业基层组织工作条例（试行）》（2019 年 11 月 19 日中共中央政治局会议审议批准，自 2019 年 12 月 30 日起施行）第五条规定："中央企业及其直属企业（单位）召开党员代表大会，可以为党组织隶属地方党组织的下一级企业（单位）分配代表名额。"

能否提名没有正式组织关系的党员为基层党代表大会代表候选人？

不能。党员正式组织关系不在按规定召开党代表大会的党的基层委员会及所属党组织的，则在该党的基层委员会没有党代表大会代表的被选举权。《党组织选举工作手册》说明："在党内选举中，候选人必须根据多数选举人的意见确定。候选人必须有被选举权。"根据党章规定的精神，只有有正式组织关系并被编入某个党组织的正式党员，在该党组织内才有选举权和被选举权。故从外单位转来的正式党员，如果只持有"中国共产党党员证明信"、《流动党员活动证》即临时组织关系，而没有"中国共产党党员组织关系介绍信"即没有正式党员组织关系的，是不能被提名为该党组织组织召开的党的基层代表大会代表的。

能否提名持临时组织关系的党员为基层党代表大会代表候选人？

不能。按照规定，党员正式组织关系不在按规定召开党代表大会的党的基层委员会及所属党组织的，则在该党的基层委员会没有党代表大会代表的被选举权。按党章和党内有关规定的精神，因参加短期培训、学习或参与完成某项临时性任务等原因，按规定转出临时组织关系的党员，由于党的正式组织关系还在原工作单位，在原单位党组织进行选举时，可以被提名为代表候选人。鉴于出席党代表大会的代表要参与讨论决定党内重要问题，选举党的领导机构，所以，原单位党组织在提名和选举党代表时，既要充分考虑代表人选的政治素质和代表性，也要考虑选出的代表能否按期参加代表大会。对于因前面所述几种原因转出临时组织关系，确实不能按期回来参加党代表大会的党员，原单位党组织一般以不提名为代表候选人为好。

☛ 能否提名临时工、轮换工等党员为基层党代表大会代表候选人？

能，但这些党员的正式党员组织关系必须在按规定召开党的基层代表大会的党的基层委员会及所属的党组织。根据党章等党内法规有关规定和《党组织选举工作手册》等有关要求，在党内选举中，劳务工（包括轮换工、临时工、劳务派遣工等——编者注）中的正式党员权利，与正式职工中的党员的权利是相同的。只要得到多数党员的同意，都可以被提名为代表候选人。一些劳务工较多的党的基层委员会，在按规定召开党的基层代表大会时，应注意选举适当数量的这些工人中的党员做代表，但必须坚持代表的条件。

☛ 能否提名离职学习的党员为党的基层代表大会代表候选人？

对于这个问题，要具体问题具体分析。离职学习的党员，凡是党员正式组织关系已经转出原所在单位党组织的，按照党的组织原则和有关规定，这位党员在原所在单位党组织内就不再享有选举权和被选举权，也就不能被提名为党的基层代表大会代表候选人了；如果学习时间不长的党员，按照有关规定，党员正式组织关系没有转出原所在党组织的，则这些党员在原所在单位党组织内仍然享有选举权和被选举权，在原所在单位党组织进行换届选举或补选时，如符合党的基层代表大会代表候选人条件并得到多数选举人同意，可以被提名为党的基层代表大会代表候选人。

☛ 能否提名受处分的党员为党的基层代表大会代表候选人？

这个问题要具体问题具体分析，视情而定。根据党章等党内法规的有关规定和说明，对于受党内警告、严重警告、撤销党内职务处分的党员，因为在党内仍享有选举权和被选举权，所以是可以被提名为党的基层代表大会代表候选人的。党的基层委员会在组织实施选举党的基层代表大会代表的过程中，对于那些曾经受到过党内警告、严重警告以及撤销党内职务处分的党员，要具体分析他们的一贯表现和受到党内处分以后改正错误的情况。只有那些能够认识错误，并在实践中证明已经改正错误，在工作中做出成绩，各方面表现好，得到所在党组织大多数党员的信任，确实具备代表条件的，才能够提名为代表候选人。另外，根据党章第四十一条关于“党员在留党察看期间没有表决权、选举权和被选举权”的明确规定，在留党察看处分期间的党员，是不能被提名为党的基层代表大会代表候选人的。

能否提名有重大问题尚未查清的党员为党员代表大会代表候选人？

一般不宜提名。《党组织选举工作手册》明确要求：“党员因重大问题接受党组织审查期间，不宜被提名为代表候选人。”之所以不宜提名，是因为选举出席包括党的基层委员会按规定召开的党员代表大会的党员代表，是一件十分严肃的事情。党的基层代表大会代表候选人除了必须具有党章规定的选举权和被选举权以外，还必须在政治立场、思想品德、工作成绩等各方面都是表现好的，为广大党员所信赖的。党员涉嫌重大问题，在没有审查清楚以前，无法对其作出正确结论，故不宜被提名为党的基层代表大会代表候选人。

党的基层代表大会代表候选人提名人选的含义是什么？

党的基层代表大会代表候选人提名人选是指根据规定的代表提名程序和要求，由经批准召集党员代表大会的党的基层委员会和各代表选举单位党的基层委员会或总支部委员会或支部委员会，按照上级党组织批准的代表候选人差额比例和提名人选名额，组织所属党组织的所有党员进行推荐提名，根据多数党组织和党员意见提出的代表候选人意向性人选的提名人选。

党的基层委员会如何组织党员代表大会代表候选人的提名工作？

1980 年 2 月 29 日，党的十一届五中全会通过的《关于党内政治生活的若干准则》规定：“每届代表和委员，应有一定数量的更新。选举要充分发扬民主，真正体现选举人的意志，候选人名单要由党员或代表通过充分酝酿讨论提出。”《中国共产党基层组织选举工作暂行条例》第九条规定：“代表候选人由选举单位组织全体党员酝酿提名，根据多数人的意见确定。”做好代表候选人推荐提名工作，是做好党的基层代表大会代表选举工作、开好党代表大会的基础性、关键性、前提性工作，也是一个政策性、原则性、程序性都非常强的技术活。在实际工作中，要严格按照党章和上述规定和要求，精心组织党的基层代表大会代表候选人提名工作。具体可按以下流程组织提名：(1) 印发通知。在上级党组织批复同意召开党的基层代表大会后，组织召开党代表大会的党的基层委员会，应根据委员会全体会议的决议和上级党组织的批复精神，向所属党组织发出《中共××委员会关于中国共产党×××第×次代表大会代表选举工作的通知》；(2) 推荐提名。各选举单位根据上级党组织分配的党的基层代表大会代表名额和有关要求，组织所属党组织和所有党员采取自下而上、自上而下、充分酝酿协商的办法，提出党的基层代表大会代表候选人推荐名单；(3) 提出名单。选举单位根据所属多数党组织和党员的意见，从推荐人选名单中，按照多于代表 30％的比例(在实际工作中，必须严格按上级下发的代表选举工作的通知明确的差额比例执行——编者注)提出候选人推荐人选名单。(4) 及时沟通。选举单位提出代表候选人推荐人选名单后，按照规定和要求征求意见，并与组织召开党代表大会的党的基层委员会沟通，报告提名人选名单及其产生情况。

说明：有关文本样例请参阅本书第七章的相关内容。

☛ 党的基层代表大会代表候选人初步人选的含义是什么？

根据《中国共产党组织工作辞典》对党内选举候选人初步人选作出的“在党内选举中，根据规定的程序和要求，由召集党代表大会(党员大会)的党的委员会或代表选举单位党的委员会，在组织所属党组织(党员领导干部)、党员进行推荐提名基础上，提出的委员或代表候选人意向性人选”的定义，党的基层代表大会代表候选人初步人选是指根据规定程序和要求，由经批准召开党代表大会的党的基层委员会和代表选举单位党的基层委员会或总支部委员会或支部委员会(不设支部委员会的党支部)，在组织所属党组织和党员进行推荐、提名基础上，由代表选举单位党的基层委员会或总支部委员会或支部委员会(不设支部委员会的党支部为支部大会——编者注)根据多数党组织或党员的意见提出的党的基层代表大会代表候选人意向性人选。

党的基层代表大会代表候选人初步人选名单应该如何产生?

1980年2月29日,党的十一届五中全会通过的《关于党内政治生活的若干准则》规定:“候选人名单要由党员或代表通过充分酝酿讨论提出。”《中国共产党基层组织选举工作暂行条例》第九条规定:“代表候选人由选举单位组织全体党员酝酿提名,根据多数人的意见确定。”根据党章等规定和中央组织部有关要求,党的基层代表大会代表候选人初步人选应按以下方法步骤确定:(1)提出拟定人选。选举单位向上级党组织(即组织召开党代表大会的党的基层委员会,下同——编者注)报告代表候选人提名人选名单及其产生情况、经上级党组织批准后,召开委员会全体会议(不设委员会的党支部为支部大会——编者注),对代表提名人选名单进行充分酝酿,根据代表选举的有关规定、上级党组织分配的代表名额及提出的构成比例、与上级党组织沟通情况、多数党组织或党员的意见等,按多于代表20%以上的差额比例(在实际工作中,必须严格按照上级下发的代表选举工作的通知明确的差额比例执行——编者注),提出拟确定为党代表大会代表候选人初步人选名单;(2)征求各方意见。各选举单位把拟确定为代表初步人选名单印发各推荐单位(即选举单位的成员单位——编者注),由代表候选人初步人选推荐单位广泛征求所在单位党内外群众意见(是否进行公示,要按照上级规定和要求执行——编者注);(3)进行组织考察。按照有关规定和要求,各选举单位对拟确定为代表候选人初步人选进行组织考察(应严格按照上级党组织的规定和要求进行组织考察——编者注),结合征求意见等方面的情况,写出考核材料,填报代表候选人初步人选登记表和按姓氏笔画为序排列的代表候选人初步人选名册;(4)确定初步人选。各选举单位综合以上各方面的情况,根据多数党组织和党员的意见,确定代表候选人初步人选名单(如与拟确定为代表候选人推荐人选名单不一致的,选举单位应召开委员会全体会议或不设支部委员会的支部大会讨论决定——编者注)。

说明:目前,各地各级党组织为了选好党的基层代表大会代表、推进基层党内民主建设,在酝酿、推荐、提出党的基层代表大会代表候选人初步人选的实际工作中,进行了探索和创新。在实际工作中,要严格按照上级党组织的规定和要求推荐产生党的基层代表大会代表候选人初步人选。

党的基层代表大会代表候选人预备人选的含义是什么?

根据《中国共产党组织工作辞典》对“候选人预备人选”作出的“在党内选举中,对候选人初步人选进行考察的基础上,根据规定的程序和要求,由召集党代表大会(党员大会)的党的委员会或代表选举单位党的委员会提出的委员或代表候选人预备性人选”的定义,党的基层代表大会代表候选人预备人选是指按规定对党的基层代表大会代表候选人初步人选进行考察的基础上,根据规定的程序和要求,由代表选举单位党的基层委员会或总支部委员会或支部委员会(不设支部委员会的党支部的支部大会)提出的党的基层代表大会代表候选人预备性人选。

党的基层代表大会代表候选人预备人选应该如何确定?

根据党章、《中国共产党基层组织选举工作暂行条例》规定和中央组织部有关要求,党的基层代表大会代表选举单位召开党的基层委员会或总支部委员会或支部委员会全体会议(不设支部委员会的党支部为支部大会——编者注),在充分讨论的基础上,根据多数委员或党员的意见确定党的基层代表大会代表候选人预备人选名单,然后报请按规定召集党的基层代表大会的党的基层委员会审查批准。

注意:①《中国共产党组织工作辞典》明确:“党代表大会代表和委员会委员候选人预备人选,必须经委员会集体讨论确定,并报上级党委批准。”②各地各级党组织为了选好党的基层代表大会代表、推进基层党内民主建设,对确定党代表大会代表候选人预备人选进行了探索和创新,如在拟确定代表候选人预备人选名单前后在一定范围内进行公示、广泛征求意见等。在实际工作中,要严格执行上级党组织的有关规定和要求。

党的基层代表大会代表候选人预备人选要不要公示? 如何公示?

一般要进行公示。《党组织选举工作手册》明确要求:“代表候选人预备人选可以在一定范围内进行公示。”关于如何对党的基层代表大会代表候选人预备人选进行公示，在实际工作中，要根据上级党组织的规定、结合实际确定，但一般都不外乎以下三种形式：(1) 由各选举单位在确定代表候选人预备人选前后、上报代表候选人预备人选名册等材料前，在本选举单位范围内，对本选举单位确定的代表候选人预备人选进行公示，经批准召集党的基层代表大会的党的基层委员会不再进行公示。这种形式可以称为“分别公示”；(2) 由经批准召集党的基层代表大会的党的基层委员会，在拟批准各代表选举单位呈报的代表候选人预备人选名单之前或之后、下发关于同意代表候选人预备人选批复前，把拟批准的所有代表候选人预备人选名单印发各选举单位，在所属党组织范围内，对所有拟批准的代表候选人预备人选名单统一进行公示，各选举单位不进行公示。这种形式可以称为“统一公示”；(3) 先进行“分别公示”，再进行“统一公示”。这种形式可以称为“层层公示”。

注意：在实际工作中，具体采用哪种公示形式，应由召集党代表大会的党的基层委员会根据上级党组织的规定、结合本党组织的实际情况集体讨论决定，并在向上级党组织呈报的关于召开党代表大会的请示、下发的关于选举党代表大会代表的通知中进行明确的说明。

☛ 党的基层代表大会代表候选人预备人选应该如何报批？

《中国共产党组织工作辞典》对此的说明是：“党代表大会代表和委员会委员候选人预备人选，必须经委员会集体讨论确定，并报上级党委批准。”在实际工作中，党的基层代表大会代表选举单位确定代表候选人预备人选后，要及时向按规定召集党的基层代表大会的党的基层委员会呈报《关于确定×××等出席中国共产党×××第×次代表大会代表候选人预备人选的情况报告》，同时呈报《×××出席中国共产党×××第×次代表大会代表候选人预备人选名册》《×××出席中国共产党×××第×次代表大会代表候选人预备人选登记表》和《关于出席中国共产党×××第×次代表大会代表候选人预备人选酝酿情况的报告》。

说明：①在实际工作中，具体如何报批代表候选人预备人选及需要呈报哪些材料，应按经批准召集党的基层代表大会的党的基层委员会的要求确定。②有关文本样例请参阅本书第七章的相关内容。

☛ 基层党代表大会代表候选人预备人选酝酿情况报告内容有哪些？

根据中央组织部的规定和要求，党的基层代表大会各代表选举单位确定代表候选人预备人选后，要按规定及时向召集党的基层代表大会的党的基层委员会呈报《关于出席中国共产党×××第×次代表大会代表候选人预备人选酝酿情况的报告》。《党组织选举工作手册》《党的地方和基层组织选举工作流程》等说明的这个报告应包括的主要内容有：(1) 酝酿代表候选人预备人选的方法步骤；(2) 代表候选人的提名原则；(3) 代表候选人预备人选的结构情况；(4) 酝酿代表候选人预备人选的其他需要报告的问题。

说明：①在实际工作中，这个报告的具体内容、要说明的情况应按上级党组织的要求确定。②有关文本样例请参阅本书第七章的相关内容。

☛ 如何审查和批复党的基层代表大会代表候选人预备人选名单？

经批准召开党的基层代表大会的党的基层委员会收到选举单位呈报的《关于确定×××选举单位出席中国共产党×××第×次代表大会代表候选人预备人选的情况报告》后，要迅速按照《党组织选举工作手册》的有关要求进行代表候选人预备人选的审查和批复，即："召开党代表大会的党组织收到代表选举单位报送的代表候选人预备人选名单后，要审查代表候选人预备人选的酝酿提名程序和方法，差额比例是否符合规定，代表的构成是否合理，代表候选人预备人选是否符合代表条件。对不符合规定程序和不符合条件的，要提出调整意见。审查同意后，要及时对选举单位上报的代表候选人预备人选名单进行批复。"

☛ 党的基层委员会召开的党员代表大会代表候选人应如何确定？

确定党的基层代表大会代表候选人总要求应该是：严格遵循党章第十一条"党的各级代表大会的代表和委员会的产生，要体现选举人的意志。选举采用无记名投票的方式。候选人名单要由党组织和选举人充分酝酿讨论"、《中国共产党基层组织选举工作暂行条例》第九条"代表候选人由选举单位组织全体党员酝酿提名，根据多数人的意见确定，提交党员大会或党员代表大会进行选举"等各项规定。在实际工作中，要按照《党组织选举工作手册》的要求办理："召开党代表大会选举的，代表候选人预备人选名单经党代表大会主席团会议讨论通过，并以代表候选人建议名单形式，提交代表大会各代表团（组）进行酝酿讨论。大会主席团根据多数代表的意见，确定代表候选人名单或代表候选人预选名单。召开党代表会议或党员大会选举的，由党的委员会将代表候选人预备人选名单以代表候选人建议名单形式，提交代表会议各团（组）或党员大会酝酿讨论。党的委员会根据多数代表或党员的意见，确定代表候选人名单或代表候选人预选名单。”

注意：经批准召开党的基层代表大会的党的基层委员会，必须在向上级党组织呈报的关于召开党代表大会的请示、向下属党组织发出的关于选举党代表大会代表的通知中对确定代表候选人的方法进行明确的说明。

第三节　党的基层代表大会代表的选举

党的基层委员会组织指导选举单位选好党代表大会代表的内容？

组织指导各选举单位有组织、有计划、有步骤地做好党的基层代表大会代表选举工作，是经批准召集党的基层代表大会的党的基层委员会的一项十分重要的工作，必须做细做实做好。根据党章等有关规定、《党的地方和基层组织选举工作流程》等说明，党的基层委员会应按《中共×××委员会关于做好召开中国共产党×××第×次代表大会筹备工作的通知》（以下简称《通知》——编者注）规定和要求，组织指导选举单位做好党代表大会代表选举工作，其主要内容有以下相互联系、相互衔接、相互影响的方面：(1) 指导选举单位按《通知》规定的代表名额、差额比例、资格条件、代表构成指导性比例、规定的提名程序等，确定好代表候选人构成人数，提出代表候选人提名人选；(2) 指导选举单位按照规定程序和要求，确定好酝酿提名和选举办法，全面贯彻落实民主集中制原则，充分发扬民主，严格按民主程序办事，确定代表候选人初步人选；(3) 听取选举单位汇报提出的代表候选人预备人选的酝酿提名和考察确定情况；(4) 对选举单位提出的代表候选人预备人选名单进行审查，严把政治关，一旦发现有不具备代表资格的预备人选，应立即建议选举单位及时进行调整；(5) 批准选举单位报送的代表候选人预备人选；(6) 对确实需要分配到各选举单位选为代表的人员，经委员会全体会议确定后，及时向有关选举单位发出通知，将其分配到所属选举单位作为代表候选人，同时附上这些人员的情况介绍，与所去选举单位提出的代表候选人一并进行选举，并随时掌握其选举情况；(7) 指导选举单位按规定和要求选举产生代表；(8) 协调解决选举单位提出的各种问题。

☛ 党的基层委员会召开的党代表大会代表何时选举？ 有哪些形式？

代表选举单位收到经批准召集党的基层代表大会的党的基层委员会《关于同意×××出席中国共产党×××第×次代表大会代表候选人预备人选的批复》后，即可选举产生党的基层代表大会代表。根据党章第十一条“党的各级代表大会的代表和委员会的产生，要体现选举人的意志”“可以直接采用候选人数多于应选人数的差额选举办法进行正式选举”“也可以先采用差额选举办法进行预选，产生候选人名单，然后进行正式选举”的规定，党的基层代表大会代表的选举，可以采用两种形式：(1) 直接采用代表候选人数多于应选人数的差额选举的办法进行正式选举；(2) 先采用差额选举办法进行预选，产生候选人名单，然后进行正式选举。

注意：①在实际工作中，不管采用何种形式选举，代表候选人的差额数应符合《中国共产党基层组织选举工作暂行条例》第八条“代表候选人数应多于应选人数的百分之二十”的规定。②差额比例要在选举前制定的代表选举办法中明确。

☛ 有选举权的到会人数达到多少才能选举党的基层代表大会代表？

选举单位召开党员大会(或党的基层代表大会)选举出席上一级党的基层代表大会代表的，有选举权的党员(或代表)实到会人数必须超过应到会人数的五分之四(经表决通过的《选举办法》要写明“有选举权的到会人数超过应到会人数的五分之四，选举有效”——编者注)，才能进行选举，其依据是《中国共产党基层组织选举工作暂行条例》第十九条明确的“进行选举时，有选举权的到会人数超过应到会人数的五分之四，会议有效”和《党组织选举工作手册》作出的“根据《中国共产党基层组织选举工作暂行条例》规定，党的基层代表大会进行选举时，有选举权的到会人数超过应到会人数的五分之四，方能进行选举”的要求。在实际工作中，容易出现的错误是在计算合法到会人数出现小数点的情况下,采用"四舍五人"法"舍"的情况确定最少合法到会人数。

举例:某选举单位召开党员大会选举出席上一级党的基层代表大会代表,有选举权的党员应到会人数为 29 人,则有选举权的党员实到会人数必须$>29\times4/5=23.2$(人),即有选举权的党员实到会人数至少是 24 人,才能进行选举,如果有选举权的党员实到会 23 人或少于 23 人,则选举无效(原因是:有选举权的党员实到会人数都没有达到或超过五分之四)。这是必须注意的问题。

说明:《党组织选举工作手册》对"党员大会选举时参加选举人数的要求"的解答:"考虑到基层的实际情况,如果有选举权的到会人数正好为应到会人数的五分之四,可算作会议有效。"但应在经表决通过的《选举办法》中作出"有选举权的到会人数不少于应到会人数的五分之四,选举有效"的约定。另据党内法规的规定,党支部有表决权的党员实到会人数必须超过有表决权的党员半数的方可表决。

☛ 能否由党委会或党委扩大会选举出席上级党代表大会的代表?

不能。《中国共产党基层组织选举工作暂行条例》第九条明确规定:"代表候选人由选举单位组织全体党员酝酿提名,根据多数人的意见确定,提交党员大会或党员代表大会进行选举。"党的基层组织出席上级党代表大会的代表,必须召开党员大会或党的基层代表大会(代表会议)选举产生。这既是党内法规的明确规定,也是因为选举权是党员的基本权利,选举出席上级党代表大会的代表,是党员行使民主权利的重要方面,应当予以切实保障。

☛ 收回的代表选票少于或等于投票人数的选举是否有效?

选举党代表大会代表时,如果收回的代表选票等于或少于有选举权的实到会参加选举人数的选举有效。《中国共产党基层组织选举工作暂行条例》第二十七条明确规定:"选举收回的选票,少于投票人数,选举有效;多于投票人数,选举无效,应重新选举。"1990 年 11 月 15 日,中共中央组织部在关于贯彻《中国共产党基层组织选举工作暂行条例》有关问题的答复(二)中对"选举中,收回的选票等于投票人数和每张选票所选人数等于规定的应选人数,是否有效?"的问题作出了"当然有效"的答复。

收回的代表选票所选人数等于或少于规定应选人数的是否有效?

选举党代表大会代表时,如果收回的代表选票所选人数少于或等于规定应选人数的选票有效。《中国共产党基层组织选举工作暂行条例》第二十七条明确规定:“每一选票所选人数少于规定应选人数的为有效票,多于规定应选人数的为无效票。”1990 年 11 月 15 日,中共中央组织部在关于贯彻《中国共产党基层组织选举工作暂行条例》有关问题的答复(二)中对“选举中,收回的选票等于投票人数和每张选票所选人数等于规定的应选人数,是否有效?”的问题作出了“当然有效”的答复。

党的基层代表大会代表选举结果何时报告? 应报告哪些内容?

选举单位按照规定的程序和要求,选举产生出席上一级党的基层委员会(以下简称上级党委——编者注)召开的党代表大会代表后,就要立即按规定向上级党委呈报《关于选举产生×××出席中国共产党×××第×次代表大会代表的情况报告》。关于向上级党委报告的内容,《党组织选举工作手册》进行了说明,即:“报告内容一般包括:选举产生党代表大会代表的会议形式(党代表会议或党代表大会或党员大会,党的基层组织一般不开党代表会议——编者注),选举方式,代表名额,代表构成比例等,还应附代表名册(代表名册应按照姓氏笔画为序排列——编者注)、代表登记表等。”

说明: 文本样例请参阅本书第七章的相关内容。

对选举单位呈报的关于代表选举结果的报告如何批复?

按规定召开党的基层代表大会的党的基层委员会收到选举单位呈报的《关于选举产生×××出席中国共产党×××第×次代表大会代表的情况报告》后,经过对选举单位的选举方式和代表资格等进行初步审查,基本符合要求后即应作出同意的批复,向呈报报告的选举单位发出《关于同意×××等××名同志为×××出席中国共产党×××第×次代表大会代表的批复》。《党组织选举工作手册》说明:“批复一般可以经党委同意后,以党委组织部名义行文。”批复中的“为×××出席”的“×××”是指选举单位。按规定组织召开党的基层代表大会的党的基层委员会没有组织部门的，则以党的基层委员会的名义行文。

说明：有关文本样例请参阅本书第七章的相关内容。

代表选出后，党的基层代表大会推迟召开是否要重新选举代表？

要具体情况具体分析。在实际工作中，要按照中央组织部和上级党组织(指具有审批权限的党委或党组或党的机关工作委员会，下同——编者注)的要求执行，具体可以按照以下四个方面加以把握：(1) 经批准召开党的基层代表大会的党的基层委员会(以下简称党委——编者注)，要在组织召开党的基层代表大会之前，认真做好各项准备工作。代表全部选出之后，要按照党委全体会议所作的决定和上级党组织批准的时间，按期召开党的基层代表大会；(2) 如果发生了难以预料的特殊情况，导致无法如期召开党员代表大会的，必须报上级党组织批准，不能自行决定推迟召开；(3) 党的基层代表大会代表选举产生之后，确有特殊原因，经上级党组织批准推迟召开党的基层代表大会时，如果原来选出的代表变化不大，一般可以不再重新选举代表。个别代表出缺，可由其选举单位根据有关规定补选；(4) 如果原来选出的党的基层代表大会代表变化较大，应报经上级党组织同意，重新按照规定的程序和要求选举党的基层代表大会代表，并应向所属党组织以及原选举产生的代表说明重新选举的原因，认真做好各项相关工作。

党的基层代表大会代表可以被视为出缺的具体情形有哪些？

根据 1991 年 4 月 11 日《中共中央组织部关于党的基层组织选举工作的问答(一)》等有关答复和说明，经党员大会或党员代表大会选举产生的党的基层代表大会代表，在党员代表大会召开之前出现以下几种情形的，可视为出缺：(1) 死亡；(2) 患精神病不能履行党员代表职责的；(3) 本人主动要求辞去党员代表资格并经选举单位多数党员(代表)同意的；(4) 由于各种原因被取消代表资格的；(5) 召开代表大会之前，调到党员代表大会所辖党组织范围以外单位工作并转走党的正式组织关系的。

党的基层代表大会代表出缺后怎么办？ 是否必须进行补选？

一般应由代表出缺的选举单位补选，因时间等原因不能补选的也可不再补选。1991年4月11日《中共中央组织部关于党的基层组织选举工作的问答（一）》的明确答复："党员代表大会的代表出缺时，可由原选举单位补选。因时间关系来不及补选的，经召开党员代表大会的党的委员会讨论决定，也可以不再补选。"

党的基层委员会召开党代表大会补选领导成员的代表如何产生？

党的基层委员会经批准召开党代表大会补选委员（或常委或书记或副书记）的党员代表可以是换届选举时选出的代表，也可以重新选举代表。《党组织选举工作手册》明确要求："党的基层组织召开党代表大会补选党的委员会委员，出席会议的代表可以是换届选举时选出的代表，也可以重新选举代表。"具体采用哪种办法，由经批准召集党代表大会的党的基层委员会从实际情况出发，根据多数党组织或党员的意见确定，并报上级党组织批准。

第四节　党的基层代表大会代表资格的审查

党的基层代表大会代表资格的含义是什么？ 代表资格有哪些？

党的基层代表大会代表资格是指出席党的基层代表大会代表所应当具备的条件。《中国共产党组织工作辞典》对党代表大会代表资格做了如下的解释，即："代表资格主要有：(1) 代表应是共产党员中的优秀分子，能够认真贯彻执行党的基本路线和方针政策，按党的原则办事，严守党的纪律，有一定的议事能力。(2) 代表的选举产生必须符合规定的程序、办法。"

党的基层委员会召开的党代表大会代表在什么时候享有代表资格？

党的基层代表大会代表在同级党代表大会召开和闭会期间（即在代表任期内）享有代表资格，依据是2008年5月5日中共中央印发的《中国共产党全国代表大会和地方各级代表大会代表任期制暂行条例》第四条关于"代表在党代表大会召开和闭会期间，享有代表资格，行使代表权利，履行代表职责，发挥代表作用”和第二十九条关于“党的基层代表大会代表参照本条例有关规定执行”的相关规定。

党的基层委员会召开的党代表大会代表资格审查的含义是什么?

用一句话概括,代表资格审查就是对代表资格进行认定。根据《党组织选举工作手册》的解释,党的基层委员会召开的党代表大会代表资格审查是指按照规定的程序和要求对党的基层委员会经批准召开的党的基层代表大会代表资格进行认定。

党的基层代表大会代表资格审查目的是什么? 审查权力属于谁?

目的是保证党的基层代表大会代表的先进性。2008 年 5 月 5 日,中共中央印发的《中国共产党全国代表大会和地方各级代表大会代表任期制暂行条例》第三条明确要求:“党代表大会代表按照党内选举的有关规定选举产生。严格代表资格审查,保证代表的先进性。”《中国共产党组织工作辞典》特别说明:“审查代表资格的权力,属于党的代表大会。”因此,审查党的基层委员会经批准召开的党代表大会代表资格的权力属于同级党的基层代表大会。

对党的基层委员会召开的党代表大会代表资格审查内容是什么?

根据中共中央组织部的有关要求,对党的基层委员会经批准召开的党的基层代表大会代表资格审查内容,主要是审查党的基层代表大会代表的产生是否合乎党章规定和有关程序,代表是否符合规定的条件(即代表资格)。

在党的基层代表大会代表资格审查中发现问题应该如何处理?

审查党的基层代表大会代表资格如果发现问题,必须严格按照党内有关规定和要求进行正确的处理。在实际工作中,就是要执行《中国共产党基层组织选举工作暂行条例》第十条的规定:“代表的产生不符合规定程序的,应责成原选举单位重新进行选举;代表不具备资格的,应责成原选举单位撤换。代表资格审查小组应向党员代表大会预备会议报告审查情况。经审查通过后的代表,获得正式资格。”

说明：有关文本样例请参阅本书第七章的相关内容。

党的基层代表大会代表调离原选举单位后代表资格是否有效？

对这个问题，应区别不同情况进行不同处理。具体应按中共中央组织部有关要求，从以下两个方面加以正确的把握：(1) 在党的基层代表大会召开之前或闭会期间，选出的党员代表在本级党组织所辖范围以内调动工作的，只要没有把党员正式组织关系转出召开党的基层代表大会的党的基层委员会所辖范围之内，其代表资格仍然有效；(2) 如选出的党员代表已调离本级党组织所辖范围，并已将党的正式组织关系转出，则失去党员代表资格，就不能作为党的基层代表大会代表出席党的基层代表大会、行使代表权利。如在党代表大会召开之前出现这种情况，如工作需要和条件允许，原选举单位可以补选代表。

举例：经批准召集B党代表大会的基层党委是A，C1、C2、C3分别是B党代表大会代表选举单位(B党代表大会只有3个选举单位)，如刘某是C1选举单位选出的B党代表大会的党员代表，在B党代表大会召开之前或闭会期间：(1) 刘某调到C3选举单位工作，并把党员正式组织关系从C1选举单位的D支部转到C3选举单位的E支部，则刘某在B党代表大会的党员代表资格仍然有效；(2) 如果刘某把党员正式组织关系转离A基层党委所辖范围的党组织，那么，刘某就失去B党代表大会党员代表资格(不论刘某是否在A基层党委所辖范围工作)；(3) 如果刘某把党员正式组织关系转出A基层党委所辖范围的党组织，不久又把党员正式组织关系转入A基层党委所辖范围的党组织，刘某也不享有B党代表大会党员代表资格，不能行使B党代表大会代表权利。

党的基层代表大会要不要成立代表资格审查小组？ 如何成立？

要成立代表资格审查小组。《中国共产党基层组织选举工作暂行条例》第十条规定：“上届党的委员会成立代表资格审查小组，负责对代表的产生程序和资格进行审查。”《党组织选举工作手册》提出的要求是：“党的基层代表大会，由党的委员会(指经批准召集党代表大会的党的基层委员会，下同——编者注)决定成立代表资格审查小组，负责代表资格审查工作。代表资格审查小组，一般由党的委员会书记或副书记，纪律检查委员会、党委组织部门的负责人以及其他熟悉党的工作的同志组成。”

党的基层代表大会代表资格审查小组的主要任务是什么？

在党的基层代表大会正式召开之前，对出席代表大会的代表进行代表资格审查，既是党内法规的明确规定，也是由来已久的党内选举规矩，更是确保代表应是共产党员中的优秀分子、按规定程序选举产生的必然要求。根据党章和《中国共产党基层组织选举工作暂行条例》第十条等规定和解释，代表资格审查小组的主要任务是：(1) 对代表的选举工作情况及时进行了解和指导；(2) 审查代表的产生程序和资格：(3) 写出《中国共产党×××第×次代表大会代表资格审查小组关于代表资格的审查报告(草案)》；(4) 负责向党代表大会预备会议报告党的基层代表大会代表资格审查情况。

说明：有关文本样例请参阅本书第七章的相关内容。

进行党的基层代表大会代表资格审查要注意把握哪些方面？

根据党章、《中国共产党基层组织选举工作暂行条例》等有关规定和《党的地方和基层组织选举工作流程》等有关说明，进行党的基层代表大会代表资格审查应注意把握好以下四点：(1) 要审查选举单位酝酿提名和选举产生代表的程序、方法是否符合规定，如发现代表的产生不符合规定程序的，应责成原选举单位重新选举；(2) 要审查代表是否符合条件，如发现有代表不具备条件的，应责成原选举单位撤换。进行这方面审查时，要注意听取纪检监察机关、信访等部门的意见；(3) 要严格落实代表资格审查工作的各项规定，会前审查工作中的重要问题，必须由按规定召开党代表大会的党的基层委员会集体讨论决定；(4) 代表资格审查报告，必须经党的基层代表大会预备会议或主席团会议讨论通过。

党的基层代表大会代表资格审查程序是什么？

《党组织选举工作手册》要求的代表资格审查程序是：“(1) 对代表资格进行初步审查，这项工作一般由代表选举小组或党委组织部门负责(如果没有设代表选举小组、党委组织部门的，应由经批准召集党代表大会的党的基层委员会组织委员负责——编者注)。(2) 代表资格审查小组对代表资格进行审查,提出代表资格审查报告并提请党的委员会(对党的基层组织而言,指经批准召集党代表大会的党的基层委员会——编者注)讨论通过。(3) 代表大会预备会议通过代表资格审查小组提出的代表资格审查报告。”

说明: 有关文本样例请参阅本书第七章的相关内容。

☛ 党的基层代表大会代表资格审查报告一般要包括哪些内容?

《中国共产党基层组织选举工作暂行条例》第十条规定:“代表资格审查小组应向党员代表大会预备会议报告审查情况。”党的基层代表大会代表资格审查需要提交《中国共产党×××第×次代表大会代表资格审查小组关于代表资格的审查报告(草案)》。根据《党的地方和基层组织选举工作流程》等有关要求和说明,党的基层代表大会代表资格的审查报告的内容一般包括:(1) 选举单位的划分及选举代表所采取的会议形式,代表选举工作的开始和完成时间;(2) 各选举单位在提名、酝酿、确定代表候选人及进行选举的过程中,贯彻民主集中制和发扬民主的情况;(3) 经批准召开党的基层代表大会的党的基层委员会所属正式党员人数、本次党的基层代表大会当选代表人数及代表构成情况;(4) 对代表资格审查的情况,包括对党员和群众的来信、来访反映问题的核实及处理等有关情况;(5) 提出对代表资格认定的意见。

☛ 党的基层代表大会代表任期内终止代表资格的情形有哪些?

根据 2008 年 5 月 5 日中共中央印发的《中国共产党全国代表大会和地方各级代表大会代表任期制暂行条例》第二十五条、第二十九条的规定,党的基层代表大会代表在任期内,有下列情形之一的,其代表资格终止:(1) 受留党察看、开除党籍处分的;(2) 被停止党籍,或者丧失中华人民共和国国籍的;(3) 辞去代表职务被接受的;(4) 党员正式组织关系迁出或者工作需要等原因调离同级党的基层代表大会所属范围的,停止执行代表职务。

注意: 因其他原因需要终止党的基层代表大会代表资格或者停止执行党的基层代表大会代表职务的,可参照上述规定处理。

☛ 党的基层代表大会代表终止代表资格手续怎么办理?

根据2008年5月5日中共中央印发的《中国共产党全国代表大会和地方各级代表大会代表任期制暂行条例》第二十八条、第二十九条的规定，党的基层代表大会代表资格终止，由所在选举单位或者基层党组织提出，由同级党的基层代表大会选举产生的党的基层委员会全体会议决定，报上级党的委员会备案。

☛ 撤销党的基层代表大会代表资格需履行哪些手续?

撤销党的基层代表大会代表的资格，是一项很严肃的事情，经批准召集党代表大会的党的基层委员会必须慎重对待。《党组织选举工作手册》等对撤销代表资格需履行的手续提出的要求是:(1) 党的基层代表大会可由代表资格审查小组提出意见，报同级党的委员会(指经批准召开党代表大会的党的基层委员会——编者注)批准，责成原选举单位撤换。原选举单位可召开党的委员会(对党的基层组织而言，指经批准召开党的基层代表大会的党的基层委员会的下一级党的基层委员会或总支部委员会或支部委员会——编者注)全体会议作出决定。如果原选举单位来不及或不同意撤换的，应由代表资格审查小组提出意见，经同级党的委员会(指经批准召开党的基层代表大会的党的基层委员会——编者注)通过后，提交党代表大会预备会议决定;(2) 代表大会闭会后，发现代表在大会召开前确有问题，且不符合代表资格的，可由原选举单位提出撤销其代表资格的意见，报经上级党的委员会(对党的基层组织而言，指经批准召开党代表大会的党的基层委员会——编者注)批准，作出撤销其代表资格的决定。撤销党的基层代表大会代表资格后，代表的出缺可由原选举单位进行补选，并报召集党代表大会的党的基层委员会审定。

☛ 在大会主席团会议或预备会议上对代表资格提出质疑怎么办?

党的基层代表大会主席团会议或预备会议上，如有人对个别党员代表的资格提出质疑，问题又一时查不清楚的，代表资格审查小组应对所提出的问题认真进行分析，并提出处理意见。《党组织选举工作手册》对具体的处理办法进行了明确的说明，即:“如果属于一般性问题，虽然一时查不清楚，但不影响其代表资格的，可以向代表大会主席团会议或预备会议提出准予参加代表大会，会后由选举单位继续进行审查的意见，请主席团会议或预备会议作出决定。如果问题的性质比较严重，虽没有查清全部事实，但就已清楚的问题看，已明显影响其代表资格的，可以向代表大会主席团会议或预备会议提出暂不让其出席会议的意见。至于是否撤销代表资格，待问题全部查清后，根据具体情况决定。确需撤销代表资格的，可按党代表大会闭会后撤销代表资格的办法处理。”

☛ 党的基层代表大会闭幕后，接到揭发党员代表问题怎么办？

在党的基层代表大会闭幕（闭会）后，党的基层组织如果接到反映和揭发同级党的基层代表大会代表问题的信件，必须以严肃认真的态度进行调查核实，并根据调查核实结果进行正确的处理。在实际工作中，要按照《党组织选举工作手册》的要求办理，即：“如果揭发的问题发生在党员代表大会召开之前，足以确认不具备代表资格，则应责成原选举单位党组织讨论，作出撤销其代表资格的决定，并报上级党的委员会批准。如果揭发的问题发生在党代表大会闭会之后，则应由所在单位党组织根据问题的性质，按照有关规定，区别不同情况作严肃处理。一般可不再撤销其代表资格。”

☛ 党的基层代表大会召开前要编制好哪些名册（名单）？

根据党的有关规定和党的基层代表大会顺利召开的实际需要，在党的基层代表大会召开前，经批准召开党代表大会的党的基层委员会要认真做好如下名册（名单）编制：(1) 提出大会主席团和秘书长建议名单（设常务委员会的党的基层委员会，党代表大会主席团可以经批准设立常务委员会。设主席团常务委员会的，需提出主席团常务委员会成员名单——编者注）；(2) 提出大会执行主席分组名单；(3) 提出大会副秘书长名单；(4) 编制代表名册；(5) 划分代表团（组），提出代表编组名单。有关文本样例请参阅本书第七章的相关内容。

☛ 党的基层代表大会代表名册应在何时编制？ 应注意哪些问题？

党的基层代表大会代表选举工作结束、代表资格审查小组提出的代表资格审查报告经同级党的基层委员会讨论通过后，就应立即着手编制《中国共产党

×××第×次代表大会代表名册》，必须在党的基层代表大会召开之前完成。《党组织选举工作手册》《党的地方和基层组织选举工作流程》等对编制代表名册需要注意的方面作出了如下的要求和解释：(1) 代表名册应能反映代表的基本情况。一般应有封面、说明、代表名单三个部分。封面上要标明代表名册的全称、印制单位、时间；说明部分应包括代表人数、代表构成情况等内容；代表名单中应列出代表的姓名、职务、性别、民族、籍贯、学历、出生年月(岁)、入党年月、参加工作年月、备注等自然情况。(2) 代表名册原则上以代表团(组)为序排列，每个代表团(组)也应有一个说明，内容要求同总说明。代表团(组)一般分为“各级领导干部”“各类专业技术人员”“各条战线先进模范人物”几个部分，每个部分的代表名单以代表姓氏笔画为序排列。(3) 代表名册的装订要整齐，内容填写要准确、清楚。

第四章　党的基层组织领导成员候选人的产生

召开党员大会或党的基层代表大会或委员会全体会议选举(包括换届选举、补选)党的基层组织设立的委员会委员、常委、书记、副书记和不设支部委员会的党支部书记、副书记(以下统称党的基层组织领导成员),是党的基层组织建设中一项经常遇到且非常重要的工作。实践反复证明,要选好党的基层组织领导成员,严密组织党的基层组织领导成员候选人的酝酿、推荐工作至关重要。本章依据党章、《中国共产党基层组织选举工作暂行条例》等党内法规、规范性文件和《中国共产党组织工作教程》《中国共产党组织工作辞典(修订本)》《党组织选举工作手册》《党的地方和基层组织选举工作流程》等有关规定和解释,具体分党的基层组织领导成员及名额、党的基层组织领导成员资格条件、党的基层组织选举候选人的产生、党的基层组织选举介绍候选人基本情况四节,详细讲述与党的基层组织领导成员候选人相关的各项规定和要求、可能遇到的疑难问题及其解决方法,同时把各类基层党组织选配班子成员的有关规定进行系统梳理,以便于党的基层组织在选举中贯彻落实和参考使用。

第一节　党的基层组织领导成员及名额

党的基层组织领导成员的含义是什么?

本书所称的党的基层组织即我们通常所说的基层党组织,除按《中国共产党基层组织选举工作暂行条例》第二条定义的包括党的基层委员会、总支部委员会、支部委员会和党的基层委员会经批准设立的同级党的纪律检查委员会以外,还包括不设支部委员会的党支部。党的基层组织领导成员,实际上就是我们常说的基层党组织班子成员,包括党的基层组织设立的基层委员会(纪律检查委员会)、总支部委员会、支部委员会和不设支部委员会的委员、常委(党的基层委员会一般不设常务委员会,详见本书第一章的相关内容,下同——编者注)、书记、副书记。

党的基层组织负责人的含义是什么?

党的基层组织负责人是指党的基层组织常委、书记、副书记,其依据就是《党组织选举工作手册》作出的关于"上级党组织只能调动或者指派下级党组织的负责人,即只能调动或者指派下级党的委员会(对于党的基层组织而言,包括党的基层委员会、总支部委员会、支部委员会,下同——编者注)、纪律检查委员会常务委员会委员(不设立常务委员会的除外——编者注),书记,副书记"的规定和要求。

对党的基层委员会委员的名额有没有规定? 一般为多少名?

关于党的基层委员会即基层党委委员的名额,党章、《中国共产党基层组织选举工作暂行条例》没有作统一规定。《党组织选举工作手册》对此的说明是:"党员在一百名以上的党的基层委员会,委员名额一般为五名至九名,最多不超过十一名。经上级党组织批准设立常务委员会的党的基层委员会,委员名额一般为十五至二十一名。"实践中,对党的基层委员会委员名额另有具体规定的要从其规定,如乡镇党的委员会委员名额要严格执行《中国共产党农村基层组织工作条例》(中共中央印发,自 2018 年 12 月 28 日起施行,下同——编者注)第八条"乡镇党委一般设委员 7 至 9 名""应当设组织委员、宣传委员,纪委书记由党委委员兼任""党委委员按照乡镇领导职务配备,应当进行合理分工,保证各项工作有人负责"的规定,国有企业党的基层委员会委员名额要严格执行《中国共产党国有企业基层组织工作条例(试行)》(中共中央印发,自 2019 年 12 月 30 日起施行,下同——编者注)第六条关于"国有企业党委一般由 5 至 9 人组成,最多不超过 11 人"、设立常务委员会的"党委委员一般 15 至 21 人"的规定。

党的基层委员会常务委员会委员的名额一般为多少名?

党的基层委员会一般不设常务委员会。《党组织选举工作手册》(中央组织部组织局 2001 年编)明确:“经上级党组织批准设立常务委员会的党的基层委员会,常务委员会的职数一般为 5 人至 7 人,最多不超过 9 人。总之,常务委员会委员数额,不得超过委员会委员人数的半数。”

☛ 对党的基层纪律检查委员会委员名额有没有规定? 一般为多少名?

党章、《中国共产党基层组织选举工作暂行条例》等没有对党的基层纪律检查委员会即基层纪委委员的名额作出统一的规定。但在实际工作中,党的基层纪律检查委员会委员名额要根据党的纪律检查工作需要、党的基层组织党员人数、上级党组织的规定和批准确定。实践中,编者从基层纪律检查工作需要考虑,建议基层纪委委员名额一般为五名至七名(最多不超过九名)。目前,从各地的基本做法看,有的对各种类型的党的基层纪律检查委员会委员名额作了具体规定,如 2015 年 6 月 2 日某市印发的《关于加强市直单位机关纪委建设的实施意见》规定:“市直单位机关纪委由机关党员大会或党员代表大会选举产生。一般由 3 至 7 人组成,其中设书记 1 人、副书记 1 人。”

☛ 对党的总支部委员会委员的名额有没有规定? 一般为多少人?

党的总支部委员会委员即党总支部委员的名额,党章和《中国共产党基层组织选举工作暂行条例》等没有作具体规定。中组部编写的《党组织选举工作手册》的说明是:总支部委员会,一般设委员 5—7 人,最多不超过 9 人。

☛ 党的支部委员会委员的名额有没有规定? 一般为多少名?

《中国共产党支部工作条例(试行)》第二十条规定:“党支部委员会由 3 至 5 人组成,一般不超过 7 人。党支部委员会设书记和组织委员、宣传委员、纪检委员等,必要时可以设 1 名副书记。《中国共产党农村基层组织工作条例》(中共中央印发,自 2018 年 12 月 28 日起施行,下同——编者注)第七条规定:“村党的支部委员会一般设委员 3—5 名。”

☛ 党的基层组织设立的委员会委员人数是否必须为单数?

党的基层组织设立的委员会委员人数具体是单数(奇数)还是双数(偶

数)，党章、《中国共产党基层组织选举工作暂行条例》等党内法规、规范性文件没有作统一规定。但从实际情况看，如果党的基层组织设立的委员会(包括党的基层委员会、基层纪律检查委员会、总支部委员会、支部委员会，下同——编者注)委员是双数(偶数)，在对重要问题进行表决时，有可能会出现半数赞成对半数不赞成的情况，从而不能按照少数服从多数的原则作出决定。因此，从有利于工作来说，党的基层组织设立的委员会委员人数还是以单数(奇数)较为适宜。

☛ 确定党的基层组织设立的委员会委员应遵循的原则是什么?

根据《党组织选举工作手册》说明的精神，确定党的基层委员会及经批准设立的同级党的基层纪律检查委员会、总支部委员会、支部委员会委员名额应遵循的原则是:(1) 必须经党的基层委员会或总支部委员会或支部委员会全体会议讨论确定，报上一级党组织或上级党的机关工作委员会批准;(2) 必须根据工作需要，从实际出发，不搞照顾性安排。

☛ 党的基层组织设立的委员会书记、副书记的名额是多少?

党章和《中国共产党基层组织选举工作暂行条例》对党的基层组织设立基层委员会、总支部委员会、支部委员会和不设委员会的党支部书记、副书记的名额(即职数)没作具体规定。《党组织选举工作手册》对此的要求是:“党的基层委员会一般设书记一名，副书记一至二名。党的总支部委员会一般设书记一名，副书记一名。党的支部委员会设书记一名，党员较多的可设副书记一名。”《中国共产党支部工作条例(试行)》第二十条规定:“正式党员不足 7 人的党支部，设 1 名书记，必要时可以设 1 名副书记。”

注意: 实践中，乡镇党委要落实《中国共产党农村基层组织工作条例》第八条“乡镇党委一般设委员 7 至 9 名，其中书记 1 名、副书记 2 至 3 名”和“纪委书记由党委委员兼任”“村党的总支部委员会一般设委员 5 至 7 名，其中书记 1 名、副书记 1 名”“村党的委员会一般设委员 5 至 7 名，最多不超过 9 名，其中书记 1 名、副书记 1 至 2 名、纪委书记 1 名”的规定。

确定党的基层组织书记、副书记名额应注意哪些问题?

《党组织选举工作手册》对此的要求是:“书记、副书记职数的确定,必须符合中央和上级党组织的规定;必须坚持精干高效的原则;必须由党的委员会(对于党的基层组织而言,包括党的基层委员会、总支部委员会、支部委员会,不设支委会的党支部支部大会——编者注)集体讨论决定,并报上级党组织批准。”

确定党的基层委员会常委名额应注意哪些问题?

从实践来看,目前党的基层委员会一般都不设常务委员会。《党组织选举工作手册》对少数大型厂矿企业、规模大的高等院校的党的基层委员会经批准设立常务委员会的,在确定常委名额时应注意的问题(或者说确定常委的原则)的说明是:“常务委员会委员职数的确定,必须符合中央和上级党组织的有关规定;必须坚持结构合理、精干高效的原则;必须由党的委员会集体讨论决定,并报上级党组织批准。常务委员会委员数额,不得超过委员会委员人数的半数。”

党的基层组织负责人数额能否超过委员数额的半数?

不能。根据中央组织部的要求,党的基层委员会设立的常务委员会委员数额不得超过委员会人数的半数。书记、副书记的数额,不得超过常务委员会委员(不设常务委员会的为委员会委员——编者注)人数的半数。

选配党的基层组织书记有哪些新的要求?

2014 年 5 月,中共中央办公厅印发的《关于加强基层服务型党组织建设的意见》对党的基层组织书记选配作出了“加强基层党组织领导班子特别是书记队伍建设,创新选拔培养机制,采取上级选派、跟踪培养、群众推荐等方式,选拔党性强、能力强、改革意识强、服务意识强的党员担任党组织书记。选派得力党员干部到软弱涣散基层党组织和贫困村党组织担任书记或第一书记”的规定。《中国共产党国有企业基层组织工作条例(试行)》(中共中央印发,自 2019 年 12 月 30 日起施行,下同)第七条作出了“国有企业党组织书记、副书记以及设立常务委员会的党委常务委员会委员,一般由本级委员会全体会议选举产生。选举结果报上级党组织批准”“中央企业党委(党组)认为有必要时,可以调动或者指派直属企业(单位)党组织负责人”的规定。《中国共产党农村基层组织工作条例》第十九条作出了“村党组织书记应当通过法定程序担任村民委员会主任和村级集体经济组织、合作经济组织负责人,村‘两委’班子成员应当交叉任职”的规定。《中国共产党党和国家机关基层组织工作条例》(2019 年 11 月 29 日中共中央政治局会议修订,中共中央于 2019 年 12 月 27 日印发,下同)第八条作出了“机关党的基层委员会和不设党的基层委员会的总支部委员会的书记,应当由本单位党员负责人担任”“党支部书记原则上由本单位党员主要负责人担任”的规定。对于这些规定和要求,各地各级党组织在选举党的基层组织书记中要认真贯彻落实。

☛ 农村党的基层组织领导班子成员怎么才能做到选好配强?

加强农村党的基层组织建设,关键是要建设好村基层党组织领导班子,尤其是要选好配强党组织书记。在实际工作中,要注意把握的是:(1)《中国共产党农村基层组织工作条例》(中共中央印发,自 2018 年 12 月 28 日起施行,下同)第四条规定,乡镇党委“由党员大会或者党员代表大会选举产生”。(2)《关于进一步做好村民委员会换届选举工作的通知》(中共中央办公厅、国务院办公厅 2002 年 7 月 14 日印发,下同)规定:“提倡把村党支部领导班子成员按照规定程序推选为村民委员会成员候选人,通过选举兼任村民委员会成员。”(3)《关于加强基层服务型党组织建设的意见》(中共中央办公厅 2014 年 5 月印发,下同)规定:“选派得力党员干部到软弱涣散基层党组织和贫困村党组织担任书记或第一书记。”(4)《关于进一步做好村民委员会换届选举工作的通知》规定:“提倡拟推荐的村党支部书记人选,先参加村委会的选举,获得群众承认以后,再推荐为党支部书记人选;如果选不上村委会主任,就不再推荐为党支部书记人选。提倡村民委员会中的党员成员通过党内选举,兼任村党支部委员成员。”(5)《中国共产党农村基层组织工作条例》第五条规定,村党支部、总支部和党的基层委员会“由党员大会选举产生”。(6)《关于进一步做好村民委员会换届选举工作的通知》规定:“提倡村民委员会中的党员成员通过党内选举,兼任村党支部委员会成员。”(7)《中国共产党组织工作辞典》(以下简称《辞典》——编者注)解释:“要创新选拔培养机制,采取上级选派、跟踪培养、群众推荐等方式,选拔党性强、能力强、改革意识强、服务意识强的党员担任党组织书记。”(8)《辞典》说明:“对那些确实没有党组织书记合适人选的建制村,可以从市县机关、乡镇(街道)、企事业单位、大中专毕业生和复员退伍军人中选拔,也可从大学生村官、大学生社工等基层服务项目人员中择优选任,或面向社会公开招聘,经过一定组织程序到这些村任职。”(9)《辞典》解释:“鼓励优秀民营企业经营管理人员,县乡机关和企事业单位退居二线、提前离岗或退休干部职工中的党员回原籍担任村党组织书记。”(10) 党章第十三条规定:“在党的地方各级代表大会和基层代表大会闭会期间,上级党的组织认为有必要时,可以调动或者指派下级党组织的负责人。”(11)《中国共产党基层组织选举工作暂行条例》第十五条规定:“上级党的组织认为有必要时,可以调动或者指派下级党组织的负责人。”(12)《中国共产党农村基层组织工作条例》第二十六条规定:“村党组织领导班子应当由思想政治素质好、道德品行好、带富能力强、协调能力强,公道正派、廉洁自律,热心为群众服务的党员组成。”(13)《中国共产党农村基层组织工作条例》第二十六条规定:“村党组织领导班子应当由思想政治素质好、道德品行好、带富能力强、协调能力强,公道正派、廉洁自律,热心为群众服务的党员组成。村党组织书记还应当具备一定的政策水平,坚持依法办事,善于做群众工作,甘于奉献、敢闯敢拼。村党组织书记应当注重从本村致富能手、外出务工经商返乡人员、本乡本土大学毕业生、退役军人中的党员培养选拔。每个村应当储备村级后备力量。”(14)《中国共产党支部工作条例(试行)》第二十四条规定:“村、社区应当注重从带富能力强的村民、复员退伍军人、经商务工人员、乡村教师、乡村医生、社会工作者、大学生村官、退休干部职工等群体中选拔党支部书记。对没有合适人选的,上级党组织可以跨地域或者从机关和企事业单位选派党支部书记。根据工作需要,上级党组织可以选派优秀干部到村、社区担任党支部第一书记,指导、帮助党支部书记开展工作,主要承担建强党支部、推动中心工作、为民办事服务、提升治理水平等职责任务。符合条件的村、社区党支部书记可以通过法定程序担任村民委员会、居民委员会主任。”对于以上这些,有关基层党组织应认真执行。

农村党的基层组织书记的选配方式主要有哪些?

经验表明,加强农村党的基层组织建设,关键是要建设好村基层党组织领导班子,尤其是要选好村党组织书记。《中国共产党组织工作辞典》对此的解释是:“要创新选拔培养机制,采取上级选派、跟踪培养、群众推荐等方式,选拔党性强、能力强、改革意识强、服务意识强的党员担任党组织书记。对那些确实没有党组织书记合适人选的建制村,可以从市县机关、乡镇(街道)、企事业单位、大中专毕业生和复员退伍军人中选拔,也可从大学生村官、大学生社工等基层服务项目人员中择优选任,或面向社会公开招聘,经过一定组织程序到这些村任职。鼓励优秀民营企业经营管理人员,县乡机关和企事业单位退居二线、提前离岗或退休干部职工中的党员回原籍担任村党组织书记。”

农村党支部书记的“一好双强”选任标准是指什么?

2009 年 4 月 8 日,中共中央组织部印发的《关于加强村党支部书记队伍建设的意见》的通知规定:“把思想政治素质好、带富能力强、协调能力强的‘一好双强’优秀党员选拔为村党支部书记。思想政治素质好,就是理想信念坚定,宗旨观念较强,认真贯彻执行党的方针政策,自觉学习实践科学发展观,办事公道、廉洁自律;带富能力强,就是有知识、有见识,思路宽、点子多,懂经营、会管理,能团结带领党员群众共同致富;协调能力强,就是热爱农村、对农民有感情,善于运用民主、法律、示范和服务的方法做群众工作,妥善处理矛盾,维护农村和谐稳定。”

乡镇党委书记的任职条件有没有具体规定? 条件是什么?

有。2010 年 10 月 24 日,中共中央组织部印发的《关于加强乡镇党委书记队伍建设的意见》的通知规定的坚持乡镇党委书记的任职条件主要是:“乡镇党委书记人选,必须具备党内有关法规规定的基本条件和任职资格,根据岗位特点,突出以下六项:(1) 思想素质好,大局意识强,能够领会把握、贯彻执行党在农村的各项方针政策和上级党组织决策部署;(2) 事业心和责任感强,热爱农村工作,善于推动农村经济社会发展;(3) 带头实干,注重实效,善于结合农村实际情况,创造性地推动工作落实;(4) 熟悉农村社情民意,善于同农民打交道,具有较强的做好群众工作、处理农村复杂问题的能力;(5)坚持民主集中制原则,敢抓敢管,善于抓班子带队伍;(6)清正廉洁,品行端正,严以律己,作风朴实,群众威信高。”

☛ 党的农村基层组织领导班子成员应由什么样的党员组成?

《中国共产党农村基层组织工作条例》第二十六条规定:“村党组织领导班子应当由思想政治素质好、道德品行好、带富能力强、协调能力强,公道正派、廉洁自律,热心为群众服务的党员组成。村党组织书记还应具备一定的政策水平,坚持依法办事,善于做群众工作,甘于奉献、敢闯敢拼。”

☛ 村、社区党支部书记和村委会、居民委员会主任能否由同一人担任?

能,但必须履行法定程序。《中国共产党支部工作条例(试行)》第二十四条规定:“符合条件的村、社区党支部书记可以通过法定程序担任村民委员会、居民委员会主任。”

☛ 着力选优配强乡镇党委书记的规定和要求是什么?

2010年10月24日,中共中央组织部印发的《关于加强乡镇党委书记队伍建设的意见》的通知规定:“要坚持德才兼备、以德为先的用人标准,完善选任方式,严格选拔程序,切实把守信念、讲奉献、有本领、重品行的优秀干部选拔到乡镇党委书记岗位上来。乡镇党委书记人选一般应具有乡镇、街道工作经历,优先从具有乡镇、街道领导干部任职经历的人员中选拔。选拔任用乡镇党委书记,要在县委全委会或全县领导干部会议范围进行民主推荐,一般应经过县委常委会或县委全委会票决;全委会闭会期间,在县委常委会决定任命之前,要征求县委委员的意见。乡镇党委书记的任免,须报市(州、地)党委组织部备案。乡镇党委书记一般应任满一届。任期不到三年调整的,要报市(州、地)党委组织部同意。”

☛ 对优化乡镇党委书记年龄结构的规定和要求是什么?

2010年10月24日,中共中央组织部印发的《关于加强乡镇党委书记队伍建设建设的意见》的通知要求："注重发挥各年龄段干部的作用，换届集中调整时，乡镇党委书记要以 35 岁至 50 岁的为主体，适当保留一部分富有经验、工作得力的 50 岁以上的干部，注意选拔 35 岁以下的优秀年轻干部。重视培养选拔女干部和少数民族干部，不断改善乡镇党委书记队伍整体结构。"

☛ 党在国有企业设立的党的基层组织的领导班子如何选优配强？

根据《中国共产党组织工作教程》等有关说明，坚持和完善"双向进入、交叉任职"的企业领导人员任职形式，为国有企业党组织发挥职能作用提供保证。国有独资和国有控股公司的党组（党委）领导班子成员可以通过法定程序进入董事会、监事会、经理层，董事会、监事会、经理层成员中符合条件的党员可依照有关规定和程序进入党组（党委）；党组（党委）书记可以通过法定程序担任董事长；非上市公司的董事长提名委员会主任原则上由党组（党委）书记担任。《中国共产党国有企业基层组织工作条例（试行）》第九条规定："国有企业在推进混合所有制改革过程中，应当同步设置或调整党的组织，理顺党组织隶属关系，同步选配好党组织负责人和党务工作人员，有效开展党的工作。"

☛ 担任国有企业党委书记的应具备哪些能力素质？

担任国有企业党委书记除了具备党章第三十六条等规定的党的干部必须具备的条件之外，还要具备 1997 年 1 月 24 日中共中央印发的《关于进一步加强和改进国有企业党的建设工作的通知》规定的能力素质，即："党委书记应当有坚定正确的理想和信念，能够坚决贯彻执行党的路线、方针、政策和国家的法律法规，有较丰富的社会主义市场经济知识、必要的科技知识和岗位职责所要求的管理能力；坚定地依靠党组织和广大职工办企业，善于走群众路线，自觉接受各方面的监督；勤奋敬业，勇于奉献，清正廉洁，艰苦奋斗，开拓进取，扎实工作；谦虚谨慎，努力学习，善于同领导班子成员合作共事。"同时要具备 1986 年 9 月 15 日中共中央、国务院印发的《中国共产党全民所有制工业企业基层组织工作条例》第六条规定："党委书记应当具备较高的理论、政策水平，较强的组织领导能力，富有改革精神，具有一定的党务工作经验，善于做思想政治工作，能够团结同志。"

国有企业的党委书记能否交叉任职？ 应该如何选优配强？

能。《中国共产党国有企业基层组织工作条例(试行)》第十四条规定:“坚持和完善‘双向进入、交叉任职’领导体制,符合条件的党委(党组)班子成员可以通过法定程序进入董事会、监事会、经理层,董事会、监事会、经理层成员中符合条件的党员可以依照有关规定和程序进入党委(党组)。党委(党组)书记、董事长一般由一人担任,党员总经理担任副书记。确因工作需要由上级企业领导人员兼任董事长的,根据企业实际,党委书记可以由党员总经理担任,也可以单独配备。不设董事会只设执行董事的独立法人企业,党委书记和执行董事一般由一人担任。总经理单设且是党员的,一般应当担任党委副书记。分公司等非独立法人企业,党委书记和总经理是否分设,结合实际确定。分设的一般由党委书记担任副总经理、党员总经理担任党委副书记。”

非公有制企业党组织书记如何选优配强？

《中国共产党组织工作教程》要求:“按照守信念、讲奉献、重品行,懂经营、会管理、善协调,热爱党务工作和熟悉群众工作的标准,选优配强非公有制企业尤其是规模以上非公有制企业党组织书记。要注重从企业生产、经营、管理骨干党员中择优选配党组织书记。企业内部没有合适人选的,可从党政机关、国有企事业单位协商委派,或从大学生村官、复转军人中推荐人选。可打破地域、身份、职业等限制,探索面向社会公开招聘党组织书记人选,鼓励机关优秀年轻党员干部到非公有制企业挂职从事党建工作,培养符合条件的工会主席担任党组织书记。企业规模大、党员数量多的企业,主要出资人担任党组织书记的,应配备专职副书记。”2012 年 5 月 25 日,中共中央办公厅印发的《关于加强和改进非公有制企业党的建设工作的意见(试行)》对此也作出明确规定:“按照守信念、讲奉献、重品行,懂经营、会管理、善协调,热爱党务工作和熟悉群众工作的标准,选优配强非公有制企业党组织书记。党组织书记一般从企业内部选举产生,注意从生产、经营、管理骨干中推荐人选,也可从党政机关干部、国有企事业单位经营管理人员、党务工作者和复转军人、大学生‘村官’中推荐人选,或面向社会公开招聘党务工作人才,再通过党内选举程序任职。重视选派优秀专职党务工作者担任联合党组织书记。提倡机关优秀年轻党员干部到企业挂职从事党建工作。规模大、党员数量多的企业主要出资人担任党组织书记的，应配备专职副书记。提倡不是企业出资人的党组织书记、副书记通过法定程序兼任工会主席、副主席；也可以由党员工会主席通过法定程序担任党组织书记、副书记。”《中国共产党支部工作条例（试行）》第二十四条规定：“非公有制经济组织、社会组织，一般从管理层中选任党支部书记，应当注重从业务骨干中选拔党支部书记。没有合适人选的，可以由上级党组织选派党支部书记。”

股份制企业党的基层组织领导班子如何选优配强？

1994 年 4 月 23 日，中共中央组织部印发的《关于加强股份制企业中党的工作的几点意见》明确规定：“股份制企业党组织领导班子的配备，必须坚持干部队伍‘四化’方针和德才兼备的原则。主要成员一般应具备做好党务工作与经济工作的双重素质。党组织负责人可与董事会、监事会负责人或经理、副经理适当交叉任职。条件具备的，党委书记和董事长，或者党委书记和总经理可以由一人担任。规模较大、职工和党员人数较多的企业，应设专职党委副书记。党委书记与董事长、总经理分设的，董事长或总经理具备条件的可以兼任党委副书记。党委成员进入董事会、监事会，董事、监事、经理、副经理进入党委班子，要严格按照党章、公司法和其他有关规定办理。”

社区党的基层组织领导班子如何选优配强？

2004 年 10 月 4 日，中共中央办公厅转发的《中共中央组织部关于进一步加强和改进街道社区党的建设工作的意见》对此的规定是：“采取从机关和企事业单位中选派，从大中专毕业生、下岗失业人员、复员转业军人中选拔等措施，把热爱社区工作、热心服务群众的优秀党员充实到社区党组织领导班子中。”

机关党的基层组织领导班子如何选优配强？

《中国共产党党和国家机关基层组织工作条例》对此的规定有：(1)党的基层委员会由党员大会或者党员代表大会选举产生；(2)党的总支部委员会由党员大会选举产生；(3)书记、副书记选举产生后，报上级党组织批准；(4)

书记、副书记选举产生后，报上级党组织批准；(5)机关党的基层委员会和不设党的基层委员会的总支部委员会的书记，应当由本单位党员负责人担任；(6)党员人数和直属单位较多的机关党的基层委员会，设专职副书记；(7)党支部书记原则上由本单位党员主要负责人担任；(8)机关党的纪律检查委员会书记由机关党的基层委员会副书记担任；(9)机关党的总支部委员会和支部委员会设立纪律检查委员。《中国共产党支部工作条例(试行)》对选配机关党支部班子成员的规定有：(1)党支部委员会由党支部党员大会选举产生；(2)党支部书记、副书记一般由党支部委员会会议选举产生，不设委员会的党支部书记、副书记由党支部党员大会选举产生；(3)党支部书记、副书记、委员出现空缺，应当及时进行补选；(4)确有必要时，上级党组织可以指派党支部书记或者副书记；(5)机关党支部书记一般由本部门本单位主要负责人担任，也可以由本部门本单位其他负责人担任；(6)根据工作需要，上级党组织可以选派党员干部担任专职党支部书记。

高等学校党的基层组织领导班子如何选配？

《中国共产党组织工作教程》说明："以教师支部、学生支部为重点，选好配强支部班子，注重从学科带头人、教学科研管理骨干和优秀辅导员、优秀学生中选拔党支部书记。"2010年8月13日，中共中央印发的《中国共产党普通高等学校基层组织工作条例》对高等学校党的基层组织领导班子选配作出了如下规定：(1)高等学校党的委员会由党员大会或党员代表大会选举产生；(2)常务委员会(指高等学校党的委员会经上级党组织批准设立的常务委员会——编者注)由党的委员会全体会议选举产生(有的党的基层组织设立的常务委员会规定由党员大会或党代表大会选举产生的要从其规定——编者注)；(3)高等学校院(系)级单位设立的"党的委员会由党员大会或者党员代表大会选举产生""党的总支部委员会、直属支部委员会由党员大会选举产生"；(4)党员7人以上(应理解为正式党员不少于7人——编者注)的党支部设立支部委员会，支部委员会由党员大会选举产生；党员不足7人的党支部，不设支部委员会，由党员大会选举支部书记1人，必要时增选支部副书记1人。

☛ 民办高校党的基层组织领导班子如何选配？ 其负责人如何选配？

2006 年 12 月 21 日，中共中央组织部、中共教育部党组印发的《关于加强民办高校党的建设工作的若干意见》对此作出了“贯彻民主集中制原则，积极推进双向进入、交叉任职，党组织领导班子成员可通过法定程序进入学校决策机构和行政管理机构，符合条件的学校决策机构和行政管理机构中的党员可按照党的有关规定进入党组织领导班子”和“民办高校必须有一名以上的专职党组织负责人”“根据工作需要，党委教育工作部门可选派德才兼备、熟悉教育工作的党员，到民办高校担任党组织负责人，也可选派退休干部中的党员到民办高校党组织任职”“党组织负责人应按照有关规定选举产生，并报上级党组织批准”“党组织负责人工作变动时，必须征求上级党组织的意见”的明确规定。

☛ 如何做好中小学校党的基层组织领导班子成员的选配工作？

《中国共产党组织工作教程》明确：“按照德才兼备和专兼结合的原则，选拔政治素质高、思想作风好、热爱党务工作、善于做群众工作、熟悉教育教学工作的优秀党员担任党组织书记。注重选拔有较强管理能力和较高业务水平的骨干教师党员进入党组织领导班子。推行学校党政领导班子成员‘双向进入、交叉任职’，党组织书记、校长可由一人担任。办学规模较大、党员数量较多的学校，应配备党组织专职副书记。”

☛ 哪些同志可任科研院所党委书记？ 如何选配科研院所党委书记？

2000 年 6 月 30 日，中共中央组织部印发的《关于加强和改进科研院所党的建设工作的意见》规定：“按照德才兼备的原则，把科研院所党委书记选配好。党委书记应具备较高的马克思主义理论水平和政策水平，有比较丰富的社会主义市场经济知识、现代科技知识和科研管理知识，热心科学技术事业，有较强的组织协调能力，作风民主，办事公道，廉洁自律，勤奋敬业，密切联系群众。根据科研院所的实际情况，党委书记一般应从经过党政两种岗位锻炼的党员中选拔，可以专职，也可以与行政领导交叉任职。规模较小的科研院所，条件具备的，党政主要领导职务可由一人担任。”

选配科研院所党的基层组织领导班子有哪些具体规定和要求？

2000年6月30日，中共中央组织部印发的《关于加强和改进科研院所党的建设工作的意见》对此作出了“优化科研院所党委领导班子结构，提高整体素质。为适应工作需要，党员行政领导进入党委班子应有适当的人数。实行股份制的科研院所，要按照党章规定，建立党组织；党委负责人可依法进入董事会、监事会和行政领导班子。实行理事会制度的科研院所，党委负责人可以进入理事会、监事会，使党的建设工作同科研、生产、经营工作有机结合起来”和“适应科研院所改革和发展的需要，及时调整党支部设置，选配好党支部书记”等明确规定和要求。

选配事业单位党的基层组织领导班子有哪些具体规定和要求？

2012年9月19日，中共中央办公厅印发的《关于在推进事业单位改革中加强和改进党的建设工作的指导意见》中作出的明确规定和要求是：“选好配强事业单位领导班子。坚持五湖四海、任人唯贤，坚持德才兼备、以德为先，坚持民主、公开、竞争、择优，进一步深化事业单位人事制度改革，大力选拔政治坚定、业务过硬、敢抓善管、廉洁奉公、实绩突出、群众公认的优秀人才进入领导班子。根据不同行业、不同类型事业单位的特点和改革发展稳定的要求，选好配强党组织书记和行政主要领导人，优化班子结构，增强整体功能。实行党委领导下的行政领导人负责制的事业单位，应配备党组织专职书记和副书记，党员行政主要领导人一般应担任党组织领导职务。实行行政领导人负责制的事业单位，党组织书记和行政主要领导由同一人担任的，一般应配备一名专职副书记；党组织书记和行政主要领导分开任职的，党组织书记一般应兼任行政副职，党员行政主要领导人一般应进入党组织领导班子。建立法人治理结构的事业单位，要健全‘双向进入、交叉任职’配备方式，党组织领导班子成员按照事业单位章程进入理事会和管理层，理事会和管理层中的党员领导人员按照党内有关规定进入党组织领导班子。”《中国共产党支部工作条例（试行）》第二十四条规定：事业单位“党支部书记一般由本部门本单位主要负责人担任，也可以由本部门本单位其他负责人担任。根据工作需要，上级党组织可以选派党员干部担任专职党支部书记”。

选配社会组织党的基层组织领导班子有哪些具体规定和要求？

2015年9月，中共中央办公厅印发的《关于加强社会组织党的建设工作的意见（试行）》对此作出了“凡有三名以上正式党员的社会组织，都要按照党章规定，经上级党组织批准，分别设立党委、总支、支部，并按期进行换届”“按照守信念、讲奉献、有本领、重品行的要求，选优配强社会组织党组织书记”“党组织书记一般从社会组织内部产生，提倡党员社会组织负责人担任党组织书记”“社会组织负责人不是党员的，可从管理层中选拔党组织书记”“社会组织中没有合适人选的，可提请上级党组织选派，再按党内有关规定任职”和“规模大、党员数量多的社会组织党组织，应配备专职副书记”的规定。《中国共产党组织工作教程》还明确要求：“切实选好配强社会组织党组织负责人，把党性强、业务精、热爱党务工作的业务骨干特别是主要负责人的党员，选拔到党组织负责人岗位上来。领导班子主要成员出缺的，要抓紧配齐。对不胜任工作的党组织负责人要及时调整。”《中国共产党支部工作条例（试行）》第二十四条规定：社会组织“一般从管理层中选任党支部书记。应当注重从业务骨干中选拔党支部书记。没有合适人选的，可以由上级党组织选派党支部书记”。

第二节 党的基层组织领导成员资格条件

如何正确理解党的干部德才兼备、以德为先？

党章第三十五条规定：“党按照德才兼备、以德为先的原则选拔干部。”《中国共产党基层组织选举工作暂行条例》第十一条明确规定：“党的基层组织设立的委员会委员候选人，按照德才兼备和班子结构合理的原则提名。”德才兼备、以德为先是指党的干部必须具备“德”和“才”两个方面的条件。这是党的各级组织选拔任用干部的基本原则，是我们党选人用人的根本标准，是保持干部队伍先进性和纯洁性的根本保证。《中国共产党组织工作教程》进一步解释：“所谓德，是指干部的政治品质和道德品行，包括政治理论和社会公德、职业道德、个人道德、家庭美德以及秉公用权、廉洁从政等。所谓才，是指干部的能力和水平，包括知识素养、业务水平、决策能力、组织协调能力、综合分析和解决实际问题的能力等。德与才是干部素质不可或缺的两个方面。德与才比较，德是第一位的，是才的统帅，决定着才的作用和方向；才是德的支撑，影响着德的作用范围。有德无才，难以担当重任；有才无德，终究要败坏党的事业。”

如何正确理解党的基层组织领导班子结构合理？

党的基层组织领导班子结构合理，可以通过党的基层组织成员间的有效组合，提高党的基层组织领导班子的工作效率，最大限度地发挥党的基层组织领导班子成员的个体能力，产生领导的群体效能，使党的基层组织领导班子整体效能大于个体效能之和。中国共产党新闻网在《党史百科》中对领导班子结构作出的解释是：“指一个领导班子在年龄、知识、专业、智能、素质等方面的布局和搭配情况，是一个多序列、多层次、多要素的动态结合体。最佳的领导班子结构应该是梯形的年龄结构、合理的专业结构、较高的智能结构、协调的素质结构等。”关于领导班子结构合理的内涵，《党组织选举工作手册》作出了进一步的说明，即：“指领导班子的职位设置、职务分工和领导班子成员的年龄、知识、专业、气质等要素的最佳组合。结构合理是关系领导班子整体功能的一个重要方面，党的委员会（对于党的基层组织而言，包括党的基层委员会、党的基层纪律检查委员会、党的总支部委员会、党的支部委员会——编者注）在换届选举时，应尽可能实现年龄形成梯次、专业知识配套、气质性格相容的合理结构。”

衡量党的干部德才的基本标准是什么？

党章第三十六条明确规定的党的各级领导干部必备的六项基本条件，就是衡量包括党的基层组织领导成员在内的党的干部德才的基本标准，即：“党的各级领导干部必须信念坚定、为民服务、勤政务实、敢于担当、清正廉洁，模范地履行本章程第三条所规定的党员的各项义务，并且必须具备以下的基本条件：（一）具有履行职责所需要的马克思列宁主义、毛泽东思想、邓小平理论、‘三个代表’重要思想、科学发展观的水平，带头贯彻落实习近平新时代中国特色社会主义思想，努力用马克思主义的立场、观点、方法分析和解决实际问题，坚持讲学习、讲政治、讲正气，经得起各种风浪的考验。（二）具有共产主义远大理想和中国特色社会主义坚定信念，坚决执行党的基本路线和各项方针、政策，立志改革开放，献身现代化事业，在社会主义建设中艰苦创业，树立正确政绩观，做出经得起实践、人民、历史检验的实绩。（三）坚持解放思想，实事求是，与时俱进，开拓创新，认真调查研究，能够把党的方针、政策同本地区、本部门的实际相结合，卓有成效地开展工作，讲实话，办实事，求实效。（四）有强烈的革命事业心和政治责任感，有实践经验，有胜任领导工作的组织能力、文化水平和专业知识。（五）正确行使人民赋予的权力，坚持原则，依法办事，清正廉洁，勤政为民，以身作则，艰苦朴素，密切联系群众，坚持党的群众路线，自觉地接受党和群众的批评和监督，加强道德修养，讲党性、重品行、作表率，做到自重、自省、自警、自励，反对形式主义、官僚主义、享乐主义和奢靡之风，反对任何滥用职权、谋求私利的不正之风。（六）坚持和维护党的民主集中制，有民主作风，有全局观念，善于团结同志，包括团结同自己有不同意见的同志一道工作。”

☛ 党员行政负责人是否必须提名为党的基层组织的委员候选人？

不是。1991 年 8 月 17 日，中共中央组织部在《党的基层组织选举工作的问答（四）》中对此作出的明确解答是：“从有利于工作出发，一个单位的党员行政负责人，有一部分人参加党组织的领导机构，是适宜的。但是，召开党员大会或党员代表大会选举党的基层组织领导成员，其候选人必须按照《中国共产党基层组织选举工作暂行条例》第三章所规定的条件和程序进行提名。党员行政负责人能否提名为委员候选人，要根据多数党员、党组织或代表的意见来确定。任何人都不具有必须提名为委员候选人的特权。”

☛ 中国共产党党员党龄的含义是什么？

我党党员党龄指中共正式党员在党内生活和工作的年数。《党组织选举工作手册》对党龄的含义作出了“指一个人进入中国共产党成为中共正式党员的年数”。党章第七条规定：“党员的党龄，从预备期满转为正式党员之日算起。”《中国共产党组织工作辞典》所作的进一步说明是：“被延长预备期者，其党龄从延长预备期满被转为正式党员之日算起。”需要注意的问题是，受留党察看处分的党员，在他们恢复党员权利之后，留党察看期间的党龄要连续计算。

不同时期入党的中共正式党员的党龄应该如何进行计算?

《党员管理手册》解释:在我们党的历史上,有些时期有预备期,有些时期则没有预备期;有些时期入党时间从党员大会通过之日算起,有些时期入党时间则从党委批准之日算起,情况不尽相同。这样,在不同的时期,党龄的计算就有了不同的情况。《党员管理手册》说明了不同时期党龄的具体计算方法,即:(1) 1921 年 7 月 1 日— 1923 年 6 月 9 日,入党时间为上级党委批准之日,无预备期,党龄同时开始计算;(2) 1923 年 6 月 10 日— 1927 年 4 月 26 日,入党时间为上级党委批准为预备党员之日,党龄从转正之日算起(转正之日等于入党时间加预备期;劳动者预备期三个月,非劳动者六个月——编者注);(3) 1927 年 4 月 27 日— 1928 年 6 月 17 日,工人、农民、手工业者、店员、士兵入党时间为上级党委批准之日,无预备期,党龄同时开始计算;知识分子、自由职业者入党时间为上级党委批准之日,党龄从转正之日算起,预备期三个月;(4) 1928 年 6 月 18 日— 1945 年 4 月 22 日,入党时间为上级党委批准之日,无预备期,党龄同时开始计算;(5) 1945 年 4 月 23 日—1956 年 9 月 14 日,入党时间为上级党委批准之日,党龄从转正之日算起。工人、苦力、雇农、贫农、城市贫民、士兵预备期六个月;中农、职员、知识分子、自由职业者一年;其他人员两年;(6) 1956 年 9 月 15 日— 1969 年 3 月 31 日,入党时间为党员大会接收为预备党员之日(须经上级党委批准——编者注),党龄从转正之日算起,预备期一年;(7) 1969 年 4 月 1 日—1977 年 8 月 11 日,入党时间为上级党委批准之日,无预备期。党龄同时开始计算;(8) 1977 年 8 月 12 日—1982 年 9 月 5 日,入党时间为上级党委批准为预备党员之日,党龄从转正之日算起,预备期一年;(9) 1982 年 9 月 6 日至今,入党时间为党员大会接收为预备党员之日(须经上级党委批准,2014 年 5 月 28 日前包括经授权审批党员的党总支批准——编者注),党龄从转正之日算起,预备期一年。

对党的基层组织领导成员的党龄有什么具体的规定和要求?

党章等党内法规、规范性文件对党的基层组织领导成员的党龄都没有作出具体的规定和要求。《党组织选举工作手册》解释:“党的基层组织要完成所担负的任务,领导班子成员应具有一定的党内生活经验和党务工作经验。因此,在酝酿提名党的支部委员会、总支部委员会和基层委员会（应包括党的基层纪律检查委员会——编者注）委员人选，特别是书记、副书记人选时，应考虑这一点。”1991 年 6 月 8 日，中共中央组织部在《党的基层组织选举工作的问答（三）》中的解答是：“党的基层组织领导班子是党的基层组织的领导核心，负责党的路线、方针、政策的贯彻落实；讨论决定日常工作中的重要问题；要搞好自身建设和党员队伍建设。做好这些工作，需要党的基层组织的领导成员具有一定的党内生活经验和党务工作经验。因此，在酝酿提名党的支部、总支部和基层委员会委员特别是书记、副书记人选时，应适当考虑党龄问题。从实践经验看，支部、总支部、基层委员会委员一般要有一年以上的党龄；其中，所辖党组织较多的基层党委（即党的基层委员会——编者注）委员的党龄应更长一些。”

注意：《中国共产党国有企业基层组织工作条例（试行）》第六条对国有企业党委委员的党龄作出了“党委委员一般应当有 3 年以上党龄，其中中央企业及其直属企业（单位）、省属国有企业的党委委员应当有 5 年以上党龄”的规定。

☛ 对党的基层纪律检查委员会组成人员的党龄有什么要求？

党的基层纪律检查委员会组成人员就是我们通常所说的基层纪委的领导成员或领导班子成员。党章对党的基层纪律检查委员会领导成员的党龄没有作具体的规定和要求。根据中央组织部的有关要求和解释，党的基层纪律检查委员会承担着维护党的章程和其他党内法规，协助党的基层委员会加强党风建设，检查党的路线、方针、政策和决议的执行情况的重任，党的基层纪律检查委员会的委员应有坚强的党性和一定的党内生活经验。因此，在酝酿提名党的基层纪律检查委员会委员时，应参照对同级党委委员党龄的要求办理。

☛ 上级党组织审查下级党组织候选人应注意哪些问题？

1991 年 6 月 8 日，中共中央组织部在《党的基层组织选举工作问答（三）》中明确要求：“上级党组织审查下级党组织呈报的委员、书记候选人预备名单，是一项严肃的工作，必须认真对待。审查工作应注意以下几点：(1) 把好政治关。主要看预备人选的政治立场、党性原则、思想品德。要把在‘文化大革命’

中，十一届三中全会以来，特别是1989年那场风波中的表现审查清楚。如果有错误，要查清其错误事实，了解本人态度如何，是否作了深刻检查并取得了群众的谅解。审查德才表现，既要看政治立场、思想觉悟，也要看品德修养；既要看文化程度，又要看革命事业心、政治责任感和实际工作能力、组织领导能力等。(2) 要全面分析、通盘考虑班子的结构，如智能结构、年龄结构、专业结构等。经过审查，提出同意或调整的意见。”

☛ 如何正确对待党员放弃被选举权的问题？

《党员管理手册》说明："根据党章规定的精神，党员享有被选举的权利，也有请求放弃被选举的权利。党员在党内选举中，按照规定的程序被提名为党代表大会代表（应包括党代表会议代表——编者注）、党的委员会（对于党的基层组织而言，包括党的基层委员会、党的基层纪律检查委员会、党的总支部委员会、党的支部委员会——编者注）委员或其他党内职务的候选人后，如因健康状况、工作能力或其他正当原因，自己认为当选后不能胜任的，可以向党组织提出不作为候选人的请求。党组织应充分考虑党员本人意见，并根据党员的实际情况和多数选举人的意见作出决定。如果党员放弃被选举权的请求未获同意，应尊重多数选举人的意见，服从党组织的决定。”

第三节　党的基层组织选举候选人的产生

☛ 党的基层组织领导成员候选人的含义是什么？

党的基层组织领导成员即党的基层组织班子成员，包括党的基层委员会、党的基层纪律检查委员会、党的总支部委员会、党的支部委员会的委员、常委、书记、副书记和不设委员会的党支部书记、副书记。根据《中国共产党组织工作辞典》对党内选举的候选人的含义作出的“选举时被确定为选举对象的人员”的明确解释，党的基层组织领导成员候选人或者说党的基层组织选举候选人是指党的基层组织选举时被确定为党的基层委员会（纪律检查委员会）或总支部委员会或支部委员会（不设支部委员会的党支部）的委员、常委、书记、副书记选举对象的人员。

党的基层组织设立的委员会委员候选人的含义是什么?

根据《中国共产党基层组织选举工作暂行条例》第二条关于“本条例所称的党的基层组织,是指工厂、商店、学校、机关、街道、合作社、农场、乡、镇、村和其他基层单位党的委员会、总支部委员会、支部委员会,包括基层委员会经批准设立的纪律检查委员会”和《中国共产党组织工作辞典》对党内选举候选人作出的“选举时被确定为选举对象的人员”的明确解释,党的基层组织设立的委员会委员候选人是指党的基层组织选举时被确定为党的基层委员会(纪律检查委员会)或总支部委员会或支部委员会委员选举对象的人员。

党的基层委员会常务委员会委员候选人的含义是什么?

党的基层委员会常务委员会委员候选人是指被确定为基层党委常务委员会委员选举对象的人员。党的基层委员会一般不设常务委员会。《党组织选举工作手册》说明:“少数大型厂矿企业、规模大的高等院校,因其所属党组织和党员人数多,为便于工作确需设立常务委员会的,必须报经上级党组织批准。”

党的基层组织书记、副书记候选人的含义是什么?

依据有关的工作问答和说明,党的基层组织书记、副书记候选人是指党的基层组织选举时被确定为党的基层委员会(纪律检查委员会)或总支部委员会或支部委员会(不设支部委员会的党支部)书记、副书记选举对象的人员。

党的基层委员会(纪律检查委会)委员候选人如何产生?

关于党的基层委员会和经批准设立的同级党的基层纪律检查委员会委员候选人的产生,《中国共产党基层组织选举工作暂行条例》第十四条作出的规定是:“召开党员大会的,由上届党的委员会根据所辖多数党组织的意见提出候选人,报上级党组织(指具有审批权限的党委或党组或党的机关工作委员会,下同——编者注)审查同意后,提交党员大会进行选举。召开党员代表大会的,由上届党的委员会根据所辖多数党组织的意见提出候选人,报上级党组织审查同意后,提请大会主席团讨论通过,由大会主席团提交各代表团(组)酝酿讨论,根据多数代表的意见确定候选人，提交党员代表大会进行选举。”《党组织选举工作手册》强调指出：“在党内选举中，候选人必须根据多数选举人意见确定。候选人必须有被选举权。”党章规定，提出委员候选人要广泛征求党员和群众的意见。

注意：《中国共产党党和国家机关基层组织工作条例》第三十七条规定：“机关党的基层委员会（含不设党的基层委员会的总支部委员会、支部委员会）的设置调整、换届、委员会组成以及机关党的纪律检查委员会的组成，书记、副书记的任免等，经党组（党委）讨论决定后，报党的机关工作委员会审批。”《中国共产党国有企业基层组织工作条例（试行）》第五条规定：“中央企业直属企业（单位）党组织换届选举工作，以中央企业党委（党组）为主指导，审批程序按照党内有关规定办理。”

☛ 党的总支部委员会、支部委员会委员候选人如何产生？

《中国共产党基层组织选举工作暂行条例》第十三条规定：“党的总支部委员会、支部委员会委员候选人，由上届委员会根据多数党员的意见确定。”在党的基层组织选举中，党的基层组织设立的委员会委员候选人必须要有被选举权，且必须根据多数选举人意见确定。

☛ 党的基层委员会常务委员会委员候选人如何产生？ 差额数几人？

《中国共产党基层组织选举工作暂行条例》第十七条规定：“经批准设立常务委员会的党的基层委员会的常委候选人，由上届委员会按照比应选人数多一至二人的差额提出，报上级党组织（指具有审批权限的党委或党组或党的机关工作委员会，下同——编者注）审查同意后，在委员会全体会议上进行选举。”在实际工作中要特别注意，《党组织选举工作手册》作出的“常务委员会委员职数一般为五至七名，最多不超过九名”和“常务委员会委员数额，不得超过委员会委员人数的半数”的明确说明。

☛ 党的基层组织书记、副书记候选人如何产生？

《中国共产党基层组织选举工作暂行条例》第十六条规定：“党的基层组织

设立的委员会(包括党的基层委员会、纪律检查委员会、总支部委员会、支部委员会,下同——编者注)的书记、副书记的产生,由上届委员会提出候选人,报上级党组织审查同意后,在委员会全体会议(规定由党员大会或党的基层代表大会选举产生书记、副书记的要从其规定——编者注)上进行选举。不设委员会的党支部书记、副书记的产生,由全体党员充分酝酿,提出候选人,报上级党组织审查同意后,在党员大会上进行选举。"

注意:《中国共产党党和国家机关基层组织工作条例》第三十七条规定:"机关党的基层委员会(含不设党的基层委员会的总支部委员会、支部委员会)的设置调整、换届、委员会组成以及机关党的纪律检查委员会的组成,书记、副书记的任免等,经党组(党委)讨论决定后,报党的机关工作委员会审批。"《中国共产党国有企业基层组织工作条例(试行)》第五条规定:"中央企业直属企业(单位)党组织换届选举工作,以中央企业党委(党组)为主指导,审批程序按照党内有关规定办理。"

☞ 换届选举时党的基层委员会选举候选人产生程序是什么?

党的基层委员会选举候选人也就是我们常说的基层党委领导成员或班子成员候选人。根据党章、《中国共产党基层组织选举工作暂行条例》等有关规定和《中国共产党组织工作辞典》等有关解释,换届选举时,党的基层委员会选举候选人的产生程序一般是(为便于读者对党的基层委员会换届选举时,对委员、常委、书记、副书记候选人的产生有一个全面的了解和把握,这里提供的是换届选举时党的基层委员会、纪律检查委员会班子成员产生的程序,当然也包括候选人产生程序——编者注):(1) 提出班子成员组成原则:进行换届选举的党的基层委员会一般应于任期届满两个月之前,召开党委会确定下届党的基层委员会委员、常委、书记、副书记和同级党的基层纪律检查委员会委员、书记、副书记名额、条件及提名、选举产生办法,报上级党组织(指具有审批权限的党委或党组或党的机关工作委员会,下同——编者注)审批;(2) 提出选举候选人初步人选:进行换届选举的党的基层委员会组织所属党组织和党员进行酝酿推荐委员候选人,并根据多数党组织和党员的意见提出委员候选人初步人选,在此基础上提出常委、书记、副书记候选人初步人选。然后将选举候选人初步人选名单印发所属党组织和党员，广泛征求党员和群众的意见；(3) 对候选人初步人选进行考察：进行换届选举的党的基层委员会按照有关规定和要求，对委员候选人初步人选进行考察，同时报请上级党组织对提出的常委、书记、副书记候选人初步人选进行考察；(4) 确定选举候选人预备人选：进行换届选举的党的基层委员会根据考察结果、广泛征求意见情况和有关规定，确定委员、常委、书记、副书记候选人预备人选(要求公示的还要按照有关规定和要求进行公示——编者注)，然后报上级党组织审查；(5) 确定委员候选人：召开党的基层代表大会的，大会主席团审议委员候选人预备人选，提请各代表团(组)充分酝酿，根据多数选举人的意见确定委员候选人；召开党员大会的，进行换届选举的党的基层委员会向党员大会介绍候选人预备人选酝酿产生的过程，提请大会讨论并根据多数选举人的意见确定委员候选人；(6) 选举产生委员：召开党员代表大会的，将按照规定的程序和要求确定的委员候选人，提交党的基层代表大会进行选举；召开党员大会的，将按照规定的程序和要求确定的委员候选人，提交党员大会进行选举；(7) 确定常务委员会委员候选人：将常委候选人预备人选名单提交新选出的党的基层委员会第一次全体会议进行充分酝酿，根据多数委员的意见确定为常委候选人(如上级党组织规定要将常委候选人预备人选名单提交党员代表大会或党员大会进行充分讨论的，根据多数代表或党员的意见确定为常委候选人——编者注)；(8) 选举产生常务委员会委员：将按规定程序和要求确定的常委候选人，提交新选出的党的基层委员会第一次全体会议进行选举(如上级党组织明确规定由党员代表大会或者党员大会选举书记、副书记的，要按规定程序和要求确定常委候选人，提交党员代表大会或党员大会进行选举——编者注)；(9) 确定书记、副书记候选人：将书记、副书记候选人预备人选名单提交新选出的党的基层委员会第一次全体会议进行充分酝酿，根据多数委员的意见确定为书记、副书记候选人(如果规定由基层党代表大会或党员大会选举书记、副书记的，将候选人预备人选名单提交党员代表大会或党员大会进行充分讨论，根据多数代表或党员意见确定为书记、副书记候选人——编者注)；(10) 选举产生书记、副书记：将按规定程序和要求确定的书记、副书记候选人，提交新选出的党的基层委员会第一次全体会议进行选举(不由委员会选举书记、副书记的，要将候选人提交党员代表大会或党员大会进行选举——编者注)；(11) 通过党的基层纪律检查委员会组成人员：纪律检查委员会委员、书记、副书记选举结果，由同级党的基层委员会全体会议通过；(12) 报请上级党组织备案(审批)：基层党委和纪委领导班子成员全部选举产生以后，换届选举的党的基层委员会要及时向上级党组织呈报《关于召开党代表大会(党员大会)和党委、纪委第一次全体会议选举结果的报告》(当选的所有人员全部与上级党组织审批的候选人预备人选名单一致的)或《关于召开党代表大会(党员大会)和党委、纪委第一次全体会议选举结果的请示》(选举结果如有与上级党组织审批的候选人预备人选名单不一致的)；(13) 上级党组织发出通知(批复)：换届选举的党的基层委员会的上级党组织一般发出《关于×××等同志任职的通知》(当选的所有人员全部与上级党组织审批的候选人预备人选名单一致的)或《关于同意××委员会换届选举结果的批复》(选举结果如有与上级党组织审批的候选人预备人选名单不一致的)。

说明：①党的基层委员会不设常务委员会的，把本程序中所有与"常务委员会"有关的内容和程序删除即可。②党的基层委员会不设党的基层纪律检查委员会，把本程序中所有与党的基层纪律检查委员会有关的内容和程序删除。③根据《党组织选举工作手册》《党的地方和基层组织选举工作流程》说明，在实际工作中，如选出的书记、副书记与候选人预备人选名单一致，一般办理备案手续。选举结果如有与上级党组织批准的候选人预备人选名单不一致的，应办理报批手续，请上级党组织审查批准。

换届选举时党总支部或党支部选举候选人产生程序是什么？

党总支部或党支部选举候选人就是我们通常所说的党的总支部委员会或支部委员会委员、书记、副书记候选人和不设委员会的党支部书记、副书记候选人。根据党章、《中国共产党基层组织选举工作暂行条例》等有关规定和《中国共产党组织工作辞典》等有关解释，换届选举时，党的总支部委员会或支部委员会(不设支部委员会的党支部)选举候选人的产生程序一般是(为了便于读者对党总支部或党支部委员、书记、副书记的产生有个全面了解和把握，这里提供的是换届选举时党总支部、党支部班子成员产生的程序，当然也包括候选人产生程序——编者注)：(1) 提出班子成员组成原则：进行换届选举的党的总支部委员会或支部委员会(不设委员会的党支部)一般应于任期届满1至2个月前，召开委员会全体会议(不设委员会的党支部为支部大会——编者注)确定下届委员会委员、书记、副书记名额、条件及提名、选举产生办法,报上级党组织(指具有审批权限的党委或党组或党的机关工作委员会,下同——编者注)审批;(2)提出选举候选人初步人选:进行换届选举的党的总支部委员会或支部委员会(不设支部委员会的为党支部书记——编者注)组织所属党组织和党员,按照规定和要求酝酿推荐委员候选人(不设支部委员会的为酝酿推荐党支部书记、副书记——编者注),并根据多数党组织和党员的意见提出委员候选人初步人选,在此基础上提出书记、副书记候选人初步人选。然后将选举候选人初步人选名单印发所属党组织和党员,广泛征求党员和群众的意见;(3)对候选人初步人选进行考察:进行换届选举的党的总支部委员会或支部委员会按照有关规定,对委员候选人初步人选进行考察,报请上级党组织对提出的书记、副书记候选人初步人选进行考察;(4)确定选举候选人预备人选:进行换届选举的党的总支部委员会或支部委员会(不设支部委员会的支部大会)根据考察结果、征求意见情况和有关规定,确定委员、书记、副书记候选人预备人选(规定和要求进行公示的,还要按照有关规定进行公示——编者注),然后报上级党组织审批;(5)确定委员候选人:进行换届选举的党的总支部委员会或支部委员会向党员大会介绍委员候选人预备人选酝酿产生过程,提请党员大会讨论并根据多数党员意见确定委员候选人;(6)选举产生委员:召开党员大会,将按照规定的程序和要求确定的委员候选人,提交党员大会进行选举;(7)确定书记、副书记候选人:将书记、副书记候选人预备人选名单提交新选出的委员会第一次全体会议进行充分酝酿,根据多数委员意见确定为书记、副书记候选人(不由委员会选举书记、副书记的,将候选人预备人选名单提交党员大会进行充分讨论,根据多数党员意见确定为书记、副书记候选人——编者注);(8)选举产生书记、副书记:将书记、副书记候选人提交新选出的委员会第一次全体会议进行选举(不由委员会选举书记、副书记的或不设委员会的党支部,将书记、副书记候选人,提交党员大会进行选举——编者注);(9)报请上级党组织备案(审批):领导班子全部选举产生后,换届选举的党的总支部委员会或支部委员会(不设支部委员会的党支部)应及时向上级党组织呈报《关于召开党员大会和委员会第一次全体会议选举结果的报告》(不由委员会选举书记、副书记的为《关于召开党员大会选举结果的报告》,当选的所有人员全部与上级党组织审批的候选人预备人选名单一致时使用——编者注)或《关于召开党员大会和委员会第一次全体会议选举结果的请示》(不由委员会选举书记、副书记的为《关于召开党员大会选举结果的请示》,当选人员中若有与上级党组织审批的候选人预备人选名单不一致时使用——编者注);(10) 上级党组织发出通知(批复):换届选举的党的总支部委员会或支部委员会的上级党组织一般发出《关于×××等同志任职的通知》(当选的所有人员全部与上级党组织审批的候选人预备人选名单一致的)或《关于同意××委员会换届选举结果的批复》(选举结果如有与上级党组织审批的候选人预备人选名单不一致的)。

注意:《中国共产党党和国家机关基层组织工作条例》第三十七条规定:"机关党的基层委员会(含不设党的基层委员会的总支部委员会、支部委员会)的设置调整、换届、委员会组成以及机关党的纪律检查委员会的组成,书记、副书记的任免等,经党组(党委)讨论决定后,报党的机关工作委员会审批。"《中国共产党国有企业基层组织工作条例(试行)》第五条规定:"中央企业直属企业(单位)党组织换届选举工作,以中央企业党委(党组)为主指导,审批程序按照党内有关规定办理。"

☛ 党的基层代表大会如何酝酿讨论委员候选人建议名单?

工作问答和有关规定精神如下:党的基层委员会召开党的基层代表大会进行换届选举的,在选举之前,党代表大会主席团应召开主席团会议,酝酿讨论由党的基层委员会提出并报经上级党组织(指具有审批权限的党委或党组或党的机关工作委员会,下同——编者注)原则同意的新一届党的基层委员会委员和同级纪律检查委员会委员候选人预备人选名单,并根据主席团多数成员的意见提出党的基层委员会(纪律检查委员会)组成人员候选人建议名单,提交党代表大会各代表团(组)酝酿讨论。在各代表团(组)对委员候选人建议名单进行充分酝酿讨论的基础上,党代表大会主席团应再次召开主席团会议,根据多数代表的意见确定党的基层委员会和同级党的基层纪律检查委员会委员候选人名单,印制选票(关于何时印制、如何印制选票请参阅本书第一章的相关内容——编者注)。提交党代表大会选举(包括预选)。党代表大会主席团在提交党代表大会各代表团(组)酝酿讨论党的基层委员会(纪律检查委员会)组成人员候选人建议名单时，一般应同时提供委员候选人建议人选的基本情况，包括姓名、性别、民族、出生年月、籍贯、文化程度、参加工作时间、入党时间、现任职务和健康状况以及个人简历。有的党的基层委员会为了便于党代表大会代表更好地了解候选人建议人选，在提供候选人建议人选的基本情况的同时，还对候选人建议人选的工作实绩和主要优缺点等向代表做实事求是的介绍。实践证明，这样做有助于代表在酝酿讨论候选人建议人选名单乃至选举时，更好地发表代表意见和行使权利，减少盲目性。此外，党代表大会主席团还应将关于新一届党的基层委员会（纪律检查委员会）候选人建议名单的说明，以书面形式提交党代表大会各代表团（组），以便在酝酿讨论中参考。

注意：在酝酿讨论新一届党的基层委员会（纪律检查委员会）组成人员候选人建议名单或候选人预备人选名单时，对有关问题或有关人选提出的质询，党代表大会主席团或召集党代表大会的党的基层委员会要做出负责的答复。

☛ 党员大会如何酝酿讨论党的基层组织委员候选人预备人选？

党的基层组织设立的委员会召开党员大会进行换届选举的，在选举之前，党的基层委员会或总支部委员会或支部委员会应将报经上级党的基层（机关工作）委员会或党组原则同意的新一届党的基层委员会（纪律检查委员会）或总支部委员会或支部委员会委员候选人预备人选名单，提交党员大会酝酿讨论，根据多数党员意见确定候选人，并印制选票（关于何时印制、如何印制选票请参阅本书第一章的相关内容——编者注），提交党员大会选举（包括预选）。

注意：在酝酿讨论新一届党的基层委员会（纪律检查委员会）或总支部委员会或支部委员会组成人员候选人预备人选时，对有关问题或人员提出的质询，召开党员大会的党的基层组织设立的委员会要做出负责的答复。《中国共产党党和国家机关基层组织工作条例》第三十七条规定："机关党的基层委员会（含不设党的基层委员会的总支部委员会、支部委员会）的设置调整、换届、委员会组成以及机关党的纪律检查委员会的组成，书记、副书记的任免等，经党组（党委）讨论决定后，报党的机关工作委员会审批。"《中国共产党国有企业基层组织工作条例（试行）》第五条规定："中央企业直属企业（单位）党组织换届选举工作，以中央企业党委（党组）为主指导，审批程序按照党内有关规定办理。"

受党纪处分的党员能否被提名为党的基层组织的委员候选人?

对于这个问题,要具体问题具体分析。一般可以按照以下情况加以把握:(1) 党章第四十一条规定:“党员在留党察看期间没有表决权、选举权和被选举权。”因此,受留党察看处分的党员,在留党察看期间、还没有恢复党员权利的,不能被提名为委员候选人。(2)《中国共产党纪律处分条例》(中共中央于2018年8月印发,自2018年10月1日起施行,下同)第十二条规定:“受到留党察看处分的党员,恢复党员权利后二年内,不得在党内担任和向党外组织推荐担任与其原任职务相当或者高于其原任职务的职务。”(3)《党组织选举工作手册》要求:“对于近期内受党内警告、严重警告、撤销党内职务处分的党员,虽然仍享有表决权、选举权和被选举权,可以提名为委员候选人,但从有利于工作和有利于帮助他们改正错误出发,这些同志一般不宜提名为委员候选人。”(4)《中国共产党纪律处分条例》第十条规定:“党员受到警告处分一年内、受到严重警告处分一年半内,不得在党内提升职务和向党外组织推荐担任高于其原任职务的党外职务。”(5)《中国共产党纪律处分条例》第十一条规定:“党员受到撤销党内职务处分,或者依照前款规定(指‘对于应当受到撤销党内职务处分,但是本人没有担任党内职务的,应当给予其严重警告处分’的规定——编者注)受到严重警告处分的,二年内不得在党内担任和向党外组织推荐担任与其原任职务相当或者高于其原任职务的职务。”(6)《党组织选举工作手册》明确:“对于历史上曾经受过警告、严重警告、撤销党内职务处分,或曾受过留党察看处分,留党察看期满后已恢复了正式党员权利的党员,如果确已认识并改正了所犯错误,在工作中做出成绩,得到所在党组织和大多数党员的信任,具备委员候选人条件的,可以被提名为委员候选人。”

已经办理了离退休手续的党员能否被提名为委员候选人?

《党组织选举工作手册》解释:“已办理离退休手续的党员,如果党的正式组织关系没有转出原单位,在党组织进行换届选举时,仍享有选举权和被选举权。但是,能否被提名为委员候选人,要根据工作需要和候选人条件,并尊重多数党员的意见。一些党政机关离退休党员较多,为有利于机关党的委员会同离退休党员保持密切联系,在酝酿委员候选人时,可适当安排离退休党员作为委员候选人。”根据《党组织选举工作手册》关于“根据党章规定的精神，只有有正式组织关系并被编入某个党组织的正式党员（在留党察看期间的党员除外——编者注），在该党组织内才有选举权和被选举权”“凡党的正式组织关系已经转出原所在党组织的，按照党的组织原则，在原所在党组织内不再享有选举权和被选举权”的解释，如果离退休人员中的党员办理了离退休手续并已把党员组织关系转出了组织召开党员大会或党员代表大会的党组织，则不能被提名为该党组织委员候选人。

没有党的正式组织关系的党员能否被提名为委员候选人？

不能。根据党章规定的精神和党的组织原则，只有持正式党员组织关系并被编入某个党组织的中共正式党员（在留党察看期间的党员除外——编者注），在该党组织内才享有选举权和被选举权。《中国共产党组织工作辞典》作出的明确说明是：“持党员证明信（应包括持《流动党员活动证》——编者注）的正式党员，其组织关系没有转移，仍在原单位参加党的组织生活、交纳党费和享有表决权、选举权和被选举权。”综合以上规定和说明的精神，在一个党组织里，如果一名党员没有党的正式组织关系，是不能被提名为该党组织委员候选人的。

临时工、轮换工等人员中的党员能否被提名为委员候选人？

对于临时工、轮换工、劳务派遣工等人员中的党员，能否被提名为委员候选人，应根据不同情况进行具体分析和正确把握：(1) 根据《中国共产党组织工作辞典》作出的“持党员证明信（包括持《流动党员活动证》——编者注）的正式党员，其组织关系没有转移，仍在原单位参加党的组织生活、交纳党费和享有表决权、选举权和被选举权”的解释，不管哪类用工制的人员中的党员，在组织召开党员大会或党员代表大会进行选举的党组织中，没有党的正式组织关系的党员，是不能被提名为该党组织委员候选人的；(2) 根据《党组织选举工作手册》关于“凡在一个党组织内有党的正式组织关系的党员，不论属于哪类用工制，在享有党章赋予的权利方面都是相同的”的说明，在组织召开党员大会或党员代表大会进行选举的党组织中，凡是有正式组织关系的正式党员（在留党察看期间的党员除外——编者注），都可以被提名为该党组织的委员候选人；(3) 可以被提名为委员候选人的临时工、轮换工，是否被提名为委员候选人，要尊重多数党员或代表的意见。

离职学习人员中的党员能否被提名为委员候选人？

对于这个问题，也要具体问题进行具体分析。《党组织选举工作手册》的说明是："离职学习的党员，凡党的正式组织关系已经转出原所在党组织的，按照党的组织原则，在原所在党组织内不再享有选举权和被选举权，故不能提名为委员会候选人；学习时间不长，按照有关规定党的正式组织关系没有转出原所在党组织的，在原所在党组织进行换届选举时，如符合候选人条件并得到多数选举人同意，可以提名为委员候选人。"

不能提名为委员候选人的党员能否提名为常委、书记、副书记候选人？

不能。根据党章和《党组织选举工作手册》关于"常务委员会委员必须是从新当选的委员会委员中产生，书记、副书记必须从新当选的常务委员会委员中产生""常委、书记、副书记自然是委员会的委员"等规定和解释，党的基层委员会（纪律检查委员会）的常委必须是党的基层委员会（纪律检查委员会）委员，党的基层委员会（纪律检查委员会）的书记、副书记必须是党的基层委员会（纪律检查委员会）委员、常委。因此，凡是不能被提名为党的基层委员会（纪律检查委员会）、总支部委员会、支部委员会委员的党员，是不能被提名为党的基层委员会（纪律检查委员会）、总支部委员会、支部委员会常委、书记、副书记的。

党的基层组织设立的委员会委员候选人差额比例是多少？

《中国共产党基层组织选举工作暂行条例》第十二条明确规定："委员候选人的差额为应选人数的百分之二十。"《党组织选举工作手册》解释："党的基层委员会和纪律检查委员会委员候选人差额比例不少于百分之二十。总支部委员会、支部委员会委员候选人差额比例不少于百分之二十。"因此，党的基层委员会、纪律检查委员会、总支部委员会、支部委员会委员候选人的差额比例应不少于百分之二十，即委员候选人数比委员应选人数至少多20%。根据委员候选人差额比例＝(委员候选人人数—委员应选人数)÷委员应选人数×100%≥20%的计算公式推导，委员候选人合法人数≥委员应选人数×1.2。

例1：经上级党组织批准，某党的总支委员会新一届委员会由5人组成，则该党总支部进行换届选举时，委员候选人的合法人数≥5人×1.2＝6人，即委员候选人至少应有6人(在实际工作中，委员候选人差额数应报请上级党组织批准——编者注)。

例2：经上级党组织批准，某党的基层委员会新一届委员会由7人组成，则该党的基层委员会进行换届选举时，委员候选人的合法人数≥7人×1.2＝8.4人，即委员候选人至少应有9人(如委员候选人为8人及8人以下时，假设为8人，则委员候选人差额比例＝(8－7)÷7×100%＝14.29%，结果就可能因委员候选人的差额比例低于20%而导致选举无效——编者注)。

党的基层组织设立的委员会委员候选人差额数是多少为宜？

从理论上讲，在选举党的基层委员会(纪律检查委员会)、总支部委员会、支部委员会委员中，委员候选人数越多，党内选举就越民主，选举时被选举人得赞成票数普遍越低的概率就越大，候选人得赞成票数不超过实到会有选举权人数的半数的候选人也就会越多。故在实际工作中，进行选举的党的基层组织，应根据有关的规定和顺利完成选举任务的实际出发，合法、合理、合情确定委员候选人数：应选委员为3人、5人的，委员候选人的差额数一般为1人；应选委员为7人、9人的，委员候选人的差额数一般为2人；应选委员为11人的，委员候选人的差额数一般为3人。

注意：党的基层组织设立的委员会应选委员人数、委员候选人数应报请上级党组织批准，并在选举办法中进行明确规定。

党的基层委员会常务委员会委员候选人的差额数是多少人？

《中国共产党基层组织选举工作暂行条例》第十七条规定："经批准设立常务委员会的党的基层委员会的常委候选人，由上届委员会按照比应选人数多一至二人的差额提出，报上级党组织审查同意后，在委员会全体会议(不由委员会选举书记、副书记的在党员大会或党代表大会——编者注)上进行选举。"《党组织选举工作手册》对此的进一步说明是，至于多 1 人还是多 2 人，由党的基层委员会从本地、本单位的实际出发提出意见，报上级党委批准。实践中，一般以多 1 人为宜。

☛ 党的基层组织设立的委员会换届选举委员候选人是否要有更新？

要有一定数量的更新。1980 年 2 月 29 日，党的十一届五中全会通过的《关于党内政治生活的若干准则》规定："每届代表和委员，应有一定数量的更新。"党的基层组织要落实好每届委员都有一定数量的更新的要求，在换届选举酝酿、推荐、提名、确定委员候选人提名人选、初步人选、预备人选名单时，都要充分考虑这项要求，以确保提交党员大会或党的基层代表大会选举的党的基层委员会（纪律检查委员会）或总支部委员会或支部委员会委员候选人都有足够数量的更新（一般应比差额数多），且在换届选举宣传教育中要向党员或党员代表进行教育和说明。

注意：要确保选出的新一届委员会委员有一定数量的更新，就要把好新提名人选关，要把那些德才兼备、得到党员和群众充分认可的有被选举权的党员作为新提名人选，通过规定程序使其成为委员候选人。

☛ 哪些党支部可以不提名选举候选人进行直接选举？

党的十八大报告要求："完善党内选举制度，规范差额提名、差额选举，形成充分体现选举人意志的程序和环境。"根据中央组织部等工作问答和要求，委员会人数较少的，经报请上级党组织批准，也可以把所有委员都作为候选人，经充分酝酿后，直接选举。在实际工作中，是否采取不提名候选人的方式进行选举，应根据党支部的具体情况、由党支部委员会全体会议（不设支部委员会的党支部由支部大会）讨论决定，并报上级党组织批准。

案例 1：于 2017 年 2 月经批准成立的某机关党支部，有正式党员 6 名（都是应到会的有选举权和被选举权的党员——编者注）、预备党员 2 名，不设支部委员会，报经上级党组织批准不提名候选人、由党员大会直接选举支部书记 1 名。召开党员大会进行选举时，5 名正式党员参加党员大会，1 名正式党员因事请假，党员大会充分酝酿后，把 6 名有被选举权的党员全部作为书记候选人，进行无记名投票选举计票结果，李某获得赞成票 4 票，当选为党支部书记。会后，党支部及时向上级党组织呈报了《关于党员大会选举结果的请示》。

案例 2：某事业单位党支部有正式党员 19 名（都是应到会的有选举权和被选举权的党员——编者注）、预备党员 1 名，上级党组织批准该党支部不提名候选人，由党员大会直接选举支部委员会委员 5 名、书记 1 名。召开党员大会进行选举时，16 名正式党员参加党员大会，3 名正式党员因事、因病请假，党员大会充分酝酿后，把 19 名有被选举权的党员全部作为委员候选人，进行无记名投票选举，第一轮选举的计票结果，有被选举权的 19 名党员得赞成票数都没有达到或超过 9 票；得赞成票数从高到低依次确定 6 名同志作为委员候选人，进行第二轮选举时，有 5 名同志得赞成票超过 9 票当选为新一届党支部委员会委员（1 名同志得赞成票 8 票）；把新当选的 5 名委员全部作为党支部书记候选人，由党员大会直接进行选举，陆某获得赞成票 16 票，当选为党支部书记。会后，党支部及时向上级党组织呈报了《关于党员大会选举结果的请示》。

从以上两个党的基层组织的案例来看，不提名候选人直接选举，也可理解为把所有有被选举权的党员全部作为候选人，由党员大会充分酝酿、直接选举。

☛ 党的基层委员会和纪律检查委员会委员能否交叉重叠？

《党的地方和基层组织选举工作流程》解释："两委成员除纪委书记外一般不搞交叉重叠。"对于党的基层组织而言，仅指党的基层委员会和党的基层纪律检查委员会（即我们通常所说的基层"两委"——编者注）除了党的基层委员会组成人员（一般是副书记——编者注）可以担任党的基层纪律检查委员会书记以外，党的基层委员会其他组成人员不能成为同级党的基层纪律检查委员会的组成人员，党的基层纪律检查委员会的组成人员也不能成为同级党的基层委员会的组成人员。

注意："两委成员除纪委书记外一般不搞交叉重叠"的原则要在向所属党组织发出的推荐候选人名单的通知中进行明确说明。

☛ 党的基层组织设立的委员会委员候选人初步人选的含义是什么？

根据《中国共产党组织工作辞典》对党内选举候选人初步人选作出的"党内

选举中，根据规定的程序和要求，由召集党代表大会（党员大会）的党的委员会（对于党的基层组织而言，包括党的基层委员会、总支部委员会、支部委员会——编者注）或代表选举单位党的委员会（对于党的基层组织而言，是指经批准召集党代表大会的党的基层委员会的下一级党组织，包括党的基层委员会、总支部委员会、支部委员会——编者注），在组织所属党组织（党员领导干部）、党员进行推荐提名基础上，提出的委员或代表候选人意向性人选”的解释，党的基层委员会（纪律检查委员会）或总支部委员会或支部委员会委员候选人初步人选是指由召集党代表大会（党员大会）的党的基层委员会（纪律检查委员会）或总支部委员会或支部委员会按照规定的程序和要求提出的委员候选人意向性人选。

☛ 党的基层委员会常委候选人初步人选的含义是什么？

根据工作问答，党的基层委员会常务委员会委员候选人初步人选是指由召集党代表大会或党员大会的党的基层委员会按照规定的程序和要求提出的党的基层委员会常务委员会委员候选人意向性人选。

☛ 党的基层组织书记、副书记候选人初步人选的含义是什么？

根据工作问答，党的基层组织书记、副书记候选人初步人选是指由召集党代表大会（党员大会）的党的基层委员会或总支部委员会或支部委员会按照规定的程序和要求提出的党的基层委员会（纪律检查委员会）或总支部委员会或支部委员会（不设委员会的党支部）书记、副书记候选人意向性人选。

☛ 党的基层组织的书记、副书记能否由委员会协商产生？

不能。党章第三十一条规定：“基层委员会、总支部委员会、支部委员会的书记、副书记选举产生后，应报上级党组织批准。”《中国共产党基层组织选举工作暂行条例》第十六条明确：“不设委员会的党支部书记、副书记的产生，由全体党员充分酝酿，提出候选人，报上级党组织审查同意后，在党员大会上进行选举。”1991 年 4 月 11 日，中共中央组织部在《党的基层组织选举工作问答（一）》中的解答是：“党章规定，党的基层委员会（应包括党的基层纪律检查委员会——编者注）、总支部委员会和支部委员会的书记、副书记应由委员会全体会议（不由委员会选举书记、副书记的为党员大会或党代表大会——编者注）选举产生，并报上级党组织批准。因此，党的基层组织召开党员大会或党员代表大会选出新的一届委员会后，应召开委员会全体会议，对上届党的委员会提出并报上级党组织审查同意的书记、副书记候选人建议名单进行讨论，根据多数委员的意见确定候选人后，选举产生书记、副书记。不能采取由委员会全体会议协商分工的办法产生书记、副书记。”

☛ 党的基层组织设立的委员会委员候选人的提名原则是什么？

《中国共产党基层组织选举工作暂行条例》第十一条规定：“党的基层组织设立的委员会（包括党的基层委员会、纪律检查委员会、总支部委员会、支部委员会——编者注）委员候选人，按照德才兼备和班子结构合理的原则提名。”《党组织选举工作手册》进一步解释：“党的基层委员会、总支部委员会、支部委员会候选人的提名，必须全面贯彻干部队伍革命化、年轻化、知识化、专业化的方针，坚持德才兼备、以德为先用人标准，注意改善委员会成员结构，提高委员的素质和能力。”

☛ 提名党的基层组织设立的委员会委员候选人要注意哪些问题？

提名党的基层委员会（纪律检查委员会）、总支部委员会和支部委员会委员候选人，是产生委员候选人进而产生常委、书记、副书记候选人的基础性、前提性的环节，也是一项政策性、原则性都非常强的技术活。因此，在实际工作中，要严格遵循党的基层组织设立的委员会委员候选人的提名原则，切实注意把握《党组织选举工作手册》指出的三个问题：“一是在提名前要对广大党员进行宣传教育，使大家明确提名的原则、程序和基本要求；二是推广由党员和群众公开推荐与上级党组织推荐相结合的办法产生候选人；三是科学分析和运用推荐测评结果，综合考虑岗位需求和干部近年来考核评价情况、工作实绩、发展潜力等因素，既尊重民意，又防止简单以票取人。”

☛ 如何提名党的基层组织书记、副书记候选人？

《中国共产党基层组织选举工作暂行条例》作出了“党的基层组织设立的委员会的书记、副书记的产生，由上届委员会提出候选人”“不设委员会的党支部书记、副书记的产生，由全体党员充分酝酿，提出候选人”“经批准设立常务委员会的党的基层委员会的常委候选人，由上届委员会按照比应选人数多一至二人的差额提出”的规定。1991 年 4 月 18 日，中共中央组织部在《党的基层组织选举工作问答(二)》中答复："党的基层组织的书记、副书记候选人的提名，采取自下而上，上下结合的办法。一般程序是：由上届委员会提出拟担任下届委员会书记、副书记候选人的条件；组织所属党组织或党员酝酿推荐；根据多数党组织或党员的意见提出候选人初步人选名单；组织上进行考核了解，广泛听取意见；召开全体委员会议确定候选人预备名单，报上级党组织审查；提交新选出的委员会全体会议(不由委员会选举书记、副书记的提交党员大会或党的基层代表大会——编者注)讨论，根据多数委员(不由委员会选举书记、副书记的要根据多数党员或代表——编者注)的意见确定候选人。”

党的基层委员会如何产生换届选举候选人初步人选?

党的基层委员会即基层党委。党的十七届四中全会要求："改进候选人提名方式。”党章第十一条作出了“候选人名单要由党组织和选举人充分酝酿讨论”、第三十条作出了“提出委员候选人要广泛征求党员和群众的意见”规定。根据上述规定和《党的地方和基层组织选举工作流程》等解释，召开党员代表大会或党员大会进行换届选举的请示经上级党组织批准后，换届选举的党的基层委员会应立即按照以下方法步骤，组织酝酿、推荐、提出下届党的基层委员会、纪律检查委员会(以下简称“两委”——编者注)组成人员候选人初步人选：(1) 及时研究部署。召开委员会全体会议，提出“两委”组成方案(这次会议还要讨论决定其他事项)，向所属党组织(指换届选举的基层党委的下级党组织，下同——编者注)发出推荐“两委”组成人员候选人的通知；(2) 组织酝酿提名。所属党组织采取召开党委扩大会议(所属党组织是基层党委的)、党总支部(党支部)党员会议(所有党员参加且都有推荐提名权，另有规定的要从其规定)等形式酝酿提名；上级有规定的，以及换届选举、推进基层民主需要的，还要根据有关规定和要求，请有被选举权党员自荐，请群团组织(包括换届选举党委的同级群团组织及其下级群团组织——编者注)和群众推荐等；(3) 提出提名人选名单。所属党组织根据多数党组织和党员的意见(群团组织和群众参与提名的，还要考虑他们的提名意见——编者注）和“两委”组成方案等，提出“两委”委员（规定同时提出常委、书记、副书记的，要从其规定——编者注）候选人提名人选名单；（4）确定初步人选。根据所属党组织提出的“两委”组成人员候选人提名人选名单和有关规定，换届选举的基层党委召开委员会全体会议，研究提出下届“两委”委员候选人初步人选名单，同时提出常委、书记、副书记候选人初步人选名单。

注意：①除党的纪律检查委员会书记候选人初步人选外，“两委”组成人员候选人初步人选不能交叉重叠（上级党组织另有规定的除外）。②党的基层委员会不设同级纪律检查委员会的，方法步骤中的“两委”改为党的基层委员会或基层党委。③党的基层委员会不设常务委员会的，则没有常委候选人初步人选。④常委候选人初步人选必须同时是委员候选人初步人选，书记、副书记候选人初步人选必须同时是委员、常委候选人初步人选。⑤进行补选的，产生选举候选人初步人选的方法步骤同此。⑥有关文本样例请参阅本书第七章的相关内容。

党总支部（党支部）如何产生换届选举候选人初步人选？

根据党章等党内法规的有关规定和《党组织选举工作手册》等有关要求，召开党员大会进行换届选举的请示经上级党组织批准后，换届选举的党的总支部委员会或支部委员会（不设支部委员会的党支部书记）应立即按以下方法步骤组织酝酿、推荐委员、书记、副书记候选人初步人选：（1）及时研究部署。召开委员会全体会议，提出党的总支部委员会或支部委员会组成方案（这次会议还要讨论决定其他事项），向所属的党支部（党总支部进行换届选举的，下同——编者注）或党小组（党支部进行换届选举的，没有党小组的党支部向全体党员，下同——编者注）发出推荐换届选举候选人预备人选的通知；（2）组织酝酿提名。所属党支部或党小组采取召开支部委员会扩大会议（党支部不设委员会的除外——编者注）或党小组会（没有党小组的除外——编者注）或支部党员会议（所有党员参加且都有推荐提名权——编者注）等形式酝酿提名。上级有规定和要求的，以及换届选举、推进基层民主需要的，还要根据有关规定和要求，请有被选举权的党员自荐，请有关群团组织（包括党总支部、党支部同级群团组织，没有群团组织的除外——编者注）和群众推荐等；（3）提出提名名单。党总支部换届选举的：所属党支部根据多数党小组（没有党小组的除外——编者注）和党员的意见（群团组织和群众参与酝酿提名的，还要综合考虑他们的提名意见——编者注）及有关规定、要求等，提出党的总支部委员会委员候选人提名人选名单。党的支部委员会换届选举的：所属党小组（没有党小组的除外——编者注）根据多数党员的意见（群团小组和群众参与提名的，还要考虑他们的提名意见——编者注）和有关规定、要求等，提出党的支部委员会委员候选人提名人选名单（规定同时提出书记、副书记候选人提名人选的，要从其规定——编者注）；（4）确定初步人选。根据所属多数党支部（党小组）和党员意见（群团组织和群众参与提名的，还要考虑他们的提名意见——编者注）及有关规定、要求，换届选举的党的总支部委员会或支部委员会召开委员会全体会议（不设委员会的党支部为党员大会——编者注），研究、提出下届党的总支部委员会或支部委员会委员候选人初步人选名单，同时提出书记、副书记候选人初步人选名单。

注意：①书记、副书记候选人初步人选必须是委员候选人初步人选。②不设支部委员会的党支部换届选举的，只需根据本方法步骤确定书记、副书记（不设副书记的除外）候选人初步人选。③进行补选的，产生补选候选人初步人选的方法步骤同此。④有关文本样例请参阅本书第七章的相关内容。

党的基层组织设立的委员会委员候选人预备人选的含义是什么？

根据《党组织选举工作手册》对党内选举候选人预备人选作出的“在党内选举中，指对候选人初步人选进行考察的基础上，根据规定的程序和要求，由召集党代表大会（党员大会）的党的委员会（对党的基层组织而言，含党的基层委员会、总支部委员会、支部委员会——编者注）或代表选举单位党的委员会（对党的基层组织而言，包括党的基层委员会、总支部委员会、支部委员会——编者注）提出的委员或代表候选人预备性人选”的明确解释，党的基层组织设立的委员会（含党的基层委员会、纪律检查委员会、总支部委员会、支部委员会——编者注）委员候选人预备人选是指由召集党代表大会（党员大会）的党的基层委员会或总支部委员会或支部委员会按照规定的程序和要求提出的委员候选人预备性人选。《中国共产党组织工作辞典》特别说明：“委员会委员候选人预备人选，必须经委员会集体讨论确定，并报上级党委（对于党的支部委员会委员候选人，如果上一级党组织是党的总支部委员会的，一般应根据规定和要求报具有审批权限的上级党组织——编者注）审批。”

党的基层委员会常务委员会委员候选人预备人选的含义是什么？

根据党内有关工作问答，党的基层委员会常务委员会委员候选人预备人选是指由召集党代表大会（党员大会）的党的基层委员会按照规定的程序和要求提出的常务委员会委员候选人预备性人选。

党的基层组织书记、副书记候选人预备人选的含义是什么？

党的基层组织书记、副书记候选人预备人选是指由召集党代表大会（党员大会）的党的基层委员会或总支部委员会或支部委员会（不设支部委员会的支部大会）按照规定的程序和要求提出的党的基层委员会（纪律检查委员会）或总支部委员会或支部委员会（不设委员会的党支部）书记、副书记候选人预备性人选。

产生党的基层委员会换届选举候选人预备人选的方法步骤是什么？

确定换届选举候选人预备人选，是顺利完成换届选举工作的关键环节。党章第三十条规定：“提出委员候选人要广泛征求党员和群众的意见。”根据党章等规定和《党组织选举工作手册》等说明，下届党的基层委员会（以下简称基层党委——编者注）、纪律检查委员会（以下简称基层纪委，把基层党委、基层纪委统称“两委”——编者注）组成人员候选人初步人选名单确定后（确定初步人选名单方法步骤请参阅前述相关内容——编者注），应按以下方法步骤确定换届选举候选人预备人选：(1) 征求意见。换届选举的党的基层委员会及时把“两委”委员、常委、书记、副书记候选人初步人选名单，返回所属党组织和党员（代表）中进行讨论，广泛征求党组织和群团组织、党员（代表）和群众等方面的意见；(2) 组织考察。按有关规定和要求，换届选举的基层党委对“两委”委员候选人初步人选进行考察，同时报请上级党组织（指具有审批权限的党委或党组或党的机关工作委员会，下同——编者注）对“两委”常委、书记、副书记候选人初步人选进行考察;(3) 进行公示。上级规定进行公示的,应按照有关规定和要求,对拟确定为“两委”组成人员候选人预备人选的基本情况进行公示;(4) 确定名单。换届选举的基层党委召开全委会(设常务委员会的应按规定和要求召开常委会——编者注),根据征求意见、组织考察、进行公示等情况以及有关规定和要求,集体研究确定“两委”委员候选人预备人选名单,并在此基础上提出党的基层委员会常委、书记、副书记和党的基层纪律检查委员会书记、副书记候选人预备人选名单;(5) 报请批准。“两委”委员、常委、书记、副书记候选人预备人选名单确定以后,换届选举的基层党委及时向上级党组织呈报《关于中共××委员会和纪律检查委员会组成人员候选人预备人选的请示》,同时上报有关材料(具体上报哪些材料,根据上级党组织有关规定和要求确定,请参阅本节下面的相关内容——编者注);(6) 上级审批。上级党组织审查同意后,一般下发《关于同意中共××委员会和纪律检查委员会组成人员候选人预备人选的批复》。换届选举的基层党委接到批复后,如其他各项筹备工作就绪,即可召开党员代表大会或党员大会,选举产生新一届党的基层委员会、纪律检查委员会委员、常委、书记、副书记。

注意: ①除党的纪律检查委员会书记候选人预备人选可以是同级党的基层委员会组成人员外,“两委”的其他组成人员候选人预备人选不能交叉重叠(上级党组织另有规定的必须从其规定)。②党的基层委员会不设同级纪律检查委员会的,方法步骤中的“两委”改为党的基层委员会或基层党委。③党的基层委员会不设常务委员会的,则没有常委候选人预备人选;④常委候选人预备人选必须同时是委员候选人预备人选,书记、副书记候选人预备人选必须同时是委员、常委候选人预备人选。⑤对候选人预备人选进行公示是党的基层组织推进基层民主建设的一项创新举措。在实际工作中应根据规定和要求确定,以进行公示为宜。

☛ 对确定基层党委、基层纪委委员候选人预备人选有哪些规定?

《党组织选举工作手册》对此作出了“下届党的基层委员会委员和纪律检查委员会委员候选人预备人选,由党的委员会(或常务委员会)根据所辖多数党组织的意见确定,报上级党组织(指具有审批权限的党委或党组或党的机关工作委员会，下同——编者注）审批”和“确定候选人预备人选必须由集体讨论决定。党委（常委会或全委会）讨论候选人预备人选时，必须有三分之二以上应参加会议人员到会，在认真听取推荐、考察情况汇报和每位委员充分发表意见的基础上，按少数服从多数的原则进行表决”。

产生党总支部（党支部）换届选举候选人预备人选方法步骤是什么？

确定党的总支部委员会、支部委员会（不设支部委员会的党支部）换届选举候选人预备人选，是顺利完成党总支部（党支部）换届选举工作的关键环节。根据党章等规定和《党的地方和基层组织选举工作流程》等解释，下届党总支部或党支部委员、书记、副书记候选人初步人选名单确定后（确定候选人初步人选的方法步骤，请参阅本书前述的相关内容——编者注），应按以下方法步骤确定换届选举候选人预备人选：(1) 征求意见。换届选举的党总支部或党支部应及时把委员、书记、副书记候选人初步人选名单，返回所属党支部（党小组）和党员，广泛征求所属党支部（党小组）、党员和群团组织（没有群团组织的除外——编者注）、群众意见；(2) 组织考察。按有关规定和要求，换届选举的党的总支部委员会或支部委员会对委员候选人初步人选进行考察，同时报请上级党组织（指具有审批权限的党委或党组或党的机关工作委员会，下同——编者注）对书记、副书记候选人初步人选进行考察；(3) 进行公示。上级规定进行公示的，应按照有关规定和要求，对拟确定为下届党总支部或党支部委员、书记、副书记候选人预备人选的基本情况进行公示；(4) 确定名单。换届选举的党的总支部委员会或支部委员会召开委员会全体会议（不设支部委员会的党支部应召开支部大会——编者注），根据征求意见、组织考察、进行公示等方面的情况以及有关规定和要求，集体研究确定委员候选人预备人选名单，并在此基础上提出书记、副书记候选人预备人选名单；(5) 报请批准。党总支部或党支部委员、书记、副书记候选人预备人选名单确定后，换届选举的党的总支部委员会或支部委员会及时向上级党组织呈报《关于中共××委员会组成人员候选人预备人选的请示》，同时上报有关材料（具体上报哪些材料，要根据上级党组织的有关要求确定，请参阅下一个问题——编者注）；(6) 上级审批。上级党组织审查同意后，一般下发《关于同意中共××委员会换届选举候选人预备人选的批复》。换届选举的党总支部或党支部接到批复后，如其他各项筹备工作就绪，即可召开党员大会（委员会全体会议），选举产生新一届党的总支部委员会或支部委员会委员、书记、副书记（不设委员会的支部选举党支部书记、副书记——编者注）。

注意：①书记、副书记候选人预备人选必须是委员候选人预备人选（不设委员会的党支部除外）。②不设委员会的党支部换届选举的，只需根据本方法步骤确定书记、副书记（不设副书记的除外）候选人预备人选。③对候选人预备人选进行公示是党的基层组织推进基层民主建设的一项创新举措。在实际工作中应根据有关规定和要求确定（一般以进行公示为宜）。

党的基层组织组成人员候选人预备人选如何报批？要报哪些材料？

关于党的基层组织组成人员候选人预备人选如何报请上级党组织审查批准及需要同时上报哪些材料，应根据上级党组织要求确定。根据《党的地方和基层组织选举工作流程》等解释和换届选举工作的需要等，在实际工作中应注意把握以下方面：(1) 一般情况下，委员候选人预备人选连同常委（不设常务委员会的除外——编者注）、书记、副书记（不设副书记的党的基层组织除外——编者注）候选人预备人选一并请示；(2) 一般由换届选举的党的基层组织设立的委员会呈报。换届选举的党的基层委员会经批准设立常务委员会的，则一般由常务委员会呈报；(3) 一般应于召开党员代表大会或党员大会半个月前（具体应根据上级党组织要求的提前时间呈报——编者注）报请上级党组织（指具有审批权限的党委或党组或党的机关工作委员会，下同——编者注）审批（有的组成人员还要按干部管理权限，报干部主管部门审批——编者注）；(4) 受双重领导的党的基层组织，还要同时向上级协管单位党组织呈报；(5) 上报的具体材料要按上级党组织要求确定，一般有：①《关于中共××委员会和纪律检查委员会组成人员候选人预备人选的请示》（没有纪律检查委员会的，把“和纪律检查委员会”删除——编者注）。②《中共××委员会委员候选人预备人选名册》《中共××委员会常务委员会委员候选人预备人选名册》（没有常务委员会的除外——编者注）《中共××委员会书记、副书记候选人预备人选名册》（不设副书记的把“副书记”删除——编者注）和《中共××纪律检查委员会委员候选人预备人选名册》（没有党的基层纪律检查委员会的除外——编者注）、《中共××纪律检查委员会书记、副书记候选人预备人选名册》(没有党的基层纪律检查委员会的除外，不设副书记的把"副书记"删除——编者注)及其委员、常委、书记、副书记候选人预备人选《登记表》，考虑到党的基层组织的实际情况，名册可以合并在一起如《中共××委员会委员、常委、书记、副书记候选人预备人选名册》《中共××纪律检查委员会委员、书记、副书记候选人预备人选名册》。③《干部任免审批表》和考察材料(根据上级党组织的要求呈报——编者注)；(6) 上报材料中委员会委员、常务委员会委员候选人预备人选必须按照姓氏笔画为序排列，党的基层委员会(纪律检查委员会)副书记候选人预备人选多于 1 人的也要按照姓氏笔画为序排列(总支部委员会、支部委员会一般设 1 名副书记，不存在如何排列的问题——编者注)；(7) 名册的说明一般包括候选人预备人选数量、分布情况、年龄结构、文化结构、专业结构、差额比例、妇女和少数民族所占比例、新提名人选所占比例等方面的情况。

说明：有关文本样例请参阅本书第七章的相关内容。

机关党组织委员会组成和书记、副书记任免等如何报批？

《中国共产党党和国家机关基层组织工作条例》第三十七条规定："机关党的基层委员会(含不设党的基层委员会的总支部委员会、支部委员会)的设置调整、换届、委员会组成以及机关党的纪律检查委员会的组成，书记、副书记的任免等，经党组(党委)讨论决定后，报党的机关工作委员会审批。"

党的基层组织设立的委员会委员候选人如何确定？

党章第十一条规定："候选人名单要由党组织和选举人充分酝酿讨论。"《中国共产党组织工作辞典》作出了"党代表大会或党员大会选举产生党的委员会(纪律检查委员会)委员，一般可先采用差额预选方式，选举产生正式候选人，然后进行正式选举""在党内选举中，候选人必须根据多数选举人的意志确定"等进一步解释。根据上述规定和《党组织选举工作手册》等有关要求，以及换届选举、推进基层党内民主建设等实际需要，确定党的基层委员会(纪律检查委员会)或总支部委员会或支部委员会委员候选人一般要根据以下情况加以正确把握：

(1) 召开党员代表大会进行换届选举：大会主席团会议对经上级党组织原

则同意的新一届党的基层委员会委员和纪律检查委员会委员(不设纪律检查委员会的除外——编者注)候选人预备人选名单进行审议,根据多数主席团成员的意见提出委员候选人建议名单,提请各代表团(组)酝酿讨论[不设代表团(组)的,则提请党员代表大会充分酝酿,下同——编者注];在各代表团(组)对候选人建议名单进行充分酝酿讨论基础上,大会主席团再次召开主席团会议,根据多数代表意见确定委员候选人名单(如果采用差额预选方式产生正式候选人的,这里应确定为预选委员候选人,然后进行预选,再确定正式候选人——编者注)。

(2) 召开党员大会进行换届选举:由换届选举(包括预选)的党的基层组织设立的委员会提请党员大会,对经上级党组织审查同意的党的基层委员会、纪律检查委员会(不设纪律检查委员会的除外——编者注)或总支部委员会或支部委员会委员候选人预备人选进行充分酝酿,根据多数党员的意见确定为正式候选人(如采用差额预选方式产生正式候选人的,这里应确定为预选委员候选人,然后进行预选,再确定正式候选人——编者注)。

(3) 确定委员候选人是一项非常严肃的工作,必须严格按程序办事。在委员候选人酝酿过程中,要充分发扬民主,实事求是地向选举人介绍委员候选人预备人选基本情况,对选举人提出的询问应作出负责的答复,把发扬民主、充分体现选举人意志贯穿于候选人酝酿、讨论、确定的全过程。

(4) 是否必须先采用差额预选方式选举产生正式候选人,应根据上级党组织的要求和实际情况确定。1980 年 2 月 29 日,党的十一届五中全会通过的《关于党内政治生活的若干准则》规定:"党员数量少的单位,可不实行差额选举或实行预选。"实践中,召开党员大会进行选举的,一般可不进行差额预选。

确定党的基层组织常委、书记、副书记候选人要注意什么?

2009 年 9 月 18 日,党的十七届四中全会通过的《中共中央关于加强和改进新形势下党的建设若干重大问题的决定》特别要求:"逐步扩大基层党组织领导班子直接选举范围。"根据党章、《中国共产党基层组织选举工作暂行条例》等规定和《党组织选举工作手册》等解释,确定党的基层委员会(纪律检查委员会)或总支部委员会或支部委员会常委(党的总支部委员会、支部委员会没有常务委员会委员即常委,下同——编者注)、书记、副书记候选人应注意把握以下方面：

(1) 由委员会选举常委、书记、副书记的：①经批准设立常务委员会且选举常委。进行选举(包括换届选举、补选，下同——编者注)的党的基层委员会全体会议(进行换届选举的为新选出的委员会第一次全体会议——编者注)对经上级党组织审查同意的常委候选人预备人选(建议名单)进行充分酝酿，根据多数委员的意见确定为常委正式候选人，选举产生常委；②常委选举产生后或没有常务委员会或不选举常委：进行选举的党的基层委员会(纪律检查委员会)或总支部委员会或支部委员会全体会议(进行换届选举的为新选出的委员会第一次全体会议——编者注)对经上级党组织审查同意的书记、副书记候选人预备人选(建议名单)充分酝酿，根据多数委员的意见确定为书记、副书记正式候选人。

(2) 由党代表大会或党员大会选举常委、书记、副书记：①经批准设立常务委员会且由党代表大会或党员大会选举常委：委员会委员选举产生后，党代表大会或党员大会提请党代表或党员，对经上级党组织审查同意的常委候选人预备人选(党的基层代表大会设主席团的应为建议名单——编者注)进行充分酝酿，根据多数代表或党员的意见确定为常委正式候选人，选举产生常委；②没有常务委员会或不选举常委或常委选举产生后，党代表大会或党员大会提请党代表或党员，对经上级党组织审查同意的书记、副书记候选人预备人选(党的基层代表大会设主席团的应为建议名单——编者注)充分酝酿，根据多数代表或党员的意见确定为书记、副书记正式候选人。

(3) 经批准设立常务委员会的党的基层委员会常委候选人必须是委员会的委员，书记、副书记候选人必须是常务委员会的委员。不设常务委员会的党的基层委员会(纪律检查委员会)或总支部委员会或支部委员会书记、副书记候选人必须是委员会的委员。

(4) 在委员会常委、书记、副书记候选人酝酿过程中，要充分发扬民主，实事求是地向选举人介绍候选人预备人选(党的基层代表大会设主席团的应为建议名单或建议人选——编者注)的基本情况，对选举人提出的询问应作出负责的答复，把发扬民主、充分体现选举人意志贯穿于候选人酝酿、讨论、确定的全过程。

第四节　党的基层组织选举介绍候选人基本情况

党的基层组织选举前是否必须介绍候选人的基本情况？

是必须介绍的。党章等十一条明确规定了"选举人有了解候选人情况"的权利。《中国共产党基层组织选举工作暂行条例》第二十一条规定："选举前，选举单位的党组织或大会主席团应将候选人的简历、工作实绩和主要优缺点向选举人作出实事求是的介绍，对选举人提出的询问应作出负责的答复。"《党组织选举工作手册》对此进行了进一步说明："选举前实事求是地向选举人介绍候选人的情况，是选举单位的党组织或党代表大会主席团的重要职责，也是切实保障选举人能充分行使民主权利，搞好党内选举的重要环节。"

党的基层组织进行选举前为什么要向选举人介绍候选人情况？

《中国共产党基层组织选举工作暂行条例》第二十一条规定："应将候选人的简历、工作实绩和主要优缺点向选举人作出实事求是的介绍，对选举人提出的询问应作出负责的答复。根据选举人的要求，可以组织候选人与选举人见面，由候选人作自我介绍，回答选举人提出的问题。"2009 年 9 月 18 日，中国共产党第十七届中央委员会第四次全体会议通过的《中共中央关于加强和改进新形势下党的建设若干重大问题的决定》强调指出："完善党内选举办法，改进和规范选举程序和投票方式，改进候选人介绍办法。"《党组织选举工作手册》对此的说明是："候选人的简历、工作实绩和主要优缺点等，是选举人在选举（包括换届选举、补选，下同——编者注）中进行选举的基本依据。只有在选举前认真负责地向选举人介绍候选人的各方面情况，使选举人真正了解候选人，选举人才能在投票时择优选举，避免盲目投票；才能有效地防止选举走形式，真正体现选举人的意志。"

党的基层组织选举前介绍候选人情况应注意哪些问题？

关于介绍选举候选人情况应注意的问题，《党组织选举工作手册》提出了"在介绍候选人情况时，要坚持实事求是的原则。不仅要重点介绍候选人的优点、长处和工作成绩等，同时也要如实地指出候选人的不足和缺点，使情况介绍真正反映出每个候选人的特点。需要特别注意的是，在介绍候选人的情况时，不能对选举或不选举某个候选人进行暗示，更不能借介绍候选人情况之机搞保证选举”的要求。

☛ 党的基层组织选举前要向选举人介绍候选人的哪些情况？

《中国共产党基层组织选举工作暂行条例》第二十一条规定：“应将候选人的简历、工作实绩和主要优缺点向选举人作出实事求是的介绍，对选举人提出的询问应作出负责的答复。根据选举人的要求，可以组织候选人与选举人见面，由候选人作自我介绍，回答选举人提出的问题。”2009 年 9 月 18 日，党的十七届四中全会通过的《中共中央关于加强和改进新形势下党的建设若干重大问题的决定》强调指出：“完善党内选举办法，改进和规范选举程序和投票方式，改进候选人介绍办法。”选举候选人的党龄、简历、工作实绩、主要优缺点等，是选举人在选举中进行选择的基本依据，应尽量将选举候选人的这些基本情况向选举人介绍全面、清楚。

☛ 党的基层组织选举前介绍候选人的工作实绩的缘由是什么？

《党组织选举工作手册》对此的解释是：“对候选人的政治、思想、工作作风等方面的情况应当认真地、实事求是地进行介绍。一般来说，一个人的工作实绩是思想水平、政策水平、工作水平的综合反映。介绍候选人的工作实绩，目的是使选举人对候选人情况有全面了解。同时，这样做有利于突出每个候选人的特点。”

☛ 党的基层组织选举前介绍候选人情况的具体方式有哪些？

对于党的基层组织召开党代表大会进行选举前如何介绍换届选举或补选候选人情况的方式，《党组织选举工作手册》作出的明确说明是：“介绍候选人情况，除了由选举单位党组织或党代表大会主席团对候选人的情况进行书面介绍外，近几年来，一些地方和单位在实践中采用了多种方式，有的由候选人所在的党组织出面介绍；有的根据选举人的要求，由大会主席团组织候选人与选举人见面，由候选人作自我介绍，回答选举人提出的问题；有的采取候选人向选举人书面述职的形式。除了要坚持由选举单位党组织或党代表大会主席团对候选人的情况进行介绍以外，在实际工作中还需采用什么方式介绍候选人的情况，可由党组织根据选举人的要求和本单位的实际情况决定。”党员大会选举前介绍换届选举或补选候选人情况的基本方式，应参照上述要求、结合本党组织的实际确定。

第五章　党的基层组织组成人员选举

本章依据党章、《中国共产党基层组织选举工作暂行条例》等党内法规、规范性文件和《中国共产党组织工作教程》《中国共产党组织工作辞典(修订本)》《党组织选举工作手册》《党的地方和基层组织选举工作流程》等有关的规定和解释，具体分党的基层代表大会选举委员会委员，党员大会选举委员会委员，党的基层组织常委、书记、副书记的选举，选举结果报批、文件归档及会议总结四节，结合党的基层组织实际，运用近年来基层党组织选举工作的探索和创新实践，详细说明党的基层组织选举委员、常委、书记、副书记的方式方法，对有关的各项规定和要求进行详细说明，对可能遇到的疑难问题进行分析并提出有针对性、操作性和前瞻性的解决方法，对有的基层党组织由党员大会或党的基层代表大会直接选举党的基层组织常委、书记、副书记等进行思考和说明，以便于党的基层组织在选举中参考。

第一节　党的基层代表大会选举委员会委员

☛ 党的基层代表大会选举为什么十分强调选举程序？

根据党内有关问答和基层党组织的实践经验，党的基层代表大会选举的程序，是根据民主集中制的原则，对党章、《中国共产党基层组织选举工作暂行条例》和其他党内有关党的基层代表大会选举工作规定的具体化，有其内在的操作性、约束性和科学性。坚持和完善党的基层代表大会选举程序，严格按选举程序进行选举，有利于贯彻执行党的民主集中制原则，防止在党的基层组织组成人员选举过程中发生违反党章、《中国共产党基层组织选举工作暂行条例》等问题，从而保证党的基层代表大会选举工作顺利进行。

党的基层代表大会预备会议阶段的工作流程是什么？

在实际工作中，党的基层代表大会预备会议阶段的工作一般按照如下流程进行：(1) 召开各代表团(组)召集人会议；(2) 召开各代表团(组)会议(第一次)；(3) 召开党代表大会预备会议；(4) 召开党代表大会主席团会议(第一次)。

党的基层代表大会各代表团(组)召集人会议应在何时召开？

党的基层代表大会具体在何时召开各代表团(组)召集人[各代表团(组)召集人一般是各代表团(组)拟任团(组)长，下同——编者注]会议，《中国共产党基层组织选举工作暂行条例》没有作出统一规定。一般是在党的基层代表大会代表报到后，及时召开各代表团(组)召集人会议。

党的基层代表大会各代表团(组)召集人会议应由谁主持？

根据《党组织选举工作手册》等有关说明，会议[即党的基层代表大会召开的各代表团(组)召集人会议——编者注]由上届党委(即经批准召开党的基层代表大会的党的基层委员会——编者注)主持。具体的主持人一般是经批准召集党的基层代表大会的党的基层委员会的负责人。

党的基层代表大会各代表团(组)召集人会议内容是什么？

各代表团(组)召集人会议的内容应根据党内工作问答和党代表大会的需要确定，主要内容一般包括：(1) 介绍党的基层代表大会筹备情况；(2) 对代表资格审查报告进行说明；(3) 对大会主席团建议名单进行说明；(4) 对大会秘书长建议名单进行说明；(5) 对大会议程(草案)进行说明；(6) 对党费收缴、使用和管理情况的报告进行说明；(7) 对各代表团(组)推选正副团(组)长进行布置[各代表团(组)正副团(组)长采用由上届党的基层委员会或大会筹备机构提出建议人选、经代表团(组)第一次全体代表会议表决通过的方式产生，应在这次会议上对各代表团(组)正副团(组)长建议人选名单进行说明——编者注]；(8) 向代表提出开好大会的有关要求；(9) 对其他需要确认的事项进行说明。

党的基层代表大会各代表团(组)召集人会议需要哪些材料?

为了确保党的基层代表大会各代表团(组)召集人会议的顺利召开,在各代表团(组)召集人会议之前及召开时,要提供的召集人会议材料一般应有:(1) 会议主持人的讲话稿,必须于会前提供给会议主持人;(2) 将代表名册,代表资格审查报告,党代表大会主席团建议名单,大会秘书长建议名单,大会议程(草案),党费收缴、使用和管理情况的报告,代表团(组)编团(组)名单,其他有关事项所需的材料发给上届党委委员和各代表团(组)召集人;(3) 将代表团(组)会议记录本等会议有关材料发给代表团(组)召集人。

说明: 根据各代表团(组)会议(第一次)的需要,一般还要把各代表团(组)会议(第一次)主持人的讲话稿起草好,并在这次会议上发给各代表团(组)召集人。大会不提供代表团(组)会议主持人讲话稿的,各代表团(组)要安排专人,提前起草好并提前交给代表团(组)会议主持人。

党的基层代表大会代表团(组)会议(第一次)有哪些内容?

党的基层代表大会各代表团(组)召集人会议结束后,各代表团(组)要立即召开代表团(组)第一次全体代表会议。会议一般由参加各代表团(组)召集人会议的召集人主持。根据工作问答,会议的主要内容一般应包括:(1) 传达各代表团(组)召集人会议的内容;(2) 推选本代表团(组)正副团(组)长[把本代表团(组)正副团(组)长建议人选名单提交会议进行酝酿讨论,采取举手方式表决通过——编者注];(3) 审议代表资格审查报告;(4) 审议党费收缴、使用和管理情况的报告;(5) 酝酿讨论大会主席团建议名单;(6) 酝酿讨论大会秘书长建议名单;(7) 酝酿讨论大会议程(草案);(8) 酝酿讨论其他有关事项。

党的基层代表大会代表团(组)第一次会议情况如何处理?

根据党内工作问答精神,各代表团(组)第一次全体代表会议讨论情况的汇报、收集和处理可以按照以下方法步骤把握:(1) 会议结束后,各代表团(组)要尽快把会议讨论情况报告大会秘书处;(2) 大会秘书处全面收集各代表团(组)第一次全体代表会议讨论情况后,要立即向上届党的基层委员会汇报(因为此时党的基层代表大会主席团还没有产生——编者注);(3) 如果代表提出不同意见，要及时进行研究，合理的要积极予以采纳，并对有关事项进行调整修改，然后提交党的基层代表大会预备会议通过；(4) 选出的各代表团(组)正副团(组)长经确认后，由大会秘书处组织组将名单印发各代表团(组)和有关人员[有关人员一般包括各正副团(组)长本人、主席团成员、大会秘书长和副秘书长、大会组织机构人员等——编者注]。

党的基层委员会召开的党代表大会预备会议的主要任务是什么？

按照党内有关规定和工作问答、基层党组织的习惯做法和党的基层代表大会需要，在党的基层代表大会正式召开前，都要先召开党的基层代表大会预备会议，决定党的基层代表大会的有关问题。根据《中国共产党基层组织选举工作暂行条例》和《中国共产党组织工作辞典》等有关规定和说明，党的基层代表大会预备会议的主要任务是：(1) 通过代表资格审查报告；(2) 通过大会主席团名单；(3) 通过大会秘书长名单；(4) 通过党的基层代表大会议程；(5) 通过其他需要确认和通过的有关事项。

党的基层委员会召开的党代表大会预备会议应该由谁主持？

《党组织选举工作手册》对此作出了以下比较明确的规定和解释："党代表大会的组织领导机构是大会主席团。由于召开党代表大会预备会议时大会主席团尚未产生，因此，预备会议由党的委员会(对于党的基层组织而言，是指召开党的基层代表大会的党的基层委员会——编者注)主持。具体主持人通常是党委领导成员中拟担任大会秘书长的同志。"

党的基层委员会召开的党代表大会预备会议的程序是什么？

根据《党组织选举工作手册》等有关要求，党的基层代表大会预备会议的一般程序是：(1) 清点到会人数。会议主持人向大会报告应参加大会的代表人数，实际参加大会的代表人数。在确认有选举权的代表实到会人数超过应到会人数的五分之四后，宣布党代表大会预备会议开会；(2) 召开党的基层代表大会的党的基层委员会主要负责同志介绍大会筹备情况，说明大会的指导思想，主要任务，提出开好大会的要求；(3) 审议通过代表资格审查小组关于代表资格审查情况的报告；(4) 通过大会主席团名单；(5) 通过大会秘书长名单；(6) 通过大会议程；(7) 通过其他需要确认和通过的有关事项。

组织召开党的基层代表大会预备会议需要注意哪些问题？

为了确保党的基层代表大会预备会议的顺利召开，会前、会中和会后都要认真做好各项有关工作。在实际工作中，应根据有关的工作问答，注意把握以下方面：(1) 会前，将预备会议主持词，大会筹备工作情况的报告，代表资格审查报告，大会主席团成员名单，大会秘书长名单，大会议程（草案），党费收缴、使用和管理情况的报告，其他确认事项等材料，起草好并提前分别提供给主持人或有关事项的报告人；(2) 开会时，上届党委成员在主席台就座，代表和列席人员按指定的座席就座；(3) 会后，要将通过的报告、名单（去掉“建议”二字）、议程（去掉“草案”二字），在其标题下加上“（2×××年×月×日，中国共产党×××第×次代表大会预备会议通过）”字样，及时印发各代表团（组）（如提出修改意见的，要按照规定进行修改后再印发——编者注）。将代表证、列席证、工作人员证等分别发给代表、列席人员、工作人员，以便在大会期间佩带。

说明：①在实际工作中，凡是需要会议确认或讨论通过或签批才能公布、发放的材料、证件，必须待会议确认或讨论通过或签批后才能公布、发放。②凡是不需要会议确认或讨论通过或签批就能公布、发放的材料、证件，应根据大会的需要，及时公布、发放。③有关文本样例请参阅本书第七章的相关内容。

党的基层委员会召开的党代表大会主席团的含义是什么？

根据《中国共产党组织工作辞典》对党代表大会主席团作出的“党代表大会的领导机构”的解释，党的基层代表大会主席团是指党的基层代表大会的领导机构。

召开党的基层代表大会进行换届选举是否必须成立大会主席团？

是的。根据《中国共产党基层组织选举工作暂行条例》第二十条关于“大会主席团成员由上届党的委员会或各代表团（组）从代表中提名，经全体代表酝酿讨论，提交代表大会预备会议表决通过”的明确规定和《党组织选举工作手册》

关于“各级党组织召开党的代表大会时，都应成立大会主席团”的进一步说明，召开党的基层代表大会进行换届选举必须成立大会主席团。

党的基层代表大会补选班子成员能否不设大会主席团？ 由谁主持？

能，由按规定召开党代表大会的党的基层委员会召集并主持。《党组织选举工作手册》的要求是：“在党的基层委员会任期内召开党代表大会补选少量委员，党代表大会可以不设大会主席团，由党的基层委员会召集并主持。”

党的基层委员会召开的党代表大会主席团的组成原则是什么？

根据《党组织选举工作手册》关于“大会主席团的组成原则与产生办法”的说明，党的基层委员会召开的党代表大会主席团的组成原则一般是：大会主席团的组成，应本着有较广泛的代表性，有利于讨论决定重大问题，保证党代表大会顺利进行，以及精干、高效的原则，人数一般可掌握在代表人数的百分之十左右。

党的基层委员会召开的党代表大会主席团一般由哪些人组成？

《党组织选举工作手册》对此的要求是：“党的基层代表大会主席团，一般由党的委员会、纪律检查委员会领导成员（应是党的基层代表大会的代表——编者注），新一届党的委员会、纪律检查委员会领导成员候选人预备人选（应是党的基层代表大会的代表——编者注），各代表团（组）负责人及有代表性的党员代表组成。”其中的“有代表性的党员代表”是指如果条件具备，大会主席团还应有适当数量的有代表性的老党员和党员先进人物等方面的代表参加。

党的基层委员会召开的党代表大会主席团应该如何产生？

《中国共产党基层组织选举工作暂行条例》第二十条对此的规定是：“大会主席团成员由上届党的委员会或各代表团（组）从代表中提名，经全体代表酝酿讨论，提交代表大会预备会议表决通过。”在实际工作中，全体代表酝酿讨论后，要根据多数代表的意见提出大会主席团成员的建议名单，然后提交党代表大会预备会议表决通过。

党的基层代表大会主席团的主要任务(职责)是什么?

党的基层代表大会主席团是党的基层代表大会的领导机构。党的基层代表大会主席团执行民主集中制,凡是有关党的基层代表大会的重大问题,都必须经过大会主席团全体会议讨论决定。根据《党组织选举工作手册》《党的地方和基层组织选举工作流程》等有关要求和解释,党的基层代表大会主席团的主要任务(职责)是:(1) 按照党代表大会预备会议通过的议程主持大会;(2) 组织代表审议召开党的基层代表大会的党的基层委员会和经批准设立的同级党的基层纪律检查委员会的工作报告,并根据多数代表的意见对报告进行修改;(3) 提出并组织党代表大会代表审议通过大会选举办法;(4) 提出需提交党代表大会进行选举的有关候选人建议人选,并根据多数代表的意见确定候选人,主持党代表大会选举;(5) 起草党代表大会的有关决议草案,提请党代表大会审议通过;(6) 讨论决定党代表大会的有关重大问题;(7) 各委托一名新当选的委员分别主持党的基层委员会、纪律检查委员会第一次全体会议。

党的基层委员会召开党代表大会要不要设立主席团常务委员会?

党章、《中国共产党基层组织选举工作暂行条例》对党的基层代表大会主席团是否设立常务委员会没有规定。《中国共产党组织工作辞典》解释:"党的基层代表大会主席团一般不设立常务委员会。设立常务委员会的基层党组织召开党代表大会时,如认为有必要,可设立大会主席团常务委员会。"

党的基层代表大会主席团常务委员会的组成原则是什么?

党的基层代表大会主席团设立的常务委员会是党的基层代表大会的领导核心。根据《党组织选举工作手册》等对"大会主席团常务委员会的组成原则与产生办法"的明确说明,党的基层代表大会"主席团常务委员会一般由党的委员会常务委员会成员(应该是党的基层代表大会的代表——编者注)组成"。

党的基层代表大会主席团常务委员会委员如何产生?

不设常务委员会的党的基层委员会召开党的基层代表大会,大会主席团一般不设常务委员会。根据《中国共产党组织工作辞典》的解释，党的基层代表大会主席团常务委员会委员的产生办法是："主席团常务委员会委员由党的委员会（对党的基层组织而言，指经批准召开党代表大会的党的基层委员会——编者注）提名，经大会主席团第一次全体会议表决通过。"

党的基层代表大会主席团常务委员会会议一般由谁主持？

《党组织选举工作手册》对此的说明是："主席团常务委员会会议，一般由党的委员会书记或副书记（对党的基层组织而言，指经批准召开党代表大会的党的基层委员会的书记或副书记——编者注）主持。"

党的基层代表大会主席团常务委员会的主要职责是什么？

根据《中国共产党组织工作辞典》说明，基层党代表大会主席团常务委员会的主要职责（任务）是：(1) 研究酝酿候选人过程中的有关重大问题，并向大会主席团提出解决问题的建议；(2) 主持主席团全体会议和主席团日常工作，主持代表大会的选举工作；(3) 听取大会预选结果的汇报，按照大会选举办法规定，提出正式候选人的建议名单，提交大会主席团讨论通过（不进行预选的，则没有该项任务——编者注）；(4) 根据大会正式选举结果，分别提出党委、纪委第一次全体会议主持人建议名单，提交主席团讨论通过；(5) 研究大会的有关重大问题，并提出意见提交大会主席团酝酿讨论，作出决定。

党的基层委员会召开的党代表大会代表团（组）的含义是什么？

党的基层代表大会代表团（组）是指党的基层代表大会代表团和代表组。根据《中国共产党组织工作辞典》对"党代表大会代表团（组）"作出的"党代表大会期间，党代表日常活动的组织形式"的解释，党的基层代表大会代表团（组）是指党的基层代表大会代表在党的基层代表大会期间的日常活动的组织形式。

党的基层代表大会是否必须划分代表团（组）？ 为什么？

是。《中国共产党基层组织选举工作暂行条例》第十四条关于"召开党员代表大会的，由上届党的委员会根据所辖多数党组织的意见提出候选人，报上级党组织审查同意后，提请大会主席团讨论通过，由大会主席团提交各代表团（组）酝酿讨论”、第二十条关于“大会主席团成员由上届党的委员会或各代表团（组）从代表中提名”、第二十二条关于“党员大会或党员代表大会选举的监票人由全体党员或各代表团（组）从不是候选人的党员或代表中推选”等明确规定，召开党的基层代表大会进行选举时一般应划分代表团（组）。《中国共产党组织工作辞典》进一步说明：“党的代表大会代表名额，少的有百余名，多的有数百名。为了便于讨论问题、组织活动，使代表大会有组织、有计划、有领导、有秩序地进行，党的委员会可根据实际情况将代表分编成若干个代表团（组）。”

☛ 党的基层委员会召开的党代表大会代表团（组）划分原则是什么？

《党组织选举工作手册》对此的明确要求是：“（1）一般按选举单位划分代表团（组），也可以按地区、系统或根据工作性质划分代表团（组）。个别代表人数较多的选举单位可在代表团（组）内划分若干分团或讨论组；代表人数较少、编不成一个代表团（组）的选举单位，可将几个工作性质相近的选举单位的代表合编为一个代表团（组）。（2）列席人员一般应同所在单位、地区或系统的代表编在同一个代表团（或一个代表组——编者注），也可根据实际情况和需要单独编组，由大会组织活动。”

☛ 党的基层代表大会代表团（组）的划分应由谁确定？

《中国共产党组织工作辞典》对此的明确说明是：“代表团（包括代表组——编者注）的划分，一般由党委组织部门或大会筹备机构提出建议，经党的委员会（对于党的基层组织来说，是指批准召开党的基层代表大会的党的基层委员会——编者注）确定。”

☛ 党的基层委员会召开的党代表大会代表团（组）长应如何产生？

《党组织选举工作手册》对此的说明是：“党代表大会代表报到后，代表团（组）长可以由党的委员会（对于党的基层组织而言，是指批准召开党的基层代表大会的党的基层委员会——编者注）或大会筹备机构提出建议人选，经代表团（组）全体代表会议表决通过，也可由各代表团（组）推举产生。”根据《党的地方和基层组织选举工作流程》等解释，在实际工作中，代表团（组）长建议人选应在各代表团（组）召集人会议上提出，在各代表团（组）召开的第一次全体代表会议上表决通过；如果采取由各代表团（组）推举产生的方式，则应在各代表团（组）召集人会议上进行部署，在各代表团（组）召开的第一次全体代表会议上进行推选。不管采用什么方式，各代表团（组）第一次全体代表会议结束后，各代表团（组）应及时把本代表团（组）正副团（组）长表决或推选情况报大会秘书处[代表团（组）会议讨论情况由大会秘书处负责收集并向召开党的基层代表大会的基层党委汇报——编者注]，表决通过或推选各代表团（组）正副团（组）长经确认后，由大会秘书处组织组将名单印发各代表团（组）和有关人员。

☛ 党的基层代表大会代表团（组）长一般应由哪些同志担任？

《党组织选举工作手册》对此的说明是："为便于组织代表团（组）的各项活动，代表团（组）长一般由选举单位担任全面领导工作的同志（对于党的基层组织而言，必须是党的基层代表大会代表——编者注）担任。由几个选举单位合编为一个代表团（组）的，代表团（组）的正副团（组）长宜分别从不同单位选定。"

☛ 党的基层委员会召开的党代表大会秘书长的含义是什么？

根据《中国共产党组织工作辞典》对"党代表大会秘书长"的含义作出的"党代表大会期间日常工作的组织者"的明确解释，党的基层代表大会秘书长是指党的基层代表大会期间日常工作的组织者。

☛ 党的基层代表大会秘书长应如何产生？ 一般应由谁担任？

《党组织选举工作手册》对此作出的解释是："大会秘书长由党的委员会（对于党的基层组织而言，是指经批准召开党的基层代表大会的党的基层委员会——编者注）在代表中提名，经代表酝酿讨论后，在大会预备会议上表决通过。大会秘书长一般由负责筹备党代表大会工作的党委副书记（必须是本级党的基层代表大会的代表——编者注）担任。"在实际工作中，全体代表酝酿讨论后，要根据多数代表的意见提出大会秘书长的建议名单，然后提交党代表大会预备会议表决通过。

党的基层代表大会秘书长的主要职责(任务)是什么?

《中国共产党组织工作辞典》明确说明:“党代表大会秘书长的职责是:(1)主持召开第一次主席团全体会议。(2)协助大会主席团常务委员会处理主席团的日常事务(不设主席团常务委员会的除外——编者注)。(3)在主席团的领导下,负责处理大会期间的事务性工作。(4)领导大会秘书处,签发会议的各种文件。”

党的基层代表大会要不要设副秘书长? 其职责是什么?

党的基层代表大会要不要设副秘书长,党章、《中国共产党基层组织选举工作暂行条例》没有规定和要求。根据《党组织选举工作手册》《党的地方和基层组织选举工作流程》等对此的解释,代表大会根据工作需要,可以设副秘书长1至3名;副秘书长协助秘书长工作,其主要职责:分工具体负责大会秘书处一个或几个组的工作,及时组织收集代表讨论酝酿《报告》、两委(对于党的基层组织而言,指召开党的基层代表大会的党的基层委员会、纪律检查委员会——编者注)候选人名单、选举办法、大会决议等的意见,协助秘书长做好有关工作,按照大会日程安排,处理有关事宜。

党的基层委员会召开的党代表大会副秘书长如何产生?

根据《党组织选举工作手册》提出的要求是:“大会副秘书长由党的委员会(对于党的基层组织而言,指经批准召开党的基层代表大会的党的基层委员会——编者注)提名,经大会主席团第一次全体会议表决通过。”在实际工作中,大会主席团第一次全体会议对党的基层委员会提名的大会副秘书长人选进行酝酿讨论后,采取举手表决的方式表决通过。

党的基层委员会召开的党代表大会副秘书长一般由谁担任?

《党组织选举工作手册》对此解释:“大会副秘书长一般应是代表大会代表,因工作需要,不是代表的正式党员也可以担任。”

党的基层委员会召开的党代表大会执行主席含义及职责是什么？

根据《中国共产党组织工作辞典》有关解释精神，党的基层代表大会执行主席是指在党的基层代表大会期间主持党的基层代表大会的主席团成员，党的基层代表大会执行主席的主要职责是按照党的基层代表大会日程主持会议。

党的基层委员会召开的党代表大会执行主席如何确定？

《党组织选举工作手册》对此作出了“大会执行主席一般由大会主席团成员轮流担任”“如果开大会的次数较少而主席团人数又较多，执行主席可由主席团常务委员会委员轮流担任（对于党的基层组织来说，经批准召开党的基层代表大会的党的基层委员会不设常务委员会的，一般不设主席团常务委员会——编者注）”的解释。

党的基层委员会召开的党代表大会执行主席应如何进行分组？

《中国共产党组织工作辞典》作出了“代表大会执行主席分组应根据大会日程，以及举行全体代表会议的次数来确定”和“大会执行主席分组名单由党的委员会（对于党的基层组织而言，指经批准召开党的基层代表大会的党的基层委员会——编者注）提名，在大会主席团第一次全体会议上表决通过”的说明。在实际工作中，党的基层委员会召开的党代表大会主席团第一次全体会议对党的基层委员会提出的大会执行主席分组名单进行酝酿讨论后，采取举手表决的方式表决通过。

党的基层委员会召开的党代表大会能否设特邀代表？

不能。党的代表大会特邀代表是指党的代表大会特别邀请参加党代表大会的党员。特邀代表享有代表的权利。党的省、自治区、直辖市代表大会可设特邀代表。《中国共产党组织工作辞典》说明：“省以下党的地方各级代表大会和基层代表大会一律不设特邀代表。”

说明：《中国共产党组织工作辞典》《党组织选举工作手册》对如何设特邀代表有以下解释。①特邀代表必须符合的条件：1937 年 7 月 6 日以前入党，“文化大革命”前担任过副省级以上领导职务，有贡献、有威望的同志；在省、自治区、直辖市的担任过本省、自治区、直辖市的正省级领导职务的同志。②确需设特邀代表的，由召开党代表大会的省、自治区、直辖市委员会提出特邀代表建议名单，提请代表大会预备会议或主席团全体会议表决通过。

☛ 党的基层委员会召开的党代表大会能否设列席人员？

能。《党组织选举工作手册》指出："党的地方各级代表大会和基层代表大会可以设列席人员。"

☛ 党的基层委员会召开的党代表大会列席人员的含义是什么？

根据《中国共产党组织工作辞典》对"党的代表大会列席人员"作出的"列席党的代表大会的人员"的解释，党的基层代表大会列席人员是指列席党的基层代表大会的人员。

☛ 党的基层委员会召开的党代表大会列席人员应该如何确定？

《党组织选举工作手册》规定："党的委员会（对于党的基层组织而言，指经批准召开党的基层代表大会的党的基层委员会——编者注）根据工作需要提出列席人员建议名单，提请代表大会预备会议或主席团全体会议讨论决定。"在实际工作中，党的基层代表大会预备会议或大会主席团第一次全体会议对党的基层委员会提出的列席人员名单进行讨论决定，可以采取举手等方式进行表决。

☛ 党的基层委员会召开的党代表大会列席人员范围应如何确定？

根据《中国共产党组织工作辞典》的有关说明，党的基层代表大会列席人员的范围一般是：(1) 不是代表的召开党的基层代表大会的党的基层委员会委员、纪律检查委员会委员；(2) 不是代表的同级党员行政领导干部；(3) 不是代表的直属单位和下一级党组织的主要负责人等。

☛ 预备党员能否列席党的基层委员会召开的党代表大会？ 为什么？

能。《党组织选举工作手册》指出："预备党员可以列席党代表大会。一些担任领导职务的预备党员列席党代表大会，有助于他们学习党内生活的有关知识，提高执行民主集中制原则的自觉性；也有利于他们广泛听取代表的意见，改进工作。”

党的基层代表大会主席团第一次会议何时召开？ 由谁主持？

根据中央组织部的工作问答、党的基层代表大会日程安排和大会需要，主席团和秘书长产生以后，应立即召开党的基层代表大会主席团第一次会议。党的基层代表大会主席团第一次会议由大会秘书长主持。

党的基层代表大会主席团第一次会议的主要议程是什么？

根据《中国共产党基层组织选举工作暂行条例》等有关规定和《党的地方和基层组织选举工作流程》等有关解释，党的基层代表大会主席团第一次会议的主要议程一般有：(1) 明确大会主席团的任务；(2) 设大会主席团常务委员会的，通过大会主席团常务委员会委员名单（不设常务委员会的党的基层委员会召开党的基层代表大会的，一般不设大会主席团常务委员会——编者注）；(3) 通过大会执行主席分组名单；(4) 通过大会副秘书长名单；(5) 通过大会日程；(6) 通过大会秘书处各组负责人名单；(7) 通过其他需要确定的有关事项。

召开党的基层代表大会主席团第一次会议应注意什么？

为了保证党的基层代表大会主席团第一次会议顺利召开，会前、会中和会后都要认真做好各项有关工作。在实际工作中，应根据中央组织部工作问答等说明，注意以下方面：(1) 会前，起草好会议主持人讲话稿，并提前提供给会议主持人；将大会执行主席分组建议名单，主席团常务委员建议名单（不设大会主席团常务委员会的除外——编者注）、大会副秘书长名单、大会日程、其他需要确定的事项等材料，提供给主席团各成员；(2) 会中，主持人要引导大会主席团成员围绕会议议题，充分酝酿、发表意见，逐项通过，对不同意见要详细进行记录；(3) 会后，将通过的上述名单（应该去掉“建议”二字——编者注），并在大会日程标题下加上“(2×××年×月×日，中国共产党×××第×次代表大会主席团第×次会议通过)”，及时印发各代表团（组）和有关人员（如提出修改意见的，应按照形成的决议进行修改后再印发——编者注）。

说明：有关文本样例请参阅本书第七章的相关内容。

党的基层代表大会正式会议阶段选举委员流程是什么？

根据党章、《中国共产党基层组织选举工作暂行条例》和《党的地方和基层组织选举工作流程》等有关规定和解释，党的基层委员会召开的党代表大会正式会议阶段选举委员的工作流程如下：(1) 举行党的基层代表大会开幕式；(2) 召开代表团(组)第二次全体代表会议；(3) 召开大会主席团第二次会议；(4) 召开大会主席团第三次会议；(5) 进行预选，确定新一届党委、纪委委员正式候选人；(6) 选举新一届党委、纪委委员；(7) 宣布当选的新一届党委、纪委委员名单；(8) 举行党的基层代表大会闭幕式。

说明：①设主席团常务委员会的，在每次主席团会议之前是否召开主席团常务委员会议，可根据实际情况确定。②不预选的，流程中没有第五步。③由党的基层代表大会直接选举常委、书记、副书记的，党的基层代表大会闭幕式（第八步）应在党的基层委员会常委、书记、副书记和纪律检查委员会书记、副书记选举产生后举行。

党的基层代表大会开幕式的含义是什么？ 应该何时召开？

根据《党组织选举工作手册》关于“党代表大会开幕式，即党代表大会正式召开的第一次大会”的解释，党的基层代表大会开幕式是指党的基层代表大会正式召开的第一次大会。党的基层代表大会各项准备工作全部准备就绪以后，特别是党的基层代表大会预备会议产生大会领导机构并对代表资格进行审查以后，即可正式召开党代表大会第一次大会，即进行党的基层代表大会开幕式。

党的基层委员会召开党代表大会开幕式由谁主持？ 程序是什么？

《中国共产党基层组织选举工作暂行条例》第二十条规定：“召开党员代表大会进行选举，由大会主席团主持。”党的基层代表大会开幕式具体的主持人一般由大会主席团执行主席主持（主持人通常是经批准召开党的基层代表大会的基层党委的上届党的基层委员会的一位副书记——编者注）。主持人在确认有选举权的代表实到会人数超过应到会人数的五分之四，大会的各项准备工作已经就绪的情况下，就可按照事先拟定的主持词主持会议。党的基层代表大会开幕式的主要程序是：(1) 清点到会代表人数，大会执行主席报告代表出席大会情况并作出说明(应到会代表数，实到会代表数，大会是否符合法定人数，能否开会等——编者注)；(2) 公布大会执行主席名单；(3) 对莅临大会的上级领导和离退休老领导、老同志表示热烈的欢迎；(4) 宣布党的基层代表大会开幕；(5) 请全体起立，奏(唱)《国歌》；(6) 由主席团一名成员致开幕词(一般是上一届党委的负责同志——编者注)；(7) 上级领导讲话(根据需要安排，不是必须的程序——编者注)；(8) 上届党的基层委员会负责同志(一般是上一届党委书记——编者注)做党委工作报告；(9) 党的基层委员会经批准设立同级纪律检查委员会的，上届党的基层纪律检查委员会负责同志(一般是上一届纪委书记——编者注)做纪委工作报告(纪委工作报告也可以书面形式提交党的基层代表大会审议——编者注)；(10) 宣布休会。

说明：①主席团一名成员致开幕词、上级领导讲话不是大会必须的程序，可以安排，也可以不安排。②上届纪委工作报告可以书面形式提交党的基层代表大会审议。③有关文本样例请参阅本书第七章的相关内容。

☛ 举行党的基层委员会召开的党代表大会开幕式要注意哪些问题？

党的基层代表大会开幕式，是一次非常重要的会议，标志着党的基层代表大会胜利召开，也标志着党的基层代表大会及其代表开始履行各项神圣的职权。就一个单位或部门来说，这是党内外群众最关心最瞩目的一次大会。因此，会议的准备工作必须做好，以确保大会在庄严、热烈气氛中，按照事先确定的程序，有条不紊地进行。根据《中国共产党基层组织选举工作暂行条例》《党组织选举工作手册》等规定和要求，举行党的基层代表大会开幕式必须注意以下问题：(1) 会议主持人一般是大会主席团的执行主席(通常是上一届党的委员会的一位副书记——编者注)。应提前起草好党的基层代表大会开幕式的主持词并提供给大会主持人；(2) 安排致开幕词的，应提前将开幕词起草好并提供给致词人(致词人一般是大会主席团一名成员，通常是上届党委负责同志——编者注)；(3) 经选举产生并经代表资格审查获得正式代表资格的代表，应尽可能全部参加大会开幕式。应将到会的时间、着装、车辆安排、要求等提前通知各代表团(组),由各代表团(组)通知所有代表和有关人员,确保所有人员按时到会;(4) 各代表团(组)要及时全面掌握代表出席大会情况,如有代表因特殊情况无法参加大会的,要及时把不能参加大会开幕式的代表情况报告大会秘书处,本代表团(组)代表到达会场后,要及时向大会事先指定的人员报告代表到会情况,以便大会秘书处随时掌握参加大会开幕式的代表人数等情况;(5) 一般安排不是党代表大会代表的有关部门党员负责人列席大会。应提前将与会的有关事项通知这些人员;(6) 主持人向大会报告代表出席这次大会的情况并作出说明(应到会代表数,实到会代表数,因病、因事请假的代表数,参加这次大会的代表人数是否超过五分之四,能否开会——编者注)。会前要了解各代表团(组),全面掌握请假代表人数及原因,党员代表大会代表到达会场后、大会开始前,要迅速清点到会代表人数,并报告大会主持人;(7) 主持人向大会公布这次大会的执行主席名单;(8) 主持人向大会介绍参加这次大会的上级领导和离退休老领导、老同志,对他们的到来表示热烈欢迎;(9) 党代表大会开幕式会场,应选在本单位(部门)通常召开重要会议的地方。会场应具备必要的安全设施、通信设施、与会议召开有关的其他必备的设施(设备);(10) 党代表大会开幕式的会场,应布置得庄严、热烈、充满喜庆的气氛。一般来说,主席台前上方应悬挂大会会标:“中国共产党×××第×次代表大会”,主席台的天幕中央应悬挂由镰刀锤头组成的标准党徽,党徽两侧各布五面红旗;(11) 对与会人员的座席应有较明显的引导性标识。一般来说,主席台上的座位前应摆放主席团成员或来宾名签,以便对号入座;代表座位前一般摆放代表团(组)名签即可,代表可在指定的座席范围内顺序就座;列席人员的座席一般应集中安排;(12) 做好会议的安全保卫工作。这项工作应指定专人负责并建立责任制;(13) 动用车辆多、需要维持交通秩序的,要指定专人负责,以确保与会人员顺利到会、交通安全;(14) 党代表大会开幕式各项工作要在大会主席团领导下,统筹安排。大会秘书长要直接负责各项工作组织协调。大会有关工作机构要按分工,切实履行各自职责,做到既各司其职、各负其责,又密切配合、互相协作;(15) 在召开党的基层代表大会的全过程,都要严格落实作风建设和党风廉政建设各项规定和要求,防止在作风建设和党风廉政建设方面发生问题。

党的基层代表大会应该如何审议和酝酿讨论会议文件？

审议和酝酿讨论党的基层代表大会的有关文件，必须按党章、1980 年 2 月 29 日党的十一届五中全会通过的《关于党内政治生活的若干准则》和《中国共产党基层组织选举工作暂行条例》等有关规定和召开党的基层代表大会有关要求进行。《党组织选举工作手册》对审议和酝酿讨论会议文件的总括性要求是："审议和酝酿讨论会议文件，包括审议党的委员会（对党的基层组织而言，是指党的基层委员会，下同——编者注）和党的纪律检查委员会（对于党的基层组织而言，是指党的基层委员会经批准成立的同级党的基层纪律检查委员会，下同——编者注）的工作报告，酝酿讨论党的委员会委员（候补委员）和党的纪律检查委员会委员候选人预备人选，酝酿讨论党代表大会决议草案和其他文件等。审议和酝酿讨论会议文件，是党代表大会履行党章所赋予的职权的内在要求，也是党代表大会议程中的重要内容。审议和酝酿讨论会议文件，一般是在党代表大会主席团领导下，以党代表大会代表团（组）为讨论单位，具体酝酿讨论时间和方式，根据文件内容而定。"审议和酝酿讨论会议文件还有党费收缴、使用和管理情况的报告等。

党的基层代表大会代表团（组）第二次会议何时召开？　由谁主持？

根据党内工作问答和说明的精神，党的基层代表大会开幕式，即党的基层代表大会第一次全体代表会议结束以后，各代表团（组）都要根据大会主席团的日程安排和有关要求，及时召开代表团（组）第二次全体代表会议。各代表团（组）第二次全体代表会议由各代表团（组）的团（组）长主持。

党的基层代表大会代表团（组）第二次会议内容是什么？

根据党的基层代表大会代表团（组）第二次全体代表会议的内容根据主席团的安排和大会的要求、工作问答等确定，主要内容一般是：组织全体代表审议上届党的基层委员会、纪律检查委员会的工作报告（即上一届"两委"工作报告）。要注意的是，主持人要善于引导各位代表紧紧围绕"两委"工作报告，充分发扬民主，安排充足的时间，让各位代表充分发表意见，以更好地发挥党的基层代表大会的监督、决策作用；要安排专人并认真做好记录，如实反映党的基层代表大会代表的意见和建议。

☛ 党的基层代表大会如何审议上届党的基层委员会工作报告？

根据2008年5月5日中共中央印发的《中国共产党全国代表大会和地方各级代表大会代表任期制暂行条例》第六条的规定，党的基层代表大会代表享有“在同级党代表大会召开期间参与听取和审查党的委员会、纪律检查委员会的报告”的权利与职责。党的基层代表大会开幕式，即党的基层代表大会第一次全体代表会议结束之后，大会主席团就要根据有关规定和工作问答、大会的日程安排和有关要求，安排各代表团（组）及时召开第二次全体代表会议，审议上届党的基层委员会的工作报告。其基本做法一般是：(1) 以党的基层代表大会代表团（组）为单位，组织代表讨论、发表意见和建议。会议由代表团（组）长主持，党的基层代表大会主席团的成员一般应到所在的代表团（组）参加讨论，大会主席团常务委员会成员（不设大会主席团常务委员会的除外——编者注）可分别到各代表团（组）听取意见，参加讨论；(2) 党的基层代表大会主席团在各代表团（组）进行认真审议的基础上，召开主席团会议（一般是在主席团第二次会议上——编者注），听取各代表团（组）讨论情况汇报，提出对党的基层委员会工作报告进行修改的原则意见，责成党的基层代表大会秘书处综合分析各代表团（组）提出的意见和建议并按照规定和要求进行修改；(3) 提出《中国共产党×××第××次代表大会关于中国共产党×××第××届委员会报告的决议（草案）》，经党的基层代表大会主席团会议（一般是在主席团的第三次或第四次会议上，具体应根据大会的日程安排确定——编者注）审议通过，提交各代表团（组）酝酿讨论，并由党的基层代表大会秘书处根据各代表团（组）提出的意见和建议、按照有关规定和要求进行修改。最后再提请党的基层代表大会全体代表大会（通常是闭幕式上）采用举手方式表决通过。

☛ 党的基层代表大会如何审议上届纪律检查委员会工作报告？

一般来说，上届党的基层纪律检查委员会的工作报告，可以在党的基层代表大会全体代表会议（党的基层代表大会开幕式或另行安排的会议）上，由党的基层纪律检查委员会负责同志作工作报告，也可只提交书面报告（建议提交书面报告——编者注)。审议上届党的基层纪律检查委员会的工作报告,在时间安排和审议方式方面要结合审议上届党的基层委员会的工作报告一并考虑。具体采取哪种方式,要由党的基层代表大会主席团根据实际情况决定。需要指出的是,无论采取何种方式,上届党的基层纪律检查委员会的工作报告都应提交党的基层代表大会审议,并根据多数代表意见和建议、按照有关规定和要求进行修改,最后由党的基层代表大会作出《关于中国共产党×××纪律检查委员会报告的决议》。实践中,应参照审议上届党的基层委员会工作报告的基本做法进行,即:(1) 以党的基层代表大会代表团(组)为单位[一般在各代表团(组)第二次全体代表会议上——编者注],组织代表讨论、发表意见和建议。(2) 党的基层代表大会主席团在各代表团(组)进行认真审议的基础上,召开主席团会议(一般是在主席团第二次会议上——编者注),听取各代表团(组)讨论情况汇报,提出对党的基层纪律检查委员会工作报告进行修改的原则意见,责成党的基层代表大会秘书处综合分析各代表团(组)提出的意见和建议并按照规定和要求进行修改。(3) 提出《中国共产党×××第×次代表大会关于中国共产党×××纪律检查委员会报告的决议(草案)》,经党的基层代表大会主席团会议(一般是在主席团的第三次或第四次会议上,具体应根据大会的日程安排确定——编者注)审议通过,提交各代表团(组)酝酿讨论,并由党的基层代表大会秘书处根据各代表团(组)提出的意见和建议、按照有关规定和要求进行修改。最后再提请党的基层代表大会全体代表大会(通常是闭幕式——编者注)上采用举手方式表决通过。

☛ 党的基层代表大会审议"两委"工作报告注意事项有哪些?

审议党的基层委员会、纪律检查委员会(即我们通常所说的党的基层组织的"两委"——编者注)工作报告,是党的基层代表大会履行党章所赋予的职权的内在要求,也是党的基层代表大会议程中的重要内容。在审议"两委"工作报告时应注意的事项主要有以下方面:(1) 上届"两委"工作报告一般在各代表团(组)第二次全体代表会议上进行审议;(2) 如果上届"两委"工作报告都在各代表团(组)第二次全体代表会议上进行审议的,应逐个进行审议(一般先审议上届党委工作报告,再审议上届纪委工作报告——编者注);(3) 在审议上届"两委”工作报告的全过程，主持人都要积极引导各位代表紧紧围绕上届“两委”工作报告，充分发扬民主，让各位代表畅所欲言；(4) 在审议上届“两委”工作报告的具体时间安排上，要尽可能地充裕一些，让代表们都能够充分讨论、发表意见和建议；(5) 各代表团(组)都要安排专人、认真做好会议记录，并对本代表团(组)讨论情况进行综合整理(要做到原汁原味，尤其不能遗漏代表们提出的不同意见——编者注)，经代表团(组)长和记录人签名后，及时送党的基层代表大会秘书处；(6) 大会主席团在全面听取各代表团(组)讨论情况汇报后，提出对上届“两委”工作报告进行修改的原则意见，责成大会秘书处综合分析各代表团(组)提出的意见和建议、按照规定和要求进行修改。

☛ 党的基层代表大会主席团第二次会议何时召开？ 由谁主持？

党的基层代表大会主席团第二次会议一般在各代表团(组)第二次全体代表会议审议上届党的基层委员会的工作报告、纪律检查委员会的工作报告之后，根据大会进程(日程安排)和有关规定，适时召开大会主席团第二次会议。大会主席团设常务委员会的，由常务委员会主持，不设常务委员会的由主席团执行主席主持，但具体的主持人都是上届党的基层委员会主要负责人(即上届党委书记——编者注)。参加会议人员除了大会主席团成员以外，还有各代表团(组)的团(组)长。

☛ 党的基层代表大会主席团第二次会议的主要内容有哪些？

党的基层代表大会主席团第二次会议的内容(议程)根据大会进程(日程安排)、有关规定和要求确定，其主要内容(议程)有：(1) 听取各代表团(组)审议上届党的基层委员会、纪律检查委员会工作报告情况汇报；(2) 审议通过《中国共产党×××第××次代表大会关于中国共产党×××第××届委员会报告的决议(草案)》《中国共产党×××第××次代表大会关于中国共产党×××纪律检查委员会报告的决议(草案)》；(3) 讨论通过《中国共产党×××第××次代表大会选举办法(草案)》《中国共产党×××第××届委员会第一次全体会议选举办法(草案)》《中国共产党×××纪律检查委员会第一次全体会议选举办法(草案)》(党的基层委员会不设同级党的基层纪律检查委员会的除外——编者注)；(4) 酝酿讨论由上届党的基层委员会提出并报经上一级党组织审查同意的新一届党的基层委员会、纪律检查委员会委员候选人预备人选名单，根据多数主席团成员的意见提出新一届党的基层委员会、纪律检查委员会委员候选人建议名单；(5) 审议通过《中国共产党×××关于党费收缴、使用和管理情况的报告》；(6) 布置推选监票人。

注意：①会前要把主持词提供给主持人。②要提前把选举办法(草案)、"两委"委员候选人预备人选名单及情况介绍、"两委"工作报告的决议(草案)和党费收缴使用管理情况报告等会议文件发给主席团成员。③会后，要尽快把需要提交各代表团(组)讨论的会议文件，印发各代表团(组)讨论，然后提交大会通过。④主席团会议讨论事项是否先由主席团常务委员会讨论，根据需要确定。

党的基层代表大会主席团第三次会议主要议程是什么?

各代表团(组)第二次全体代表会议结束后，应即召开主席团第三次会议。会议主要议程(内容)是：(1) 听取各代表团(组)审议《中国共产党×××第××次代表大会关于中国共产党×××第××届委员会报告的决议(草案)》《中国共产党×××第××次代表大会关于中国共产党×××纪律检查委员会报告的决议(草案)》的情况汇报；(2) 听取各代表团(组)讨论《中国共产党×××第××次代表大会选举办法(草案)》《中国共产党×××第××届委员会第一次全体会议选举办法(草案)》《中国共产党×××纪律检查委员会第一次全体会议选举办法(草案)》(党的基层委员会不设同级党的基层纪律检查委员会的除外——编者注)的情况汇报；(3) 听取各代表团(组)酝酿新一届党的基层委员会、纪律检查委员会委员候选人建议名单的情况汇报，确定"两委"委员候选人名单(进行预选的，为委员预选候选人名单——编者注)；(4) 听取各代表团(组)审议《中国共产党×××关于党费收缴、使用和管理情况的报告》的情况汇报；(5) 审议通过总监票人、监票人[由每个代表团(组)推选的代表担任——编者注]建议名单，确定计票人名单。

注意：上述事项审议通过后，要抓紧完成下列工作并做到责任到人：①印制选票，并清点、包装好；②准备好总监票人、副总监票人、监票人和总计票人、计票人的标志佩条；③培训监票人、计票人；④准备好票箱、封条、剪刀等选举工具；⑤准备好计票统计表、计票结果报告单和清点人数、领发选票、收回选票报告单等表格用纸。

党的基层委员会召开的党代表大会如何讨论通过决议？

党的基层代表大会就本单位基层党的建设及其他有关重大问题作出决议，是一件非常慎重的事情，必须在广泛发扬党内民主，充分酝酿讨论的基础上，按照少数服从多数原则，通过举手、投票或其他方式表决通过。《党组织选举工作手册》要求的党的基层代表大会讨论通过有关决议的做法是："(1) 召开党代表大会主席团会议审议决议（草案）[主席团会议一般安排在党代表大会进行预选之后，把研究确定新一届党的委员会（纪律检查委员会）组成人员正式候选人和审议有关决议（草案）作为同一次主席团会议的议程——编者注]；(2) 将经主席团会议审议的有关决议（草案）提交党代表大会各代表团（组）酝酿讨论，并由主席团责成党代表大会秘书处（组）根据多数代表的意见进行修改；(3) 提交党代表大会全体代表会议（一般是在党代表大会闭幕式上——编者注）表决通过。"

党的基层委员会召开党代表大会预选委员何时进行？ 方式是什么？

党章第十一条规定："可以直接采用候选人数多于应选人数的差额选举办法进行正式选举。也可以先采用差额选举办法进行预选，产生候选人名单，然后进行正式选举。"党的基层代表大会是否进行预选，根据实际情况、由组织召开党的基层代表大会的党的基层委员会集体研究确定，一般可不进行预选。根据需要并报经上级党组织批准进行预选的，应该在主席团第三次会议结束后进行。预选的具体方式有两种：第一种是采取分团（组）投票、集中计票的方式进行（即团组投票、集中计票——编者注）；第二种是采取召开全体代表会议、集中投票、集中计票（即集中投票、集中计票——编者注）的方式进行。对于党的基层代表大会来说，代表人数一般不多，可以考虑采用第二种方式。

党的基层代表大会预选委员由谁主持？ 流程是什么？

采取分代表团（组）投票、集中计票方式进行预选的，由各代表团（组）长主持;采取召开全体代表会议、集中投票、集中计票方式进行预选的,预选委员的代表大会由大会主席团主持,主持人为主席团执行主席。根据党内有关规定和工作问答及基层党组织实践经验,现将两种方式预选委员的流程(程序)说明如下:

1. 分团(组)投票、集中计票预选委员的流程。(1) 主持人说明召开本次代表团(组)第四次全体代表会议[如果大会主席团第二次会议在各代表团(组)第二次全体代表会议结束前召开,并把会议文件印发各代表团(组)酝酿讨论,则本次为各代表团(组)第三次全体代表会议——编者注]的缘由、任务。(2) 介绍新一届党的基层委员会、纪律检查委员会预选委员候选人酝酿确定情况。(3) 介绍监票人、计票人产生情况。(4) 请监票人(为监票人建议人选,下同——编者注)、计票人清点到会代表人数。(5) 代表团(组)长向会议报告应到会代表人数、实到会代表人数(在确认有选举权的到会代表人数超过应到会代表人数五分之四后——编者注),宣布开始预选。(6) 请监票人检查票箱,加封落锁。(7) 请监票人(计票人)领取选票,按规定把选票分发给代表。(8) 请监票人报告发出选票情况(发出的选票数必须等于到会的代表人数——编者注)。(9) 主持人宣读选票上的填写选票说明。(10) 各位代表填写选票。(11) 提醒代表检查选票,宣布投票方法、顺序(会前要把投票行进线路、注意事项告知每位代表——编者注)。(12) 按照监票人、计票人、代表的顺序依次投票(工作人员应注意引导——编者注)。(13) 提醒代表是否全部投票完毕。确认各位代表已全部投票后,监票人、计票人启封票箱、清点选票,确认选举有效后,把投票箱送交大会总计票室。(14) 各代表团(组)全体代表会议闭会。(15) 大会总计票室计票。(16) 预选计票结束后,立即召开大会主席团常务委员会(不设常务委员会的除外,党的基层代表大会一般不设主席团常务委员会——编者注),听取总监票人(不设总监票人的由事先确定的一名监票人,下同——编者注)报告预选委员的计票结果。(17) 大会主席团常务委员会结束后(不设常务委员会的为预选委员计票结束后——编者注),立即召开大会主席团会议,听取总监票人(不设总监票人的由事先确定的一名监票人——编者注)报告预选委员计票结果。(18) 根据预选计票结果、有关规定和要求等,确定新一届中国共产党××第×届委员会委员、中国共产党××纪律检查委员会委员正式候选人名单。

2. 集中投票、集中计票预选委员的流程。(1) 主持人向大会报告有选举权的代表到会情况(代表应到会×××名,因病、因事请假×名,实到会×××名)。(2) 确认有选举权的到会代表人数超过应到会代表人数的五分之四后,主持人宣布中国共产党××第×次代表大会第×次全体会议开始。(3) 介绍本次大会的执行主席(本次大会的执行主席是:×××、×××、×××、×××)。(4) 说明大会的主要议程[本次大会有三项议程:①审议通过《中国共产党××第×次代表大会预选办法(草案)》;②通过监票人,宣布计票人名单;③预选中国共产党×××第×届委员会委员、中国共产党×××纪律检查委员会委员]。(5) 审议通过《中国共产党×××第×次代表大会选举办法(草案)》。(6) 通过大会总监票人、副总监票人、监票人。(7) 宣布大会总计票人、计票人员名单。(8) 宣读中国共产党××第×届委员会委员、中国共产党××纪律检查委员会委员预选候选人名单。(9) 请监票人、计票人清点到会代表人数(如果需要,可请非选举人员和非工作人员退场,也可让他们在设定的不会影响清点人数、分发选票等选举工作的专门区域就座——编者注)。(10) 主持人向大会报告有选举权的代表到会情况(有选举权的代表应到会×××名,因病、因事请假×名,实到会×××名),确认有选举权的到会代表人数超过应到会代表人数的五分之四后,进行预选。(11) 请监票人检查票箱,加封落锁。(12) 请监票人(计票人)领取预选票,按规定把预选票分发给代表。(13) 介绍不同预选票的区别方法(只有一种预选票的除外——编者注),提醒代表核对,检查是否多拿、少拿、拿错预选票。(14) 确认预选票分发无误后,请总监票人(不设总监票人的请事先确定一名监票人——编者注)报告发出预选票情况(发出的预选票数必须等于到会的有选举权的代表人数——编者注)。(15) 主持人(也可以由事先确定的一名工作人员——编者注)宣读填写预选票注意事项。(16) 各位代表填写预选票。(17) 提醒代表检查预选票填写情况,宣布投票方法、顺序(会前要把投票行进线路、注意事项告知每位代表——编者注)。(18) 按照总监票人、监票人、总计票人、计票人、代表的顺序依次投票(工作人员应注意引导——编者注)。(19) 提醒代表是否全部投票完毕。确认各位代表已全部投票后,请监票人、计票人打开票箱,清点收回的选票。(20) 总监票人(不设总监票人的请事先确定一名监票人——编者注)报告收回的预选票情况,确认本次选举是否有效。(21) 确认选举有效后,请总监票人、监票人和总计票人、计票人计票，请代表原地休息（如果代表人数多、计票时间长的，也可安排代表观看电影、录像、上党课等活动——编者注）。(22)预选计票结束后，立即召开大会主席团第四次会议，听取总监票人（不设总监票人的由事先确定的一名监票人——编者注）报告预选中国共产党×××第×届委员会委员、中国共产党××纪律检查委员会委员的计票结果。(23)根据预选委员计票结果、有关规定和要求等，确定新一届中国共产党××第×届委员会委员、中国共产党××纪律检查委员会委员正式候选人名单。(24)继续召开中国共产党××第×次代表大会第×次全体会议，总监票人（不设总监票人的请事先确定的一名监票人——编者注）向大会报告新一届中国共产党×××第×届委员会委员、中国共产党×××纪律检查委员会委员预选候选人得票情况。(25)宣布新一届中国共产党××第×届委员会委员、中国共产党××纪律检查委员会委员正式候选人名单。

注意：有关文本样例请参阅本书第七章的相关内容。

☛ 党的基层代表大会主席团第四次会议主要议程是什么？

预选新一届中国共产党×××第×届委员会委员、中国共产党×××纪律检查委员会委员计票结束后，应即召开主席团第四次会议（不进行预选的，本次会议不召开——编者注）。根据有关规定，主要议程是：(1) 听取总监票人（不设总监票人的为事先确定的一名监票人——编者注）报告预选委员计票结果；(2) 根据预选委员候选人得票情况和有关规定，确定新一届中国共产党×××第×届委员会委员、中国共产党×××纪律检查委员会委员正式候选人名单。

☛ 党的基层代表大会选举委员大会何时举行？ 由谁主持？

在大会主席团第四次会议（不进行预选的为大会主席团第三次会议——编者注）确定新一届中国共产党×××第×届委员会、中国共产党×××纪律检查委员会（以下简称“两委”——编者注）委员正式候选人名单之后，要根据大会的日程安排和有关规定，立即召开中国共产党×××第×次代表大会第×次全体会议，选举“两委”委员。根据规定，党的基层代表大会选举委员，由大会主席团常务委员会主持；不设常务委员会的，由大会主席团主持。大会主席团或主席团常务委员会通常应推选执行主席具体主持会议选举，执行主席一般可由上届党的基层委员会书记或副书记担任。

党的基层代表大会选举基层党委、纪委委员的流程是什么？

通过各地各级基层党组织多年来的探索和实践，党的基层组织选举工作形成了一整套比较系统的程序（流程）和方法。根据有关规定和要求，党的基层代表大会选举党的基层委员会、纪律检查委员会（以下简称“两委”——编者注）委员的流程（程序）一般是：(1) 报告到会代表人数。大会主持人（即大会执行主席——编者注）首先向大会报告有选举权的代表应参加大会的人数、实际参加大会的人数；(2) 大会主持人确认有选举权的到会代表人数超过应到会代表人数五分之四之后，宣布中国共产党×××第×次代表大会第×次全体会议开始；(3) 介绍本次大会的执行主席（本次大会的执行主席是：×××、×××、×××、×××）。(4) 大会主持人报告大会的主要议程：选举中国共产党×××第×届委员会委员、中国共产党×××纪律检查委员会委员（以下简称“两委”委员——编者注）。(5) 审议通过《中国共产党×××第×次代表大会选举办法（草案）》。(6) 通过大会总监票人（副总监票人）、监票人名单[由全体代表大会进行预选且已通过了总监票人、副总监票人、监票人名单的，这里是宣布总监票人、副总监票人、监票人名单——编者注]。(7) 宣布大会总计票人、计票人名单。(8) 宣布“两委”委员名额及候选人名单（应简要介绍候选人产生情况——编者注）。(9) 监票人、计票人清点到会代表人数（如果需要，可请非选举人员和非工作人员退场，也可让他们在设定的不会影响清点人数、分发选票等选举工作的专门区域就座——编者注）。(10) 主持人向大会报告有选举权的代表到会情况（代表应到会×××名，因病、因事请假×名，实到会×××名），确认有选举权的到会代表人数超过应到会代表人数的五分之四后，实施选举。(11) 监票人检查票箱，加封落锁。(12) 监票人（计票人）领取选票，按规定把选票分发给代表。(13) 介绍不同选票的区别方法（只有一种选票的除外——编者注），提醒代表核对，检查是否多拿、少拿、拿错选票。(14) 确认选票分发无误后，请总监票人（不设总监票人的由事先确定的一名监票人——编者注）报告发出选票情况（发出的各种选票数必须等于实到会有选举权的代表人数——编者注)。(15) 主持人(可以由事先确定的一名工作人员——编者注)宣读填写选票注意事项。(16) 各位代表填写选票。(17) 提醒各位代表检查选票的填写情况,宣布投票的方法和顺序(会前要把投票行进线路、注意事项告知每位代表,也可进行彩排——编者注)。(18) 按照总监票人、副总监票人、监票人、总计票人、计票人、代表的顺序依次投票(工作人员应注意引导,监票人投票后,应根据会前的安排和培训,按规定站在票箱处指定点监督投票——编者注)。(19) 提醒各位代表是否全部投票完毕。确认各位代表全部投票后,监票人、计票人打开票箱,清点收回的选票。(20) 总监票人(不设总监票人的由事先确定的一名监票人——编者注)报告收回的选票情况,确认选举是否有效。(21) 确认选举有效后,请总监票人、副总监票人、监票人和总计票人、计票人计票,请代表原地休息(如代表人数多、计票时间长,也可安排代表观看电影、录像、上党课等活动——编者注)。(22)计票人在监票人的监督下计票。(23)计票结束后,立即召开大会主席团第五次会议(不进行预选的,为主席团第四次会议——编者注),听取总监票人(不设总监票人的由事先确定的一名监票人——编者注)报告"两委"委员候选人得票情况,确定"两委"委员当选人名单。(24) 继续召开中国共产党×××第×次代表大会第×次全体会议,由总监票人(不设总监票人的由事先确定的一名监票人——编者注)向大会报告"两委"委员候选人得票情况。(25)由主持人(大会执行主席)向大会宣布"两委"委员当选人名单。

说明:①上级党组织规定由党的基层代表大会直接选举"两委"常委、书记、副书记的,继续召开中国共产党×××第×次代表大会第×次全体会议,按照规定的程序和要求,选举"两委"常委、书记、副书记(具体请参阅本章第三节的相关内容)。②有关文本样例请参阅本书第七章的相关内容。

党的基层代表大会主席团第五次会议主要议程是什么?

党的基层代表大会选举党的基层委员会委员、纪律检查委员会委员(以下简称"两委"委员——编者注)计票结束后,要立即召开大会主席团第五次会议(不进行预选的,为主席团第四次会议——编者注)。根据有关规定,会议的主要议程是:(1) 听取总监票人(不设总监票人的由事先确定的一名监票人——

编者注)报告“两委”委员候选人得票情况;(2) 确定“两委”委员当选人名单。

党的基层委员会召开党代表大会进行选举的注意事项是什么?

大会选举是党员代表大会的重要环节,组织工作非常复杂,要求也非常严格,必须分工明确、责任到人、组织严密,才能确保大会选举顺利。按照《党组织选举工作手册》等解答和党的基层代表大会选举实践经验,党的基层代表大会进行大会选举时,要注意以下方面:(1) 党代表大会的选举,由大会主席团主持(设大会主席团常务委员会的,由常务委员会主持——编者注)。大会主席团(或主席团常务委员会)通常要推选执行主席具体主持会议选举(执行主席一般可由党的基层委员会书记或副书记担任——编者注)。应提前将选举工作主持词提供给大会执行主席;(2) 提前将到会时间、着装、车辆安排、要求等通知各代表团(组),由各代表团(组)通知所有代表和有关人员,确保所有人员按时到会。及时了解各代表团(组)代表参加选举情况,全面掌握请假代表人数及原因;(3) 将会议使用的各种材料、表格、选举工具等提供有关人员。根据经验,应适当准备一些备用的材料、工具等;(4) 对与会人员的座席要有较明显的引导性标识。一般来说,主席台上的座位前应摆放主席团成员或来宾名签,以便对号入座;代表座位前一般摆放代表团(组)名签即可,代表可在指定的座席范围内顺序就座;列席人员的座席一般应集中安排;(5) 从党员代表大会代表开始进场到开会前,要迅速准确清点到会代表人数,开会前要报告大会执行主席;(6) 大会执行主席向大会报告代表应参加大会的代表数,实到会代表数,因病、因事请假的代表数,参加这次大会的代表人数是否符合法定人数,能否开会;(7) 大会执行主席说明填写选票的注意事项(也可由大会工作人员宣读——编者注)时,必要时应重复几遍;(8) 投票顺序是:总监票人、副总监票人、监票人、总计票人、计票人先行投票,然后请主席台就座的代表投票,最后请其他各位代表按秩序投票。投票时,工作人员要注意引导。要提醒各位代表,投票后及时回到自己的座位上;(9) 投票完毕后,监票人、计票人要迅速准确地清点选票,确认选举是否有效。确认选举有效后,请代表原地休息(可视情安排代表在会场看电影、上党课等活动——编者注);(10) 报告被选举人得票情况时,预选的,被选举人得票情况,由总监票人(不设总计票人的由事先确定的1名监票人——编者注)向大会主席团报告;进行正式选举时,由总监票人(不设总计票人的由事先确定的1名监票人——编者注)向主席团和大会报告;(11) 宣布选举结果时,进行预选的,由大会主席团根据预选结果和有关规定,讨论确定新一届党委委员和纪委委员正式候选人名单,提交大会正式选举;进行正式选举的,由大会执行主席向大会宣布当选人名单。(12) 党代表大会选举工作要在大会主席团领导下,统筹安排。大会秘书长要直接负责各项工作组织协调。大会有关工作机构要按照分工,切实履行各自的职责,要切实做到既各司其职、各负其责,又密切配合、互相协作;(13) 做好会议的安全保卫工作。这项工作要指定专人负责并建立责任制。(14) 要进行预想,对各种可能出现的选举结果和问题进行分析预测,制定好相应的应对措施和特情处理预案,确保选举顺利进行。(15) 根据选举大会实际需要,过细做好各项工作。

☛ 党的基层代表大会闭幕式何时举行? 由谁主持? 有何议程?

进行换届选举(包括补选)举行党的基层代表大会闭幕式的时间应根据大会的日程安排和有关规定确定。根据目前党的基层组织换届选举(包括补选)的实际情况和各地基层党组织的实践做法,举行党的基层代表大会闭幕式的时间一般有以下两种情况:(1) 党的基层委员会、纪律检查委员会(以下统称“两委”——编者注)常委、书记、副书记由委员会全体会议选举产生的,一般在选举产生“两委”委员之后,举行党的基层代表大会闭幕式;(2) “两委”常委、书记、副书记由党的基层代表大会选举产生的,一般在选举产生同级“两委”常委、书记、副书记之后,举行党的基层代表大会闭幕式。

党的基层代表大会闭幕式由大会主席团主持,具体的主持人一般是担任上届党委领导职务(一般是书记)的主席团常委(主席团不设常务委员会的为主席团成员——编者注)。

党的基层代表大会闭幕式的主要议程是:(1) 通过关于上届党委工作报告的决议;(2) 通过关于上届纪委工作报告的决议;(3) 致闭幕词或主持人讲话(不是必须议程,可以安排,也可以不安排,根据实际情况确定——编者注);(4) 全体起立,奏(唱)《国际歌》;(5) 宣布党的基层代表大会闭幕。

举行党的基层代表大会闭幕式的程序是什么？

进行换届选举（补选的可不举行闭幕式——编者注）的党的基层代表大会闭幕式程序一般是：(1) 报告参加会议的代表人数，确认有选举权的实到会代表超过应到会代表五分之四之后，宣布可以举行会议；(2) 宣布大会议程，简要说明根据代表提出的意见和建议对上届党委、上届纪委工作报告进行修改的情况；(3) 主持人或工作人员宣读《中国共产党×××第××次代表大会关于中国共产党×××第××届委员会报告的决议（修改草案）》，采用举手方式表决通过；(4) 主持人或工作人员宣读《中国共产党×××第××次代表大会关于中国共产党×××纪律检查委员会报告的决议（修改草案）》，采用举手方式表决通过；(5) 担任上届党委主要领导职务（一般是书记）的主席团常委（不设主席团常务委员会的为主席团成员——编者注）致闭幕词或主持人讲话（也不是必须的议程，可以安排，也可以不安排，根据实际情况确定——编者注）；(6) 全体起立，奏（唱）《国际歌》；(7) 宣布党的基层代表大会闭幕。

说明：①召开党的基层代表大会补选委员、常委、书记、副书记的，一般可不单独举行党员代表大会闭幕式，在宣布补选委员或常委或书记或副书记当选人员名单后，请“全体起立，奏（唱）《国际歌》”、然后“宣布党的基层代表大会闭幕”。②有关文本样例请参阅本书第七章的相关内容。

第二节　党员大会选举委员会委员

严格按照党员大会选举程序选举班子成员的意义是什么？

党员大会选举程序是根据民主集中制的原则，对党章、《中国共产党基层组织选举工作暂行条例》和其他党内有关党员大会选举工作规定的具体化，有其内在的操作性、科学性、约束性。坚持和完善党员大会选举程序，严格按选举程序进行选举，有利于坚持党的民主集中制原则，防止在党的基层委员会（纪律检查委员会）或总支部委员会或支部委员会（不设支部委员会的党支部）委员、常委、书记、副书记选举过程中发生违反党章、《中国共产党基层组织选举工作暂行条例》等党内法规的问题，从而保证党员大会选举工作的顺利进行。

党的基层组织召开党员大会能否设特邀代表？

不能。特邀代表是指党的代表大会特别邀请参加党代表大会的党员。党的基层组织设立的党的基层委员会（纪律检查委员会）或总支部委员会或支部委员会（不设委员会的党支部）召开党员大会一律不能设特邀代表。要进一步了解设特邀代表的有关规定和详细说明，请参阅本书本章第一节的相关内容。

党的基层组织召开党员大会选举委员的流程是什么？

各地各级基层党组织通过多年的探索和实践，形成了一整套比较系统的选举流程（程序）和方法。党的基层委员会或总支部委员会或支部委员会（不设支部委员会的党支部）召开党员大会进行换届选举（即召开党员大会选举委员阶段——编者注）一般按以下流程（程序）进行：(1) 收到上级党组织《关于同意中国共产党×××委员会选举候选人预备人选的批复》后，即可召开所辖党组织负责人（党支部换届选举为党小组组长，没有党小组的应是党支部所有党员——编者注）会议。会后向所辖党组织（党支部换届选举的向党小组，没有党小组的向全体党员——编者注）发出《中国共产党×××关于召开党员大会的通知》。(2) 召开党员大会（第一次）。(3) 所辖各党支部（党支部召开党员大会进行换届选举的为所辖党小组——编者注）分别召开党员会议（参加党员大会的党员人数少的可不召开，根据需要由召开党员大会的党组织集体决定——编者注）。(4) 召开委员会全体会议。(5) 召开党员大会选举委员，通过有关决议。

注意：①以上程序（流程）对于不同的党的基层组织，需要根据本党组织的实际情况确定具体的程序（流程）。②上级党组织规定由党员大会直接选举常委、书记、副书记的，在党员大会选举委员后，要继续召开党员大会，先选举常委（不设常务委员会的除外），然后选举书记、副书记。③有关文本样例请参阅本书第七章的相关内容。

换届选举的党员大会（第一次）主要议程是什么？

根据《中国共产党×××关于召开党员大会的通知》明确的大会时间，召开换届选举的党员大会（第一次，不分党支部或党小组讨论的党员大会不分次，一次性进行完所有程序，下同——编者注)。大会的主持人是召开党员大会的党的基层组织负责人(书记作工作报告的，一般是副书记;不设副书记的，一般是书记——编者注)。党的基层委员会或总支部委员会或支部委员会(不设支部委员会的党支部)进行换届选举的党员大会(第一次)的主要议程(程序)是:(1)报告到会党员人数(工作人员清点到会党员人数后要提前报告主持人——编者注)。主持人向党员大会报告:本次党员大会有表决权党员共××人，有选举权的党员应到会××人、实到会××人，因病、因事请假的×人，到会的有表决权、有选举权的党员符合法定人数，可以进行选举、表决;(2) 宣布党员大会开始;(3) 请全体起立，奏(唱)《国歌》;(4) 上届委员会负责同志(一般是书记)作工作报告;(5) 上届党的纪律检查委员会负责同志(一般是纪委书记)作工作报告(可以书面形式提交党员大会审议——编者注);(6) 上届委员会组织委员做党费收缴、使用和管理情况的报告(也可以书面形式提交党员大会审议——编者注);(7) 宣布党员大会休会。

注意:《中国共产党支部工作条例(试行)》(中共中央印发，自 2018 年 10 月 28 日起施行，下同)第十一条规定:“党支部党员大会议题提交表决前，应当经过充分讨论。表决必须有半数以上有表决权的党员到会方可进行，赞成人数超过应到会有表决权的党员的半数为通过。”

党员大会如何审议通过上届同级党的委员会工作报告?

党员大会审议通过上届党的基层组织设立的委员会工作报告，是指党的基层委员会召开的党员大会审议通过上届党的基层委员会工作报告、党的总支部委员会召开的党员大会审议通过上届党的总支部委员会工作报告、党的支部委员会召开的党员大会审议通过上届党的支部委员会工作报告。党员大会审议通过上届同级党的委员会(不设支部委员会为党支部——编者注)工作报告的基本做法一般是:(1) 上届党的基层委员会或总支部委员会或支部委员会(不设支部委员会的党支部)负责同志(一般是书记)在同级党员大会上做工作报告;(2) 党员大会按照有关规定和要求审议上届党的基层委员会或总支部委员会或支部委员会(不设支部委员会的党支部)工作报告[根据党员大会的需要和日程安排，也可以所辖的党支部(党支部召开党员大会的为所辖党小组)为单位，组织党员讨论、发表意见和建议——编者注］；(3) 召开党员大会的党的委员会听取审议工作报告的情况汇报、党员提出的意见和建议，研究提出修改意见，讨论通过《中国共产党×××党员大会关于中共×××报告的决议（草案）》；(4) 将《中国共产党×××党员大会关于中共×××报告的决议（草案）》提交党员大会审议，采用举手方式表决通过［表决通过后将“（草案）”划去，并注明通过日期——编者注］。

注意：《中国共产党支部工作条例（试行）》第十一条规定：“党支部党员大会议题提交表决前，应当经过充分讨论。表决必须有半数以上有表决权的党员到会方可进行，赞成人数超过应到会有表决权的党员的半数为通过。”

☛ 党员大会如何审议上届党的基层纪律检查委员会的工作报告？

对于党的总支部委员会、支部委员会（不设支部委员会的党支部——编者注）来讲，也包括不设同级党的基层纪律检查委员会的基层委员会，以及采取党的基层纪律检查委员会的工作报告与党的基层委员会工作报告合并起草（即不单独起草党的基层纪律检查委员会的工作报告——编者注）的，都不涉及这个问题。对于经批准成立同级党的基层纪律检查委员会、党的基层纪律检查委员会工作报告单独起草的党的基层委员会召开党员大会进行换届选举的，党员大会如何讨论、审议通过上届党的基层纪律检查委员会的工作报告，根据实际情况，由召开党员大会的党的基层委员会全体会议决定，报请上级党组织批准。根据党章、《中国共产党基层组织选举工作暂行条例》等有关规定和《党组织选举工作手册》等有关说明，在实际工作中，一般采取如下方式审议通过上届党的基层纪律检查委员会工作报告：(1) 上届党的基层纪律检查委员会负责同志（一般是纪委书记——编者注）在同级党员大会上作上届纪委工作报告，也可提交书面报告；(2) 党员大会按照有关规定和要求审议上届党的基层纪律检查委员会工作报告（也可以所辖的党总支部或党支部为单位，与同级党的基层委员会的工作报告一同提交党员讨论——编者注）；(3) 召开党员大会的党的基层委员会听取审议上届纪委工作报告的情况汇报、党员提出的意见和建议，研究提出修改意见，讨论通过《中国共产党×××党员大会关于中共×××纪律检查委员会报告的决议（草案）》；(4) 将《中国共产党×××党员大会关于中共×

××纪律检查委员会报告的决议(草案)》提交党员大会审议，采用举手方式表决通过[表决通过后将“(草案)”划去，并注明通过的日期——编者注]。

注意：审议上届党的基层纪律检查委员会的工作报告，在时间安排和审议方式方面要结合审议上届同级党的基层委员会的工作报告一并考虑。

党员大会如何审议党费收缴、使用和管理情况的报告？

党员大会审议党费收缴使用管理情况报告的做法一般是，党的基层委员会组织部门(不设组织部门的党的基层委员会、总支部委员会、支部委员会的应由组织委员，不设支部委员会的由党支部书记，下同——编者注)提出党费收缴使用管理情况报告，经党的基层组织设立的委员会(不设支部委员会的由支部大会——编者注)讨论通过，可以书面报告形式提请党员大会审议，也可由党的基层组织设立的委员会组织部门负责同志或组织委员向党员大会报告，接受审议。党员大会可分组或以党支部(党小组)为讨论单位进行审议。

注意：《中国共产党支部工作条例(试行)》第十一条规定：“党支部党员大会议题提交表决前，应当经过充分讨论。表决必须有半数以上有表决权的党员到会方可进行，赞成人数超过应到会有表决权的党员的半数为通过。”

所辖各党支部(党小组)召开党员会议的议程是什么？

党员大会(第一次)召开之后，召开党员大会的基层党委或党总支部所辖的各党支部书记(召开党员大会的党支部为所辖的各党小组长，没有党小组的为党支部书记——编者注)，根据党员大会的日程安排和有关规定，立即召开党支部(党小组)全体党员会议(党的基层组织召开党员大会，人数少、不需要的可不分组讨论，即不召开这次党员会议——编者注)。其主要议程一般是：(1) 审议上届党委或党总支部或党支部工作报告；(2) 审议上届纪委工作报告[不设同级党的基层纪律检查委员会的同级党的基层委员会、党的总支部委员会、支部委员会(不设支部委员会的党支部)，以及经批准不单独起草党的基层纪律检查委员会工作报告的党的基层委员会，都没有这项议程——编者注]；(3) 审议党费收缴、使用和管理情况的报告；(4) 酝酿经上级党组织审查同意的新一届党的基层委员会(纪律检查委员会)或总支委员会或支部委员会委员(不设委员会的党支部为党支部书记、副书记——编者注)候选人预备人选名单;(5) 讨论《中国共产党×××党员大会选举办法(草案)》;(6) 推选党员大会总监票人、副总监票人、监票人(召开党员大会一般不需要设总监票人、副总监票人——编者注);(7) 讨论《中国共产党×××党员大会关于中共×××委员会报告的决议(草案)》《中国共产党×××党员大会关于中共×××纪律检查委员会报告的决议(草案)》。

召开所辖各党支部(党小组)党员会议应注意哪些问题?

党员大会(第一次)之后召开的各党支部(党小组)党员会议应紧紧围绕会议议题展开(党的基层组织召开党员大会,人数少、不需要的可不分组讨论,即不召开这次党员会议——编者注)。要注意的问题主要有:(1) 提前把会议主持词提供给主持会议的各党支部书记(党小组长)。(2) 提前把经上级党组织审查同意的新一届委员会委员候选人预备人选名单及其基本情况提供给会议主持人,会议主持人要实事求是地介绍候选人预备人选的简历、工作实绩、主要优缺点,对党员提出的询问作出负责的答复,组织党员对候选人预备人选进行充分酝酿。(3) 根据党员大会的日程安排和有关规定,在各党支部(党小组)党员会议期间,可根据需要安排委员候选人预备人选与党员见面(党员人数比较少、相互之间比较了解的,可不进行——编者注),由候选人预备人选作自我介绍,回答党员提出的问题。(4) 提前把《中国共产党×××党员大会选举办法(草案)》《中国共产党×××党员大会关于中共×××委员会报告的决议(草案)》《中国共产党×××党员大会关于中共×××纪律检查委员会报告的决议(草案)》等提供给党员会议主持人。(5) 应安排专人负责会议讨论情况的记录,对讨论情况进行综合整理(要做到原汁原味,尤其不能遗漏党员提出的不同意见——编者注),会议记录的原件和综合整理材料都经会议主持人、记录人签名后一并交党员大会指定人员,按照要求向召开党员大会的党的基层组织设立的委员会全体会议汇报。(6) 在党支部(党小组)党员会议的具体时间安排上,要尽可能充裕一些,主持人要引导党员紧紧围绕会议议题进行充分酝酿,让党员能充分讨论、发表意见和建议。(7) 召开党员大会的党的基层组织设立的委员会班子成员一般应到所在党支部(党小组)参加讨论,听取意见和建议。

说明：党员人数少的，可不召开这次会议，直接在党员大会上酝酿、讨论有关事项，党员大会也不分第一次、第二次，完成选举任务后即闭会。

召开党员大会的委员会全体会议（第四次）议程是什么？

党支部（党小组）党员会议召开以后，召开党员大会的党的基层委员会或总支部委员会或支部委员会，要立即召开委员会全体会议（从召开讨论换届选举有关事项的委员会全体会议第一次开始计算为第四次——编者注）。会议一般由书记主持。参加会议人员为委员会全体委员、主持各党支部（党小组）党员会议的党支部书记（党小组长）。会议议程一般有：(1) 听取审议上届党委或党总支部或党支部工作报告、上届纪委工作报告［不设同级党的基层纪律检查委员会的基层委员会和党的总支部委员会、支部委员会（不设支部委员会的党支部），以及经批准不单独起草党的基层纪律检查委员会工作报告的党的基层委员会，都没有这项议程——编者注］和党费收缴使用管理情况的报告的情况汇报，研究提出修改意见，责成有关部门（人员）按照有关规定和多数党员的意见进行修改；(2) 听取酝酿讨论新一届委员会（纪律检查委员会）委员候选人预备人选名单的情况汇报，根据多数党员的意见确定候选人名单；(3) 听取《中国共产党×××党员大会选举办法（草案）》讨论情况汇报，确定《中国共产党×××党员大会选举办法》；(4) 听取党员大会总监票人、副总监票人、监票人推选情况的汇报，提出总监票人、副总监票人、监票人建议名单，确定总计票人、计票人；(5) 听取关于上届委员会工作报告的决议（草案）讨论情况的汇报，讨论通过《中国共产党×××党员大会关于中共×××委员会报告的决议（草案）》；(6) 听取关于上届党的基层纪律检查委员会工作报告的决议（草案）讨论情况的汇报，讨论通过《中国共产党×××党员大会关于中共×××纪律检查委员会报告的决议（草案）》。

党员大会要讨论通过的决议有哪些？ 如何讨论通过？

党员大会就本单位党的建设及其他有关重大问题作出决议，是一件非常慎重的事情，必须在广泛发扬党内民主，充分酝酿讨论的基础上，按照少数服从多数的原则，通过举手、无记名投票或其他方式表决通过。根据党章、《党组织选举工作手册》等有关规定和说明，党员大会讨论通过有关决议的做法一般是：召开党员大会的党的基层委员会（纪律检查委员会）或总支部委员会或支部委员会（包括不设支部委员会的党支部——编者注）提出有关决议（草案），提交党员大会酝酿讨论[也可以所辖的党支部（党支部召开党员大会的为所辖党小组）为单位，组织党员讨论、发表意见和建议——编者注]，根据多数党员意见进行修改，再提交党员大会表决通过（表决时必须有半数以上有表决权的党员到会方可进行，赞成人数超过应到会有表决权的党员的半数为通过——编者注）。

召开党员大会进行换届选举能否预选委员？

能，但应根据实际情况确定。党内选举的预选是指为确定正式候选人而进行的选举。党章第十一条规定："可以直接采用候选人数多于应选人数的差额选举办法进行正式选举。也可以先采用差额选举办法进行预选，产生候选人名单，然后进行正式选举。"《党组织选举工作手册》进一步解释："党代表大会或党员大会选举产生党的委员会（纪律检查委员会）委员，可先采用差额预选方式，选举产生正式候选人，然后进行正式选举。"党员大会是否进行预选，根据实际情况、由组织召开党员大会的党的基层组织设立的委员会（不设委员会的党支部应由支部大会——编者注）确定并报经上级党组织批准。召开党员大会进行换届选举，一般都是党员人数不多、委员会委员职数也不多，所以一般不需要进行预选。

召开党员大会预选委员一般应在何时进行？ 方式是什么？

如前所述，召开党员大会进行换届选举，一般可不预选委员。根据换届选举工作有关规定、需要进行委员预选的，应该根据党员大会的日程安排和有关要求进行，一般应在召开党员大会的党的基层组织设立的委员会按照规定程序和要求确定新一届委员会委员预选候选人后进行预选。预选的具体方式有两种：第一种是采取分党支部（党小组）投票、集中计票的方式进行，第二种是采取召开党员大会、集中投票、集中计票（即集中投票、集中计票——编者注）的方式进行。对于党的基层组织召开党员大会来说，如参加党员大会的党员人数不多、上级党组织规定必须进行预选的，可以考虑采取第二种方式进行预选。

注意：《中国共产党支部工作条例（试行）》第十一条规定："党支部党员大会议题提交表决前，应当经过充分讨论。表决必须有半数以上有表决权的党员到会方可进行，赞成人数超过应到会有表决权的党员的半数为通过。"

采用预选办法确定党员大会选举委员正式候选人流程是什么？

根据《党组织选举工作手册》说明，采用预选办法确定党员大会正式候选人，一般由上届党的委员会（对于党的基层组织来说，包括党的基层委员会、总支部委员会、支部委员会——编者注）将经上级党的委员会（对于党的基层组织来说，包括党的基层委员会、总支部委员会——编者注）审查批准的候选人预备人选名单，提交党员大会进行充分酝酿，根据多数党员的意见确定为预选候选人名单；采用差额选举办法进行预选；预选结果向党员大会报告。被选举人在预选中获得的赞成票超过实到会有选举权的党员人数半数的，方可列为正式候选人。在获得赞成票超过实到会有选举权的党员人数半数的人选中，按得票多少的顺序提出正式候选人名单，报告选举人。

注意：《中国共产党支部工作条例（试行）》第十一条规定："党支部党员大会议题提交表决前，应当经过充分讨论。表决必须有半数以上有表决权的党员到会方可进行，赞成人数超过应到会有表决权的党员的半数为通过。"

党的基层组织召开党员大会预选委员由谁主持？ 流程是什么？

采取分党支部（党小组）投票、集中计票方式进行预选的，由各党支部书记（党小组长）主持；采取召开党员大会、集中投票、集中计票方式进行预选的，预选委员的党员大会由同级党的基层组织设立的委员会主持，主持人一般为该委员会的书记或副书记。现将两种方式预选委员的流程（程序）介绍如下：

1. 集中投票、集中计票预选委员流程：(1) 主持人向大会报告有选举权党员实到会情况（应到会×××名，实到会×××名，因病、因事请假×名——编者注）。(2) 确认有选举权的到会党员人数不少于应到会党员人数的五分之四后（要在《选举办法》中予以明确说明——编者注），主持人宣布党员大会开始。(3) 审议通过《中国共产党×××党员大会选举办法（草案）》。(4) 通过党员大会总监票人、副总监票人、监票人。(5) 宣布党员大会总计票人、计票人名单。(6) 宣读预选委员候选人名单。(7) 请监票人、计票人清点有选举权的党员实到会人数(如有需要,可请非党员和非工作人员退场,也可让他们在设定的不影响清点人数、分发选票等选举工作的专门区域就座——编者注)。(8) 主持人向党员大会报告有选举权的党员应到会×××名,因病、因事请假×名,实到会×××名,有选举权的党员到会人数不少于应到会人数的五分之四,宣布进行预选。(9) 监票人检查票箱,加封落锁。(10) 监票人(计票人)领取预选票,按规定把预选票分发给党员。(11) 说明不同预选票的区别方法(只有一种预选票的不需要——编者注),提醒党员核对,检查是否多拿、少拿、拿错预选票。(12) 确认预选票分发无误后,请监票人(设总监票人的为总监票人——编者注)报告发出预选票情况(发出的各种预选票数必须等于实到会有选举权的党员人数——编者注)。(13) 主持人(也可以由事先确定的一名工作人员——编者注)宣读填写预选票注意事项。(14) 请各位党员填写预选票。(15) 提醒党员检查预选票的填写情况,宣布投票方法、顺序(会前要把投票行进线路、注意事项告知每位党员——编者注)。(16) 按照总监票人、副总监票人、监票人、总计票人、计票人、在主席台就座的党员、其他党员的顺序依次投票(工作人员应注意引导——编者注)。(17) 提醒党员是否全部投票完毕。确认各位党员已全部投票后,监票人、计票人打开票箱,清点收回的预选票。(18) 监票人(设总监票人的为总监票人——编者注)报告收回的预选票情况,确认本次选举是否有效。(19) 确认选举有效后,请总监票人、副总监票人、监票人和总计票人、计票人计票,请党员原地休息(对于党员人数多、计票时间长的,也可安排党员观看电影录像、上党课等活动——编者注)。(20) 预选计票结束后,监票人(设总监票人的为总监票人——编者注)向党员大会报告新一届委员会(纪律检查委员会)委员预选候选人得票情况。(21) 主持人宣布新一届委员会(纪律检查委员会)委员正式候选人名单。

2. 分党支部(党小组)投票、集中计票预选委员流程:(1) 主持人说明召开本次党支部(党小组)全体党员会议的缘由和任务。(2) 介绍预选委员候选人酝酿确定情况。(3) 介绍总监票人、副总监票人、监票人和总计票人、计票人产生情况。(4) 请监票人(为监票人建议人选,下同——编者注)、计票人清点到会代表人数。(5) 主持人向党员大会报告有选举权的党员应到会人数、实到会人数,因病、因事请假的人数,在确认有选举权的到会党员人数不少于应到会党员人数的五分之四后(《选举办法》对此应明确说明——编者注),宣布开始预选。(6) 请监票人检查票箱,加封落锁。(7) 请监票人(计票人)领取预选票,按规定把预选票分发给有选举权的每位党员(每人 1 套或 1 张——编者注)。(8) 请监票人报告发出预选票情况(发出的各种预选票数必须等于到会的有选举权的党员人数,且 1 人 1 套或 1 人 1 张——编者注)。(9) 主持人宣读填写预选票的说明。(10) 各位有选举权的党员填写预选票。(11) 提醒党员检查预选票,宣布投票方法、顺序(会前要把投票行进线路、注意事项告知每位党员——编者注)。(12) 按照总监票人、副总监票人、监票人、总计票人、计票人、主席台就座的党员、其他党员的顺序依次投票(工作人员应注意引导——编者注)。(13) 提醒党员是否全部投票完毕。确认各位党员已全部投票后,请监票人、计票人把投票箱送交党员大会总计票室。(14) 各党支部(党小组)全体党员会议闭会。(15) 党员大会总计票室进行计票。(16) 预选委员计票结束后,根据预选计票结果、按照《选举办法》和有关规定,确定新一届委员会(纪律检查委员会)委员正式候选人名单并通告选举人。

注意:①预选委员计票结束后,如果预选出现《选举办法》以外的特殊情况,召开党员大会的党的基层组织设立的委员会,应召开委员会全体会议进行解决。②召开党员大会一般不设总监票人、副总监票人、总计票人,如果不设总监票人、副总监票人、总计票人的,把上述流程(程序)中的相关内容删除。③根据《中国共产党支部工作条例(试行)》第十一条规定:"表决必须有半数以上有表决权的党员到会方可进行,赞成人数超过应到会有表决权的党员的半数为通过。"④有关文本样例请参阅本书第七章的相关内容。

☛ 召开选举委员的党员大会应该在何时举行? 一般由谁主持?

在新一届党的委员会[即召开党员大会进行选举的党的基层委员会(纪律检查委员会)或总支部委员会或支部委员会,下同——编者注]委员正式候选人名单确定之后,就要根据党员大会的日程安排和有关规定,召开党员大会,选举新一届委员会委员。《中国共产党基层组织选举工作暂行条例》第二十条规定:"召开党员大会进行选举,由上届委员会主持。不设委员会的党支部进行选举,由上届支部书记主持。"具体的主持人一般是进行换届选举的上一届党的基层委员会或总支部委员会或支部委员会(不设委员会的党支部——编者注)的负责同志(即书记或者副书记,书记不作工作报告的由书记主持,书记作工作报告的可由副书记主持——编者注)。

召开选举委员会委员的党员大会的流程(程序)是什么?

通过各地各级基层党组织多年来的探索和实践,党的基层组织召开党员大会选举同级党的基层组织设立的委员会[即党的基层委员会(纪律检查委员会)或总支部委员会或支部委员会,下同——编者注]委员、常委、书记、副书记,已经形成了一整套比较系统的流程(程序)和方式方法。党员大会选举同级党的基层组织设立的委员会委员的流程(程序)一般是:(1) 大会主持人确认有选举权的到会党员人数不少于应到会党员人数五分之四之后,宣布中国共产党×××党员大会开始。(2) 全体起立,奏(唱)《国歌》(已奏、唱过《国歌》的除外,具体根据大会日程安排进行——编者注)。(3) 审议通过《中国共产党×××党员大会选举办法(草案)》。(4) 通过大会总监票人、副总监票人、监票人名单[由党员大会进行预选且已通过了总监票人、副总监票人、监票人名单的,这里就是宣布总监票人、副总监票人、监票人名单——编者注]。(5) 宣布大会总计票人、计票人名单。(6) 宣布委员会(纪律检查委员会)委员名额及候选人名单(可简要介绍候选人产生情况——编者注)。(7) 监票人、计票人清点到会党员人数(如果需要,可请非党员和非工作人员退场,也可让他们在设定的不影响清点人数、分发选票等选举工作的专门区域就座——编者注)。(8) 主持人向大会报告有选举权党员到会情况(应到会×××人,实到会×××人,因病、因事请假的×人),确认有选举权的到会党员人数不少于应到会党员人数的五分之四后,宣布可以实施选举。(9) 监票人检查票箱,加封落锁。(10) 监票人(计票人)领取选票,按规定把选票分发给党员。(11) 介绍不同选票的区别方法(只有一种选票的不需要——编者注),提醒党员认真核对,有没有多拿、少拿、拿错选票。(12) 确认选票分发无误后,请监票人(设总监票人的为总监票人——编者注)报告发出选票情况(发出选票数必须等于实到会党员人数,且每人1套或每人1张,否则,不能进行选举——编者注)。(13) 主持人(也可由事先确定的一名工作人员——编者注)宣读填写选票注意事项。(14) 各位党员填写选票。(15) 主持人应提醒各位党员检查选票的填写情况,宣布投票的方法和顺序(会前要把投票行进线路、注意事项告知每位党员,如有必要也可进行彩排——编者注)。(16) 按照总监票人、副总监票人、监票人、总计票人、计票人、在主席台就座的党员、其他党员的顺序依次投票(工作人员应注意引导,监票人投票后,应根据会前安排和培训,按规定站在票箱旁指定点监督投票——编者注)。(17) 提醒各位党员是否全部投票完毕。确认各位党员全部投票后,监票人、计票人打开票箱,清点收回的选票。(18) 监票人(设总监票人的为总监票人——编者注)报告收回的选票情况,确认选举是否有效。(19) 确认选举有效后,请总监票人、副总监票人、监票人和总计票人、计票人计票,请党员原地休息(如果党员人数多、计票时间长的,可安排党员观看电影录像、上党课等活动——编者注)。(20) 计票人在监票人的监督下计票。(21) 计票结束后,继续召开党员大会,由监票人(设总监票人的由总监票人——编者注)向党员大会报告委员会(纪律检查委员会)委员候选人得票情况。(22)由主持人宣布党的委员会(纪律检查委员会)委员当选人名单。(23)通过《中国共产党×××党员大会关于中共×××委员会报告的决议》《中国共产党×××党员大会关于中共×××纪律检查委员会报告的决议》及其他有关重大问题的决议。(24)上级党组织规定由党员大会选举产生委员会(纪律检查委员会)常委、书记、副书记的,按照有关规定进行选举(由新当选的党的委员会、纪律检查委员会第一次全体会议选举产生常委、书记、副书记的,直接进入下一步——编者注)。(25)上级党组织负责同志讲话(根据具体情况而定,可不安排——编者注)。(26)全体起立,奏(唱)《国际歌》。(27)党员大会闭会。

说明:①不设总监票人、副总监票人、总计票人的,把程序中的相关内容删除。②上级党组织规定由党员大会直接选举委员会(纪律检查委员会)常委、书记、副书记的,选举委员后继续召开党员大会,按照规定的程序和要求,选举常委、书记、副书记(具体请参阅下一节的相关内容)。③选举产生委员必须进行差额选举。④《中国共产党支部工作条例(试行)》第十一条规定:"表决必须有半数以上有表决权的党员到会方可进行,赞成人数超过应到会有表决权的党员的半数为通过。"⑤有关文本样例请参阅本书第七章的相关内容。

第三节　党的基层组织常委、书记、副书记的选举

选举党的基层组织常委、书记、副书记的基本方式是什么?

选举党的基层组织(包括党的基层委员会和纪律检查委员会、总支部委员会、支部委员会、不设委员会的党支部,下同——编者注)的常委、书记、副书记的基本方式是由同级党的基层组织设立的委员会全体会议选举产生(不设委员会的党支部书记、副书记由党员大会选举产生——编者注)。其依据就是《中国共产党基层组织选举工作暂行条例》第十六条作出"党的基层组织设立的委员会的书记、副书记的产生,由上届委员会提出候选人,报上级党组织审查同意后,在委员会全体会议上进行选举。不设委员会的党支部书记、副书记的产生,由全体党员充分酝酿,提出候选人,报上级党组织审查同意后,在党员大会上进行选举"、第十七条作出的"经批准设立常务委员会的党的基层委员会的常委候选人,由上届委员会按照比应选人数多一至二人的差额提出,报上级党组织审查同意后,在委员会全体会议上进行选举"的相关规定。

注意:根据中组部工作问答说明,绝大多数党的基层组织设立的委员会都不设常务委员会。只有少数的大型厂矿企业、大专院校由于党员人数多,工作范围宽,有些单位驻地又比较分散,为了便于工作,加强集体领导,根据工作需要和党员人数,经上级党委批准才能设立党委常委会。不设常务委员会的不存在选举常委问题,本节的以下内容不再对此进行专门说明。

目前选举党的基层组织常委、书记、副书记有哪些探索创新方式?

2002 年 11 月 14 日,党的十六大修改通过的党章及党的十六大之前的党章都明确规定:基层委员会、总支部委员会、支部委员会选出的书记、副书记,报上级党组织批准。2017 年 10 月 24 日,党的十九大修改通过的党章第三十一条明确规定:"基层委员会、总支部委员会、支部委员会的书记、副书记选举产生后,应报上级党组织批准。"即党章对党的基层组织设立的基层委员会、总支部委员会、支部委员会的书记、副书记由谁选举没有作统一规定。各地各级基层党组织在认真贯彻落实党的十七大、十八大、十九大党章和党的十七大报告提

出的“改革党内选举制度,改进候选人提名制度和选举方式。推广基层党组织领导班子成员由党员和群众公开推荐与上级党组织推荐相结合的办法,逐步扩大基层党组织领导班子直接选举范围,探索扩大党内基层民主多种实现形式”等规定和要求的过程中,探索创新了党的基层组织设立的委员会(包括党的基层委员会、纪律检查委员会和总支部委员会、支部委员会——编者注)的常委、书记、副书记由党的基层代表大会或党员大会选举产生方式(即有的基层党组织实行的由党员或代表直接选举党组织负责人的方式——编者注)。

☛ 目前选举党的基层组织常委、书记、副书记有哪几种方式?

综合前面两个问题的详细说明和解释,目前选举(包括换届选举、补选,下同——编者注)党的基层组织设立的委员会(包括党的基层委员会、纪律检查委员会和总支部委员会、支部委员会,下同——编者注)常委、书记、副书记和不设委员会的党支部书记、副书记的方式有三种:(1) 由党的基层组织设立的委员会选举产生常委、书记、副书记(可以定义为“委员选举方式”——编者注);(2) 由党的基层代表大会选举产生同级党的基层委员会(纪律检查委员会)常委、书记、副书记(可以定义为“代表选举方式”——编者注);(3) 由党员大会选举产生同级党的基层组织设立的委员会常委、书记、副书记和不设委员会的党支部书记、副书记(可以定义为“党员选举方式”——编者注)。在实际的选举工作中,具体采取哪种方式,必须严格执行上级党组织的有关规定和要求,由进行选举的党的基层组织设立的委员会全体会议(不设委员会的党支部为党员大会——编者注)集体讨论决定,并报经具有审批权限的上级党组织批准。

☛ 基层党委会(纪委会)选举常委、书记、副书记由谁主持?

依据《中国共产党基层组织选举工作暂行条例》第二十条作出的“委员会第一次全体会议选举常委、书记、副书记,召开党员代表大会的,由大会主席团指定一名新选出的委员主持;召开党员大会的,由上届委员会推荐一名新当选的委员主持”的规定和党的基层委员会(纪律检查委员会)可能出现的实际情况,召开选举常委、书记、副书记的党的基层委员会(纪律检查委员会)全体会议的主持人,具体可根据以下几种不同的情况确定:(1) 党的基层委员会召开党员代表大会进行换届选举的，由大会主席团指定一名新选出的党委委员（一般是书记候选人预备人选——编者注）主持新当选的党的基层委员会第一次全体会议、指定一名新选出的纪委委员主持党的基层纪律检查委员会第一次全体会议；(2) 党的基层委员会召开党员大会进行换届选举的，由上届委员会指定一名新选出的党委委员（一般是书记候选人预备人选——编者注）主持新当选的党的基层委员会第一次全体会议、指定一名新选出的纪委委员主持党的基层纪律检查委员会第一次全体会议；(3) 召开党的基层委员会或党的基层纪律检查委员会全体会议补选常委、书记、副书记的，一般由党委书记或纪委书记（补选书记的为一名副书记——编者注）主持党的基层委员会全体会议或党的基层纪律检查委员会全体会议。

党的基层纪律检查委员会选举常委、书记、副书记的程序是什么？

这是目前选举产生党的基层纪律检查委员会常委、书记、副书记的基本方式（即“委员选举方式”——编者注）。经上级党组织批准召开党的基层代表大会或党员大会进行换届选举、并采用“委员选举方式”选举党的基层纪律检查委员会常务委员会委员（党的基层纪律检查委员会一般不设常务委员会，此处设想选举常委——编者注）、书记、副书记的，党的基层委员会、纪律检查委员会委员选举产生后，即召开党的基层纪律检查委员会第一次全体会议，严格按照以下程序（流程）选举产生常委、书记、副书记：(1) 主持人清点、报告实到会委员人数。(2) 确认有选举权的到会委员人数超过应到会委员人数五分之四之后，主持人宣布委员会全体会议开始。(3) 审议通过《中国共产党×××纪律检查委员会选举办法（草案）》。(4) 推选监票人，提出监票人建议名单（党的基层纪律检查委员会委员人数不多，一般设 1 名监票人——编者注），采用举手方式表决通过。(5) 主持人指定计票人（计票人数根据委员多少确定，党的基层纪律检查委员会委员人数一般都不多，设 1—2 名计票人即可——编者注）。(6) 上届党的基层委员会说明下届党的基层纪律检查委员会常委候选人预备人选名单的酝酿提名情况（可由当选下届党的纪律检查委员会委员的上届党的基层纪律检查委员会负责同志，或安排不是新一届党的纪律检查委员会委员的上届党的基层纪律检查委员会负责同志列席会议进行说明——编者注）。(7) 酝酿讨论新一届党的基层纪律检查委员会常委候选人预备人选名单，采用举手表决的方式，根据多数委员的意见确定常委候选人。(8) 监票人核实到会委员人数。(9) 监票人确认到会委员人数超过应到会委员五分之四之后，检查票箱，加封落锁。(10) 监票人(计票人)领取常委选票，按规定把常委选票分发给每位委员(必须确保每位委员一人一张选票——编者注)。(11) 主持人提醒委员检查选票、确认选票分发无误后，请监票人向全体会议报告发出选票情况。(12) 主持人说明填写选票的注意事项。(13) 各位委员填写选票。(14) 提醒各位委员检查选票的填写情况。(15) 确认各位委员都填写好选票之后，请监票人、计票人投票，然后请其他委员依次投票。(16) 提醒各位委员是否全部投票完毕，确认各位委员全部投票之后，请监票人、计票人打开票箱，清点收回的选票。(17) 监票人向全体会议报告收回的选票情况。(18) 确认选举是否有效之后，请监票人、计票人开始计票，请委员原地休息(计票时间一般都很短——编者注)。(19) 计票人在监票人的监督下计票。(20) 计票结束后，继续召开全体会议，监票人向会议报告常委候选人得票情况。(21)主持人向会议宣布常委当选人名单。(22)说明新一届党的基层纪律检查委员会书记、副书记候选人预备(建议)人选名单的酝酿提名情况[方式方法同前述的说明常委候选人预备(建议)人选的酝酿提名情况——编者注]。(23)酝酿讨论新一届党的基层纪律检查委员会书记、副书记候选人预备(建议)人选名单，采用举手表决的方式，根据多数委员的意见确定书记、副书记候选人。(24)监票人核实到会的委员人数。(25)监票人确认到会委员人数超过应到会委员五分之四之后，检查票箱，加封落锁。(26)监票人(计票人)领取书记、副书记选票(由于党的基层纪律检查委员会书记、副书记职数一般都不多，建议把书记选票、副书记选票印在同一张纸上，以便于分发、清点选票和计票——编者注)，然后按规定分发给每位委员(必须确保每位委员一人一套——编者注)。(27)主持人提醒委员检查选票、确认选票分发无误后，请监票人向会议报告发出选票情况。(28) 主持人说明填写选票的注意事项。(29)各位委员填写选票。(30)提醒各位委员检查选票的填写情况。(31)确认各位委员都填写好选票之后，请监票人、计票人投票，然后请其他委员依次投票。(32)提醒各位委员是否全部投票完毕，确认各位委员全部投票之后，请监票人、计票人打开票箱，清点收回的选票。(33)监票人向全体会议报告收回的选票情况。(34)确认选举有效之后，请监票人、计票人开始计票，请委员原地休息(计票时间很短——编者注)。(35)计票人在监票人的监督下计票。(36)计票结束后,继续召开全体会议,监票人向会议报告书记、副书记候选人得票情况。(37)主持人向会议宣布书记、副书记当选人名单。

注意:①党的基层纪律检查委员会一般不设常务委员会。如果不选举纪委常委,把程序中有关常委的内容删除即可。②根据党的组织原则,基层纪委书记、副书记候选人必须是基层纪委常委(不设常务委员会的除外),如果纪委书记或副书记候选人预备(建议)人选在常委选举中落选,就不能成为书记或副书记候选人。因此,对于可能出现的这种情况,选举前应备有可行的处理办法。③党的基层纪律检查委员会常委、书记、副书记选举产生后,要及时把选举结果报告同级党的基层委员会全体会议通过。④召开党的基层纪律检查委员会全体会议补选常委或书记或副书记的程序,与本程序基本相同,只需把与补选无关的内容删除即可(如补选副书记,只需把选举常委、书记的有关内容删除即可)。⑤有关文本样例请参阅本书第七章的相关内容。

☛ 党的基层委员会选举常委、书记、副书记的程序是什么?

这是目前选举产生党的基层委员会常委、书记、副书记的基本方式(即“委员选举方式”——编者注)。经上级党组织批准召开党的基层代表大会或党员大会进行换届选举、并采用“委员选举方式”选举党的基层委员会常委、书记、副书记的,党的基层委员会、纪律检查委员会委员选举产生后,就要立即召开党的基层委员会第一次全体会议,严格按以下程序(流程)选举产生常委、书记、副书记:(1) 主持人清点、报告实到会委员人数。(2) 确认有选举权到会委员人数超过应到会委员人数五分之四,主持人宣布委员会全体会议开始。(3) 审议通过《中国共产党×××委员会选举办法(草案)》。(4) 推选监票人,提出监票人建议名单(党的基层委员会委员人数不多,一般设 1 名监票人——编者注),采用举手方式表决通过。(5) 主持人指定计票人(计票人数根据委员多少确定,党的基层委员会委员人数一般都不多,设 1—2 名计票人即可——编者注)。(6) 上届党的基层委员会说明新一届党的基层委员会常委候选人预备人选(或者是建议名单,下同——编者注)的酝酿提名情况(可由当选新一届党的基层委员会委员的上届党的基层委员会书记或副书记——编者注)。(7) 酝酿讨论新一届党的基层委员会常委候选人预备人选，采用举手表决的方式，根据多数委员的意见确定常委候选人。(8) 监票人核实到会的委员人数。(9) 监票人确认到会委员人数超过应到会委员五分之四后，检查票箱，加封落锁。(10) 监票人(计票人)领取常委选票，按规定把常委选票分发给每位委员(必须确保每位委员一人一张选票——编者注)。(11) 主持人提醒委员检查选票、确认选票分发无误后，请监票人向委员会全体会议报告发出选票情况。(12) 主持人说明填写选票的注意事项。(13) 各位委员填写选票。(14) 提醒各位委员检查选票的填写情况。(15) 确认各位委员都填写好选票后，请监票人、计票人投票，然后请其他委员依次投票。(16) 提醒各位委员是否全部投票完毕，确认各位委员全部投票之后，请监票人、计票人打开票箱，清点收回的选票。(17) 监票人向会议报告收回的选票情况。(18) 确认选举有效之后，请监票人、计票人开始计票，请委员原地休息(计票时间一般都比较短的——编者注)。(19) 计票人在监票人监督下计票。(20) 计票结束后，继续召开全体会议，监票人向会议报告常委候选人得票情况。(21)主持人向会议宣布常委当选人名单。(22)上届党的基层委员会说明新一届党的基层委员会书记、副书记候选人预备人选的酝酿提名情况(方式方法同前述的说明常委候选人预备人选的酝酿提名情况——编者注)。(23)酝酿讨论新一届党的基层委员会书记、副书记候选人预备人选，采用举手表决的方式，根据多数委员的意见确定书记、副书记候选人。(24)监票人核实到会的委员人数。(25)监票人确认到会委员人数超过应到会委员五分之四之后，检查票箱，加封落锁。(26)监票人(计票人)领取书记、副书记选票(如有可能，尽量把书记选票、副书记选票印在同一张纸上，以便于分发、清点选票和计票——编者注)，然后按规定分发给每位委员(必须确保每位委员一人一套或一人一张——编者注)。(27)主持人提醒委员检查选票、确认选票分发无误后，请监票人向会议报告发出选票情况。(28) 主持人说明填写选票的注意事项。(29)各位委员填写选票。(30)提醒各位委员检查选票的填写情况。(31)确认各位委员都填写好选票之后，请监票人、计票人投票，然后请其他委员依次投票。(32)提醒各位委员是否全部投票完毕，确认各位委员全部投票之后，请监票人、计票人打开票箱，清点收回的选票。(33)监票人向会议报告收回的选票情况。(34)确认选举有效后，监票人、计票人开始计票，请委员原地休息(计票时间很短——编者注)。(35)计票人在监票人的监督下计票。(36)计票结束后，继续召开会议，监票人向会议报告书记、副书记候选人得票情况。(37)主持人向会议宣布书记、副书记当选人名单。

注意：①如果不选举常委的，把程序中有关选举常委的内容删除即可。②根据党的组织原则，书记、副书记候选人必须是常委(不设常务委员会除外)，如果书记或副书记候选人预备人选在常委选举中落选，就不能成为书记或副书记候选人。因此，对于可能出现的这种情况，选举前应备有可行的处理办法。③召开党的基层委员会全体会议补选常委或书记或副书记的程序与本程序基本相同，需把与补选无关的内容删除(如补选常委，需把程序中与选举书记、副书记的有关内容删除即可)。④有关文本样例请参阅本书第七章的相关内容。

党的基层代表大会选举基层党委、纪委负责人由谁主持？

由党的基层代表大会选举产生同级党的基层委员会、纪律检查委员会常委、书记、副书记(即“代表选举方式”——编者注)是各地各类党的基层委员会、纪律检查委员会在贯彻落实党章和党中央有关要求过程中，为了充分发扬党内民主，更加体现党员代表和党员本人的意志，使选出的常委、书记、副书记更有群众基础，而积极探索和实践创新出来的一种方式。依据《中国共产党基层组织选举工作暂行条例》第二十条关于“召开党员代表大会进行选举，由大会主席团主持”和“委员会第一次全体会议选举常委、书记、副书记，召开党员代表大会的，由大会主席团指定一名新选出的委员主持”等规定和党的基层委员会(纪律检查委员会)的实际情况，由进行选举的党的基层委员会全体会议集体决定、经上级党组织批准由党的基层代表大会选举产生新一届同级党的基层委员会、纪律检查委员会常委、书记、副书记的，党员代表大会一般由大会主席团主持，具体的主持人一般是党员代表大会执行主席。召开党的基层代表大会补选同级党的基层委员会(纪律检查委员会)常委或书记或副书记的，不论是否成立大会主席团(召开党的基层代表大会补选同级党的基层委员会、纪律检查委员会组成人员一般不成立大会主席团——编者注)，一般由同级党的基层委员会主持。具体主持人一般是同级党的基层委员会书记(补选书记的由一名副书记主持——编者注)。

选举基层党委、纪委负责人的党的基层代表大会何时召开？

召开党的基层代表大会进行换届选举的，应在党的基层代表大会选举产生新一届同级党的基层委员会（纪律检查委员会）委员后，继续召开党的基层代表大会，根据党的基层代表大会的日程安排和有关规定选举产生常委、书记、副书记。召开党的基层代表大会补选党的基层委员会（纪律检查委员会）常委或书记或副书记的，应该在各项筹备工作全部就绪、补选常委或书记或副书记候选人预备人选的请示经上级党组织批复后，立即召开党员代表大会补选同级党的基层委员会（纪律检查委员会）常委或书记或副书记。这里的说明仅限“代表选举方式”，即由基层党代表大会选举书记、副书记和常委。

党的基层代表大会选举基层党委、纪委负责人程序是什么？

这里所称的基层党委、纪委负责人是指党的基层委员会常委、书记、副书记和党的基层纪律检查委员会书记、副书记（党的基层纪律检查委员会一般不设常务委员会——编者注）。党的基层委员会、纪律检查委员会（以下简称“两委”——编者注）如遇由同级党员代表大会选举产生常委、书记、副书记，可按以下程序进行选举（主持人宣布新一届“两委”委员会当选委员名单后，接着进行党的基层代表大会——编者注）：(1) 主持人说明新一届党的基层委员会（纪律检查委员会）常委候选人建议人选名单的酝酿提名情况。(2) 酝酿讨论常委候选人建议人选名单，采用举手表决方式，根据多数代表意见确定常委候选人。(3) 监票人、计票人清点到会代表人数（如果需要，可请非选举人员和非工作人员退场，也可让他们在会前设定的不影响清点人数、分发选票等选举工作的专门区域就座，下同——编者注）。(4) 主持人向大会报告有选举权的代表到会情况，确认有选举权的到会代表人数超过应到会代表人数的五分之四后，宣布可以进行选举。(5) 监票人检查票箱，加封落锁。(6) 监票人（计票人）领取常委选票，按规定把常委选票分发给代表。(7) 提醒代表核对拿到的选票，检查是否多拿、少拿、拿错选票（必须确保每位代表一人一套或一人一张，否则，不能进行选举，下同——编者注）。(8) 主持人确认选票分发无误后，请总监票人（不设总监票人的为事先确定的一名监票人，下同——编者注）向大会报告发出选票情况。(9) 主持人（或工作人员）说明填写选票注意事项。(10) 请各位代表填写选票。(11) 主持人提醒各位代表检查选票的填写情况。(12) 确认各位代表都填写好选票后，请总监票人、副总监票人、监票人、总计票人、计票人投票，然后请在主席台就座的代表、再其他代表依次投票(工作人员应注意引导，监票人投票后，站在票箱处事先确定的位置监督投票，下同——编者注)。(13) 主持人提醒、确认各位代表全部投票后，请监票人、计票人打开票箱，清点收回的选票。(14) 总监票人报告收回的选票情况。(15) 主持人确认选举有效后，请监票人、计票人开始计票，请代表原地休息。(16) 计票人在监票人的监督下计票。(17) 计票结束之后，要立即召开大会主席团全体会议[主要议程是：听取总监票人(不设总监票人的由事先确定的一名监票人)报告常委候选人得票情况，确定常委当选人名单和书记、副书记候选人建议人选名单。是否必须召开这次会议，要根据上级规定、《选举办法》、大会日程安排和实际情况等来确定，如果书记、副书记候选人建议人选都当选常委，可不召开——编者注]。(18) 继续召开党员代表大会，总监票人向大会报告常委候选人得票情况。(19) 主持人向大会宣布常委当选人名单。(20) 主持人向大会说明新一届"两委"书记、副书记候选人建议人选名单酝酿提名情况。(21) 酝酿讨论书记、副书记候选人建议人选名单，采用举手表决方式，根据多数代表意见确定书记、副书记候选人。(22) 监票人、计票人清点到会代表人数。(23) 主持人向大会报告有选举权的代表到会情况，确认有选举权的到会代表人数超过应到会代表人数五分之四之后，宣布可以进行选举。(24) 监票人检查票箱，加封落锁。(25) 监票人(计票人)领取书记、副书记选票，按规定把书记、副书记选票分发给代表(如果同时选举党委书记、副书记和纪委书记、副书记的，如条件许可，建议把党委书记选票、党委副书记选票、纪委书记选票、纪委副书记选票印在同一张纸上——编者注)。(26) 提醒代表核对拿到的选票，检查是否多拿、少拿、拿错选票。(27) 主持人确认选票分发无误后，请总监票人向大会报告发出选票情况。(28) 主持人说明填写选票的注意事项。(29) 请各位代表填写选票。(30) 主持人提醒各位代表检查选票的填写情况。(31) 确认各位代表都填写好选票之后，请总监票人、副总监票人、监票人、总计票人、计票人投票，然后请在主席台就座的代表、再其他代表依次投票。(32) 主持人提醒、确认各位代表全部投票后，请监票人、计票人打开票箱，清点收回的选票。(33) 总监票人向大会报告收回的选票情况。(34) 主持人确认选举有效之后，请监票人、计票人开始计票，请各位代表原地休息（计票时间一般都不长——编者注）。（35）计票人在监票人的监督下计票。（36）计票结束后，继续召开党员代表大会，总监票人向大会报告书记、副书记候选人得票情况。（37）主持人向大会宣布新一届党的基层委员会、纪律检查委员会书记、副书记当选人名单。

注意：在实际工作中，注意以下几点。①党的基层委员会（纪律检查委员会）一般不设常务委员会。如果不选常委，把程序中有关常委的内容删除。②如果党的基层委员会不设纪律检查委员会，把程序中有关党的基层纪律检查委员会的内容删除。③根据党的组织原则，如果党委（纪委）书记或副书记候选人没有当选党委（纪委）常委（不设常务委员会的除外），就不能成为书记或副书记候选人。因此，对于可能出现的这种情况，选举前应备有可行的处理办法。④党的基层纪律检查委员会书记、副书记选举产生后，要及时把选举结果报告同级党的基层委员会全体会议通过。⑤如要召开党员代表大会补选基层党委（纪委）书记或副书记的，其程序与本程序基本相同，只需把与补选无关的内容删除即可（具体可参阅本书第六章的相关内容）。⑥有关文本样例请参阅本书第七章的相关内容。

☛ 党员大会选举同级党的基层组织负责人由谁主持？

这里所说的党员大会选举同级党的基层组织负责人是指召开党员大会选举同级党的基层组织设立的委员会（包括党的基层委员会、纪律检查委员会、总支部委员会、支部委员会，下同——编者注）常委、书记、副书记和不设支部委员会的党支部书记、副书记。如前所述，党员大会选举同级党的基层组织负责人是各地各级党组织在贯彻落实党章和党中央有关要求的过程中，为了充分发扬党内民主，更加体现党员本人意志，使选举产生的常委、书记、副书记更有群众基础，而积极探索和实践创新出来的一种方式。根据《中国共产党基层组织选举工作暂行条例》第二十条关于“召开党员大会进行选举，由上届委员会主持。不设委员会的党支部进行选举，由上届支部书记主持”等有关规定，进行换届选举的，由党的基层组织设立的委员会全体会议（不设委员会的党支部由支部大会——编者注）集体研究决定、经上级党组织批准由党员大会选举产生新一届同级党的基层组织设立的委员会常委、书记、副书记和不设委员会的党支部书记、副书记的，党员大会由上届同级党的基层组织设立的委员会主持(不设委员会的党支部由支部书记主持——编者注)，具体主持人一般是书记或副书记(如审议通过委员会工作报告等和选举委员、常委、书记、副书记在同一次党员大会上完成的，如果书记作报告，则主持人可由副书记主持——编者注)。补选党的基层组织常委或书记或副书记的，党员大会由同级党的基层组织设立的委员会主持(不设委员会的党支部由支部书记或副书记主持——编者注)，具体的主持人一般是书记(补选书记的一般是副书记——编者注)。

选举基层党组织常委、书记、副书记的党员大会何时召开?

目前，由党员大会直接选举产生党的基层组织设立的委员会(包括党的基层委员会、纪律检查委员会、总支部委员会、支部委员会，下同——编者注)常委、书记、副书记，是比较常见的。进行换届选举时，在党员大会选举产生新一届党的基层组织设立的委员会委员之后，就要根据党员大会的日程安排和有关规定，继续召开党员大会，选举产生常委、书记、副书记。召开党员大会补选党的基层组织常委或书记或副书记的，应该在各项筹备工作全部就绪、补选常委或书记或副书记候选人预备人选的请示经上级党组织批复后，立即召开党员大会补选常委或书记或副书记。

党员大会选举基层党委、纪委负责人程序是什么?

党员大会选举产生党的基层组织常委、书记、副书记要按照以下程序进行(一般是主持人宣布新一届党的基层委员会、纪律检查委员会当选委员名单后，接着进行党员大会——编者注)：(1) 主持人说明新一届党的基层委员会(纪律检查委员会)常委候选人预备人选名单的酝酿提名情况；(2) 酝酿讨论常委候选人预备人选名单，采用举手表决的方式，根据多数党员的意见确定常委候选人；(3) 监票人、计票人清点到会党员人数；(4) 主持人向大会报告有选举权的党员到会情况，确认有选举权的到会党员人数不少于应到会党员人数的五分之四后(在选举前制定的、经党员大会表决通过的《选举办法》中必须说明“有选举权的到会党员人数不少于应到会党员人数五分之四的，选举有效”和“表决必须有半数以上有表决权的党员到会方可进行”，下同——编者注)，宣布可以进行选举。(5) 监票人检查票箱,加封落锁。(6) 监票人(计票人)领取常委选票,按规定把常委选票分发给各位党员。(7) 提醒各位党员核对拿到的选票,检查有没有多拿、少拿、拿错选票(必须确保每位党员一人一套或一人一张,否则,不能进行以下程序——编者注)。(8) 主持人确认选票分发无误后,请监票人(设总监票人的为总监票人;不设总监票人的,如果监票人多于1人,由事先确定的1名监票人,下同——编者注)向大会报告发出选票情况。(9) 主持人(或工作人员,下同——编者注)说明填写选票的注意事项。(10) 请各位党员填写选票。(11) 主持人提醒各位党员检查选票的填写情况。(12) 确认各位党员都填写好选票之后,请总监票人、副总监票人、监票人、总计票人、计票人投票(党员大会一般不需要设总监票人、副总监票人、总计票人,下同——编者注),然后请在主席台就座的党员、再其他党员依次投票(工作人员应注意引导,监票人投票后,应该站在票箱处事先确定的位置监督投票,下同——编者注)。(13) 主持人提醒、确认各位党员全部投票之后,请监票人、计票人打开票箱,清点收回的选票。(14) 监票人报告收回的选票情况。(15) 主持人确认选举是否有效之后,请监票人、计票人开始计票,请党员原地休息。(16) 计票人在监票人的监督下计票。(17) 计票结束后,继续召开党员大会,监票人向大会报告常委候选人得票情况。(18) 主持人向大会宣布当选常委名单。(19) 主持人向大会说明新一届党的基层委员会、纪律检查委员会书记、副书记候选人预备人选名单酝酿提名情况。(20) 酝酿讨论书记、副书记候选人预备人选名单,采用举手表决方式,根据多数党员意见确定书记、副书记候选人。(21) 监票人、计票人清点到会党员人数。(22) 主持人向大会报告有选举权的党员到会情况,确认有选举权的到会党员人数不少于应到会党员人数的五分之四之后,宣布可以进行选举。(23) 监票人检查票箱,加封落锁。(24) 监票人(计票人)领取书记、副书记选票,按规定把书记、副书记选票分发给有选举权的党员(如果同时选举党委书记、副书记和纪委书记、副书记的,如果条件许可,建议把一套四种选票印在同一张纸上——编者注)。(25) 提醒党员核对拿到的选票,检查是否多拿、少拿、拿错选票(必须确保每位党员一人一套或一人一张,否则,不能进行以下程序——编者注)。(26) 主持人确认选票分发无误后,请监票人向大会报告发出选票情况。(27) 主持人说明填写选票注意事项。(28) 请各位党员填写选票。(29) 主持人提醒各位党员检查选票填写情况。(30) 确认各位党员都填写好选票之后，请总监票人、副总监票人、监票人、总计票人、计票人投票，然后请在主席台就座的党员、再其他党员依次投票。(31) 主持人提醒、确认党员全部投票后，请监票人、计票人打开票箱，清点收回的选票。(32) 监票人向大会报告收回的选票情况。(33) 主持人确认选举有效之后，请监票人、计票人开始计票，请各位党员原地休息(计票时间不长——编者注)。(34) 计票人在监票人的监督下计票。(35) 计票结束后，继续召开党员大会，监票人向大会报告书记、副书记候选人得票情况。(36) 主持人向大会宣布新一届党的基层委员会(纪律检查委员会)书记、副书记当选人名单。

注意： 在实际工作中，注意以下几点：①党的基层委员会(纪律检查委员会)一般不设常务委员会。如果不选常委，把程序中有关常委的内容删除。②如果党的基层委员会不设同级党的基层纪律检查委员会，把程序中有关党的基层纪律检查委员会的内容删除。③根据党的组织原则，如果党委(纪委)书记或副书记候选人没有当选常委(不设常务委员会的除外)，就不能成为书记或副书记候选人。对可能出现的这种情况，选举前应备有可行的处理办法。④党的基层纪律检查委员会负责人选举产生后，要及时把选举结果报同级党的基层委员会全体会议通过。⑤召开党员大会补选基层党委(纪委)常委或书记或副书记的，其程序与本程序基本相同，只需把与补选无关的内容删除即可(具体请参阅本书第六章的相关内容)。⑥不设总监票人、副总监票人、总计票人的，将与此有关内容删除即可。⑦有关文本样例请参阅本书第七章的相关内容。

党员大会选举党总支部或党支部书记、副书记程序是什么？

由党员大会直接选举产生党总支部(党支部)书记、副书记是比较普遍的。进行换届选举时，党员大会选举产生党总支部或党支部委员、主持人宣布新当选委员名单后，再按以下程序选举党总支部或党支部书记、副书记：(1) 主持人说明新一届党的总支部委员会或支部委员会书记、副书记候选人预备人选名单的酝酿提名情况。(2) 酝酿讨论书记、副书记候选人预备人选名单，采用举手表决方式，根据多数党员意见确定书记、副书记候选人。(3) 监票人、计票人清点到会党员人数。(4) 主持人向大会报告有选举权的党员到会情况，确认有选举权的到会党员人数不少于应到会党员人数的五分之四后(在选举前制定的、经党员大会表决通过的《选举办法》中必须说明“有选举权的到会党员人数不少于应到会党员人数五分之四的，选举有效”“表决必须有半数以上有表决权的党员到会方可进行”，下同——编者注），宣布可以进行选举。(5) 监票人检查票箱，加封落锁。(6) 监票人（计票人）领取书记、副书记选票，按规定把书记、副书记选票分发给党员。(7) 提醒党员核对拿到的选票，检查是否多拿、少拿、拿错选票（必须确保有选举权的党员一人一套或一人一张，否则，不能进行以下程序——编者注）。(8) 主持人确认选票分发无误后，请监票人向党员大会报告发出选票情况。(9) 主持人（或工作人员，下同——编者注）说明填写选票的注意事项。(10) 请各位党员填写选票。(11) 主持人提醒各位党员检查选票的填写情况。(12) 确认各位党员都填写好选票之后，请监票人、计票人投票，然后请在主席台就座的党员、再其他党员依次投票（工作人员应注意引导，监票人投票后，要站在票箱处事先确定的位置监督投票——编者注）。(13) 主持人提醒、确认党员全部投票之后，请监票人、计票人打开票箱，清点收回的选票。(14) 监票人向大会报告收回的选票情况。(15) 确认选举是否有效之后，主持人请监票人、计票人开始计票，请党员原地休息（计票时间一般都比较短——编者注）。(16) 计票人在监票人的监督下计票。(17) 计票结束后，继续召开党员大会，监票人向党员大会报告书记、副书记候选人得票情况。(18) 主持人向党员大会宣布当选书记、副书记名单。

注意：①召开党员大会补选党总支部（党支部）书记或副书记的，其程序与本程序基本相同，只需把与补选无关的内容删除（具体请参阅本书第六章的相关内容）。②有关文本样例请参阅本书第七章的相关内容。

党员大会闭会及应注意的问题是什么？

《党组织选举工作手册》对此的解释是：“党员大会选举产生党的基层委员会或总支部委员会（支部委员会）（应包括选举产生党的基层纪律检查委员会和不设支部委员会的党支部书记、副书记——编者注），通过有关决议之后，主持人即可宣布党员大会闭会。党员大会一般不单独搞闭幕式。党员大会闭会前领导人是否讲话，要根据具体情况而定。”

说明：① 召开党员大会补选党的基层组织设立的委员会委员或常委或书记

或副书记(不设委员会的党支部书记、副书记)的,党员大会闭会及应注意的问题同此。② 从目前各地各类党的基层组织换届选举(包括预选)的实际情况看,如果由党员大会选举产生同级党的基层组织常委、书记、副书记的,则应在党员大会选举产生书记、副书记并通过有关决议后(不需要通过决议的除外),主持人即可宣布党员大会闭会。③ 有关文本样例请参阅本书第七章的相关内容。

换届选举党员大会闭幕式何时举行? 由谁主持? 有何议程?

如前一问题所述,党员大会一般不单独搞闭幕式。如遇上级党组织要求等进行换届选举、补选班子成员的党员大会举行闭幕式时,可按照以下具体情况、结合本基层党组织实际加以把握:

1. 举行闭幕式的时间。应根据党员大会的日程安排和有关的规定确定。根据目前党的基层组织选举(包括换届选举、补选,下同——编者注)的实际情况和基层党组织的实践做法,如果举行党员大会闭幕式,其时间应该是:(1) 同级党的基层委员会(纪律检查委员会)常委、书记、副书记由委员会全体会议选举产生的,一般应在选举产生委员会委员之后,举行党员大会闭幕式;(2) 同级党的基层委员会(纪律检查委员会)常委、书记、副书记或党的总支部委员会、支部委员会(不设委员会的党支部——编者注)书记、副书记由党员大会选举产生的,一般应在书记、副书记选举产生之后,举行党员大会闭幕式。

2. 党员大会闭幕式的主持。党员大会闭幕式的主持应在会前编制的日程安排中明确。根据有关规定和要求,可按以下情况把握:(1) 换届选举的党员大会闭幕式应由上届同级党的基层组织设立的委员会(不设委员会的党支部为书记——编者注)主持,具体的主持人一般是基层党组织的负责人(一般是书记)。(2) 补选党的基层组织委员或常委或书记或副书记的党员大会闭幕式,应由同级党的基层组织设立的委员会(不设委员会的党支部为党支部书记或副书记——编者注)主持,具体的主持人一般是书记(补选书记的,为副书记——编者注)。

3. 党员大会闭幕式的主要议程。无论是党的各级地方召开的党代表大会,还是党的基层代表大会,其闭幕式的议程都是根据大会的实际需要确定的,并在会前编制的大会日程安排表上明确列示。如果举行党员大会闭幕式的,其议程应参照党的基层代表大会。换届选举的议程一般有:(1) 通过关于上届党的基层委员会或总支部委员会或支部委员会工作报告的决议；(2) 通过关于上届党的基层纪律检查委员会工作报告的决议；(3) 致闭幕词或主持人讲话；(4) 全体起立，奏(唱)《国际歌》；(5) 宣布党员大会闭幕。在实际工作中，把上述所列议程中不涉及或不需要的议程删除即可。补选班子成员的党员大会如果举行闭幕式，将上述议程中无关的内容删除即可。

4. 举行党员大会闭幕式程序。换届选举的党员大会闭幕式一般可按以下程序举行：(1) 报告参加会议党员人数，确认有选举权的实到会党员不少于应到会党员的五分之四后，宣布可以举行会议；(2) 宣布大会议程，简要说明根据党员提出的意见和建议对上届党的基层委员会(纪律检查委员会)或总支部委员会或支部委员会工作报告进行修改的情况；(3) 主持人或工作人员宣读《中国共产党×××党员大会关于中国共产党×××委员会报告的决议(草案)》，采用举手方式表决通过；(4) 主持人或工作人员宣读《中国共产党×××党员大会关于中国共产党×××纪律检查委员会报告的决议(草案)》，采用举手方式表决通过；(5) 担任上届党委或党总支部或党支部主要领导职务(一般是书记)致闭幕词或主持人讲话；(6) 全体起立，奏(唱)《国际歌》；(7) 宣布党员大会闭幕。补选党的基层组织班子成员的党员大会如果举行闭幕式，将上述程序中无关的内容删除即可。

第四节　选举结果报批、文件归档及会议总结

☛ 党的基层组织选举结果的报批的含义是什么？

根据《中国共产党组织工作辞典》对党内选举“选举结果的报批”含义作出的“党的委员会第一次全体会议闭会后，党的委员会及时向上级党组织(指具有审批权限的党委或党组或党的机关工作委员会，下同——编者注)报告选举情况的一种程序”的解释，对于党的基层组织而言，党的基层组织选举结果(包括换届选举、补选——编者注)报批的含义是指党的基层组织召开党的基层代表大会或党员大会或委员会全体会议后，组织选举的党的基层组织设立的委员会(不设支部委员会的党支部——编者注)及时向上级党组织报告选举情况的一种程序。

注意：①《中国共产党党和国家机关基层组织工作条例》(2019 年 11 月 19 日中共中央政治局会议修订，中共中央于 2019 年 12 月 27 日印发，下同)第三十七条规定："机关党的基层委员会(含不设党的基层委员会的总支部委员会、支部委员会)的设置调整、换届、委员会组成以及机关党的纪律检查委员会的组成，书记、副书记的任免等，经党组(党委)讨论决定后，报党的机关工作委员会审批"。②《中国共产党国有企业基层组织工作条例(试行)》(2019 年 11 月 19 日中共中央政治局会议审议批准，2019 年 12 月 30 日中共中央发布，下同)第五条规定："中央企业直属企业(单位)党组织换届选举工作，以中央企业党委(党组)为主指导，审批程序按照党内有关规定办理。"

☛ 党的基层组织选举结果的报告的主要内容是什么？

《党组织选举工作手册》对此的要求是："报告一般应包括以下内容：(1) 党的代表大会(党员大会)召开情况和选举情况，包括开会时间、有表决权党员(代表)人数、应到会人数、实到会人数，选举结果，当选的常务委员会委员和书记、副书记获得的票数等。(2) 需报上级党组织批准或备案的委员会委员名单。(3) 需报上级党组织批准的常务委员会委员和书记、副书记名单。"

☛ 党的基层组织领导成员选举结果应该在何时报告？

由于党的基层组织设立的委员会委员、常委、书记、副书记的选举产生情况不同，因此，选举结果报批时间也不尽相同，但一般是在领导成员全部选举产生后，及时按照规定和要求向上级党组织报告选举结果，具体可按以下具体情况进行把握：(1) 进行换届选举的，如果由新当选的党的委员会(指党的基层委员会或党的总支部委员会或党的支部委员会，下同——编者注)和党的基层纪律检查委员会第一次全体会议选举产生常委、书记、副书记的，在委员会第一次全体会议闭会后，应及时向上级党组织(指具有审批权限的党委或党组或党的机关工作委员会，下同——编者注)报告选举结果的情况。(2) 进行换届选举的，如果由党员代表大会或党员大会选举产生党的委员会和纪律检查委员会委员、常委、书记、副书记的，党的委员会应在党员代表大会或党员大会闭幕(闭会)后，及时向上级党组织报告选举结果的情况。(3) 不设支部委员会的党支部应在选举产生党支部书记、副书记后，及时向上级党组织报告选举结果的情况。(4) 补选党的委员会(纪律检查委员会)委员或常委或书记或副书记的，党的委员会应在补选委员或常委或书记或副书记选举产生后，及时向上级党组织报告选举结果的情况。

党的基层组织设立的委员会委员选举结果是否只要求备案?

是的。《中国共产党基层组织选举工作暂行条例》第十八条作出了“选出的委员(包括党的基层委员会、纪律检查委员会、总支部委员会、支部委员会委员——编者注)，报上级党组织备案”的规定。《党组织选举工作手册》要求：“当选的党的委员会(对于党的基层组织来说，指党的基层委员会、纪律检查委员会、总支部委员会、支部委员会——编者注)委员、候补委员和纪律检查委员会委员，可及时进行报道”。以上说明都明确，党的基层组织设立的委员会委员选举结果可以只办理备案手续，但纪律检查委员会委员选举产生后，要经同级党的基层委员会通过后才能向上级党组织办理备案手续。

注意：如果党的基层组织设立的委员会当选委员中，有不是上级党组织审查同意的预备人选的，应按照上级党组织要求办理审批(备案)手续。

基层党组织常委、书记、副书记选举结果如何报批和备案?

党章第三十一条规定：“基层委员会、总支部委员会、支部委员会的书记、副书记选举产生后，应报上级党组织批准。”《中国共产党基层组织选举工作暂行条例》第十八条规定：“常委、书记、副书记，报上级党组织(应包括具有审批权限的党委或党组或党的机关工作委员会，下同——编者注)批准。纪律检查委员会选出的书记、副书记，经同级党的委员会通过后，报上级党组织批准。”在实际工作中，如何正确把握党的基层组织常委、书记、副书记选举结果的备案和报批，应按照《党组织选举工作手册》给出的明确答复去做，即，如选出的书记、副书记(对于党的基层组织而言，包括党的基层委员会、纪律检查委员会、总支部委员会、支部委员会，还应包括党的基层委员会经批准设立的常务委员会的常委——编者注)与上级党组织审查同意的候选人预备人选名单一致，通常办理备案手续，上级党组织一般不再批复；如选举结果有与上级党组织审查同意的候选人预备人选名单不一致的，应向上级党组织办理报批手续，请上级党组织审查批准。

注意：①《中国共产党党和国家机关基层组织工作条例》第三十七条规定："机关党的基层委员会(含不设党的基层委员会的总支部委员会、支部委员会)的设置调整、换届、委员会组成以及机关党的纪律检查委员会的组成，书记、副书记的任免等，经党组(党委)讨论决定后，报党的机关工作委员会审批"。②《中国共产党国有企业基层组织工作条例(试行)》第五条规定："中央企业直属企业(单位)党组织换届选举工作，以中央企业党委(党组)为主指导，审批程序按照党内有关规定办理。"

党的基层组织选举当选人名单的排列原则是什么？

《党组织选举工作手册》对此的要求是："当选的党的基层代表大会代表，党的委员会(对党的基层组织而言，包括党的基层委员会、总支部委员会、支部委员会，下同——编者注)和纪律检查委员会委员、常务委员会委员，其名单按姓氏笔画排列；当选的党的委员会和纪律检查委员会书记、副书记，其名单按上级党组织批准的顺序排列。"

当选常委、书记、副书记与候选人预备人选不一致如何报批报道？

《中国共产党基层组织选举工作暂行条例》第十八条规定："选出的委员，报上级党组织备案；常委、书记、副书记，报上级党组织(应包括具有审批权限的党委或党组或党的机关工作委员会，下同——编者注)批准。纪律检查委员会选出的书记、副书记，经同级党的委员会(对党的基层组织而言，指同级的党的基层委员会——编者注)通过后，报上级党组织批准。"《党组织选举工作手册》要求："当选的党的委员会(对党的基层组织而言，包括党的基层委员会、总支部委员会、支部委员会——编者注)和纪律检查委员会常务委员会委员、书记、副书记，如果是经上级党组织审查同意的候选人预备人选名单之内的人选，当选结果宣布后即可进行公开报道。如果有上级党组织审查同意的候选人预备人选名单以外的人当选，应报上级党组织批准后方可报道。"

注意：①《中国共产党党和国家机关基层组织工作条例》第三十七条规定："机关党的基层委员会(含不设党的基层委员会的总支部委员会、支部委员会)

的设置调整、换届、委员会组成以及机关党的纪律检查委员会的组成，书记、副书记的任免等，经党组（党委）讨论决定后，报党的机关工作委员会审批”。②《中国共产党国有企业基层组织工作条例（试行）》第五条规定：“中央企业直属企业（单位）党组织换届选举工作，以中央企业党委（党组）为主指导，审批程序按照党内有关规定办理。”

受双重领导的党的基层组织的选举结果应该如何报告？

根据《党的地方和基层组织选举工作流程》关于“党委、纪委第一次全体会议结束后，对党员代表大会和两委第一次全体会议的选举结果，要及时向上级党委写出报告。受双重领导的党组织，应同时抄报上级协管单位党组织”等解释和党内生活常识，是双重领导的党的基层组织（包括党的基层委员会、总支部委员会、支部委员会和不设委员会的党支部——编者注）的选举结果，要及时向上级党组织写出报告，同时抄报上级协管单位党组织（没有协管单位党组织的除外——编者注）。

党的基层组织选举结果的报道应注意哪些问题？

《党组织选举工作手册》对此的要求是：“（1）当选的出席上级党代表大会的代表，因为代表资格还要经上级党委有关部门或代表资格审查小组进行初步审查，并经代表大会预备会议或主席团会议通过后，代表资格才能有效（在代表资格有效确认前，全部代表名单不宜报道——编者注）。（2）当选的党的委员会（对于党的基层组织来讲，包括党的基层委员会、总支部委员会、支部委员会，下同——编者注）委员、候补委员和纪律检查委员会委员，可及时进行报道。（3）当选的党的委员会和纪律检查委员会常务委员会委员、书记、副书记，如果是经上级党组织审查同意的候选人预备人选名单之内的人选，当选结果宣布后即可进行公开报道。如果有上级党组织审查同意的候选人预备人选名单以外的人当选，应报上级党组织批准后方可报道。（4）报道当选结果事关重大，必须认真对待。对当选人的姓名、性别、民族、当选职务、排列顺序，一定要反复认真核对，不得有疏漏和差错。报道的语言要准确、恰当。报道的文稿要经主持选举会议的负责同志审签。”

第六章　党的基层组织领导成员的增补

增补党的基层组织委员、常委、书记、副书记，是党的基层组织经常面对和必须做好的工作。本章依据党章、《中国共产党基层组织选举工作暂行条例》等党内法规、规范性文件和《中国共产党组织工作教程》《中国共产党组织工作辞典(修订本)》《党组织选举工作手册》《党的地方和基层组织选举工作流程》等有关规定和说明，具体分党的基层组织领导成员增补概述、党的基层组织领导成员补选、党的基层组织负责人(即党的基层组织常委、书记、副书记)指派三节，结合党的基层组织实际，运用近年来党的基层党组织增补领导成员的探索和创新做法，详细说明了党的基层组织领导班子成员增补的有关规定和要求，对补选、指派党的基层组织领导成员的方式方法进行详细说明和介绍，对可能遇到的疑难问题进行分析并提出针对性操作性前瞻性的解决办法，以便于党的基层组织在增补领导成员中参考。

第一节　党的基层组织领导成员增补概述

党的基层组织组成人员出缺的含义是什么？

《中国共产党组织工作辞典》对出缺的解释是：“委员会委员的实际人数少于规定的名额。”《党组织选举工作手册》指出：“党的委员会(对于党的基层组织而言，包括党的基层委员会、总支部委员会、支部委员会，下同——编者注)、纪律检查委员会组成人员出缺，是指下列人员因工作调动，退(离)休，受开除党籍和撤销党内职务处分，死亡等原因出现缺额：党的地方各级委员会委员、候补委员，常务委员会委员，书记、副书记；党的地方各级纪律检查委员会委员，常务委员会委员，书记、副书记；党的基层委员会、纪律检查委员会委员，常务委员会委员，书记、副书记；党的总支部委员会（支部委员会）委员（应包括书记、副书记——编者注）。”

党的基层组织组成人员出缺的情形有哪些？

《中国共产党组织工作辞典》对可视为委员会委员出缺的情形作出的明确说明是：“委员会委员死亡、被撤销委员职务、辞去委员职务、因工作调动离开了本级党组织所辖范围等。”根据上述说明和《党组织选举工作手册》有关解释，可视为党的基层委员会、总支部委员会、支部委员会和纪律检查委员会委员、常委、书记、副书记出缺的情形有：①死亡；②辞去党内职务；③被撤销党内职务；④受留党察看处分；⑤受开除党籍处分；⑥因工作调动、退（离）休等离开了本级党组织所辖的范围，并转走了正式的党员组织关系。

党的基层组织组成人员出缺是否必须增补？

根据工作需要和实际情况确定。《中国共产党基层组织选举工作暂行条例》第十五条规定：“委员会委员在任期内出缺，应召开党员大会或党员代表大会补选。”《党组织选举工作手册》作出了“党的基层委员会（应含纪律检查委员会——编者注）委员出缺，如果不影响工作可以不考虑增补问题；如果工作需要，可以召开党员大会或党代表大会补选”“党的总支部委员会（支部委员会）委员出现缺额，可召开党员大会补选”的说明。

党的基层组织组成人员增补的含义是什么？

增补是增选、补选的合称。根据《党组织选举工作手册》的进一步解释，党的基层组织组成人员（包括委员、常委、书记、副书记，下同——编者注）增补主要是指“党的基层委员会增选或补选委员会委员，常务委员会委员，书记、副书记；党的基层纪律检查委员会增选或补选委员会委员（常务委员会委员），书记、副书记；党的总支部委员会（支部委员会）增选或补选委员（应包括增选或补选书记、副书记——编者注）”。

补选同调整、增选党的基层组织组成人员有何区别？

根据《党组织选举工作手册》关于调整和增补是指“按照规定的形式和程序对党的委员会（纪律检查委员会）组成人员进行更换和补充的一种组织措施”的解释，调整党的基层组织组成人员是指按规定的形式和程序对党的基层组织（包括党的基层委员会、纪律检查委员会、总支部委员会、支部委员会、不设支部委员会的党支部，下同——编者注）委员、常委、书记、副书记进行更换的一种组织措施，增选是指按照规定的形式和程序对党的基层组织组成人员进行补充的一种组织措施，补选是指党的基层委员会（纪律检查委员会）或总支部委员会或支部委员会组成人员出现缺额、召开党员大会或党员代表大会进行补选的一种组织措施。

党的基层委员会、纪律检查委员会增补委员原则是什么？

《党组织选举工作手册》对党的基层委员会、纪律检查委员会增补委员的基本原则作出的解释是：“(1) 党的基层委员会、纪律检查委员会委员出现缺额，一般可不增补。(2) 党的基层委员会、纪律检查委员会委员出现缺额，根据工作需要，确需补选的，应召开党代表大会或党员大会进行补选。”

党的基层委员会增补常委、书记、副书记的原则是什么？

党章第十三条规定：“在党的地方各级代表大会和基层代表大会闭会期间，上级党的组织认为有必要时，可以调动或者指派下级党组织的负责人。”《党组织选举工作手册》进一步说明：“党的地方各级委员会（党的基层委员会）及同级纪律检查委员会常务委员会委员、书记、副书记出现缺额，可以召开党的委员会、纪律检查委员会全体会议补选，也可由上级党组织指派。”另外，如补选的常委不是委员会委员的，则要先补选为委员会的委员；如补选的书记、副书记不是委员会的委员（当然也不会是常委——编者注）的，则要先补选为委员会的委员，再补选为常委；如补选的书记、副书记是委员会的委员，但不是常委的，则要先补选为常委。如上级党组织指派的常委不是委员会委员的，则不需要再履行增补委员的手续；如上级党组织指派的书记、副书记不是委员会委员、常委的，也不需要再履行增补委员、常委的手续。

党总支部(党支部)委员会增补委员的原则是什么?

《中国共产党基层组织选举工作暂行条例》第十五条规定:“委员会委员在任期内出缺,应召开党员大会或党员代表大会补选。”《党组织选举工作手册》进一步明确说明:“党的总支部委员会(支部委员会)委员出现缺额,可召开党员大会补选。”

党总支部(党支部)增补书记、副书记的原则是什么?

党总支部和党支部书记、副书记是党的总支部委员会、支部委员会(不设委员会的党支部——编者注)的负责人。《中国共产党基层组织选举工作暂行条例》第十五条规定:“上级党的组织(应包括具有审批权限的党委或党组或党的机关工作委员会,下同——编者注)认为有必要时,可以调动或者指派下级党组织的负责人。”《党组织选举工作手册》进一步解释:“党的委员会、纪律检查委员会的常务委员会委员出缺或者书记、副书记出缺,可以召开委员会全体会议补选;也可以由上级党组织指派。”另外,如补选的书记、副书记不是党的总支部(支部)委员会委员的,则要先补选为委员会的委员(不设委员会的党支部书记、副书记除外——编者注);如上级党组织指派的书记、副书记不是党的总支部(支部)委员会委员的,则不需要再履行增补委员的手续。

调整和增选基层党组织设立的委员会领导成员的原则是什么?

《中国共产党组织工作辞典》解释:“党的基层委员会(总支部委员会、支部委员会)委员的调整和增选,应召开党代表大会或党员大会。”另外,如调整或增选的常委不是委员会委员的,则要先调整或增选为委员会的委员;如调整或增选的书记、副书记不是委员会的委员(如果该基层委员会设常务委员会的,当然也不会是常委——编者注)的,则要先调整或增选为委员会的委员,再调整或增选为常委;如调整或增选的书记、副书记是委员会委员,但不是常委的,则要先调整或增选为常委。

第二节　党的基层组织领导成员补选

党的基层委员会召开党代表大会补选委员的流程是什么?

《中国共产党基层组织选举工作暂行条例》第十五条规定:“委员会委员在任期内出缺,应召开党员大会或党员代表大会补选。”根据党章等有关规定和《党组织选举工作手册》等有关说明,召开党员代表大会补选党的基层委员会(纪律检查委员会)委员一般按照如下流程进行:(1) 集体研究。召开党员代表大会补选党的基层委员会(纪律检查委员会)委员的党的基层委员会集体讨论研究,确定召开党员代表大会补选委员的有关事项。(2) 报请批准。补选委员的党的基层委员会,向上级党组织(应包括具有审批权限的党委或党组或党的机关工作委员会,下同——编者注)呈报《关于召开党员代表大会补选委员的请示》。请示的内容一般应包括:召开党员代表大会的理由、时间;党员代表大会的主要议程;党员代表大会代表产生办法;提出拟补选的党的基层委员会(纪律检查委员会)委员数额及选举办法等。(3) 确定代表。《党组织选举工作手册》解释:“出席会议的代表可以是换届选举时选出的代表,也可以重新选举代表。具体采用哪种办法,由召集党代表大会的党的基层委员会从实际情况出发,根据多数党组织或党员的意见确定,报上级党组织批准。”如果换届选举时选出的代表变化不大,以不重新选举代表为宜,个别代表出缺的,可由其选举单位根据有关规定补选。如果选举时选出的代表变化较大,则应按照有关规定重新选举代表。(4) 产生人选。按照《中国共产党基层组织选举工作暂行条例》等有关规定,组织酝酿、推荐、提名党的基层委员会(纪律检查委员会)补选委员候选人预备人选,并报上级党组织审批。(5) 进行选举。召开党员代表大会,以代表团(组)为讨论单位充分酝酿讨论党的基层委员会(纪律检查委员会)补选委员候选人预备人选名单,由党的基层委员会(在党的基层委员会任期内召开党员代表大会补选少量委员,党员代表大会一般不设大会主席团,由党的基层委员会召集主持——编者注),根据多数代表意见确定候选人,并印制选票(一般应提前印制备用,但必须严格按照规定和要求执行、保密,如最终确定的候选人预备人选与印制好的选票上的候选人不一致,应立即重新印制——编者注),提交党代表大会按差额选举办法选举。(6) 呈报结果。补选委员的党的基层委员会向上级党组织呈报《关于党员代表大会补选委员选举结果的报告》(选举结果与上级党组织审查同意的候选人预备人选一致的——编者注)或《关于党员代表大会补选委员选举结果的请示》(选举结果与上级党组织审查同意的候选人预备人选不一致的,具体应按上级党组织的有关规定和要求办——编者注),报请上级党组织审批(备案)。

说明: ①酝酿、推荐、提名补选委员候选人预备人选与酝酿、推荐、提名换届选举委员候选人预备人选相同,请参阅本书其他章节的相关内容。②补选委员必须实行差额选举,差额数为不少于 20%(一般为 1 名)。③党的基层纪律检查委员会补选委员选举产生后,应由同级党的基层委员会通过后再呈报上一级党组织备案(批准)。④《中国共产党党和国家机关基层组织工作条例》(2019 年 11 月 19 日中共中央政治局会议修订,中共中央于 2019 年 12 月 27 日印发,下同——编者注)第三十七条规定:"机关党的基层委员会(含不设党的基层委员会的总支部委员会、支部委员会)的设置调整、换届、委员会组成以及机关党的纪律检查委员会的组成,书记、副书记的任免等,经党组(党委)讨论决定后,报党的机关工作委员会审批"。《中国共产党国有企业基层组织工作条例(试行)》(2019 年 11 月 19 日中共中央政治局会议审议批准,自 2019 年 12 月 30 日起施行,下同——编者注)第五条作出了"中央企业直属企业(单位)党组织换届选举工作,以中央企业党委(党组)为主指导,审批程序按照党内有关规定办理。"⑤有关文本样例请参阅本书第七章的相关内容。

☛ 召开党员大会补选党的基层组织设立的委员会委员的流程是什么?

《中国共产党基层组织选举工作暂行条例》第十五条规定:"委员会委员在任期内出缺,应召开党员大会或党员代表大会补选。"根据党章等有关规定和《党组织选举工作手册》等有关说明,召开党员大会补选党的基层组织设立的委员会(包括补选党的基层委员会、纪律检查委员会、总支部委员会、支部委员会,下同——编者注)委员一般应按照如下流程进行补选:(1) 集体研究。召开党员大会补选委员的党的基层组织设立的委员会集体讨论研究,确定召开党员大会补选委员的有关事项。(2) 报请批准。补选委员的党的基层组织设立的委员会，向具有审批权限的上级党组织呈报《关于召开党员大会补选委员的请示》。请示内容一般包括：召开党员大会的理由、时间；党员大会的主要议程；提出拟补选的党的基层委员会（纪律检查委员会）委员或总支部委员会委员或支部委员会委员的数额及选举办法等。（3）产生人选。补选委员的党的基层组织设立的委员会按照《中国共产党基层组织选举工作暂行条例》等有关规定和要求，组织酝酿、推荐、提名补选委员候选人预备人选，并报具有审批权限的上级党组织审批。（4）进行选举。召开党员大会，由补选委员的党的基层组织设立的委员会提请党员大会对上级党组织审查批准的补选委员候选人预备人选进行充分酝酿，根据多数党员的意见确定补选委员候选人，并印制选票（一般应提前印制备用，但应该注意保密，如最终确定的候选人预备人选与印制好的选票上的候选人不一致，应立即重新印制——编者注），提交党员大会按差额选举办法选举。（5）呈报结果。补选委员的党的基层组织设立的委员会向上级党组织呈报《关于党员大会补选委员选举结果的报告》（选举结果与上级党组织审查同意的候选人预备人选一致的——编者注）或《关于党员大会补选委员选举结果的请示》（选举结果与上级党组织审查同意的候选人预备人选不一致的——编者注），报请上级党组织审批（备案）。

说明：①酝酿、推荐、提名补选委员候选人预备人选与酝酿、推荐、提名换届选举委员候选人预备人选相同。②补选委员必须实行差额选举，差额数不少于20%（一般为1名）。③党的基层纪律检查委员会委员补选结果，必须经同级党的基层委员会通过后才能呈报具有审批权限的上级党组织备案（批准）。④《中国共产党支部工作条例（试行）》（中共中央印发，自2018年10月28日起施行，下同）第十一条规定："党支部党员大会议题提交表决前，应当经过充分讨论。表决必须有半数以上有表决权的党员到会方可进行，赞成人数超过应到会有表决权的党员的半数为通过。"⑤有关文本样例请参阅本书第七章的相关内容。

☛ 基层党委（纪委）补选常委或书记或副书记的流程是什么？

1991年8月17日中共中央组织部在《党的基层组织选举工作问答（四）》中解答："党的基层组织的书记、副书记或常委，因各种原因出现空缺时，可以由上级党组织指派，也可以补选。”根据党章、《中国共产党基层组织选举工作暂行条例》等有关规定，党的基层委员会（纪律检查委员会）常委、书记、副书记在任期内出现缺额，可以由上级党组织指派，也可以召开党的基层委员会（纪律检查委员会）全体会议补选（补选常委、书记、副书记不是委员会委员的，或上级党组织有要求的，还应召开党员代表大会或党员大会补选为委员——编者注）。根据党章等规定和中央组织部的要求，现将采用不同形式补选党的基层委员会（纪律检查委员会）常委或书记或副书记的流程分别介绍如下：

1. 召开委员会全体会议补选：(1) 集体研究。补选常委或书记或副书记的党的基层委员会集体讨论研究，确定召开委员会全体会议补选常委或书记或副书记的有关事项。(2) 报请批准。补选常委或书记或副书记的党的基层委员会，向上一级党组织呈报《关于召开中共××委员会全体会议补选常委或书记或副书记的请示》。请示的内容一般应包括：召开委员会全体会议的理由、时间；委员会全体会议的主要议程；拟补选的党的基层委员会（纪律检查委员会）常委或书记或副书记数额及选举办法等。(3) 产生人选。按《中国共产党基层组织选举工作暂行条例》等有关规定，补选常委或书记或副书记的委员会组织酝酿、推荐、提名党的基层委员会（纪律检查委员会）常委或书记或副书记补选候选人预备人选（如果补选的常委不是委员的，要确定为委员补选候选人预备人选；补选的书记或副书记不是委员的，要确定为委员、常委补选候选人预备人选；补选的书记或副书记是委员，不是常委的，要确定为常委补选候选人预备人选——编者注），并报上一级党组织审批。(4) 进行选举。补选常委或书记或副书记的党的基层委员会（纪律检查委员会）全体会议对常委或书记或副书记补选候选人预备人选名单进行充分酝酿，根据多数委员的意见确定候选人，并印制选票（一般应提前印制备用，但应该按照规定进行保密，如最终确定的候选人与印制好的选票上的候选人不一致的，应立即重新印制——编者注），提交委员会全体会议选举（常委的补选应采用差额选举的办法。补选的常委或书记或副书记不是委员的，要确定为委员补选候选人，先补选为委员；补选的书记或副书记是委员，不是常委的，要确定为常委补选候选人，先补选为常委——编者注）。(5) 呈报结果。补选常委或书记或副书记的党的基层委员会向上一级党组织呈报《关于补选常委或书记或副书记选举结果的报告》（选举结果与上一级党组织审查同意的候选人预备人选一致的——编者注）或《关于召开中共××

委员会全体会议补选常委或书记或副书记选举结果的请示》（选举结果与上一级党组织审查同意的候选人预备人选不一致的——编者注），报请上一级党组织备案（审批）。

2. 召开党员代表大会或党员大会补选：(1) 集体研究。补选常委或书记或副书记的党的基层委员会集体讨论研究，确定召开党员代表大会或党员大会补选常委或书记或副书记的有关事项。(2) 报请批准。补选常委或书记或副书记的党的基层委员会，向具有审批权限的上级党组织呈报《关于召开党员代表大会（党员大会）补选常委或书记或副书记的请示》。请示的内容一般包括：召开党员代表大会或党员大会的理由、时间；党员代表大会或党员大会的主要议程；拟补选的党的基层委员会（纪律检查委员会）常委或书记或副书记数额及选举办法等。(3) 确定代表。召开党员代表大会补选常委或书记或副书记的，如果换届选举时选出的代表变化不大，出席会议的代表应为换届选举时选出的代表，个别代表出缺的，由其选举单位根据有关规定补选。如果选举时选出的代表变化较大，要按照有关规定重新选举代表（召开党员大会补选常委、书记、副书记的无此步骤——编者注）。(4) 产生人选。按照有关规定和要求，补选常委或书记或副书记的委员会组织酝酿、推荐、提名党的基层委员会（纪律检查委员会）常委或书记或副书记补选候选人预备人选（补选的常委不是委员的，要确定为委员补选候选人预备人选；补选的书记或副书记不是委员的，要确定为委员、常委补选候选人预备人选；补选的书记或副书记是委员，不是常委的，要确定为常委补选候选人预备人选——编者注），并报具有审批权限的上级党组织审批。(5) 进行选举。补选常委或书记或副书记的党的基层委员会提请党员代表大会或党员大会对经上级党组织审查同意的常委或书记或副书记补选候选人预备人选进行充分酝酿，根据多数代表或党员的意见确定候选人，并印制选票（一般应提前印制备用，但必须严格按照规定和要求保密，如最终确定的候选人与印制好的选票上的候选人不一致的，应立即重新印制——编者注），提交党员代表大会或党员大会选举（常委的补选应采用差额选举的办法。补选的常委或书记或副书记不是委员的，要确定为委员补选候选人，先补选为委员；补选的书记或副书记是委员，不是常委的，要确定为常委补选候选人，先补选为常委——编者注）。(6) 呈报结果。补选常委或书记或副书记的党的基层委员会向具有审批权限的上级党组织呈报《关于召开党员代表大会（党员大会）补选常委或书记或副书记选举结果的报告》(选举结果与上级党组织审查同意的候选人预备人选一致的——编者注)或《关于召开党员代表大会(党员大会)补选常委或书记或副书记选举结果的请示》(选举结果与上级党组织审查同意的候选人预备人选不一致的——编者注),报请上级党组织审批(备案)。

说明: ①酝酿、推荐、提名补选常委或书记或副书记候选人预备人选,与酝酿、推荐、提名换届选举常委或书记或副书记候选人预备人选相同。②补选常委必须实行差额选举,差额数一般为1名。③党的基层纪律检查委员会补选常委或书记或副书记选举产生后,必须经同级党的基层委员会通过后才能呈报上一级党组织备案(批准)。④《中国共产党党和国家机关基层组织工作条例》第三十七条规定:“机关党的基层委员会(含不设党的基层委员会的总支部委员会、支部委员会)的设置调整、换届、委员会组成以及机关党的纪律检查委员会的组成,书记、副书记的任免等,经党组(党委)讨论决定后,报党的机关工作委员会审批。”《中国共产党国有企业基层组织工作条例(试行)》第五条明确:“中央企业直属企业(单位)党组织换届选举工作,以中央企业党委(党组)为主指导,审批程序按照党内有关规定办理。”⑤有关文本样例请参阅本书第七章的相关内容。

☛ 党总支部、党支部补选书记、副书记的流程是什么?

党总支部、党支部是党的基层组织,其书记、副书记出缺一般由上级党组织指派。党章第三十条规定:“总支部委员会和支部委员会由党员大会选举产生,提出委员候选人要广泛征求党员和群众的意见。”根据中共中央组织部的有关要求,党总支部、党支部的书记、副书记因各种原因出现空缺时,可以由上级党组织指派,也可以补选。按照党章等规定和中共中央组织部的要求,以及各地创新做法,如采用补选的形式补选党总支部、党支部的书记或副书记,目前主要有召开委员会全体会议或党员大会进行补选两种方式。两种方式流程如下:

1. 召开委员会全体会议补选:(1) 集体研究。补选书记或副书记的党总支部(支部)委员会集体讨论研究,确定召开委员会全体会议补选书记或副书记的有关事项。(2) 报请批准。补选书记或副书记的党总支部(支部)委员会向上级党组织(指具有审批权限的党委或党组或党的机关工作委员会,下同——

编者注）呈报《关于召开委员会全体会议补选书记或副书记的请示》。请示内容一般应包括：召开委员会全体会议的理由、时间；委员会全体会议的主要议程；拟补选党总支部（支部）委员会书记或副书记数额及选举办法等。（3）产生人选。按照有关规定和要求，补选书记或副书记的委员会组织酝酿、推荐、提名委员会书记或副书记补选候选人预备人选（如果不是委员的，要确定为委员补选候选人预备人选——编者注），并报上级党组织审批。（4）进行选举。补选书记或副书记的党总支部（支部）委员会全体会议对书记或副书记补选候选人预备人选名单进行充分酝酿，根据多数委员的意见确定候选人，并印制选票（一般应提前印制备用，但必须严格按规定和要求保密，如最终确定的候选人与印制好的选票上的候选人不一致的，应立即重新印制——编者注），提交委员会全体会议选举（如果不是委员的，要首先由党员大会补选为委员——编者注）。（5）呈报结果。补选书记或副书记的党总支部（支部）委员会向上级党组织呈报《关于召开委员会全体会议补选书记或副书记选举结果的报告》（选举结果与上级党组织审查同意的候选人预备人选一致的——编者注）或《关于召开委员会全体会议补选书记或副书记选举结果的请示》（选举结果与上级党组织审查同意的候选人预备人选不一致的——编者注），报请上级党组织审批（备案）。

2. 召开党员大会补选：补选的书记或副书记不是委员会委员的，或不设委员会的党支部，或上级党组织规定等，采用党员大会补选党总支部（党支部）书记或副书记的流程如下：（1）集体研究。补选书记或副书记的党总支部（支部）委员会（不设委员会的党支部为支部大会——编者注）集体讨论研究，确定召开党员大会补选书记或副书记的有关事项。（2）报请批准。补选书记或副书记的党总支部（支部）委员会（不设支部委员会的为党支部——编者注），向上级党组织呈报《关于召开党员大会补选书记或副书记的请示》。请示的内容一般应包括：召开党员大会的理由、时间；党员大会的主要议程；拟补选的党总支部（支部）书记或副书记数额及选举办法等。（3）产生人选。按照有关规定和要求，补选书记或副书记的委员会（不设委员会的党支部为书记或副书记——编者注）组织酝酿、推荐、提名党总支部（支部）书记或副书记补选候选人预备人选（除不设支部委员会的党支部以外，如果不是委员的，要按照前述补选委员的流程，确定为委员补选候选人预备人选——编者注），并报上级党组织审批。（4）进行选举。补选书记或副书记的党总支部（支部）委员会（不设支部委员会的为党支部——编者注）提请党员大会对经上级党组织审查同意的书记或副书记补选候选人预备人选进行充分酝酿，根据多数党员的意见确定候选人，并印制选票（一般应提前印制备用，但必须严格按照规定和要求保密，如最终确定的候选人与印制好的选票上的候选人不一致的，应立即重新印制——编者注），提交党员大会按等额选举办法选举（除不设支部委员会的党支部以外，如果不是委员的，要首先补选为委员——编者注）。（5）呈报结果。补选书记或副书记的党总支部（支部）委员会（不设委员会的党支部为党支部——编者注）向上级党组织呈报《关于召开党员大会补选书记或副书记选举结果的报告》（选举结果与上级党组织审查同意的候选人预备人选一致的——编者注）或《关于召开党员大会补选书记或副书记选举结果的请示》（选举结果与上级党组织审查同意的候选人预备人选不一致的——编者注），报请上级党组织审批（备案）。

说明：①酝酿、推荐、提名补选书记或副书记候选人预备人选，与酝酿、推荐、提名换届选举书记或副书记候选人预备人选相同。②补选书记或副书记经上级党组织批准可以实行等额选举。③补选书记或副书记不是委员的，先由党员大会补选为委员（经上级党组织批准，可以等额选举）。④《中国共产党党和国家机关基层组织工作条例》第三十七条规定："机关党的基层委员会（含不设党的基层委员会的总支部委员会、支部委员会）的设置调整、换届、委员会组成以及机关党的纪律检查委员会的组成，书记、副书记的任免等，经党组（党委）讨论决定后，报党的机关工作委员会审批。"《中国共产党国有企业基层组织工作条例（试行）》第五条明确："中央企业直属企业（单位）党组织换届选举工作，以中央企业党委（党组）为主指导，审批程序按照党内有关规定办理。"⑤有关文本样例请参阅本书第七章的相关内容。

党的基层组织增补组成人员必须按照哪些规定办理？

党的基层组织增选或补选党的基层委员会（纪律检查委员会）或总支部委员会或支部委员会组成人员或不设支部委员会的支部书记（副书记），是党的基层组织政治生活中的一件大事。《党组织选举工作手册》强调指出："必须严格按照党章、《中国共产党基层组织选举工作暂行条例》以及其他有关规定办理（本书本章已对其他有关规定进行了详细说明，请注意参阅，此处不再赘述——

编者注)。”

党的基层委员会增补委员候选人产生程序是什么?

党的基层委员会(纪律检查委员会)委员出现缺额,一般可不增补。如果需要增补的,要按照《中国共产党基层组织选举工作暂行条例》第十五条关于“委员会委员在任期内出缺,应召开党员大会或党员代表大会补选”的规定。根据党章等党内法规的有关规定和《党组织选举工作手册》等有关要求,党的基层委员会、纪律检查委员会补选委员候选人产生程序如下(为了便于读者对党的基层委员会补选委员有一个全面的了解和把握,这里提供的是补选委员的产生程序,当然也包括补选委员候选人产生程序——编者注):(1) 提出拟补选委员数额及选举办法:补选委员的党的基层委员会,召开党委会确定拟补选的党的基层委员会、纪律检查委员会委员名额、条件及提名、选举产生办法,报上级党组织(指具有审批权限的党委或党组或党的机关工作委员会,下同——编者注)审批。(2) 提出补选委员候选人初步人选:补选委员的党的基层委员会组织所属党组织和党员酝酿推荐补选委员候选人,并根据多数党组织和党员的意见提出补选委员候选人初步人选。然后将拟补选委员候选人初步人选名单印发所属党组织和党员,广泛征求党员和群众的意见。(3) 对补选委员候选人初步人选进行考察:补选委员的党的基层委员会按照有关规定,对补选委员候选人初步人选进行考察。(4) 确定补选委员候选人预备人选:补选委员的党的基层委员会根据考察结果、征求意见情况和有关规定,确定补选委员候选人预备人选(要求公示的还要按照有关规定进行公示——编者注),然后报上级党组织审查。(5) 确定补选委员候选人:召开党员代表大会补选委员的,由大会主席团审议补选委员候选人预备人选(在党的基层委员会任期内召开党代表大会补选少量委员的,党代表大会可以不设大会主席团,由党的基层委员会召集并主持——编者注),以代表团(组)为讨论单位,充分酝酿讨论党的基层委员会、纪律检查委员会补选委员候选人建议名单,根据多数代表的意见确定补选委员候选人;召开党员大会的,党的基层委员会向党员大会介绍补选委员候选人预备人选酝酿产生的过程,提请大会讨论,根据多数党员的意见确定补选委员候选人。(6) 选举产生补选委员:召开党员代表大会的,将补选委员候选人提交党员代表大会进行选举;召开党员大会的,将补选委员候选人提交党员大会进行选举。党的基层纪律检查委员会委员补选结果应由同级党的基层委员会通过。(7) 报请上级党组织备案(审批):补选委员选举产生后,补选委员的党的基层委员会应及时向上级党组织呈报《关于××委员会补选××委员选举结果的报告(请示)》。(8) 上级党组织发出通知(批复):补选委员的党的基层委员会的上级党组织一般发出《关于×××等同志职务任免的通知》(当选委员是上级党组织审批的补选委员候选人预备人选——编者注)或《关于同意××委员会补选××委员选举结果的批复》(当选的委员中,只要有1人不是上级党组织审批的补选委员候选人预备人选名单里的——编者注)。

说明:《党组织选举工作手册》说明和基层党组织实践做法是:如选出的委员与上级党组织审查同意的候选人预备人选名单一致,一般办理备案手续;选举结果如有与上级党组织审查同意的候选人预备人选名单不一致的,应报请上级党组织审查批准。《中国共产党党和国家机关基层组织工作条例》第三十七条规定:"机关党的基层委员会(含不设党的基层委员会的总支部委员会、支部委员会)的设置调整、换届、委员会组成以及机关党的纪律检查委员会的组成,书记、副书记的任免等,经党组(党委)讨论决定后,报党的机关工作委员会审批。"《中国共产党国有企业基层组织工作条例(试行)》第五条明确:"中央企业直属企业(单位)党组织换届选举工作,以中央企业党委(党组)为主指导,审批程序按照党内有关规定办理。"

党总支部、党支部补选委员候选人产生程序是什么?

《党组织选举工作手册》要求:"党的总支部委员会(支部委员会)委员出现缺额,可召开党员大会补选。党的总支部委员会(支部委员会)召开党员大会补选委员的,可参照党的基层委员会召开党员大会补选党的基层委员会(纪律检查委员会)委员的做法。"根据党章等党内法规有关规定和《党组织选举工作手册》等有关要求,党的总支部委员会或支部委员会补选委员候选人产生程序如下(为了便于读者对党的总支部委员会、支部委员会补选委员有一个全面的了解和把握,这里提供的是党总支部、党支部补选委员的产生程序,当然也包括补选委员候选人产生程序——编者注):(1) 提出拟补选委员数额及选举办法:补选委员的党的总支部委员会或支部委员会，召开全体会议确定拟补选委员名额、条件及提名、选举产生办法，报上级党组织（指具有审批权限的党委或党组或党的机关工作委员会，下同——编者注）审批。(2) 提出补选委员候选人初步人选：补选委员的党的总支部委员会或支部委员会组织所属党组织（党小组）和党员酝酿推荐补选委员候选人，并根据多数党组织（党小组）和党员的意见提出补选委员候选人初步人选。然后将拟补选委员候选人初步人选名单印发所属党组织和党员，广泛征求党员和群众的意见。(3) 对补选委员候选人初步人选进行考察：补选委员的党的总支部委员会或支部委员会按照有关规定，对补选委员候选人初步人选进行考察。(4) 确定补选委员候选人预备人选：补选委员的党的总支部委员会或支部委员会根据考察结果、征求意见情况和有关规定，确定补选委员候选人预备人选（要求公示的还要按照有关规定进行公示——编者注），然后报上级党组织审查。(5) 确定补选委员候选人：补选委员的党的总支部委员会或支部委员会向党员大会介绍补选委员候选人预备人选酝酿产生的过程和基本情况，提请大会讨论并根据多数党员的意见确定补选委员候选人。(6) 选举产生补选委员：将补选委员候选人，提交党员大会进行选举。(7) 报请上级党组织备案（审批）：补选委员选举产生后，补选委员的党的总支部委员会或支部委员会应及时向上级党组织呈报《关于××委员会补选××委员选举结果的报告（请示）》。(8) 上级党组织发出通知（批复）：补选委员的党的总支部委员会或支部委员会的上级党组织一般发出《关于×××等同志职务任免的通知》或《关于同意××委员会补选××委员选举结果的批复》。

说明：《党组织选举工作手册》说明和基层党组织的实践做法是：如选出的委员与上级党组织审查同意的候选人预备人选名单一致，通常办理备案手续，上级党组织不再批复；选举结果如有与上级党组织审查同意的候选人预备人选名单不一致的，应向上级党组织办理报批手续，请上级党组织审查批准。《中国共产党党和国家机关基层组织工作条例》第三十七条规定：“机关党的基层委员会（含不设党的基层委员会的总支部委员会、支部委员会）的设置调整、换届、委员会组成以及机关党的纪律检查委员会的组成，书记、副书记的任免等，经党组（党委）讨论决定后，报党的机关工作委员会审批。”《中国共产党国有企业基层组织工作条例（试行）》第五条明确：“中央企业直属企业（单位）党组织换届选举工作，以中央企业党委（党组）为主指导，审批程序按照党内有关规定办理。”

党的基层委员会增补常委候选人产生程序是什么？

《党组织选举工作手册》解释："党的委员会、纪律检查委员会的常务委员会委员出缺或者书记、副书记出缺，可以召开委员会全体会议补选；也可以由上级党组织指派。"党的基层委员会补选常务委员会委员候选人一般按以下程序产生（为便于读者对党的基层委员会补选常务委员会委员有一个全面了解和把握，这里提供的是党的基层委员会补选常委的产生程序，当然也包括补选常委候选人产生程序——编者注）：(1) 提出拟补选常委数额及选举办法：补选常委的党的基层委员会，召开全体会议确定拟补选的常委名额、条件、差额数及提名、选举产生办法，报上级党组织（指具有审批权限的党委或党组或党的机关工作委员会，下同——编者注）审批。(2) 提出拟补选常委候选人初步人选：拟补选常委不是党的基层委员会委员的，补选常委的党的基层委员会组织所属党组织和党员酝酿、推荐、提名并根据多数党组织和党员的意见，提出拟补选常委为委员候选人初步人选，同时提出拟补选常委候选人初步人选；拟补选常委是党的基层委员会委员的，补选常委的党的基层委员会可直接提出拟补选常委候选人初步人选。然后将拟补选常委候选人初步人选名单印发所属党组织和党员，广泛征求党员和群众的意见。(3) 对拟补选常委候选人初步人选进行考察：补选常委的党的基层委员会按照有关规定和要求，报请上级党组织对拟补选常委候选人初步人选进行考察。(4) 确定补选常委候选人预备人选：补选常委的党的基层委员会根据考察结果、征求意见情况和有关规定，确定补选常委候选人预备人选（要求公示的还要按照有关规定进行公示——编者注），然后报上级党组织审查。(5) 确定拟补选常委为委员候选人（拟补选常委不是党的基层委员会委员的有此步骤，拟补选常委是党的基层委员会委员的无此步骤——编者注）：召开党员代表大会补选常委候选人预备人选为委员的，先由大会主席团或党的基层委员会审议拟补选常委候选人预备人选（并作为建议名单——编者注），然后以代表团（组）为讨论单位，充分酝酿讨论拟补选常委候选人建议名单，根据多数代表的意见确定拟补选常委为委员候选人；召开党员大会补选常委候选人预备人选为委员的，党的基层委员会向党员大会介绍拟补选常委候选人预备人选酝酿产生的过程，提请大会讨论，根据多数党员的意见确定拟补选常委为委员候选人。(6) 选举拟补选常委为党的基层委员会委员(拟补选常委不是党的基层委员会委员的有此步骤,拟补选常委是党的基层委员会委员的无此步骤——编者注):由党员代表大会或党员大会选举拟补选常委候选人预备人选为党的基层委员会委员。(7) 确定拟增补常委候选人:将拟补选常委候选人预备人选名单提交党的基层委员会全体会议进行充分酝酿,根据多数委员的意见确定为常委候选人;由党员大会或基层党代表大会选举的,将拟补选常委候选人预备人选名单提交党员代表大会或党员大会进行充分讨论,根据多数代表或党员的意见确定为常委候选人。(8) 选举产生补选的常务委员会委员:将补选常委候选人,提交党的基层委员会全体会议进行选举;由党员大会或基层党代表大会选举的,将按规定程序和要求确定的补选常委候选人,提交党员代表大会或党员大会进行选举。(9) 报请上级党组织备案(审批):补选常委选举产生后,补选常委的党的基层委员会应及时向上级党组织呈报《关于中共××委员会补选常委选举结果的报告》(当选的常委与上级党组织审批的候选人预备人选名单一致的——编者注)或《关于中共××委员会补选常委选举结果的请示》(补选常委的选举结果如有与上级党组织审批的候选人预备人选名单不一致的——编者注)。(10) 上级党组织发出通知(批复):补选常委的党的基层委员会的上级党组织一般发出《关于×××等同志职务任免的通知》(当选的常委与上级党组织审批的候选人预备人选名单一致的——编者注)或《关于同意中共××委员会补选常委选举结果的批复》(补选常委的选举结果如有与上级党组织审批的候选人预备人选名单不一致的——编者注)。

说明:①补选常委必须实行差额选举,差额数一般为1名。②在实际工作中,如选出的常委与上级党组织审查同意的候选人预备人选名单一致,通常办理备案手续,上级党组织不再批复;结果如有与上级党组织审查同意的候选人预备人选名单不一致的,应向上级党组织办理报批手续,请上级党组织审查批准。③党的基层委员会常务委员会委员出现缺额,一般由上级党组织根据党章、《中国共产党基层组织选举工作暂行条例》等规定,直接进行调动或者指派,不采取补选的形式。④《中国共产党党和国家机关基层组织工作条例》第三十七条规定:“机关党的基层委员会(含不设党的基层委员会的总支部委员会、支部委员会)的设置调整、换届、委员会组成以及机关党的纪律检查委员会的组成,书记、副书记的任免等,经党组(党委)讨论决定后,报党的机关工作委员会审批。”《中国共产党国有企业基层组织工作条例(试行)》第五条明确："中央企业直属企业(单位)党组织换届选举工作，以中央企业党委(党组)为主指导，审批程序按照党内有关规定办理。”⑤有关文本格式样例请参阅本书第七章的相关内容。

党的基层委员会补选书记或副书记候选人产生程序是什么？

党章第十三条规定："在党的地方各级代表大会和基层代表大会闭会期间，上级党的组织认为有必要时，可以调动或者指派下级党组织的负责人。”《中国共产党基层组织选举工作暂行条例》第十五条规定："上级党的组织认为有必要时，可以调动或者指派下级党组织的负责人。”据此规定，党的基层委员会、纪律检查委员会的常委、书记、副书记出现缺额，一般采取由出现缺额的党的基层委员会集体讨论并向上级党组织提出《关于×××等同志职务任免的请示》，报请上级党组织调动或者指派，上级党组织审查批准后下发《关于×××等同志职务任免的批复》。补选党的基层委员会、纪律检查委员会书记或副书记，一般按照以下程序产生(为便于读者对党的基层委员会、纪律检查委员会补选书记或副书记有一个全面了解和把握，这里提供的是补选书记或副书记产生程序，当然也包括补选书记或副书记候选人产生程序——编者注)：(1) 提出拟补选书记或副书记数额及选举办法：补选书记或副书记的党的基层委员会，召开委员会全体会议，确定拟补选的党的基层委员会或纪律检查委员会的书记或副书记名额、条件及提名、选举产生办法，报上级党组织(指具有审批权限的党委或党组或党的机关工作委员会，下同——编者注)审批。(2) 提出拟补选书记或副书记为委员候选人初步人选(拟补选书记或副书记不是党的基层委员会或纪律检查委员会委员的有此步骤，是党的基层委员会或纪律检查委员会委员的无此步骤——编者注)：补选书记或副书记的党的基层委员会组织所属党组织和党员按照有关规定和要求进行酝酿、推荐、提名，并根据多数党组织和党员的意见，提出拟补选书记或副书记为委员候选人初步人选。(3) 提出拟补选书记或副书记为常委候选人初步人选(拟补选书记或副书记不是党的基层委员会或纪律检查委员会常务委员会委员的有此步骤，是的或不设常务委员会的无此步骤——编者注)：补选书记或副书记的党的基层委员会根据有关规定、工作需要等实际情况，提出拟补选书记或副书记为常务委员会委员候选人初步人选。(4) 提出拟补选书记或副书记候选人初步人选：补选书记或副书记的党的基层委员会根据有关规定、工作需要等实际情况，提出拟补选书记或副书记候选人初步人选。(5) 广泛征求党员和群众意见：补选书记或副书记的党的基层委员会，根据有关规定和要求，将提出的拟补选书记或副书记候选人初步人选名单印发所属党组织和党员，广泛征求党员和群众的意见。(6) 对拟补选书记或副书记候选人初步人选进行考察：补选书记或副书记的党的基层委员会按照有关规定，报请上级党组织对拟补选书记或副书记候选人初步人选进行考察。(7) 确定补选书记或副书记候选人预备人选：补选书记或副书记的党的基层委员会根据考察结果、征求意见情况和有关规定，确定补选书记或副书记候选人预备人选(要求公示的还要按照有关规定进行公示——编者注)，然后报上级党组织审查批准。(8) 确定拟补选书记或副书记为委员候选人(拟补选书记或副书记不是党的基层委员会或纪律检查委员会委员的有此步骤，是的无此步骤——编者注)：召开党员代表大会补选书记或副书记候选人预备人选为委员的，先由大会主席团或党的基层委员会审议拟补选书记或副书记候选人预备人选(并作为建议名单)，然后以代表团(组)为讨论单位，充分酝酿讨论，根据多数代表的意见确定拟补选书记或副书记为委员候选人；召开党员大会补选书记或副书记候选人预备(建议)人选为委员的，党的基层委员会向党员大会介绍拟补选书记或副书记候选人预备(建议)人选酝酿产生的过程，提请大会讨论，根据多数党员的意见确定拟补选书记或者副书记为委员候选人。(9) 选举拟补选书记或副书记为委员(拟补选书记或副书记不是党的基层委员会或纪律检查委员会委员的有此步骤，是的无此步骤——编者注)：由党员代表大会或党员大会选举拟补选书记或副书记候选人预备(建议)人选为党的基层委员会或纪律检查委员会委员。(10) 确定拟增补书记或副书记为常务委员会委员候选人(拟补选书记或副书记不是常务委员会委员的有此步骤，是的或不设常务委员会的则无此步骤——编者注)：将拟补选书记或副书记的常委候选人预备(建议)人选名单提交党的基层委员会或纪律检查委员会全体会议进行充分酝酿，根据多数委员的意见确定为常委候选人；由党员大会或基层党代表大会选举的，将拟补选书记或副书记的常委候选人预备(建议)人选名单提交党员代表大会或党员大会进行充分讨论，根据多数代表或党员的意见确定为常委候选人。(11) 选举拟增补书记或副书记为常委(拟补选书记或副书记不是常务委员会委员的有此步骤,是的或不设常务委员会的则无此步骤——编者注):将拟补选书记或副书记的常委候选人,提交党的基层委员会或纪律检查委员会全体会议进行选举;由党员大会或基层党代表大会选举的,将拟补选书记或副书记的常委候选人,提交党员代表大会或党员大会进行选举。(12) 确定拟补选书记或副书记候选人:将拟补选书记或副书记候选人预备(建议)人选名单提交党的基层委员会或纪律检查委员会全体会议进行充分酝酿,根据多数委员的意见确定为补选书记或副书记候选人;由党员大会或基层党代表大会选举的,将书记、副书记候选人预备(建议)人选名单提交党员代表大会或党员大会进行充分讨论,根据多数代表或党员意见确定为书记或副书记候选人。(13) 选举产生补选书记或副书记:将补选书记或副书记候选人提交党的基层委员会或纪律检查委员会全体会议进行选举;由党员大会或基层党代表大会选举的,将补选书记或副书记候选人提交党员代表大会或党员大会进行选举。(14) 通过补选的党的基层纪律检查委员会书记或副书记(不设党的基层纪律检查委员会、不补选党的基层纪律检查委员会书记或副书记的,均无此程序——编者注):党的基层纪律检查委员会书记或副书记补选结果,应由同级党的基层委员会通过。(15) 报请上级党组织备案(审批):补选书记或副书记选举产生后,补选书记或副书记的党的基层委员会应及时向上级党组织呈报《关于中共××委员会补选书记(副书记)选举结果的报告》(当选的书记或副书记与上级党组织审批的候选人预备人选名单一致的——编者注)或《关于中共××委员会补选书记(副书记)选举结果的请示》(选举结果如有与上级党组织审批的候选人预备人选名单不一致的——编者注)。(16) 上级党组织发出通知(批复):补选书记或副书记的党的基层委员会的上级党组织一般发出《关于×××等同志任职的通知》(当选的书记或副书记与上级党组织审批的候选人预备人选名单一致的——编者注)或《关于同意中共××委员会补选书记(副书记)选举结果的批复》(选举结果如有与上级党组织审批的候选人预备人选名单不一致的——编者注)。

说明: ① 补选书记或副书记,一般实行等额选举(补选的书记或副书记不是委员会委员、常委的,要先补选为委员、常委,也可等额补选为委员、常委。但都需报请上级党组织批准)。② 在实际工作中,如补选产生的书记或副书记与上级党组织审查同意的候选人预备人选名单一致,通常向上级党组织呈报关于补选结果的报告；选举结果如有与上级党组织审查同意的候选人预备人选名单不一致的，应向上级党组织呈报关于补选书记或副书记选举结果的请示。③ 党的基层组织书记或副书记出现缺额，建议由上级党组织根据党章、《中国共产党基层组织选举工作暂行条例》等规定，直接进行调动或者指派，不采取补选的形式。④《中国共产党党和国家机关基层组织工作条例》第三十七条规定："机关党的基层委员会（含不设党的基层委员会的总支部委员会、支部委员会）的设置调整、换届、委员会组成以及机关党的纪律检查委员会的组成，书记、副书记的任免等，经党组（党委）讨论决定后，报党的机关工作委员会审批。"《中国共产党国有企业基层组织工作条例（试行）》第五条明确："中央企业直属企业（单位）党组织换届选举工作，以中央企业党委（党组）为主指导，审批程序按照党内有关规定办理。"⑤ 有关文本格式样例请参阅本书第七章的相关内容。

党总支部（党支部）补选书记或副书记候选人产生程序是什么？

党的总支部委员会或支部委员会的书记或者副书记出现缺额，一般采取由出现缺额的党的总支部委员会或支部委员会集体讨论并向上级党组织呈报《关于×××等同志职务任免的请示》，报请上级党组织（指具有审批权限的党委或党组或党的机关工作委员会，下同——编者注）批准，上级党组织审查批准后下发《关于×××等同志职务任免的批复》。补选党的总支部委员会或支部委员会的书记或副书记的，一般按照以下程序进行（为便于读者对补选党的总支部委员会或支部委员会书记或副书记有一个全面了解和把握，这里提供的是补选党总支部或党支部书记或副书记的产生程序，当然也包括补选书记或副书记候选人产生程序——编者注）。（1）提出拟补选书记或副书记数额及选举办法：补选书记或副书记的党的总支部委员会或支部委员会，召开委员会全体会议（不设委员会的党支部为支部大会——编者注）确定拟补选的书记或副书记名额、条件及提名、选举产生办法，报上级党组织审批。（2）提出拟补选书记或副书记为委员候选人初步人选（拟补选书记或副书记不是党的总支部委员会或支部委员会委员的有此步骤，是的或不设委员会的党支部无此步骤——编者注）：补选书记或副书记的党的总支部委员会或支部委员会组织（党小组）所属党组织和党员按照有关规定和要求进行酝酿、推荐、提名，并根据多数党组织（党小组）和党员的意见，提出拟补选书记或副书记为委员候选人初步人选。（3）提出拟补选书记或副书记候选人初步人选：补选书记或副书记的党的总支部委员会或支部委员会根据有关规定、工作需要等实际情况，提出拟补选书记或副书记候选人初步人选。（4）广泛征求党员和群众意见：补选书记或副书记的党的总支部委员会或支部委员会（不设委员会的支部为党支部——编者注），根据有关规定和要求，将提出的拟补选书记或副书记候选人初步人选名单印发所属党组织（党小组）和党员，广泛征求党员和群众的意见。（5）对拟补选书记或副书记候选人初步人选进行考察：补选书记或副书记的党的总支部委员会或支部委员会（不设支部委员会为党支部——编者注）按照有关规定，报请上级党组织对拟补选书记或副书记候选人初步人选进行考察。（6）确定补选书记或副书记候选人预备人选：补选书记或副书记的党的总支部委员会或支部委员会全体会议（不设委员会的党支部为支部大会——编者注）根据考察结果、征求党员和群众意见情况和有关规定，确定补选书记或副书记候选人预备人选（要求公示的还要按照有关规定进行公示——编者注），然后报上级党组织审查。（7）确定拟补选书记或副书记为委员候选人（拟补选书记或副书记不是党的总支部委员会或支部委员会委员的有此步骤，是的或不设委员会的党支部均无此步骤——编者注）：党的总支部委员会或支部委员会向党员大会介绍拟补选书记或副书记候选人预备人选酝酿产生的过程，提请大会讨论，根据多数党员的意见确定拟补选书记或副书记为委员候选人。（8）选举拟补选书记或副书记为委员会委员（拟补选书记或副书记不是党的总支部委员会或支部委员会委员的有此步骤，是的或不设委员会的党支部无此步骤——编者注）：由党员大会选举拟补选书记或副书记候选人预备人选为党的总支部委员会或支部委员会委员。（9）确定拟补选书记或副书记候选人：将拟补选书记或副书记候选人预备人选名单提交党的总支部委员会或支部委员会全体会议进行充分酝酿，根据多数委员的意见确定为补选书记或副书记候选人；由党员大会选举的，将拟补选书记或副书记候选人预备人选名单提交党员大会进行充分讨论，根据多数党员意见确定为补选书记或副书记候选人。（10）选举产生补选书记或副书记：将补选书记或副书记候选人提交党的总支部委员会或支部委员会全体会议进行选举；由党员大会选举的，将补选书记或副书记候选人提交党员大会进行选举。（11）报请上级党组织备案(审批):补选书记或副书记选举产生后,补选书记或副书记的党的总支部委员会或支部委员会(不设支部委员会为党支部——编者注)应及时向上级党组织呈报《关于补选书记(副书记)选举结果的报告》(当选的书记或副书记与上级党组织审批的候选人预备人选名单一致的——编者注)或《关于补选书记(副书记)选举结果的请示》(选举结果如有与上级党组织审批的候选人预备人选名单不一致的——编者注)。(12) 上级党组织发出通知(批复):补选书记或副书记的党的总支部委员会或支部委员会的上级党组织一般发出《关于×××等同志任职的通知》(当选的书记或副书记与上级党组织审批的候选人预备人选名单一致的——编者注)或《关于同意中共××委员会(支部)补选书记(副书记)选举结果的批复》(选举结果如有与上级党组织审批的候选人预备人选名单不一致的——编者注)。

说明: ① 补选书记或副书记,一般实行等额选举[补选的书记或副书记不是委员会委员的,要先补选为委员(可等额补选为委员),但需报请上级党组织批准]。② 在实践中,如补选产生的书记或副书记与上级党组织审查同意的候选人预备人选名单一致,向上级党组织呈报选举结果的报告;选举结果如有与上级党组织审查同意的候选人预备人选名单不一致的,应报请上级党组织批准选举结果。③《中国共产党党和国家机关基层组织工作条例》第三十七条规定:“机关党的基层委员会(含不设党的基层委员会的总支部委员会、支部委员会)的设置调整、换届、委员会组成以及机关党的纪律检查委员会的组成,书记、副书记的任免等,经党组(党委)讨论决定后,报党的机关工作委员会审批。”《中国共产党国有企业基层组织工作条例(试行)》第五条明确 :“中央企业直属企业(单位)党组织换届选举工作,以中央企业党委(党组)为主指导,审批程序按照党内有关规定办理。”④ 程序中涉及的有关文本格式样例,请参阅本书第七章的相关内容。

第三节　党的基层组织负责人指派

☛ 上级党组织能否指派下级党的基层组织的负责人?

在任期内可以指派。党章第十三条规定:“在党的地方各级代表大会和基层代表大会闭会期间，上级党的组织认为有必要时，可以调动或者指派下级党组织的负责人。”《中国共产党基层组织选举工作暂行条例》第十五条规定：“上级党的组织认为有必要时，可以调动或者指派下级党组织的负责人。”1991 年 8 月 17 日中共中央组织部在《党的基层组织选举工作问答(四)》中解答：“党的基层组织的书记、副书记或常委，因各种原因出现空缺时，可以由上级党组织指派，也可以补选。”

注意：换届选举时，党的基层组织负责人是不能由上级党组织指派的，不能留下常委、书记、副书记职位不选，而等到党员大会或党代表大会闭会后指派。

☛ 因需要整顿暂缓换届选举的基层党组织领导人能否指派？

能。1980 年 2 月 29 日党的十一届五中全会通过的《关于党内政治生活的若干准则》规定：“凡是需要整顿，暂不具备民主选举条件的单位，经上级党组织批准，可暂缓举行选举，其领导人由上级指派。”

☛ 上级党组织指派下级党组织负责人要注意哪些问题？

《党组织选举工作手册》对党的基层组织调动或者指派下级党组织负责人应注意把握的问题提出的要求是：“(1) 上级党组织(指具有审批权限的党委或党组或党的机关工作委员会，下同——编者注)只能调动或者指派下级党组织(对于党的基层组织而言，包括党的基层委员会、纪律检查委员会、总支部委员会、支部委员会、不设委员会的党支部，下同——编者注)的负责人，即只能调动或者指派下级党的委员会、纪律检查委员会常务委员会委员，书记，副书记。(2) 上级党组织指派下级党组织的负责人，必须严格按照《党政领导干部选拔任用工作条例》的规定办事。(3) 下级党组织的负责人原则上都应由选举产生。上级党组织对其调动或者指派，一定要慎重：一是必须是工作需要；二是调动或者指派下级党组织负责人的数额应有所限制。”

注意：根据《中国共产党地方委员会工作条例(试行)》的规定，在下级党的委员会任期内，调动或者指派下级党组织负责人的数额一般不得超过常务委员会委员职数的二分之一。对于党的基层组织来说，上级党组织指派下级设常务委员会的党的基层委员会(纪律检查委员会)常委、书记、副书记的数额不能超过常务委员会委员职数的二分之一。对于不设常务委员会的党的基层委员会(纪律检查委员会)、总支部委员会、支部委员会来说,根据有关规定和要求,其负责人即书记、副书记的数额是不会超过委员会委员职数(不设委员会的党支部为党支部正式党员人数)的二分之一的,故上级党组织指派书记、副书记数额是不会超过委员职数(不设委员会的党支部正式党员人数)半数的。

党的基层委员会委员、常委、书记、副书记任免、增补有何要求?

1990 年 4 月 21 日中央组织部《关于基层党委委员的任免、增补问题的答复》对此作出的解答是:"(1) 经上级党委批准设立的正式基层党委,在一般情况下,党委委员都应该由选举产生(经批准成立的临时党组织的委员、书记、副书记可以由批准其成立的党组织指派,也可以由临时党组织选举——编者注)。(2) 上级党组织根据工作需要,可以调动和任免基层党委的书记、副书记、常委,并同时任免其委员职务。(3) 基层党委根据工作需要,对已批准离退休或因各种原因不适宜继续担任委员、需要安排他们退出领导班子的,一般应由委员会提出意见,报经上级党委同意,提交党员大会或代表大会讨论决定,并补选出缺额的委员。"

注意:《中国共产党党和国家机关基层组织工作条例》第三十七条规定:"机关党的基层委员会(含不设党的基层委员会的总支部委员会、支部委员会)的设置调整、换届、委员会组成以及机关党的纪律检查委员会的组成,书记、副书记的任免等,经党组(党委)讨论决定后,报党的机关工作委员会审批。"

上级党组织指派下级党的基层组织负责人的流程是什么?

根据党章、《中国共产党基层组织选举工作暂行条例》等党内法规的有关规定,上级党组织(指具有审批权限的党委或党组或党的机关工作委员会,下同——编者注)可以调动或指派下级党的基层组织(包括党的基层委员会、纪律检查委员会、总支部委员会、支部委员会和不设支部委员会的党支部,下同——编者注)的常委、书记、副书记(但必须是在任期内——编者注)。

上级党组织调动下级党的基层组织负责人,一般由上级党组织直接下发

《关于×××等同志职务任免的通知》(调动下级党的基层组织负责人一般是有任有免、先任后免——编者注)或《关于×××同志任职的通知》。

上级党组织指派下级党的基层组织负责人，一般有两种形式：(1) 上级党组织直接下发《关于×××等同志职务任免的通知》(指派下级党的基层组织负责人有任有免时——编者注)或《关于×××等同志任职的通知》(指派下级党的基层组织负责人有任无免时——编者注)或《关于×××同志任职的通知》(只涉及1名任职同志时——编者注)；(2) 比较常用的是“先请示后指派”形式，即由需要增补常委或书记或副书记的党的基层组织向上级党组织提出请示，上级党组织进行批复。采用“先请示后指派”形式指派党的基层组织负责人的流程一般是：①先行报告。需要增补常委或书记或副书记的党的基层组织，要提前派人向上级党组织负责人或有关部门报告拟任免常委或书记或副书记的缘由、人选等有关情况，请上级党组织指导把关。②集体研究。需要任免常委或书记或副书记的党的基层组织设立的委员会召开全体会议(不设委员会的支部为支部大会——编者注)，集体讨论任免常委或书记或副书记的有关事宜。③呈报请示。会后，请示指派常委或书记或副书记的党的基层组织设立的委员会(不设委员会的支部为党支部——编者注)，向上级党组织呈报《关于×××等同志职务任免的请示》。请示内容一般包括：任免常委或书记或副书记的理由；拟任常委或书记或副书记拟任的职务及基本情况；拟免去常委或书记或副书记职务的人员(没有拟免职务人员的不写——编者注)等。④上级审批。上级党组织接到下级党组织的请示后，召开委员会全体会议，对请示的有关事项进行审查，集体研究决定任免下级党组织常委或书记或副书记的有关事宜。⑤印发批复。上级党组织审查同意后，及时向请示任免常委或书记或副书记的党的基层组织下发《关于×××等同志职务任免的批复》。

注意：①调动或任免党的基层组织的常委，如果不是委员会委员的，要同时任免其委员职务。②调动或任免党的基层组织的书记或副书记，如果不是委员会委员和设常务委员会常委的，要同时任免其委员、常委(不设常务委员会的除外)职务。③调动或任免党的基层组织的书记或副书记，如果是委员、不是常委(设常务委员会)的，要同时任免其常委职务(不设常务委员会的除外)。④《中国共产党党和国家机关基层组织工作条例》第三十七条规定：“机关党的基层委员会(含不设党的基层委员会的总支部委员会、支部委员会)的设置调整、换届、委员会组成以及机关党的纪律检查委员会的组成，书记、副书记的任免等，经党组（党委）讨论决定后，报党的机关工作委员会审批。”⑤有关文本样例请参阅本书第七章的相关内容。

调动或任免党的基层组织负责人能否同时任免其委员职务？

能。这个问题是针对调动或任免的常委或书记或副书记不是委员会的委员而提出来的。如果调动或任免的常委或书记或副书记本身就是委员会的委员，也就不存在再任免其为委员会委员职务的问题。中央组织部《组工通讯》（1990）第24期对此解答：上级党组织根据工作需要，可以调动和任免基层党委的书记、副书记、常委，并同时任免其委员职务。《党组织选举工作手册》进一步说明：“在党员大会或党代表大会闭会期间，上级党组织（指具有权限的党委或党组或党的机关工作委员会，下同——编者注）指派的常委、书记、副书记不必再经委员会全体会议选举；常委、书记、副书记自然是委员会的委员，不需要再履行增补委员的手续。”

指派的党的基层组织负责人是否需要确认为委员？

在党员大会或党的基层代表大会闭会期间，上级党组织（指具有权限的党委或党组或党的机关工作委员会，下同——编者注）指派的常委、书记、副书记不需要在下次党员大会或党代表大会上确认其为委员会的委员。这个问题是针对指派的常委或书记或副书记不是委员会的委员而提出来的。如果指派的常委或书记或副书记本身就是委员会的委员，也就不存在再在下次党员大会或党的基层代表大会上确认其为委员的问题。

第七章　基层党组织选举工作常用文本

党的基层组织选举需要大量的文件材料。实践证明，规范做好党的基层组织选举各种文件材料的起草、印制、报送、收发、归档等工作，对党的基层组织规范选举工作、顺利进行选举至关重要。本章依据党章、《中国共产党基层组织选举工作暂行条例》等党内法规、规范性文件的有关规定和《党组织选举工作手册》《党的地方和基层组织选举工作流程》等提供的文本样例，结合党的基层组织实际，具体分党的基层组织选举通知类会议材料、党的基层组织选举名册类会议材料、党的基层组织选举文件类会议材料、党的基层组织选举主持词、党的基层组织选举其他会议材料五个章节，提供了党的基层组织选举可能用到的文件材料文本样例，供党的基层组织在选举中参考。

第一节　党的基层组织选举通知类会议材料

关于同意召开党的基层代表大会进行选举的通知文本样例是什么？

上级党委收到下级党委关于召开党的基层代表大会的请示后，应责成基层党委组织部（党委没有组织部门的应由组织委员——编者注）对下级基层党委的请示进行审查，提出批复意见，经党委集体讨论同意后，向呈报请示的下级基层党委发出批复文件。文本样例如下：

关于同意召开中国共产党×××第×次代表大会进行换届选举的通知

中共×××委员会（指召开党的基层代表大会的党的基层委员会——编者注）：

你们2018年6月5日《关于召开中国共产党×××第×次代表大会进行换届选举的请示》收悉。经研究：

一、同意你们2018年7月召开中国共产党×××第×次代表大会进行换届选举和大会议程。

二、同意你们提出的代表名额和差额比例。各方面代表的比例只作为指导性比例。

三、同意你们提出的第×届党委委员、常委、书记、副书记和纪委委员、书记、副书记名额和候选人名额，以及党委委员、常委和纪委委员的差额比例。

四、原则同意你们提出的选举办法。

中共×××委员会

2018年6月12日

关于同意召开中国共产党×××代表大会补选委员的通知

中共×××委员会(指召开党的基层代表大会的党的基层委员会——编者注)：

你们×月×日《关于召开中国共产党×××代表大会补选委员的请示》收悉。经研究：

一、同意你们2018年7月召开中国共产党×××代表大会补选委员和大会议程。

二、同意你们提出的出席会议的代表是换届选举时选出的代表。个别代表出缺的，可视情由其选举单位根据有关规定补选。

三、同意你们提出的补选委员名额和候选人名额、差额人数。

四、原则同意你们提出的选举办法。

中共×××委员会

2018年5月30日

关于同意召开党员大会进行选举的通知文本样例是什么？

上级党组织收到下级党组织关于召开党员大会的请示后，应责成组织部门(没有组织部门的应由组织委员——编者注)对下级党组织的请示进行审查，提出批复意见，经委员会集体讨论同意后，向呈报请示的下级党组织发出批复文件。文本样例如下：

关于同意召开党员大会进行换届选举的通知

中共×××委员会(指召开党员大会的党的基层组织设立的委员会——编者注)：

你们×月×日《关于召开党员大会进行换届选举的请示》收悉。经研究：

一、同意你们2018年7月召开党员大会进行换届选举和大会议程。

二、同意你们提出的下一届党委(党总支部、党支部)委员、常委、书记、副书记和纪委委员、书记、副书记名额和候选人名额,以及党委(党总支部、党支部)委员、常委和纪委委员的差额比例。

三、原则同意你们提出的选举办法。

中共×××委员会

2018年5月30日

关于同意召开党员大会补选委员的通知

中共×××委员会(指召开党员大会的党的基层组织设立的委员会——编者注):

你们×月×日《关于召开党员大会补选委员的请示》收悉。经研究:

一、同意你们2018年7月召开党员大会补选委员和大会议程。

二、同意你们提出的补选委员名额和候选人名额,以及补选委员差额人数。

三、原则同意你们提出的选举办法。

中共×××委员会

2018年5月30日

关于同意召开党员大会进行换届选举及选举候选人预备人选的通知

中共×××委员会(指召开党员大会进行换届选举的党的基层组织设立的委员会——编者注):

你们×月×日《关于召开党员大会进行换届选举及选举候选人预备人选的请示》收悉。经研究:

一、同意你们2018年7月召开党员大会进行换届选举和大会议程。

二、同意你们提出的新一届委员会由5名同志组成,×××、×××、×××、×××、×××、×××6名同志为委员候选人预备人选。

三、同意你们提出的×××同志为书记候选人预备人选,×××同志为副书记候选人预备人选。

四、原则同意你们提出的选举办法。

中共×××委员会

2018年5月30日

关于同意召开党员大会
补选副书记及补选副书记候选人预备人选的通知

中共×××支部(指召开党员大会补选副书记的不设委员会的党支部——编者注)：

你们×月×日《关于召开党员大会补选副书记及副书记候选人预备人选的请示》收悉。经研究：

一、同意你们2018年7月召开党员大会补选副书记和大会议程。

二、同意你们提出的×××同志为补选副书记候选人预备人选。

三、原则同意你们提出的选举办法。

中共×××委员会

2018年5月30日

☛ 关于对延期进行换届选举请示进行批复的文本样例是什么?

党组织收到下级党组织呈报的关于延期召开党员大会(党代表大会)进行换届选举的请示后,要及时召开委员会全体会议,集体讨论下级党组织提出的延期换届选举的请示。如果不符合延期换届选举的条件,要作出按期换届选举的决定;如具备延期换届选举条件,即作出批准延期换届选举的决定。无论是同意还是不同意下级党组织延期进行换届选举,都要及时向下级党组织发出批复。文本样例如下:

关于不同意中共×××委员会延期
召开党员大会(党代表大会)进行换届选举的批复

中共×××委员会(指请示延期换届选举的基层党组织,不设支部委员会的为支部——编者注):

你们2017年5月15日呈报的《中共×××委员会关于延期召开党员大会(党代表大会)进行换届选举的请示》收悉。经研究:

一、不同意你们于2017年11月中旬召开党员大会(党代表大会)进行换届选举。

二、请你们于2017年7月上旬召开党员大会(党代表大会)进行换届选举。

三、请你们于2017年6月20日前,向我委呈报《中共×××委员会关于召开党员大会(党代表大会)进行换届选举及换届候选人预备人选的请示》。

中共×××委员会

2017 年 5 月 20 日

关于同意中共×××委员会延期
召开党员大会(党代表大会)进行换届选举的批复

中共×××委员会(指请示延期换届选举的基层党组织,不设支部委员会的为支部——编者注):

你们 2017 年 5 月 15 日呈报的《中共×××委员会关于延期召开党员大会(党代表大会)进行换届选举的请示》收悉。经研究:

一、原则同意你们于 2017 年 11 月中旬召开党员大会(党代表大会)进行换届选举。

二、请你们充分做好召开党员大会(党代表大会)进行换届选举的各项筹备工作,确保换届选举顺利完成,选好新一届基层党组织领导班子。

三、请你们于 2017 年 10 月 20 日前,向我委呈报《中共×××委员会关于召开党员大会(党代表大会)进行换届选举及换届候选人预备人选的请示》。

中共×××委员会

2017 年 5 月 20 日

☛ 关于调动或指派党的基层组织负责人的通知文本样例是什么?

党的基层组织常委、书记、副书记出现缺额,可以根据党章、《中国共产党基层组织选举工作暂行条例》等有关规定和要求,由上级党组织调动或指派。调动或指派下级党组织负责人的文本样例如下:

关于×××等同志职务任免的通知

中共×××委员会(指被调动或指派负责人的基层党组织,下同——编者注):

你们 2017 年 4 月 20 日呈报的《中共×××委员会关于×××等同志职务任免的报告》收悉。经研究决定:

于忠诚同志任中共×××委员会委员、书记。

免去翁爱国同志的中共×××委员会书记、委员职务。

中共×××委员会(指调动或指派负责人的上级党组织,下同——编者注)

2017 年 5 月 1 日

关于×××等同志职务任免的通知

中共×××委员会：

根据党章规定，中共×××委员会（指指派下级党组织负责人的党组织，下同——编者注）决定：

于忠诚同志任中共×委员会委员、书记。

免去翁爱国同志的中共×委员会书记、委员职务。

中共×××委员会

2017 年 5 月 1 日

关于做好党的基层代表大会代表选举工作的通知文本样例是什么？

召开党的基层代表大会的请示经上级党组织批准后，经批准召开党代表大会的党的基层委员会即应召开代表选举工作会议。会后要根据党的基层委员会全体会议的决议和上级党组织的批复精神，向所属党组织发出代表选举工作的通知。文本样例如下：

关于中国共产党×××第×次代表大会代表选举工作的通知

各党委、党总支、党支部（指召开党代表大会的党的基层委员会所属党组织——编者注）：

中共×××第×届委员会第××次全体会议决定，并报×委（指组织召开党员代表大会的党委的上级党委——编者注）批准，中共×××第×次代表大会于 2018 年 10 月召开。根据党章、《中国共产党基层组织选举工作暂行条例》等有关规定和要求，现就代表选举工作的有关事项通知如下：

一、中国共产党×××第×次代表大会代表名额共 109 名。代表名额的分配，根据党委所辖党组织的数量、党员人数和工作需要确定。具体名额分配方案附后。

二、党委（指经批准召开党员代表大会的党委，下同——编者注）提名有关选举单位选举的中国共产党×××第×次代表大会代表候选人名单，由党委另行通知。

三、中国共产党×××第×次代表大会代表，应是共产党员中的优秀分子，能够较好地体现共产党员先进性要求。他们能够努力学习马克思列宁主义、毛泽东思想、邓小平理论、“三个代表”重要思想和科学发展观，深入学习贯彻习近平总书记系列重要讲话精神，坚定共产主义远大理想和中国特色社会主义共同理想，坚定中国特色社会主义道路自信、理论自信、制度自信、文化自信；能够坚决执行党的路线方针政策和决议，认真贯彻党中央治国理政新理念新思想新战略，带头落实“五位一体”总体布局和“四个全面”战略布局的要求，政治意识、大局意识、核心意识、看齐意识强，对党忠诚，自觉维护党的团结和集中统一，在思想上政治上行动上坚决同以习近平同志为核心的党中央保持高度一致，立场坚定，明辨是非，坚持原则，在关键时刻经得起考验；能够自觉践行党的根本宗旨和社会主义核心价值观，认真落实“三严三实”要求，密切联系群众，热忱服务群众，受到群众拥护，遵守党规党纪和国家法律法规，公道正派，清正廉洁，有良好的道德品质、作风和形象；能够充分发挥共产党员先锋模范作用，带头创先争优，敢于担当、勤奋敬业，求真务实、积极作为，锐意改革、开拓创新，在生产和工作中做出显著成绩；能够正确行使民主权利，忠实履行代表职责，具有较强的议事能力和群众工作本领，积极并如实反映党员和群众的意见和要求，自觉接受监督。

四、代表的选举，在坚持先进性的同时，要具有广泛性。各级领导干部代表应占××%左右；各类专业技术人员代表应占××%左右；各条战线先进模范人物代表应占××%左右。其中，妇女代表不少于××%，少数民族代表不少于××%，年龄××周岁以下的代表占××%以上。

五、出席中国共产党×××第×次代表大会的代表，由各选举单位召开党员大会或党的基层代表大会选举产生。

六、代表产生的程序和时间要求。各选举单位按照分配名额，采用自下而上的方式提名，经过充分酝酿，根据多数党组织或多数党员的意见提出代表候选人初步人选；各选举单位要按照有关规定对代表候选人初步人选逐个进行全面考察，尤其要考察他们在关键时刻、重大原则问题上的政治立场和政治方向，并征求所在单位和有关方面的意见后，于2018年9月5日前向中共×××委员会（**指经批准召开党代表大会的基层党委，如该党委设立组织部或组织处的，应为党委组织部或组织处——编者注**）汇报代表候选人初步人选推荐情况；由选举单位召开党的委员会全体（扩大）会议，采用无记名投票（或圈选）的方式，按不少于应选代表20%的差额确定代表候选人预备人选；各选举单位于2018年9月15日前将代表候选人预备人选报送党委审查原则同意后，由选举单位召开党员大会或党员代表大会选举。

七、各选举单位进行选举前，要对代表候选人预备人选进行充分酝酿，根据多数选举人意见确定代表候选人，直接采用候选人的差额数多于应选人数20%的差额选举办法进行正式选举。选出的代表于2018年9月25日前报党委审批。

八、召开中国共产党×××第×次代表大会，是我局（**指组织召开党员代表大会的基层党委所在单位——编者注**）党内政治生活中的一件大事情。认真做好本次党代表大会代表选举工作是开好这次大会的基础。各选举单位党组织要把选举出席局机关第×次党代表大会代表列入重要工作日程，切实加强领导。代表人选的酝酿提名，代表候选人预备人选的确定，代表的选举过程，都要充分发扬党内民主，认真执行民主集中制原则，尊重党员的民主权利，体现选举人的意志。对选举人在选举过程中提出的问题，要认真研究并妥善处理，重要情况要及时报告党委。要通过选举局机关第×次党代表大会代表，对党员进行一次增强党性观念、增强党员意识和遵守民主集中制原则的教育。各级党组织要精心组织、周密安排，认真做好选举中的组织领导工作和思想政治工作，切实保证代表的素质，如期完成选举代表的任务。

附件：1. 中国共产党×××第×次代表大会代表名额分配表

2. 中国共产党×××第×次代表大会代表登记表（略）

中共×××委员会

2018年8月20日

中国共产党×××第×次代表大会代表名额分配表

（单位：人）

项目 选举单位	分配名额	代表类别				代表构成		
		领导干部	职工	专业技术人员	先进模范人物	妇女代表	少数民族	××周岁以下
合计	××	××	××	××	××	××	××	××
××党委	××	××	××	××	××	××	××	××
××党总支	××	××	××	××	××	××	××	××

续表

项目 选举单位	分配名额	代表类别				代表构成		
		领导干部	职工	专业技术人员	先进模范人物	妇女代表	少数民族	××周岁以下
××党支部	××	××	××	××	××	××	××	××
……	××	××	××	××	××	××	××	××

☛ 关于做好党的基层代表大会筹备工作的通知文本样例是什么？

根据党章、《中国共产党基层组织选举工作暂行条例》等规定和要求，召开党代表大会的请示经上级党组织批复后，经批准召开党的基层代表大会的党的基层委员会即应向所属党组织发出关于做好党代表大会筹备工作的通知。文本样例如下：

中共×××委员会关于中国共产党×××
第×次代表大会筹备工作的通知

×党委、×党总支部、×党支部（指召开党代表大会的党的基层委员会所属党组织——编者注）：

根据党章等规定和要求，经上级党委批准，决定于2018年10月召开中国共产党×××第×次代表大会。现将召开党代表大会筹备工作有关事项通知如下：

一、这次大会的主要议程

1. 听取和审查中共×××委员会第×届委员会的工作报告；
2. 审查中共×××纪律检查委员会的工作报告；
3. 选举中共×××委员会第×届委员会；
4. 选举中共×××纪律检查委员会。

二、代表名额、构成比例及分配

这次党代表大会代表名额为101名。各类代表指导性比例为：各级领导干部代表××名（占××%左右），职工代表××名（占××%左右），各类专业技术人员代表××名（占××%左右），各条战线先进模范人物代表××名（占××%左右）；妇女代表不少于××名（占××%）；少数民族代表不少于××名（占××%）；年龄××周岁以下的代表不少于××名（占××%）。上述比例除妇女、少数民族代表比例和××周岁以下的代表比例外，其他均为指导性比例。

三、代表的条件和产生办法

代表条件：局机关第×次党代表大会代表，应是共产党员中的优秀分子，能够较好地体现共产党员先进性要求。他们能够努力学习马克思列宁主义、毛泽东思想、邓小平理论、“三个代表”重要思想和科学发展观，深入学习贯彻习近平总书记系列重要讲话精神，坚定共产主义远大理想和中国特色社会主义共同理想，坚定中国特色社会主义道路自信、理论自信、制度自信、文化自信；能够坚决执行党的路线方针政策，认真贯彻党中央治国理政新理念新思想新战略，带头落实“五位一体”总体布局和“四个全面”战略布局的要求，政治意识、大局意识、核心意识、看齐意识强，对党忠诚，自觉维护党的团结和集中统一，在思想上政治上行动上坚决同以习近平同志为核心的党中央保持高度一致，立场坚定，明辨是非，坚持原则，在关键时刻经得起考验；能够自觉践行党的根本宗旨和社会主义核心价值观，认真落实“三严三实”要求，密切联系群众，热忱服务群众，受到群众拥护，遵守党章党规党纪和国家法律法规，公道正派，清正廉洁，有良好的道德品质、作风和形象；能够充分发挥共产党员先锋模范作用，带头创先争优，在“两学一做”学习教育中表现突出，敢于担当、勤奋敬业，求真务实、积极作为，锐意改革、开拓创新，在生产和工作中做出显著成绩；能够正确行使民主权利，忠实履行代表职责，具有较强的议事能力和群众工作本领，积极并如实反映党员和群众的意见和要求，自觉接受监督。

代表产生办法：各选举单位应根据分配的代表名额、构成比例和代表条件，严格按照民主程序，经过党员充分酝酿讨论，根据多数选举人的意见，确定候选人预备人选名单，报经上级党组织原则同意后，召开党员大会或党员代表大会，采用差额选举的办法，以无记名投票的方式选举产生。

各选举单位应于×月×日前，将代表选举情况（书面）连同代表登记表（一式×份）一并报局机关党委（设立组织部或组织处的党委应报组织部或组织处——编者注）。

四、大会的筹备工作机构

为做好大会的筹备工作，局机关党委成立大会筹备工作领导小组，组长×××，副组长×××、×××，成员×××、×××……下设秘书组、组织组、会务组、生活组，负责大会的具体筹备工作。

局机关党委号召全局各级党组织和全体共产党员，要把选举出席中国共产党×××第×次代表大会代表的工作认真做好，并以加强党的建设、出色地完成各项任务的优异成绩，迎接党代表大会的胜利召开。

中共×××委员会

2018年5月20日

关于成立党代表大会代表资格审查小组的通知文本样例是什么？

在选举党的基层代表大会代表之前，召开党代表大会的党的基层委员会要成立由党委负责同志及组织、纪检、干部、监察部门等党员干部组成的代表资格审查小组，并向所属党组织发出成立代表资格审查小组的通知。文本样例如下：

关于成立中国共产党×××局机关
第十一次代表大会代表资格审查小组的通知

×党委、×党总支部、×党支部（指召开党代表大会的党委所属党组织——编者注）：

为了保证中国共产党×××局机关第十一次代表大会代表选举工作的顺利进行，经局机关党委研究决定，成立中国共产党×××局机关第十一次代表大会代表资格审查小组。代表资格审查小组组成人员名单如下：

组　　长：×××

副 组 长：×××　×××

成　　员：×××　×××　×××　×××　×××　×××

工作人员：×××　×××　×××　×××　×××　×××

中共×××局机关委员会（指召开党代表大会的党委——编者注）

2×××年××月××日

关于酝酿推荐选举候选人预备人选的通知文本样例是什么？

党的基层组织组成人员名额等经上级党组织批准后，即可组织所属党组织酝酿、推荐、提出选举候选人预备人选名单（通过召开党员代表大会进行换届选举的，一般与党员代表大会代表的选举工作同步进行——编者注），并向所属党组织发出推荐选举候选人预备人选的通知。文本样例如下：

中共××市文明局机关委员会关于酝酿推荐下届机关党委、机关纪委组成人员候选人预备人选的通知

各党委、党总支部、党支部(指进行选举的党的基层组织的所属党组织——编者注)：

根据党章、《中国共产党基层组织选举工作暂行条例》和《××市机关基层党组织领导班子成员直接选举办法(试行)》等有关规定，现将酝酿推荐下一届中共××市文明局机关委员会、机关纪律检查委员会(以下简称“两委”)组成人员候选人预备人选的有关事项通知如下：

一、下届“两委”组成人员候选人推荐名额

根据中共××市直属机关工作委员会批准，下一届局机关党委设委员 7 人(其中，书记 1 人，专职副书记 1 人)、机关纪委设委员 5 人(其中，书记 1 人，副书记 1 人)。酝酿推荐下一届局机关党委委员候选人预备人选 9 人、机关纪委委员候选人预备人选 6 人。酝酿推荐下一届局机关党委书记、专职副书记候选人预备人选各 1 人和机关纪委书记、副书记候选人预备人选各 1 人。

二、酝酿推荐下届“两委”组成人员候选人预备人选应坚持的原则

酝酿推荐候选人预备人选应坚持德才兼备、以德为先原则，班子结构合理原则，民主集中制原则，群众公认原则。

三、下届“两委”组成人员候选人预备人选应具备的基本条件

候选人预备人选应具备的条件是：党性强，有较高的政治理论水平和政策水平；有强烈的事业心和政治责任感；身体健康；公道正派，清正廉洁，得到群众拥护；具有 1 年以上的党龄；符合党内有关法规文件的有关规定和要求。

四、下届“两委”组成人员候选人预备人选的产生办法

1. 采取党组织推荐、群众组织推荐、党员推荐、群众推荐和党员自荐相结合的方法，在中共××市文明局机关委员会范围内酝酿推荐下届“两委”组成人员候选人提名人选(每个党支部提名局机关党委委员 7 名、机关纪委委员 5 名)，于 2017 年 11 月 11 日前将提名人选名单交局机关党委组织委员。

2. 局机关党委汇总提名人选名单，根据多数党支部和党员意见，按委员候选人差额数为应选人数的 20%等规定和市直机关工委批准，计划于 2017 年 11 月 25 日前确定下届“两委”委员候选人初步人选名单，在此基础上提出下届“两委”书记、副书记候选人初步人选名单，并按规定对初步人选进行组织考察后，

再返回各党支部广泛征求党员和群众意见。

3. 各党支部广泛征求党员和群众对下届“两委”候选人初步人选的意见后，计划于2017年11月28日前，把征求意见情况报局机关党委。

4. 局机关党委根据征求党员和群众意见情况，集体讨论确定下届“两委”组成人员候选人预备人选名单，在局范围内进行3天公示、报中共××市直属机关工作委员会审批后，作为下届“两委”组成人员候选人预备人选，提交党员大会充分酝酿讨论，确定为下届“两委”委员、书记、副书记正式候选人。

五、酝酿推荐下届“两委”组成人员候选人预备人选有关要求

1. 做好下届“两委”组成人员候选人预备人选的酝酿推荐工作，是保证局机关党员大会各项任务圆满顺利完成的一项重要的基础工作。各党支部要高度重视，按规定程序和要求，精心组织，把握条件，按时完成候选人预备人选酝酿推荐任务。

2. 在酝酿推荐下届“两委”候选人预备人选中，应考虑“市直单位机关纪委书记应由本单位中层正职职级干部担任，也可由市直单位机关党委副书记兼任”和机关党委、机关纪委委员不交叉提名等规定和要求。

3. 各党支部在酝酿推荐候选人预备人选中，如遇特殊情况和难以把握的问题，应及时报局机关党委处理解决。

4. 加强党的民主集中制、选举知识教育，对违反选举纪律的要依纪依法处理。

附件：1. 下届“两委”组成人员候选人自荐表(略)

2. 下届“两委”组成人员候选人提名人选汇总表(略)

中共××市文明局机关委员会

2017年10月28日

关于征求选举候选人初步人选意见的通知文本样例是什么？

进行选举的党的基层组织汇总各直属党组织酝酿推荐的选举候选人提名人选名单，根据多数党组织和党员意见，按委员候选人差额为应选人数的20%的规定，确定委员候选人初步人选名单，同时提出书记、副书记候选人初步人选，然后向所属党组织发出征求选举候选人初步人选意见的通知。文本样例如下：

中共××机关委员会关于征求机关党委、机关纪委组成人员候选人初步人选意见的通知

各直属党组织：

根据《中共×机关委员会关于酝酿推荐下届机关党委、机关纪委组成人员候选人预备人选的通知》(×〔2017〕99号)要求，中共×机关委员会汇总各直属机关党组织提出的下届机关党委、机关纪委(以下简称“两委”)委员候选人提名人选名单，根据多数党组织和党员的意见，按照委员候选人的差额为应选人数的20%的规定，确定下届“两委”委员候选人初步人选名单，同时提出下届“两委”书记、副书记候选人初步人选名单，并按规定对所有候选人初步人选进行了组织考察。

现将下届“两委”组成人员候选人初步人选名单印发你们，请广泛征求所有党组织、党员(代表)和群团组织、群众对下届“两委”组成人员候选人初步人选的意见，于2×××年××月××日前，把征求意见情况报中共×机关委员会。

联系人：×××；联系电话：×××××××；传真电话：××××××××。

附件：1. 下届机关党委组成人员候选人初步人选名单

2. 下届机关纪委组成人员候选人初步人选名单

中共××机关委员会(指进行选举的党委——编者注)

2017年7月1日

附件1

下届机关党委组成人员候选人初步人选名单(征求意见表)

序号	姓名	所在单位及职务职称	出生年月	性别	民族	学历	入党时间	参加工作时间	是何候选人初步人选	征求意见结果
1	××	××	××	×	×	××	××	××	委员	
2	××	××	××	×	×	××	××	××	委员、书记	
3	××	××	××	×	×	××	××	××	委员	
4	××	××	××	×	×	××	××	××	委员、副书记	

续表

序号	姓名	所在单位及职务职称	出生年月	性别	民族	学历	入党时间	参加工作时间	是何候选人初步人选	征求意见结果
5	××	××	××	×	×	××	××	××	委员	
6	××	××	××	×	×	××	××	××	委员	

附件 2

下届机关纪委组成人员候选人初步人选名单(征求意见表)

序号	姓名	所在单位及职务职称	出生年月	性别	民族	学历	入党时间	参加工作时间	是何候选人初步人选	征求意见结果
1	××	××	××	×	×	××	××	××	委员	
2	××	××	××	×	×	××	××	××	委员	
3	××	××	××	×	×	××	××	××	委员、书记	
4	××	××	××	×	×	××	××	××	委员	
5	××	××	××	×	×	××	××	××	委员	
6	××	××	××	×	×	××	××	××	委员、副书记	

☛ 对基层党组织选举候选人预备人选公示的文本样例是什么?

目前,有的基层党组织为更好地落实党章第三十条“提出委员候选人要广泛征求党员和群众的意见”等规定,在确定委员候选人预备人选前,在本党组织范围内进行公示。文本样例如下:

关于拟确定于忠诚等同志为下届机关党委、机关纪委组成人员候选人预备人选的公示

根据党章、《中国共产党基层组织选举工作暂行条例》等有关规定和要求,经民主推荐,广泛征求所属党组织、党员(代表)和群众意见,中共××机关委员会拟确定于忠诚等 6 名同志为下届机关党委委员候选人预备人选(其中,×××拟为书记候选人预备人选,×××拟为副书记候选人预备人选)、余爱国等 6 名同志为下届机关纪委委员候选人预备人选(其中,×××拟为书记候选人预备人选,×××拟为副书记候选人预备人选),现予以公示,进一步征求各方面意见。拟确定为机关党委、机关纪委组成人员候选人预备人选名单如下(按姓氏笔画为序排列)：

名称	姓名	现任职务及职称	出生年月	性别	民族	学历	入党时间	参加工作时间	是何候选人预备人选
机关党委	于忠诚	××	××	×	×	××	××	××	机关党委委员
	×××	××	××	×	×	××	××	××	机关党委委员、书记
	××	××	××	×	×	××	××	××	机关党委委员
	××	××	××	×	×	××	××	××	机关党委委员
	××	××	××	×	×	××	××	××	机关党委委员
	×××	××	××	×	×	××	××	××	机关党委委员、副书记
机关纪委	余爱国	××	××	×	×	××	××	××	机关纪委委员
	×××	××	××	×	×	××	××	××	机关纪委委员、副书记
	××	××	××	×	×	××	××	××	机关纪委委员
	×××	××	××	×	×	××	××	××	机关纪委委员、书记
	××	××	××	×	×	××	××	××	机关纪委委员
	××	××	××	×	×	××	××	××	机关纪委委员

一、公示时间：2×××年××月××日至××月××日共3天。

二、公示期间，任何单位和个人均可通过来人、来电、来信等方式向中共××机关委员会反映情况。以单位名义反映情况的应加盖公章。以个人名义反映情况的，请署真实姓名。

三、反映情况要实事求是、客观公正，反对借机诽谤诬陷。

四、电话：×××××××××；传真：×××××××××；电子邮箱：××××××；通讯地址：××××××××××××××××××××；邮政编码：210021。

中共××机关委员会

2×××年××月××日

☛ 召开党员大会(党代表大会)进行选举的通知文本样例是什么？

进行选举的基层党组织在接到上级党组织关于选举候选人预备人选的批复后、党员大会(党员代表大会)正式召开前，要向所属各党组织(各选举单位)和其他有关人员发出召开党员大会(党员代表大会)的通知。文本样例如下：

关于召开党员大会(中国共产党×××第×次代表大会)的通知

各直属党组织(各选举单位):

经中共×××委员会(指召开党员大会或党代表大会进行选举的基层党组织的上级党组织——编者注)批准,×××党员大会(中国共产党×××第×次代表大会)定于2017年7月1日在×××(指大会地点——编者注)召开。现将有关事项通知如下:

一、报到时间、地点

请各位党员(代表)、列席人员于2017年7月1日上午××时前到×××(指报到地点,下同——编者注)报到。

二、代表团(组)编成(召开党员大会的没有这项内容)

参加本次党代表大会的代表共编为×个代表团(组),每个代表团(组)设团(组)长、副团(组)长各1人。代表团(组)长、副团(组)长按照党代表大会统一安排选举产生[代表团(组)一般应按照选举单位进行设置,即一个选举单位就是一个代表团(组),代表团还要不要设代表组,根据代表人数、大会需要、上级党组织规定确定,代表人数较少的基层党代会一般不设代表组——编者注]。

三、统筹安排工作

为了保证党员大会(党代表大会)顺利召开,请各位党员(党代表)所在单位要安排好工作,不要在会议期间安排党员(党代表)外出或参加其他与出席党员大会(党代表大会)时间冲突的活动。如有特殊情况,需报中共×××委员会(指召开党员大会或党代表大会进行选举的基层党组织——编者注)审批。

四、坚持勤俭节约

为了发扬党的艰苦奋斗、勤俭节约的作风,根据党内有关会议工作规定,凡参加会议的党员(党代表)、列席人员和工作人员都要严格执行有关规定和要求。会议期间,各位党员(党代表)、列席人员和工作人员参加大会各项活动,统一由大会负责安排使用车辆。

五、选派工作人员(召开党员大会的没有这项内容)

为了做好党员代表大会期间的各项工作,每个代表团(组)带×名工作人员,其中×名负责会务工作和秘书工作,于2×××年×月×日××时前在×××报到;另外×名工作人员负责本团(组)的讨论记录和简报工作,随党代表一起到会。未经批准，各代表团(组)一律不得增加工作人员和随员。

六、加强联系沟通

请各直属党组织(各选举单位)迅速把本通知的精神传达到所有参加党员大会(党代表大会)的党员(党代表)、列席人员和工作人员，于2×××年××月××日前将本党组织(本选举单位)参加大会的所有人员的往返时间、车次、航班，报大会筹备工作领导小组会务组。会务组联系人：×××；电话：××××××××；传真：××××××××；电子邮箱：×××。

未尽事宜，请与中共×××委员会办公室联系。

联系人：×××、×××；电话：(××××)××××××××。

传真：××××××××；电子邮箱：×××。

中共×××委员会(指进行选举的基层党组织——编者注)

2×××年×月×日

党的基层代表大会议程(草案)的文本样例是什么?

党的基层代表大会议程(草案)要根据经批准召开党代表大会的党的基层委员会全体会议讨论通过的《关于召开中国共产党×××第×次代表大会的决定》中关于大会的主要任务来编排。提请党代表大会预备会议通过后，将"(草案)"去掉，在其标题下加上"(2×××年××月××日中国共产党×××第×次代表大会预备会议通过)"字样。文本样例如下：

中国共产党×××局机关第五次代表大会议程

(2009年11月12日中国共产党×××
局机关第五次代表大会预备会议通过)

中国共产党×××局机关第五次代表大会的议程是：

1. 听取和审查中共×××局第四届机关委员会工作报告。
2. 审查中共×××局机关纪律检查委员会工作报告。
3. 选举中共×××局第五届机关委员会。
4. 选举中共×××局机关纪律检查委员会。

党的基层代表大会日程(草案)的文本样例是什么?

党的基层代表大会日程(草案)提请党代表大会预备会议通过后，将"(草案)”去掉，在其标题下加上“(2×××年×月××日中国共产党×××第×次代表大会预备会议通过)”字样。文本样例如下：

中国共产党×××局机关第五次代表大会日程

(2019年11月12日中国共产党×××局机关第五次代表大会预备会议通过)

日期	上午	下午	晚上
×月×日(星期×)	**一、各代表团召集人会议** 时　间：×时×分开始 地　点：××× 主持人：××× 内　容：1. 通报大会筹备情况 2. 布置推选代表团正副团长 3. 酝酿大会议程(草案) …… **二、各代表团活动(代表团第一次会议)** 时　间：×时×分开始 地　点：××× 主持人：××× 内　容：1. 传达召集人会议精神 2. 推选代表团正、副团长 ……	**一、预备会议** 时　　间：×时×分开始 地　　点：××× 参加人员：×× ×　××× 主 持 人：××× 内　　容：1. 通过大会主席团名单 …… **二、大会主席团第一次会议** 时　间：×时×分开始 地　点：××× 主持人：××× 内　容：1. 通过大会副秘书长名单 2. 通过大会会议日程 ……	观看党风廉政建设录像
×月×日(星期×)	**一、开幕式** 时　　间：×时×分开始 地　　点：××× 参加人员：××× 主 持 人：××× 内　　容：1. 奏(唱)《国际歌》 2. ×××同志代表上届党的基层委员会作工作报告 …… **二、各代表团活动(代表团第二次会议)** 时　　间：×时×分开始 地　　点：××× 参加人员：××× 主 持 人：××× 内　　容：……	**一、各代表团活动(代表团第三次会议)** 时　　间：×时×分开始 地　　点：××× 参加人员：××× 主 持 人：××× 内　　容：…… **二、主席团第二次会议** 时　　间：×时×分开始 地　　点：××× 参加人员：××× 主 持 人：××× 内　　容：…… **三、组织候选人建议人选与代表见面** ……	听专家作全面从严治党辅导报告

续表

日期	上午	下午	晚上
×月×日(星期×)	**一、主席团第三次会议** 时　间：×时×分开始 地　点：××× 主持人：××× 内　容：…… **二、大会选举** 时　　间：×时×分开始 地　　点：××× 参加人员：…… 主 持 人：××× 内　　容：……	**一、大会主席团第四次会议** 时　间：×时×分开始 地　点：××× 主持人：××× 内　容：…… **二、闭幕式** 时　　间：×时×分开始 地　　点：××× 参加人员：××× 主 持 人：××× 内　　容：……	

第二节　党的基层组织选举名册类会议材料

☞ 党代表大会各代表团（组）编团（组）名单的文本样例是什么？

代表团（组）编团（组）名单，一般由党代表大会筹备工作领导小组组织组负责起草（不设组织组的指定专人负责——编者注）。文本样例如下：

中国共产党×××局机关第十一次代表大会代表团代表编组名单

一、××代表团（代表××名，列席人员××名）

召 集 人：×××

第 一 组：

代　　表：×××　×××　×××　×××　×××　×××　×××
　　　　　×××　×××　×××　×××　×××　×××　×××

列席人员：×××　×××　×××　×××　×××　×××　×××

第 二 组：

代　　表：×××　×××　×××　×××　×××　×××　×××
　　　　　×××　×××　×××　×××　×××　×××　×××

列席人员：×××　×××　×××　×××　×××　×××　×××

第 三 组：

代　　表：×××　×××　×××　×××　×××　×××　×××

×××　×××　×××　×××　×××　×××　×××

列席人员：×××　×××　×××　×××　×××　×××　×××

二、××代表团(代表××名，列席人员××名)

……

中国共产党×××第×次代表大会秘书处

2011 年 11 月 11 日

党的基层代表大会主席团建议名单的文本样例是什么？

党的基层代表大会主席团建议名单一般由党代表大会筹备工作领导小组下设的组织组负责起草。预备会议结束后，将通过的主席团建议名单的“建议”去掉，在其标题下加上“(2××年××月××日中国共产党×××第×次代表大会预备会议通过)”字样。文本样例如下：

中国共产党×××局机关第二次代表大会主席团名单(共××名)

(2009 年 11 月 11 日中国共产党×××第二次代表大会预备会议通过)

(按姓氏笔画排序)

×××　×××　×××　×××

×××(女)　×××(女，畲族)　×××　×××

……

中国共产党×××第×次代表大会秘书处

2009 年 11 月 11 日

党的基层代表大会秘书长建议名单的文本样例是什么？

党的基层代表大会秘书长建议名单一般由党代表大会筹备工作领导小组下设的组织组负责起草。预备会议结束后，将通过的秘书长建议名单的“建议”去掉，在其标题下加上“(2××年××月××日中国共产党×××第×次代表大会预备会议通过)”字样。文本样例如下：

中国共产党×××局机关第二次代表大会秘书长名单(共 1 名)

(2009 年 11 月 11 日中国共产党×××第二次代表大会预备会议通过)

×××(女，佤族)

中国共产党×××第×次代表大会秘书处

2009 年 11 月 11 日

☛ 党的基层代表大会副秘书长建议名单的文本样例是什么？

党的基层代表大会副秘书长建议名单一般由党代表大会筹备工作领导小组下设的组织组负责起草，经大会主席团第一次会议审查通过后，将“建议”去掉。文本样例如下：

中国共产党×××局机关第二次代表大会副秘书长名单(共3名)

（2018年2月18日中国共产党×××局机
关第二次代表大会主席团第一次会议通过）

×××　　　　×××(女，黎族)　　　　×××

中国共产党×××第×次代表大会秘书处
2018年2月18日

☛ 党的基层代表大会代表资格审查小组建议名单的文本样例是什么？

党的基层代表大会代表资格审查小组建议名单一般由党代表大会筹备工作领导小组下设的秘书组负责起草，经大会预备会议通过后，将“建议”二字去掉，在其标题下加上“(2×××年××月××日中国共产党×××第×次代表大会预备会议通过)”字样。文本样例如下：

中国共产党×××局机关第二次代表大会
代表资格审查小组名单(共7人)

（2009年11月11日中国共产党×××局机关
第二次代表大会预备会议通过）

组　长：×××

副组长：×××

组　员：(按姓氏笔画为序)

×××　　　×××　　　×××　　　×××　　　×××

中国共产党×××第×次代表大会秘书处
2009年11月11日

☛ 基层党代表大会正、副代表团(组)长建议名单的文本样例是什么？

党的基层代表大会代表团(组)长建议名单一般由党代表大会筹备工作领导小组下设的秘书组负责起草，经预备会议通过后，将“建议”去掉。文本样例如下：

中国共产党×××局机关第二次代表大会
代表团(组)团(组)长、副团(组)长名单
(2009年11月11日中国共产党×××局机关
第二次代表大会预备会议通过)

1. ×××代表团
团　长:×××
副团长:×××
2. ×××代表团
团　长:×××
副团长:×××
……

中国共产党×××第×次代表大会秘书处
2009年11月11日

基层党代表大会主席团常务委员会委员建议名单的文本样例是什么?

党的基层代表大会主席团常务委员会委员建议名单一般由党代表大会筹备工作领导小组下设的组织组负责起草，经审查通过后，将“建议”去掉。文本样例如下：

中国共产党×××局机关第二次代表大会
主席团常务委员会委员名单(共9人)
(2009年11月11日中国共产党×××局机关第二次代表大会预备会议通过)
(按姓氏笔画为序)

×××　×××　×××(女)　×××
×××　×××(女,傣族)　×××　×××
×××(女,羌族)

中国共产党×××第×次代表大会秘书处
2009年11月11日

☞ 党的基层代表大会列席人员建议名单的文本样例是什么？

党的基层代表大会列席人员建议名单一般由党代表大会筹备工作领导小组下设的组织组负责起草，经大会预备会议审查通过后，将“建议”去掉。其文本样例如下：

中国共产党×××局机关第二次代表大会列席人员名单（共20人）

（2009年11月11日中国共产党×××局机关第二次代表大会预备会议通过）

（按姓氏笔画为序）

××× ××× ××× ××× ×××

××× ×××（女） ××× ××× ×××

……

中国共产党×××第×次代表大会秘书处

2009年11月11日

☞ 基层党代表大会主席团执行主席分组建议名单的文本样例是什么？

该建议名单一般由党代表大会筹备工作领导小组下设的组织组负责起草，经党代表大会主席团第一次会议审查通过后，将“建议”去掉。其文本样例如下：

中国共产党×××局机关第二次代表大会主席团执行主席分组名单

（2009年11月11日中国共产党×××局机关

第二次代表大会主席团第一次会议通过）

（按姓氏笔画为序）

（9月25日）

××× ××× ××× ××× ×××

×××（女） ……

（9月26日）

××× ××× ××× ××× ×××

×××（女，佤族） ……

（9月27日）

××× ××× ××× ××× ×××

×××(女,佤族) ……

中国共产党×××第×次代表大会秘书处

2009 年 11 月 11 日

党的基层组织选举候选人预备人选名册的文本样例是什么?

文本样例如下:

×市×局下一届机关党委、机关纪委组成人员候选人预备人选名册

(以姓氏笔画为序排列)

名称	姓名	所在单位及职务职称	出生年月	性别	民族	学历	入党时间	参加工作时间	何时何单位受何种奖励	人选类别
机关党委	××	××	××	×	×	××	××	××	××	×党委委员人选
	××	××	××	×	×	××	××	××	××	×党委委员人选
	××	××	××	×	×	××	××	××	××	×党委委员、书记人选
	××	××	××	×	×	××	××	××	××	×党委委员人选
	××	××	××	×	×	××	××	××	××	×党委委员、副书记人选
	××	××	××	×	×	××	××	××	××	×党委委员人选
机关纪委	××	××	××	×	×	××	××	××	××	×纪委委员人选
	××	××	××	×	×	××	××	××	××	×纪委委员人选
	××	××	××	×	×	××	××	××	××	×纪委委员人选
	××	××	××	×	×	××	××	××	××	×纪委委员、书记人选

党的基层纪律检查委员会组成人员候选人建议名单的文本样例是什么?

党的基层纪律检查委员会委员、书记、副书记候选人预备人选(建议名单)由党员大会(党代表大会)筹备工作领导小组下设的组织组或基层党组织组织委员起草。文本样例如下:

中共×××局机关纪律检查委员会委员候选人预备人选

(建议名单)(共 6 人)

(按姓氏笔画为序)

×××　　　　×××(女)　　　　×××(畲族)
×××　　　　×××　　　　×××

中共×××局机关纪律检查委员会副书记候选人预备人选
(建议名单)(共2人)

(按姓氏笔画为序)

×××(女)　　　　×××(畲族)

中共×××局机关纪律检查委员会书记候选人预备人选
(建议名单)(共1人)

×××(女,维吾尔族)

中共×××委员会(中国共产党×××第×次代表大会秘书处)

2019年11月18日

党的基层委员会组成人员候选人建议名单的文本样例是什么?

党的基层委员会委员、常委、书记、副书记候选人预备人选(建议名单)由党员大会(党代表大会)筹备工作领导小组下设的组织组或基层党组织组织委员起草。文本样例如下:

中共×××局机关委员会委员候选人预备人选(建议名单)(共21人)

(按姓氏笔画为序)

×××　　　　×××(女,蒙古族)　　　　×××(畲族)　　　　×××
×××　　　　×××　　　　×××　　　　×××　　　　×××
×××　　　　×××　　　　×××　　　　×××(女,朝鲜族)　　　　×××
×××　　　　×××　　　　×××　　　　×××　　　　×××
×××　　　　×××

中共×××局机关委员会常委候选人预备人选(建议名单)(共9人)

(按姓氏笔画为序)

×××　　　　×××(女,蒙古族)　　　　×××(畲族)　　　　×××
×××　　　　×××　　　　×××　　　　×××　　　　×××

中共×××局机关委员会副书记候选人预备人选(建议名单)(共2人)

(按姓氏笔画为序)

×××　　　×××(女,蒙古族)

中共×××局机关委员会书记候选人预备人选(建议名单)(共 1 人)

×××(畲族)

中共×××委员会(中国共产党×××第×次代表大会秘书处)

2018 年 7 月 1 日

第三节　党的基层组织选举请示报告类会议材料

召开党员大会(党代表大会)进行选举的请示文本样例是什么?

根据党章、《中国共产党基层组织选举工作暂行条例》规定,召开党代表大会(党员大会)进行换届选举或补选班子成员的基层党组织,按规定程序决定召开党代表大会(党员大会)后要尽快向上级党组织呈报关于召开党代表大会(党员大会)的请示。文本样例如下:

关于召开中国共产党×××第×次代表大会(党员大会)的请示

中共×××委员会(**指召开党代表大会或党员大会的党的基层组织的上一级党组织——编者注**):

中共×××委员会(**指召开党代表大会或党员大会的党的基层组织设立的委员会,不设支部委员会的为党支部,下同——编者注**)、纪律检查委员会(**不设党的基层纪律检查委员会的删除,下同——编者注**)于 2018 年 10 月任期届满。按照党章和《中国共产党基层组织选举工作暂行条例》等规定,经中共×××委员会第××届××次全体会议决定,拟定于 2018 年 10 月下旬在××(**指召开大会地点——编者注**)召开中国共产党×××第×次代表大会(党员大会)进行换届选举。现将有关事项请示如下:

一、指导思想

这次党员代表大会(党员大会)的指导思想是:……实事求是地总结上一次换届选举党员代表大会(党员大会)以来的工作,提出今后党的建设的总体思路和工作目标,切实加强基层党的建设,进一步动员和凝聚本单位各级党组织和广大共产党员的智慧和力量,团结带领党员干部职工,服务中心、建设队伍,振奋精神、同心同德,开拓创新、扎实工作,充分发挥党组织战斗堡垒作用和共产党员先锋模范作用,为实现本单位的各项目标任务而努力奋斗。

二、主要议程

1. 听取和审查中共×××委员会第××届委员会的报告;

2. 审查中共×××纪律检查委员会的报告;

3. 选举中共×××委员会第××届委员会;

4. 选举中共×××纪律检查委员会。

三、代表名额、构成比例及分配原则(召开党员大会的没有这项内容)

中国共产党×××第××次代表大会代表名额拟定为151名(**党的基层代表大会代表一般为100—200名,最多不超过300名——编者注**)。其中:各级领导干部代表占××%左右,职工代表占××%左右,各类专业技术人员代表占××%左右,各条战线先进模范人物代表占××%左右;妇女代表不少于××%;少数民族代表不少于××%;年龄××周岁以下(含××周岁)的代表占××%以上。上述比例除妇女、少数民族代表比例和××周岁以下的代表比例外,其他均为指导性比例。代表名额分配拟参照上述各方面比例要求,按各选举单位所辖党组织的数量、党员人数等情况及工作需要确定。

四、××党委、××纪委组成人员名额及候选人预备人选

第××届××党委拟设委员×名,提名候选人×名;书记1名,副书记×名(或专门从事党建工作的副书记×名)。××纪委拟设委员×名,提名候选人××名;书记1名,副书记×名。

五、选举办法

1. 中国共产党×××第××次代表大会代表由各选举单位实行差额选举办法选举产生。代表候选人的差额为超过应选人数的20%(**召开党员大会的没有这项内容——编者注**)。

2. 第××届党委委员、纪委委员,由中国共产党×××第××次代表大会(党员大会)实行差额选举办法选举产生。委员候选人差额为应选人数的20%(或×名)。

3. ××党委书记、副书记,××纪委书记、副书记均实行等额选举,分别由第××届党委第一次全体会议和××纪委第一次全体会议选举产生。

以上选举均采用无记名投票方式。

当否?请审示。

中共×××委员会

2018年8月20日

关于召开中国共产党×××第×次代表大会及下届机关党委、机关纪委组成人员候选人预备人选的请示

中共×××委员会（指召开党员代表大会的党的基层委员会的上一级党组织——编者注）：

中共×××委员会（指召开党员代表大会的党的基层委员会，下同——编者注）、纪律检查委员会于2018年10月任期届满。按照党章和《中国共产党基层组织选举工作暂行条例》等规定，经中共×××委员会全体会议决定，拟定于2018年10月下旬在××（指召开大会的地点——编者注）召开中国共产党×××第×次代表大会进行换届选举。现将召开这次会议的有关事项请示如下：

一、指导思想

这次党员代表大会的指导思想是：……实事求是地总结上一次党代表大会以来的工作，提出今后机关党的建设的总体思路和工作目标，切实加强党的建设，进一步动员和凝聚本单位各级党组织和广大共产党员的智慧和力量，团结带领党员干部职工，服务中心、建设队伍，振奋精神、同心同德，开拓创新、扎实工作，充分发挥党组织的战斗堡垒作用和共产党员的先锋模范作用，为圆满完成本单位的各项奋斗目标而努力奋斗。

二、主要议程

1. 听取和审查中共×××委员会第××届委员会的报告；
2. 审查中共×××纪律检查委员会的报告；
3. 选举中共×××委员会第××届委员会；
4. 选举中共×××纪律检查委员会。

三、代表名额、构成比例及分配原则

中国共产党×××第×次代表大会代表名额拟定为×××名（一般为100—200名，最多不超过300名——编者注）。其中：各级领导干部代表占××%左右，职工代表占××%左右，各类专业技术人员代表占××%左右，各条战线先进模范人物代表占××%左右；妇女代表不少于××%；少数民族代表不少于××%；年龄××周岁以下（含××周岁）的代表占××%以上。上述比

例除妇女、少数民族代表比例和××周岁以下的代表比例外，其他均为指导性比例。代表名额的分配，拟参照上述各方面的比例要求，按照各选举单位所辖党组织的数量和党员人数等情况以及工作需要确定。

四、××党委、××纪委组成人员名额及候选人建议人选

第××届××党委拟设委员×名，提名候选人×名；书记1名，副书记×名（专门从事党建工作的副书记×名）。××纪委拟设委员×名，提名候选人××名；书记1名，副书记×名。根据党章、《中国共产党基层组织选举工作暂行条例》等有关规定，我们组织所属党组织和全体党员对×××党委委员、×××纪委委员候选人初步人选进行了推荐、酝酿、考察，广泛征求所属党组织、党员和群众意见，并对委员候选人预备人选建议名单进行公示。在此基础上，我们于2×××年××月××日，召开了×××党委全体会议（**设立常务委员会的党委为常委会议——编者注**），集体讨论确定了×××第×届委员会委员、纪律检查委员会委员候选人预备人选。经×××党委全体会议研究，现对我委下一届机关党委、机关纪委组成人员候选人预备人选提出如下建议：

1. 按照差额为应选人数20%的规定，我们提出×××等××名同志为下一届委员会委员候选人预备人选（差额×名，差额比例为××%）。在这××名委员候选人预备人选中，本届党委委员××名，占××%；新提名的人选××名，占××%。根据党内有关文件规定和党建工作需要，我们提出×××同志为书记候选人预备人选，×××、×××同志为副书记候选人预备人选，×××、×××、×××、×××……等×名同志为常委候选人预备人选（常委候选人预备人选的差额1名）。

2. 按照差额为应选人数的20%的规定，我们提出×××等××名同志为×××纪律检查委员会委员候选人预备人选（差额×名，差额比例为××%）。在这××名委员人选中，本届纪委委员××名，占××%；新提名的人选××名，占××%。根据党内有关文件规定和局机关纪律检查工作需要，我们提出×××同志为书记候选人预备人选，×××同志为副书记候选人预备人选。

五、选举办法

1. 中国共产党×××第×次代表大会代表由各选举单位实行差额选举产生。代表候选人的差额为多于应选人数的20%。

2. 第××届党委委员、纪委委员，由中国共产党×××第××次代表大会实行差额选举的办法选举产生。委员候选人的差额为应选人数的20%(或×名)。

3. 党委书记、副书记和纪委书记、副书记均实行等额选举，分别由下一届党委第一次全体会议和纪委第一次全体会议选举产生。

以上选举均采用无记名投票方式。

妥否？请批示。

附件：1. 下一届党委、纪委组成人员候选人预备人选名册(此处略)

2. 下一届党委书记、副书记、常委候选人预备人选名册(此处略)

3. 下一届纪委书记、副书记、常委候选人预备人选名册(此处略)

4. 干部任免审批表和考察材料(根据上级党组织要求填报，此处略)

中共×××委员会

2×××年××月××日

关于延期进行换届选举的请示文本样例是什么？

党的基层组织设立的委员会(不设委员会的党支部书记、副书记——编者注)任期届满前，召开委员会全体会议(不设支部委员会的支部大会——编者注)，分析召开党员大会或党代表大会进行换届选举的条件是否具备，如不具备换届选举条件，要提前(一般提前1—2个月——编者注)向上级党组织呈报延期召开党员大会或党代表大会进行换届选举的请示。文本样例如下：

中共×××委员会关于延期召开党员大会(党代表大会)进行换届选举的请示

中共×委员会(指请示延期换届选举的基层党组织的上级党组织——编者注)：

中共×××委员会(指请示延期换届选举的基层党组织，下同——编者注)于2013年7月1日由党员大会(党代表大会)选举产生，于2017年7月1日任期届满。根据党章、《中国共产党基层组织选举工作暂行条例》等有关规定，应于2017年7月召开党员大会(党代表大会)进行换届选举。由于我局正在进行管理体制改革，将带来重大人事变动及分工调整，按照计划到2017年10月完成。为了维护党员大会(党代表大会)选举结果的严肃性，根据我局目前的实际情况和机关党的工作需要，中共×××委员会于2017年5月15日召开全体会议，决定于2017年11月中旬召开党员大会(党代表大会)进行换届选举。

妥否，请批示。

中共×××委员会

2017 年 5 月 15 日

关于补选党的基层组织班子成员的请示文本样例是什么？

党的基层组织领导班子成员出现缺额，可以根据党章、《中国共产党基层组织选举工作暂行条例》等规定和要求进行补选，这就需要向上级党组织呈报《中共×××委员会关于召开党员大会（党代表大会）补选××的请示》（先书面请示补选班子成员，待上级党组织批准后再按照规定程序和要求酝酿推荐补选班子成员候选人预备人选，再把候选人预备人选报请上级党组织批准——编者注）或《中共×××委员会关于召开党员大会（党代表大会）补选××及补选候选人预备人选的请示》（补选班子成员的党组织先把补选班子成员的设想报告上级党组织，上级党组织原则同意后，酝酿推荐提出补选班子成员候选人预备人选，再一次性向上级党组织提出请示，实践中采用这种方式比较常见——编者注）。文本样例如下：

中共×××局机关委员会关于召开党代表大会补选委员的请示

中共×委员会（指召开党代表大会补选委员的基层党组织的上级党组织——编者注）：

本届中共×××局机关委员会（指补选班子成员的基层党组织，下同——编者注）由 9 名委员组成，于 2014 年 7 月 1 日由党代表大会选举产生，于 2018 年 7 月 1 日任期届满。

本局组织委员×××、纪律检查委员×××2 名同志分别于 2017 年 3 月、2017 年 4 月调离我局并都转走了党的正式组织关系，现出缺 2 名委员。

根据党章、《中国共产党基层组织选举工作暂行条例》等有关规定和我局机关党的建设工作的需要，拟于 2017 年 7 月召开党代表大会，采用差额选举、无记名投票的办法补选 2 名委员。按照规定程序和要求，酝酿、推荐、提出补选委员候选人预备人选 3 名。

补选委员的党代表大会不设大会主席团，由中共×××局机关委员会召集主持。出席党代表大会的代表为换届选举时选出的代表。

妥否，请批示。

中共×××局机关委员会

2017 年 5 月 15 日

中共×××局机关委员会关于召开

党员大会补选委员及补选委员候选人预备人选的请示

中共×委员会(指召开党员大会补选委员的基层党组织的上级党组织,下同——编者注):

本届中共×××局机关委员会(指补选委员的基层党组织,下同——编者注)由 5 名委员组成,于 2014 年 7 月 1 日由党员大会选举产生,于 2018 年 7 月 1 日任期届满。

本局组织委员×××同志于 2017 年 4 月 27 日调离我局并转走了党的正式组织关系,现出缺 1 名委员。

根据党章、《中国共产党基层组织选举工作暂行条例》等有关规定和我局机关党的建设工作需要,报经中共×委员会原则同意,拟于 2017 年 6 月上旬召开党员大会,采用差额选举、无记名投票的办法补选 1 名委员。

按照规定程序和要求,组织所属党组织和党员酝酿、推荐、提出×××、×××2 名同志为补选委员候选人预备人选,并广泛征求了党员和群众的意见。

妥否,请批示。

中共×××局机关委员会

2017 年 5 月 15 日

关于指派党的基层组织负责人的请示文本样例是什么?

党的基层组织常委、书记、副书记出现缺额,可以根据党章、《中国共产党基层组织选举工作暂行条例》等有关规定和要求,召开委员会全体会议(党员大会、党代表大会——编者注)进行补选(向上级党组织呈报的请示请参阅前一个问题的文本样例——编者注),也可请示上级党组织指派。呈请上级党组织指派基层党组织负责人的文本样例如下:

中共×××局×委员会关于×××等同志职务任免的请示

中共×委员会(指呈请指派负责人的基层党组织的上级党组织——编者注):

本届中共×××委员会(指呈请指派负责人的基层党组织,不设委员会的党支部为“中共×××支部”，下同——编者注）于2014年7月1日由党代表大会选举产生，于2018年7月1日任期届满。中共×××委员会书记翁爱国同志于2017年4月15日调离我局并转走了党的正式组织关系。根据党章、《中国共产党基层组织选举工作暂行条例》等有关规定和本局党的工作的需要，拟由于忠诚同志任中共×××委员会委员（于忠诚同志不是委员会委员的，是的或不设委员会的党支部除外——编者注）、书记。

拟免去翁爱国同志的中共×××委员会书记、委员职务。

于忠诚同志的基本情况是：（现任职务、性别、出生年月、文化程度、入党时间等——编者注）

妥否，请批示。

中共×××局×委员会

2017年4月20日

☛ 代表候选人预备人选建议名单推荐情况说明的文本样例是什么？

为了确保党的基层代表大会代表选举工作的顺利完成，各选举单位按规定和要求提出代表候选人预备人选建议名单后，应及时向经批准召开党代表大会的基层党委报告代表候选人预备人选建议名单推荐情况。文本样例如下：

关于出席中国共产党×××
第×次代表大会代表候选人预备人选酝酿情况的说明

中共×××委员会（指经批准召开党代表大会的基层党委——编者注）：

根据中共×××委员会（指经批准召开党代表大会的基层党委——编者注）的要求，我×认真组织出席中国共产党×××第×次代表大会代表候选人预备人选酝酿推荐工作。本选举单位共有××个基层党委、××个党总支部、××个党支部、××××名党员参加了代表候选人推荐工作，分别占所辖基层党委总数的××%、党总支部总数的××%、党支部总数的××%、党员总数的××%，提出代表候选人推荐名单×××人。根据多数党组织和党员意见，按多于应选代表数30%以上的差额比例，我们确定代表候选人初步人选×××名，下发到××个基层党委、××个党总支部、××个党支部，征求了××××名党员的意见，并按规定组织了全面考察等。在此基础上，我们于××月××日召开了中共××××委员会（指选举单位党组织——编者注）全体委员会议，确定了×××名代表候选人预备人选建议名单。他们是：×××、×××、×××……

在上述人员中，有各级领导干部××名，占××%；一般干部职工××名，占××%；各类专业技术人员和各条战线的先进模范人物××名，占××%（上述三项相加等于分配本选举单位的代表名额和规定的差额的总数——编者注）。其中，女同志××名，占××%；××周岁（含××周岁）以下的同志××名，占××%。

特此说明，请予审查。

附：出席中国共产党×××第×次代表大会代表候选人预备人选建议名单名册（此处略，详见本章第二节名册类会议材料的相关内容——编者注）

中共××××委员会（指选举单位党组织——编者注）

2018年4月30日

基层党代表大会代表资格审查报告（草案）的文本样例是什么？

基层党代表大会代表选举产生后，代表资格审查小组要及时按规定程序和要求对代表资格进行审查，然后写出审查报告（草案），经召开党代表大会的基层党委讨论同意后，由代表资格审查小组负责人向基层党代表大会预备会议报告，经党代表大会审查通过后的代表，获得正式资格。文本样例如下：

中国共产党×××机关第二次代表大会
代表资格审查小组关于代表资格的审查报告（草案）

中国共产党×××机关第二次代表大会代表资格审查小组，认真了解了代表资格初步审查情况，对出席中国共产党×××机关第二次代表大会的代表进行了资格审查。现将代表资格审查结果向大会报告如下：

根据2017年5月20日中共×××第一届机关委员会第十五次全体会议《关于召开中国共产党×××机关第二次代表大会的决议》和2017年5月25日《关于中国共产党×××机关第二次代表大会代表选举工作的通知》，全局划分了××、××、××、××、××、××、××7个选举单位，由这些选举单位分别召开党员大会选举产生出席中国共产党×××机关第二次代表大会代表。代表选举工作于2017年6月10日前全部完成。

截至2017年6月10日，全局共有党员671人，其中预备党员67人。局机关党委第一届委员会十五次全委会确定局机关第二次党代会代表名额109名，分配到各选举单位选举产生代表109名。

中国共产党×××机关第二次代表大会代表的选举工作，认真贯彻执行了党的民主集中制原则。各选举单位精心部署，认真组织实施。代表候选人的酝酿提名，坚持自下而上、上下结合、充分酝酿、反复协商，广泛听取各方面的意见。代表候选人预备人选由所辖党支部组织党员酝酿提名，根据多数党支部和党员意见提出初步人选名单，再广泛征求所属党组织、党员和群众的意见，并在本单位范围内进行公示。代表的选举产生，都严格按党章和中央有关规定办理，都采用无记名投票方式，实行差额选举（差额比例均在20%以上——编者注）。当选代表得到的赞成票，都超过了实到会有选举权党员的半数。

这次选出的109名代表具有广泛的代表性和先进性。代表中，有各级领导干部××名，占××%；专业技术人员和先进模范人物代表××名，占××%；妇女代表有××名，占××%；少数民族代表有××名，占××%；年龄××周岁（含××周岁）以下的代表有××名，占××%。

这次选出的代表，都是共产党员中的优秀分子，能够较好地体现共产党员先进性要求。他们能够努力学习马克思列宁主义、毛泽东思想、邓小平理论、“三个代表”重要思想和科学发展观，深入学习贯彻习近平总书记系列重要讲话精神，坚定共产主义远大理想和中国特色社会主义共同理想，坚持中国特色社会主义道路自信、理论自信、制度自信、文化自信；能够坚决执行党的路线方针政策，认真贯彻党中央治国理政新理念新思想新战略，带头参加“两学一做”学习教育，带头落实“五位一体”总体布局和“四个全面”战略布局的要求，政治意识、大局意识、核心意识、看齐意识强，对党忠诚，自觉维护党的团结和集中统一，在思想上政治上行动上坚决同以习近平同志为核心的党中央保持高度一致，立场坚定，明辨是非，坚持原则，在关键时刻经得起考验；能够自觉践行党的根本宗旨和社会主义核心价值观，认真落实“三严三实”要求，密切联系群众，热忱服务群众，受到群众拥护，遵守党规党纪和国家法律法规，公道正派，清正廉洁，有良好的道德品质、作风和形象；能够充分发挥共产党员先锋模范作用，带头创先争优，敢于担当、勤奋敬业，求真务实、积极作为，锐意改革、开拓创新，在生产和工作中做出显著成绩；能够正确行使民主权利，忠实履行代表职责，具有较强的议事能力和群众工作本领，积极并如实反映党员和群众的意见和要求，自觉接受监督。

在代表选举产生过程中，收到反映个别代表人选的来信，经有关单位调查核实，不影响其代表资格。

代表资格审查小组认为，各选举单位选出的109名代表，均符合党章和党内有关规定，符合代表条件，代表资格有效。

以上报告，提请大会审议。

中国共产党×××机关第二次代表大会代表资格审查小组

2017年6月12日

关于确定代表候选人预备人选的情况报告的文本样例是什么？

代表选举单位按党章、《中国共产党基层组织选举工作暂行条例》等规定和要求，提出代表候选人预备人选后，应及时向经批准召开党代表大会的基层党委报告代表候选人预备人选的情况。文本样例如下：

关于确定×选举单位出席中国共产党×××第×次
代表大会代表候选人预备人选的情况报告

中共×××委员会(**指召开党的基层代表大会的基层党委——编者注**)：

本选举单位出席中国共产党×××第×次代表大会代表候选人预备人选建议名单经中共×××委员会(**指召开党的基层代表大会的基层党委——编者注**)审查同意后，于2018年5月20日召开了中共××委员会(**指选举单位党的基层委员会或总支部委员会或支部委员会——编者注**)全体(扩大)会议(**不设委员会的党支部为支部大会——编者注**)，经过酝酿讨论，以无记名投票(或圈选)方式，确定了××名×选举单位出席中国共产党×××第×次代表大会代表候选人预备人选名单，现报请审批。

×选举单位出席中国共产党×××第×次代表大会代表候选人酝酿提名，是以×党委、×党总支部……(**指召开党代表大会的基层党委的下一级党组织的所属党组织——编者注**)为单位进行的。代表候选人预备人选的提名，在党员人数较多的单位，召开委员会全体(扩大)会议，采用无记名投票方式确定的；在党员人数较少的单位，召开党员大会直接酝酿、采用无记名投票方式确定的。

本选举单位××个提名单位，共提出×××名代表候选人酝酿提名名单。据统计，××个提名单位中，有××个提名单位××××名党员直接参加了代表候选人预备人选的酝酿提名，占本选举单位党员总数的××%；另有××个单位是经党委扩大会酝酿提名的。

在各单位酝酿提名基础上，召开了中共××委员会（指选举单位党的基层委员会或总支部委员会或支部委员会——编者注）全体（扩大）会议（不设委员会的党支部为支部大会——编者注）。参加会议的有：×××、×××、×××、×××、×××、×××等共××人。

经全体（扩大）会议（支部大会）确定的××名代表候选人预备人选中，各级领导干部××名（占××%）；一般干部职工××名（占××%）；各类专业技术人员××名（占××%）；劳动模范和先进模范人物××名（占××%）。其中，女同志××名（占××%）；××周岁以下（含××周岁）的同志××名（占××%）。

本选举单位拟于2018年5月下旬召开党员大会（或党代表大会），正式选举产生本选举单位出席中国共产党×××第×次代表大会代表。

附件：1. ×选举单位出席中国共产党×××第×次代表大会代表候选人预备人选名册

2. ×选举单位出席中国共产党×××第×次代表大会代表候选人预备人选登记表（此处略）

中共×××委员会（指选举单位党组织——编者注）

2018年5月20日

（封面）

×密

×选举单位出席中国共产党×××
第×次代表大会代表候选人预备人选名册

中国共产党×××委员会

2018年5月20日

说明：×选举单位出席中国共产党×××第×次代表大会代表候选人预备人选共×××名。其中：

1. 各级党员领导干部××名（占××%）；各方面生产和工作一线的党员××名（占××%）。

女同志××名(占××%)。

少数民族党员××名(占××%)。

五十周岁以下(含五十周岁)党员××名(占××%)。

2. 学历在大专以上(含大专)××名(占××%);中学(含中专)××名(占××%);小学及小学以下××名(占××%)。

3. 1927年7月以前入党的××名(占××%);1927年8月至1937年7月6日入党的××名(占××%);1937年7月7日至1945年9月2日入党的××名(占××%);1945年9月3日至1949年9月入党的××名(占××%);1949年10月至1966年4月入党的××名(占××%);1966年5月至1976年10月入党的××名(占××%);1976年11月及以后入党的××名(占××%)。

4. 上届委员会委员××名。

5. 上届纪律检查委员会委员××名。

6. 上次代表大会代表××名。

第1页

党员领导干部 ×× 名(按姓氏笔画为序)

姓名	现任职务	性别	民族	籍贯	学历	出生年月(岁)	入党时间	参加工作时间	备注
××	××	××	××	××	××	××	××	××	
××	××	××	××	××	××	××	××	××	××
××	××	××	××	××	××	××	××	××	
××	××	××	××	××	××	××	××	××	××

第2页

各方面专业技术人员党员 ×× 名(按姓氏笔画为序)

姓名	现任职务	性别	民族	籍贯	学历	出生年月(岁)	入党时间	参加工作时间	备注
××	××	××	××	××	××	××	××	××	××
××	××	××	××	××	××	××	××	××	
××	××	××	××	××	××	××	××	××	××
××	××	××	××	××	××	××	××	××	

第3页

各方面先进模范人物党员 ×× 名(按姓氏笔画为序)

姓名	现任职务	性别	民族	籍贯	学历	出生年月(岁)	入党时间	参加工作时间	备注
××	××	××	××	××	××	××	××	××	
××	××	××	××	××	××	××	××	××	××
××	××	××	××	××	××	××	××	××	

第 4 页

关于同意代表候选人预备人选的批复的文本样例是什么?

召开基层党代表大会的基层党委收到代表选举单位报送的代表候选人预备人选名单后,要及时按规定进行审查,审查同意后要及时对选举单位上报的代表候选人预备人选名单进行批复。文本样例如下:

关于同意×选举单位出席中国共产党
×××第×次代表大会代表候选人预备人选的批复

中共××××委员会(指选举单位党组织——编者注):

你们于 2018 年 5 月 20 日报来的《关于确定×选举单位出席中国共产党×××第×次代表大会代表候选人预备人选的情况报告》收悉。

中共×××委员会(指召开党员代表大会的基层党委——编者注)原则同意你们报来的×××名代表候选人预备人选。代表候选人预备人选名单可提交×党员大会(党员代表大会)酝酿讨论,采用无记名投票方式进行选举。要充分发扬民主,尊重多数党员(召开党代表大会选举代表的,则为多数代表——编者注)的意见,允许进行个别调整。

中共×××委员会(指召开党员代表大会的基层党委——编者注)

2018 年 6 月 3 日

选举产生出席上级党代表大会代表的情况报告的文本样例是什么?

代表选举单位选举产生出席上级党的基层代表大会代表后,应及时向上级党委报告党的基层代表大会代表选举结果。文本样例如下:

关于选举产生×选举单位出席中国共产党×××第×次代表大会代表的情况报告

中共×××委员会(指组织召开党员代表大会的基层党委——编者注):

本选举单位出席中国共产党×××第×次代表大会代表候选人预备人选名单经中共×××委员会(指组织召开党员代表大会的基层党委——编者注)批复后,我们于2018年6月15日召开了×党员大会(党代表大会),以无记名投票方式,选举产生了本选举单位出席中国共产党×××第×次代表大会代表。现将选举情况报告如下:

有选举权的党员应到会×××名、实到会×××名[如果选举单位是召开党代表大会选举产生代表的,应写"中国共产党××代表大会(指选举单位召开的党的基层代表大会)代表名额分配和产生办法,是根据党章等有关规定和×党委(指组织召开党代表大会的上级基层党委)的有关通知要求确定的。有选举权的代表应到会×××名、实到会×××名"——编者注]。

在党员大会(党代表大会)上,传达学习了《中共×××委员会关于中国共产党×××第×次代表大会代表选举工作的通知》。在广泛发扬民主、充分酝酿讨论的基础上,直接采用无记名投票、差额选举的办法,选举产生了本选举单位出席中国共产党×××第×次代表大会代表××名。

在××名代表中,各级领导干部××名(占××%);各类专业技术人员××名(占××%);各方面劳动模范和先进模范人物××名(占××%)。其中,女同志××名(占××%);××周岁以下(含××周岁)同志××名(占××%)。

特此报告。

附件:1. 出席中国共产党×××第×次代表大会代表名册(参照预备人选名册——编者注)

2. 出席中国共产党×××第×次代表大会代表登记表(此处略)

3. 出席中国共产党×××第×次代表大会代表得票情况

中共×××委员会

2×××年××月××日

出席中国共产党×××第×次代表大会代表得赞成票数

有选举权党员(代表)应到会××人、实到会××人，经无记名投票选举，出席中国共产党×××第×次代表大会代表得赞成票数如下(以姓氏笔画为序)：

候选人姓名	得赞成票数	候选人姓名	得赞成票数	候选人姓名	得赞成票数	候选人姓名	得赞成票数
×××	×票	×××	×票	×××	×票	×××	×票
×××	×票	×××	×票	×××	×票	×××	×票
×××	×票	×××	×票	×××	×票	×××	×票

关于同意出席党的基层代表大会代表的批复的文本样例是什么？

召开党的基层代表大会的党委收到代表选举单位呈报的《关于选举产生×选举单位出席中国共产党×××第×次代表大会代表的情况报告》后，要及时对选举单位的选举方式和代表资格进行初步审查，符合要求，即应及时向各选举单位发出同意选举单位出席中国共产党×××第×次代表大会代表的批复(可分别向每个选举单位发出，也可一次性向各选举单位发出——编者注)。批复一般可以经党委同意后以党委组织部名义行文(党委不设组织部的应以党委名义行文——编者注)。文本样例如下：

关于同意出席中国共产党×××第×次代表大会代表的批复

各选举单位：

你们报来的关于出席中国共产党×××第×次代表大会代表的情况报告和出席中国共产党×××第×次代表大会代表名册均已收悉。

经×党委(指组织召开党员代表大会的基层党委——编者注)初步审查，同意你们选出的×××等×××名同志为出席中国共产党×××第×次代表大会代表。名单如下：

×××　　×××　　×××　　×××　　×××　　×××

……

请通知本人。关于中国共产党×××第×次代表大会召开的时间、地点，另行通知。

中共×××委员会组织处

2018年5月20日

关于党的基层组织选举候选人预备人选的请示的文本样例是什么？

进行选举的基层党组织按规定程序和要求产生选举候选人预备人选后，应及时向上级党组织呈报请示、报请批准。文本样例如下：

关于×市×局机关党委、机关纪委组成人员候选人预备人选的请示

中共××委员会（指进行选举的基层党组织的上级党组织——编者注）：

根据党章、《中国共产党基层组织选举工作暂行条例》等有关规定和中共××委员会（指进行选举的基层党组织的上级党组织——编者注）《关于同意召开中国共产党×××第×次代表大会的批复》精神，采用领导班子成员由党员和群众公开推荐与上级党组织推荐相结合、党组织和群团组织推荐、党员自荐等办法，组织全局各级机关党组织和广大共产党员、群众对下届局机关党委、机关纪委组成人员候选人初步人选进行推荐、酝酿、考察，广泛征求所属党组织、党员和群众意见，并对拟确定为候选人预备人选名单进行公示。在此基础上，我们于2×××年××月××日召开了局机关党委全体会议（设立常务委员会的党委为常委会——编者注），确定了中共×市×局第×届机关委员会、机关纪律检查委员会组成人员候选人预备人选。

一、下届局机关党委组成人员候选人预备人选

根据中共××委员会（指进行选举的党组织的上级党组织——编者注）批准，中共×市×局第×届机关委员会（指进行选举的党组织——编者注）由5人组成（其中，书记1人，副书记1人）。

按照规定的程序和委员差额数为应选人数的20%的规定，提出×××、×××、×××、×××、×××、×××6名同志为新一届局机关党委委员候选人预备人选（差额1名，差额比例为20%）。

根据党内有关文件规定和局机关党建工作需要，提出×××同志为局机关党委书记候选人预备人选，×××同志为局机关党委副书记候选人预备人选。

在6名机关党委委员候选人预备人选中，上届机关党委组成人员4名（占66.67%），新提名人选2名（占33.33%）。

二、下届局机关纪委组成人员候选人预备人选

根据中共××委员会（指进行选举的党组织的上级党组织——编者注）批准，中共×市×局机关纪律检查委员会由5人组成（其中，书记1人，副书记1

人)。

按照规定的程序和委员差额数为应选人数的20%的规定，提出×××、×××、×××、×××、×××、×××6名同志为新一届局机关纪律检查委员会委员候选人预备人选(差额1名，差额比例为20%)。

根据党内有关文件规定和局机关纪律检查工作需要，提出×××同志为局机关纪委书记候选人预备人选，×××同志为局机关纪委副书记候选人预备人选。

在6名机关纪委委员候选人预备人选中，上届机关纪委组成人员3名(占50.00%)，新提名人选3名(占50.00%)。

妥否，请批示。

附件：1. 局机关党委、机关纪委组成人员候选人预备人选名册(此处略)

2. 干部任免审批表和考察材料(根据上级要求填报，本书从略——编者注)

中共××机关委员会

2×××年××月××日

☛ 关于党的基层组织选举候选人预备人选的批复的文本样例是什么？

上级党组织按规定和要求审查批准下级党组织关于基层党组织组成人员候选人预备人选的请示后，应及时向下级党组织发出批复。文本样例如下：

关于中共×××委员会、纪律检查委员会委员和常委、书记、副书记候选人预备人选的批复

中共×××委员会(指进行换届选举的基层党组织，下同——编者注)：

你委2018年5月20日呈报的《关于中共×××委员会、纪律检查委员会委员和常委、书记、副书记候选人预备人选的请示》收悉。经研究决定：

一、原则同意你委提出的下一届中共×××委员会委员和常委、书记、副书记候选人预备人选名单：×××、×××、×××、×××、×××……等××名同志为委员候选人预备人选；×××、×××、×××、×××、×××、×××等8名同志为常委候选人预备人选；×××同志为书记候选人预备人选，×××、×××同志为副书记候选人预备人选。

二、原则同意你委提出的中共×××纪律检查委员会委员和常委、书记、

副书记候选人预备人选名单：×××、×××、×××、×××、×××……等××名同志为委员候选人预备人选；×××、×××、×××、×××、×××、×××等8名同志为常委候选人预备人选；×××同志为书记候选人预备人选，×××、×××同志为副书记候选人预备人选。

三、同意中共×××委员会、纪律检查委员会委员、常委实行差额选举，书记、副书记实行等额选举。

请按党章和有关规定进行选举。选出的委员报我委备案。选出的常委、书记、副书记与我委批准的候选人预备人选一致的报我委备案，不一致的报我委审批。

中共××委员会（指换届选举党组织的上级党组织——编者注）

2×××年××月××日

关于同意换届选举及选举候选人预备人选的批复的文本样例是什么？

进行选举的基层党组织报经上级党组织批准，可将召开党员大会（党代表大会）进行选举及选举候选人预备人选一并请示上级党组织审批（变2次请示、2次批复为1次请示、1次批复——编者注）。收到下级党组织报来的关于召开党员大会（党代表大会）进行选举及选举候选人预备人选的请示后，按规定审批后，要及时向呈报请示的基层党组织发出批复。另一种文本样例如下：

关于同意中共×××委员会召开党员大会（中国共产党×××第×次代表大会）及选举候选人预备人选的批复

中共×××委员会（指召开党员大会或党员代表大会的基层党组织，下同——编者注）：

你委2018年7月1日呈报的《关于召开党员大会（中国共产党×××第×次代表大会）及选举候选人预备人选的请示》收悉。经研究决定：

一、同意你委2018年9月召开党员大会（中国共产党×××第×次代表大会）和大会议程。

二、同意你委提出的代表名额和差额比例。各方面代表的比例只作为指导性比例（实际工作中，根据上级党组织要求和本党组织实际情况确定。召开党员大会的没有这项内容——编者注）。

三、同意你委提出的中共××委员会委员、常委、书记、副书记和纪律检查委员会（没有纪律检查委员会的要删除相关的内容——编者注）委员、常委、书记、副书记的名额和候选人名额、差额比例。

四、同意你委提出的下一届中共×××委员会委员和常委、书记、副书记候选人预备人选名单：×××、×××、×××、×××、×××、×××……等××名同志为委员候选人预备人选；×××、×××、×××、×××、×××、×××等8名同志为常委候选人预备人选；×××同志为书记候选人预备人选，×××、×××同志为副书记候选人预备人选。

五、同意你委提出的中共×××纪律检查委员会委员和常委、书记、副书记候选人预备人选名单：×××、×××、×××、×××、×××、×××、×××……等××名同志为委员候选人预备人选；×××、×××、×××、×××、×××等8名同志为常委候选人预备人选；×××同志为书记候选人预备人选，×××、×××同志为副书记候选人预备人选。

六、同意中共×××委员会、纪律检查委员会委员、常委实行差额选举，书记、副书记实行等额选举。

请按照党章和有关规定进行选举。选出的委员报我委备案。选出的常委、书记、副书记与我委批准的候选人预备人选一致的报我委备案，不一致的报我委审批。

中共××委员会（指进行选举的党组织的上级党组织——编者注）

2×××年××月××日

关于召开党的基层代表大会进行选举的决议文本样例是什么？

党的基层委员会任期届满，需召开党代表大会或党员大会进行选举的，应召开党的委员会全体会议，作出关于召开党的基层代表大会或党员大会进行选举的决议。其文本样例如下：

中国共产党×××第×届委员会第×次全体会议

关于召开中国共产党×××第×次代表大会的决议

（中国共产党×××第×届委员会第×次全体会议 2019 年 9 月 9 日通过）

一、按照党章的规定，中国共产党×××第十三次代表大会于 2019 年 11 月在×××（指地点——编者注）召开。

二、大会的主要议程是：

(1) 听取和审查中国共产党×××第十二届委员会的报告；

（2）审查中国共产党×××纪律检查委员会的报告；

（3）选举中国共产党×××第十三届委员会；

（4）选举中国共产党×××纪律检查委员会；

（5）选举出席中国共产党×××第×次代表大会（指上一级党代会——编者注）代表。

三、代表名额、分配原则及产生办法

中国共产党×××第十三次代表大会的代表名额为×××名。

代表名额的分配，由×委（指召开党代表大会的党委，下同——编者注）根据各选举单位所属党委、党总支部的数量、党员人数和工作需要确定，并由这些选举单位按照×委提出的选举办法和差额比例，召开党代表大会（党员大会）选举产生。

……

四、全会号召各级党组织和全体共产党员认真贯彻执行党的基本路线，按照×××决策部署，同心同德，艰苦奋斗，开拓进取，努力做好各方面的工作，以优异成绩迎接中国共产党×××第十三次代表大会的召开。

党的基层组织设立的委员会工作报告的文本样例是什么？

党的基层组织召开党员大会或党代表大会进行换届选举，要审议通过委员会工作报告。这里提供的文本样例仅供参考。

注重落实　强化服务

努力发挥局机关党组织职能作用

——中共×××委员会工作报告

（2016 年 12 月 5 日）

×党委书记　×××

各位党员：

我受中共×××委员会委托，向党员大会作×委工作报告，请予审议。

一、过去四年的工作回顾和总结

过去四年，×委在×委的正确领导下，坚持服务中心、建设队伍，坚持以人为本、继承创新，坚持求真务实、务求实效，努力推进机关党的思想、组织、作风、反腐倡廉和制度建设，主要做了以下五个方面的工作：

1. 强理论武装，努力建设学习型机关党组织。一是丰富学习内容……二是用好教学平台……三是开展交流活动……

2. 重组织建设，努力建设效能型机关党组织。一是加强两支队伍建设……二是尊重党员主体地位……三是坚持民主集中制……

3. 促作风转变，努力建设服务型机关党组织。一是落实互助政策……二是开展公益活动……三是推行服务清单……

4. 育廉政文化，努力建设廉洁型机关党组织。一是着力形成反腐倡廉教育自觉……二是着力形成廉政风险防范自觉……三是着力形成落实廉政责任自觉……

5. 建长效机制，努力建设创新型机关党组织。一是创建“制度＋职责”机关党建工作机制……二是创建“四书十五报”党风廉政建设工作机制……三是创建“继承＋创新”机关党建两轮驱动机制……

过去四年，×委做了一些力所能及的工作，也取得了一些成绩，但这些都是×委正确领导、所有党员共同努力的结果，在此，请允许我代表上一届党委，向支持局机关党组织工作的各位领导、所有党员表示最崇高的敬意和衷心的感谢！同时，我们也清醒地认识到，我们的工作离上级党组织的要求和期望还有一定差距，主要表现在：一是机关党建工作的针对性、实效性还有一定差距，在如何把握“务虚”和“务实”的最佳结合上还有待进一步深化；二是浓厚机关党建工作氛围、增强机关党组织活动吸引力还有一定差距，如何在严格落实中央八项规定精神、省市有关规定的同时，更多地组织开展党员喜闻乐见的党组织活动还有待进一步探索；三是围绕中心开展党建工作、研究机关党建新方法还有一定差距，机关党组织推动发展、服务群众、凝聚人心、促进和谐的作用还有待进一步发挥；四是机关纪委力量与承担全面从严治党主体责任日常工作的需要还有一定差距，机关纪委班子力量配备、职能作用发挥还有待进一步加强。这些都有待于在今后的机关党建工作中加以克服。

二、加强委机关党建工作的几点建议

1. 继续推进学习型机关党组织建设……

2. 继续推进效能型机关党组织建设……

3. 继续推进服务型机关党组织建设……

4. 继续推进廉洁型机关党组织建设……

5. 继续推进创新型机关党组织建设……

各位党员,新时期给各级机关党建工作提出了新要求。新一届机关党委肩负着光荣而又艰巨的使命。让我们在×委的直接领导下,更加紧密地团结起来,认清形势,明确责任,解放思想,继承创新,为不断开创机关党建工作的新局面作出新的更大的贡献!

谢谢大家!

基层党组织设立的委员会工作报告决议(草案)的文本样例是什么?

审议通过党的基层组织设立的委员会(不设委员会的党支部——编者注)工作报告,要形成决议,其文本样例如下:

关于中国共产党××第×届委员会报告的决议(草案)

(2017年9月9日中国共产党××第二次代表大会主席团第×次会议通过)

中国共产党××第×次代表大会批准×××同志代表×届党委所作的工作报告。

大会认为,报告确定的建设铁军排头兵,服务中心走前列,为开创局机关建设新局面而奋斗的主题,体现了时代要求,符合本局实际,反映了全局广大党员和干部群众的共同愿望。

大会对中国共产党××第×届委员会的工作给予充分肯定。大会认为,×第×次党员代表大会以来,局党委团结带领全局广大党员和群众,坚定不移地贯彻党的基本路线和党的各项方针政策,注重从××实际出发,务实求是,创造性地开展工作,实现了第×次党员代表大会确定的各项任务。

大会认为,报告对我局上次党员代表大会以来的工作回顾和总结实事求是,按照……的要求确定的今后四年的任务目标,既催人奋进,又切实可行。进入……时期,我局迎来了难得的发展机遇,也面临严峻的挑战。我们要高举中国特色社会主义伟大旗帜,整体推进我局党的思想建设、组织建设、作风建设、反腐倡廉建设和制度建设,认真贯彻落实全面从严治党要求,以加强党员队伍先进性和纯洁性建设为主题,深入开展"两学一做"学习教育,严格党的组织生活,积极开展批评和自我批评、创先争优活动,维护和执行党的纪律,监督党员切实履行义务,保障党员的权利,充分发挥局机关党组织的战斗堡垒作用和局机关党员的先锋模范作用,为开创……新局面而奋斗。

大会指出，从这次党员代表大会到下次代表大会的四年是实现我局“十三五”规划关键的四年，是对我局各项事业发展具有战略意义的四年，任务光荣而艰巨。我们要以中国特色社会主义理论体系为指导，认真落实党的十八届三中、四中、五中、六中全会精神，紧紧围绕我局经济社会各项事业进步和改革发展稳定大局……努力把我局工作提高到一个新水平。

大会号召全局各级党组织、广大共产党员在新一届局党委的领导下，振奋精神，团结一致，艰苦奋斗，开拓进取，为不断开创我局机关建设新局面作出新的更大的贡献。

党费收缴、使用和管理情况的报告的文本样例是什么？

党费收缴、使用和管理情况的报告，一般由组织部门（不设组织部门的基层党组织一般由组织委员——编者注）负责起草。文本样例如下：

中共×××委员会关于党费收缴、使用和管理情况的报告

现将2006年7月本届委员会选举产生以来党费收缴、使用和管理情况报告如下：

2006年6月底本委管理的党费账面结存12345.67元。

2006年7月至2010年6月，所属党组织（党员）上缴党费123456.78元。中共×××委员会（指换届选举的基层党组织的上级党组织，下同——编者注）下拨党费22345元。党费利息1234.56元。其他收入共12345.67元。本委管理的党费总收入159382.01元。

几年来，本委管理的党费共支出157777.77元。其中，党员教育培训费111111.11元，慰问补助住院治疗、生活困难党员费11111.11元，印购党员学习资料费1111.11元，用于表彰奖励“一先两优”费11111.11元，党员电化教育费11111.11元，其他开支1111.11元，上缴中共×××委员会党费11111.11元。

截至2010年6月底，本委管理党费收支相抵后，共结存13949.91元。几年来，党费使用符合中组部有关规定，党费收支经与银行核对，票据相符，账款相等。

所属各党组织对党费收缴工作比较重视，坚持对党员进行自觉、主动、足额缴纳党费的教育，采取定期核定、定期收缴、定人管理和定期检查等措施，增强

了党员自觉缴纳党费的意识;党费收缴、管理和使用坚持严格按制度办事。同时,普遍做到了把党费收缴工作同严格党的组织生活结合起来,同党员教育结合起来,同民主评议党员结合起来,较好地发挥了党费在党的建设中的积极作用。

总的来看,各级党组织能够认真执行中央组织部和省、市委组织部对党费管理工作的要求,健全了制度,强化了党费管理工作的监督和管理。

当前,在党费管理工作中存在的问题主要是:个别党组织对党费管理工作认识不高,重视不够,仅当成一般性工作来抓;个别企业、事业单位党组织,因工资收入不固定、变动比较大,缴纳党费的标准没有掌握准确;有的党组织还没有完全按照规定收缴党费,存在把关不严、使用不够合理等问题。

今后,要教育引导所属各级党组织进一步提高对党费管理工作的认识,严肃认真地贯彻执行中央组织部和省、市委组织部有关党费管理的规定,健全党费管理制度,加强检查指导,及时总结经验,努力解决存在问题,同时根据出现的新情况及时研究制定行之有效的措施,切实搞好党费的收缴、使用和管理工作。

以上报告当否,请审议。

中共×××机关委员会(指换届选举的基层党组织——编者注)

2009 年 7 月 12 日

☛ 党的基层代表大会筹备工作报告(草案)的文本样例是什么?

党的基层代表大会筹备工作报告(草案)经党代表大会预备会议通过后,将“(草案)”去掉,在其标题下加上“(××××年××月××日中国共产党×××第×次代表大会预备会议通过)”字样。文本样例如下:

中国共产党×××局机关第二次代表大会筹备工作报告

(2017 年 11 月 11 日中国共产党×××局机关第二次代表大会预备会议通过)

各位代表,同志们:

局机关第二次党代表大会,在上级党组织亲切关怀和领导下,在全局各级机关党组织和共产党员的共同努力下,马上就要开幕了。现在,我代表大会筹备工作领导小组,将大会筹备工作情况报告如下:

局机关第一次党员代表大会,是在 2013 年 11 月召开的,大会选举的局机关党委第一届委员会现已任期届满。今年 9 月,局机关党委研究决定召开局机关第二次党代表大会，报请中共×××市直属机关工作委员会批准后，及时向各单位发出了《关于做好中国共产党×××局机关第二次代表大会筹备工作的通知》，同时成立了筹备工作领导小组和工作机构。在市直机关工委领导下和局党委指导下，经过2个多月的积极努力，各项筹备工作已经就绪。

一、选举产生了本次党代表大会代表

根据局机关党委《关于做好局机关第二次党员代表大会代表选举工作的通知》规定的代表名额、条件和产生办法，各选举单位认真贯彻民主集中制原则，充分发扬民主，自下而上、上下结合提名、推荐，根据多数人的意见确定代表候选人之后，召开党员大会，直接采用候选人数多于应选人数的20%以上的差额选举办法，以无记名投票方式选举产生。共选出代表108名。中国共产党×××局机关第二次代表大会代表资格审查小组已对代表资格进行了初步审查，准备提交大会预备会议审议通过。

二、认真起草了局机关党委、机关纪委的工作报告

在中共×××市直属机关工作委员会批准召开我局机关第二次党员代表大会后，局机关党委立即对起草两委工作报告进行了专门研究部署，确定了起草两个工作报告的指导思想和主要内容，并组成了专门报告起草小组。在深入调查研究、广泛听取各方面意见的基础上，进行了起草工作。初稿形成后，及时印发给所属各单位机关党组织及党员、党代表，广泛听取各方面的修改意见，先后进行了4次修改，最后经局机关党委全委会讨论定稿，将向大会报告，请代表审议。

三、提出了新一届局机关党委、机关纪委委员候选人预备人选名单

根据中共××市直属机关工作委员会批准我局机关党委、机关纪委组成名额和差额选举的规定，局机关党委提出了两个委员会的组成方案，并于2009年9月25日向各直属机关党组织发出了酝酿、推荐“两委”委员候选人名单的通知。在各直属机关党组织通过召开党员会议或党员大会推荐、党员推荐、党员自荐、群众推荐、党员(群众)联名推荐、党员和群众无记名投票推荐、群众组织推荐等方式，在全局范围内酝酿推荐下届“两委”委员候选人提名人选的基础上，局机关党委根据各直属机关党组织提出的提名人选名单，按照委员候选人的差额为应选人数的20%的规定，提出下届“两委”委员候选人初步人选名单，并按规定对初步人选进行组织考察，然后又返回所属党组织和党员、代表中征求意见、进行酝酿讨论，广泛、充分征求党员、党代表、群众意见。先后经过三下三上、反复听取意见，最后集中多数党组织和党员、代表的意见，由局机关党委全委会确定了“两委”委员候选人预备人选名单，并已报请中共×××市直属机关工作委员会审查同意，将作为建议名单提交大会主席团。

四、关于这次大会的规模

出席这次党代会的代表有108名，列席人员38名，共计146名，共组成4个代表团、2个代表小组。

五、关于这次大会的议程

本次大会议程有四项：

1. 听取和审议中共×××局机关委员会的报告；
2. 书面审议中共×××局机关纪律检查委员会的报告；
3. 选举中共×××局第二届机关委员会；
4. 选举中共×××局机关纪律检查委员会。

大会共开两天，预备会议半天，正式会议一天半。

六、关于这次大会的组织机构

大会的各项工作，在大会主席团领导下进行。设秘书组、组织组、会务组、生活组四个组，负责大会具体工作。

各位代表、同志们，我局机关第二次党代会是在深入开展“两学一做”学习教育，我局发展与改革不断推向深入的新形势下召开的一次重要的大会，这是我局机关政治生活和发展历程中的一件大事，对于促进我局各项工作全面、协调、可持续发展具有十分重要的意义。大会将动员全体机关人员进一步解放思想，开拓创新，继往开来，为全面提升局机关建设水平而努力奋斗。我们一定要团结一致，共同努力，认真开好这次大会，圆满完成大会的各项任务。

预祝大会圆满成功。

☛ 党的基层组织制定的选举办法（草案）的文本样例是什么？

选举办法（草案）一般由党员大会（党代表大会）秘书组（不设秘书组的指定专人——编者注）起草。基层党组织在召开党员大会、党代表大会和党的基层委员会（纪律检查委员会）第一次全体会议进行选举（包括换届选举和补选班子成员——编者注）前都要按照党章等规定制定选举办法（草案），经会议举手表决通过后，将“（草案）”二字划去。文本样例如下：

×市×局机关党员大会（党代表大会）选举办法（草案）

（基层党组织书记、副书记由委员会选举产生）

一、根据党章、《中国共产党基层组织选举工作暂行条例》和党内有关规定，制定本选举办法。

二、经中共×××委员会（**指进行选举的基层党组织的上级党组织，下同——编者注**）批准，本次党员大会（党代表大会）选举产生新一届中共×市×局机关委员会委员9名、机关纪律检查委员会委员5名。选举采取一次选举、一次投票的办法进行。选举的组织工作由中共×市×局机关委员会负责（**选举工作中的重大问题，由大会主席团集体讨论解决**）。

三、经中共×××委员会批准，新一届中共×市×局机关委员会委员候选人11名、机关纪律检查委员会委员候选人6名。局机关党委、机关纪委委员候选人按照差额数为应选人数的20%提出。候选人名单（建议名单）通过自下而上、上下结合、反复酝酿的方法提出，并广泛征求党员和群众的意见，由中共×市×局机关委员会（常务委员会）提出、报经中共×××委员会审查同意后，按照规定程序和要求确定，提交本次党员大会（党员代表大会）进行选举。

四、本次选举采用无记名投票方式，候选人按姓氏笔画为序排列。有选举权的到会党员（代表）人数不少于应到会党员（超过应到会代表）人数五分之四，方可进行选举。被选举人获得赞成票超过实到会有选举权党员（代表）人数的半数，始得当选。获得赞成票超过半数的被选举人数多于应选名额时，以得票多少为序，至取足应选名额为止；如遇票数相等不能确定谁当选时，应就票数相等的被选举人重新投票，得赞成票多的当选。获得赞成票超过半数的被选举人数少于应选名额时，不足名额从未当选的被选举人中，根据得票多少，按20%的差额数确定候选人，再次进行选举；如果接近应选名额，不再进行选举。

五、会场设票箱1只。投票顺序：首先是总监票人、副总监票人、监票人、总计票人、计票人，接着是主席台上党员（主席团成员）投票，然后是其他党员（代表）依次投票。

六、选举设监票人6人，其中总监票人1人、副总监票人1人。监票人在中共×市×局机关委员会（大会主席团）领导下，对选举全过程进行监督。监票人由中共×市×局机关委员会从参加会议的党员中推荐[**监票人由各代表团(组)推选,大会主席团研究提名**],由大会举手表决通过。总监票人、副总监票人由中共×市×局机关委员会(大会主席团)从监票人中提名,经大会举手表决通过。提名为候选人的,不得担任总监票人、副总监票人、监票人。

选举设总计票人1人、计票人8人,总计票人、计票人由会议主持人从不是候选人的党员(代表)中指定,在监票人的监督下进行工作。

选票须用钢笔或圆珠笔或签字笔画写,符号要正确,笔迹要清楚。对选票上的候选人如赞成,在该候选人姓名上面的空格内画"○";如不赞成,就画"×",不画符号或画其他符号的作为弃权。如另选他人,在选票候选人姓名栏预留的空格内写上自己要选人的姓名,并在姓名上面的空格内画"○",不画"○"的无效。每张选票所选人数等于或少于应选名额的为有效票,多于规定应选名额的全票作废。

七、选举投票前,先由监票人清点人数并由主持人宣布出席会议的有选举权的人数,再由监票人、计票人将选票发给到会有选举权的党员(代表),并当众查封票箱。投票完毕,由监票人启封票箱,清点选票。收回的选票数等于或少于投票人数的,选举有效;多于投票人数的,选举无效,应重新选举。计票完毕,由总监票人(**不设总监票人的由监票人——编者注**)向会议报告计票结果,由会议主持人宣布选举结果。

八、表决必须有半数以上有表决权的党员到会方可进行,赞成人数超过应到会有表决权的党员的半数为通过(**党员大会时有此项——编者注**)。

九、选举过程中,如遇本办法以外的特殊情况,由中共×市×局机关委员会(大会主席团)研究处理。

十、本选举办法,经党员大会(党员代表大会)举手表决后生效。

×市×局机关党员大会(党代表大会)选举办法(草案)

(基层党组织书记、副书记由党员大会或党代表大会选举产生)

一、根据党章、《中国共产党基层组织选举工作暂行条例》和党内有关规定,制定本选举办法。

二、经中共×××委员会(**指进行选举的基层党组织的上级党组织,下同——编者注**)批准,本次党员大会(党代表大会)选举产生新一届中共×市×

局机关委员会委员9名、机关纪律检查委员会委员5名，直接选举局机关党委书记1名、副书记1名和局机关纪委书记1名、副书记1名。选举采取2次选举、2次投票的办法进行。第一次采取差额选举办法选举产生新一届局机关党委委员9名、机关纪委委员5名，第二次采取等额选举办法选举产生局机关党委书记1名、副书记1名和机关纪委书记1名、副书记1名。选举的组织工作由中共×市×局机关委员会负责（**选举工作中的重大问题，由大会主席团集体讨论解决**）。

三、新一届局机关党委委员候选人11名、机关纪委委员候选人6名，局机关党委书记候选人1名、副书记候选人1名，局机关纪委书记候选人1名、副书记候选人1名。局机关党委、机关纪委委员候选人按照差额数为应选人数的20%提出。候选人名单（建议名单）通过自下而上、上下结合、反复酝酿的方法提出，并广泛征求党员和群众的意见，由中共×市×局机关委员会（常务委员会）提出、报经中共×××委员会审查同意后，按照规定程序和要求确定，提交本次党员大会（党员代表大会）进行选举。

四、本次选举采用无记名投票方式，候选人按姓氏笔画为序排列。有选举权的到会党员（代表）人数不少于（超过）应到会党员（代表）人数的五分之四，方可进行选举。被选举人获得赞成票超过实到会有选举权党员（代表）人数的半数，始得当选。获得赞成票超过半数的被选举人数多于应选名额时，以得票多少为序，至取足应选名额为止；如遇票数相等不能确定谁当选时，应就票数相等的被选举人重新投票，得赞成票多的当选。获得赞成票超过半数的被选举人数少于应选名额时，不足名额从未当选的被选举人中，根据得票多少，按20%的差额数确定候选人，再次进行选举；如果接近应选名额，不再进行选举。

五、会场设票箱1只，设监票人2人。监票人由局机关党委从参加会议的党员中推荐[**监票人由各代表团（组）推选，大会主席团研究提名**]，由大会举手表决通过。监票人在局机关党委（大会主席团）领导下，对选举全过程进行监督。选举设计票人4人，由会议主持人从不是候选人的党员（代表）中指定，在监票人监督下进行工作。提名为候选人的，不得担任监票人、计票人。

六、选票须用钢笔或圆珠笔或签字笔画写，符号要正确，笔迹要清楚。对选票上的候选人，如赞成，在该候选人姓名上面的空格内画“○”；如不赞成，就画“×”；不画符号或画其他符号的作为弃权。如另选他人，在选票候选人姓名栏预留的空格内写上自己要选人的姓名，并在姓名上面的空格内画“○”，不画“○”的无效。每张选票所选人数等于或少于应选名额的为有效票，多于规定应选名额的全票作废。

七、选举投票前，先由监票人清点人数并由主持人宣布出席会议的有选举权的人数，再由监票人、计票人将选票发给到会有选举权的党员（代表），并当众查封票箱。投票时，先由监票人、计票人投票，然后是主席台上党员（主席团成员）、其他党员（代表）按次序投票。投票完毕，由监票人启封票箱，清点选票。收回的选票数，等于或少于投票人数的，选举有效；多于投票人数的，选举无效，应重新选举。计票完毕，由监票人向会议报告计票结果，由会议主持人宣布选举结果。

八、表决必须有半数以上有表决权的党员到会方可进行，赞成人数超过应到会有表决权的党员的半数为通过（**召开党员大会时有此项——编者注**）。

九、选举过程中，如遇本办法以外的特殊情况，由中共×市×局机关委员会（大会主席团）研究处理。

十、本选举办法，经党员大会（党员代表大会）举手表决后生效。

中共×市×局机关委员会（纪律检查委员会）选举办法（草案）

一、根据党章、《中国共产党基层组织选举工作暂行条例》等有关规定，制定本选举办法。

二、经中共×××委员会（**指进行选举的基层党组织的上级党组织，下同——编者注**）批准，本次会议采取等额选举的方法，选举产生局机关党委书记1名、副书记1名（**局机关纪委书记1名、副书记1名，不选局机关纪委书记、副书记的将其删除——编者注**）。选举采取1次选举、1次投票的办法进行。选举的组织工作由中共×市×局机关委员会负责。

三、局机关党委书记候选人1名、副书记候选人1名（局机关纪委书记候选人1名、副书记候选人1名）。书记、副书记候选人在按规定程序推荐产生委员候选人的基础上，由上届中共×市×局机关委员会提出，报经中共×××委员会审查同意，提交本次会议进行选举。

四、本次选举采用无记名投票方式，副书记候选人按姓氏笔画为序排列（**只有1名副书记的将此句删除——编者注**）。实到会委员人数超过应到会委员人数的五分之四，方可进行选举。被选举人获得赞成票超过实到会委员人数的半数，始得当选。获得赞成票超过半数的被选举人数多于应选名额时，以得票多少为序，至取足应选名额为止；如遇票数相等不能确定谁当选时，应就票数相等的被选举人重新投票，得赞成票多的当选。获得赞成票超过半数的被选举人数少于应选名额时，不足名额从未当选的被选举人中，根据得票多少确定候选人，再次进行等额选举。

五、会场设票箱1只。选举设监票人1人，监票人在中共×市×局机关委员会领导下，对选举全过程进行监督。监票人由中共×市×局机关委员会从参加会议的不是候选人的委员中推荐，由会议举手表决通过。选举设计票人1人，计票人由会议主持人从不是候选人的委员中指定，在监票人监督下进行工作。

六、选票须用钢笔或圆珠笔或签字笔画写，符号要正确，笔迹要清楚。对选票上的候选人如赞成，在该候选人姓名上面的空格内画"○"；如不赞成，就画"×"；不画符号或画其他符号的作为弃权。如另选他人，在选票另选人姓名栏的空格内写上要选人的姓名，并在姓名上面空格内画"○"，不画"○"的无效。每张选票所选人数等于或少于应选名额的为有效票，多于规定应选名额的全票作废。

七、选举投票前，先由监票人清点人数并由主持人宣布出席会议有选举权人数，再由监票人将选票发给到会有选举权的委员，并当众查封票箱。投票时，先由监票人、计票人投票，然后是委员按次序投票。投票完毕，由监票人启封票箱，清点选票。收回的选票数，等于或少于投票人数的，选举有效；多于投票人数的，选举无效，应重新选举。计票完毕，由监票人向会议报告计票结果，由会议主持人宣布选举结果。

八、选举过程中，如遇本办法以外的特殊情况，由中共×市×局机关委员会研究处理。

九、本选举办法，经会议举手表决后生效。

关于换届选举和补选结果的报告（请示）的文本样例是什么？

党的基层组织进行换届选举、补选班子成员选举产生后，要及时向上级党组织呈报《中共×××委员会关于换届选举（补选××）结果的报告（请示）》。其文本样例如下：

中共×××委员会关于选举结果的报告(请示)

中共×委员会(指呈报选举结果的基层党组织的上一级党组织,下同——编者注):

按照党章、《中国共产党基层组织选举工作暂行条例》等有关规定,根据中共×委员会《关于同意中共某市某局机关委员会换届选举及候选人预备人选的批复》(×批〔2009〕10号),我委于2009年7月1日召开党员大会和新一届委员会第一次全委会,完成了选举工作。现将选举情况与结果报告(请示)如下:

一、党员大会到会人数情况

我委有选举权的党员共100人,选举时有选举权的党员实到会81人,有选举权的党员实到会人数不少于应到会人数的五分之四。

二、×党委委员选举结果

本次选举采取无记名投票方式进行,×党委委员实行差额选举,应选委员5名,委员候选人6名,候选人差额数为应选委员的20%。各位候选人得赞成票的情况是:于忠79票,云忠81票,方忠39票,甘忠41票,龙忠58票,陈忠81票。根据得票情况,于忠、云忠、甘忠、龙忠、陈忠5位同志当选为本届×党委委员。

三、×党委书记、副书记选举结果

新一届×党委选举产生后,召开了第一次全体会议,应到委员5名,实到5名。经无记名投票、等额选举,陈忠同志得赞成票5票,当选为新一届×党委书记;龙忠同志得赞成票5票,当选为新一届×党委副书记。

特此报告。

中共某市某局机关委员会

2009年7月3日

第四节　党的基层组织选举主持词

☛ 党代表大会代表团(组)召集人会议主持词的文本样例是什么?

各代表团(组)召集人会议主持词一般由大会筹备工作领导小组秘书组负责起草(不设秘书组的指定专人起草——编者注)。文本样例如下:

中国共产党×××局机关第×次代表大会各代表团(组)召集人会议主持词

[供各代表团(组)召集人会议主持人参考]

同志们：

现在召开中国共产党×××第×次代表大会各代表团(组)召集人会议。

中国共产党×××第×次代表大会，在全局卓有成效地推进“两学一做”学习教育，认真贯彻落实党的十八届六中全会精神，全面开创机关党建工作新局面，全力完成市党代会确定的各项目标任务的关键时期召开了。

这次大会肩负着重要的历史使命，将研究确定机关党建服务中心、建设队伍、争先创优、走在前头、推动发展、服务群众、凝聚人心、促进发展的奋斗目标，选举产生新一届局机关党委、机关纪委领导班子。

这次大会，局机关党委全委会于2016年9月28日形成决议，并以××〔2016〕3号文件向中共×××工作委员会呈报了请示。中共×××工作委员会于2016年10月25日予以批复。随后，我们按照党章和省、市委有关规定，认真进行了宣传、发动和代表选举等有关工作，目前筹备工作已经就绪。我们相信，经过大家的共同努力，这次大会一定会圆满成功。

本次会议主要议程有八项：一是简要介绍大会的筹备工作情况；二是对代表资格审查报告进行说明；三是对大会主席团和秘书长建议名单进行说明；四是对大会议程(草案)进行说明；五是对党费收缴、使用和管理情况的报告进行说明；六是对其他需要确认的有关事项进行说明；七是布置各代表团(组)推选正副团(组)长；八是提出开好本次党代表大会的有关要求。

▲现在进行第一项，简要介绍党代表大会的各项筹备工作情况。

◇请局机关党委副书记高扬同志介绍本次党代表大会的筹备工作情况。

▲(情况介绍完毕后)现在进行第二项，对代表资格审查报告进行说明。

◇请代表资格审查小组组长、局机关党委副书记成功同志对代表资格审查报告进行说明。

▲(报告完毕后)现在进行第三项，对大会主席团和秘书长建议名单进行说明。

◇请局机关党委组织委员祖织同志对大会主席团和秘书长建议名单进行说明。

▲(说明完毕后)现在进行第四项,对大会议程(草案)进行说明。

◇请局机关党委宣传委员宣传同志对大会议程(草案)进行说明。

▲(说明完毕后)现在进行第五项,对党费收缴使用管理情况报告进行说明。

◇请党费审查小组组长、局机关党委组织委员祖织同志对党费收缴、使用和管理情况的报告进行说明。

▲(说明完毕后)现在进行第六项,对其他有关确认的事项进行说明(**没有其他需要确认事项的,没有此议程和程序——编者注**)。

◇请××同志对××进行说明。

◇请××同志对××进行说明。

◇请××同志对××进行说明。

▲(全部事项说明完毕后)现在进行第七项,布置推选正、副团(组)长。

◇请局机关党委副书记成功同志布置各代表团(组)推选正、副团(组)长。

▲(布置完毕后)现在进行第八项,对开好本次代表大会提出要求。

◇请局党委副书记、局机关党委书记忠诚同志讲话、提要求。

◇(提出有关要求后)上述文件及名单已印发给各代表团(组),请认真组织酝酿讨论,并组织推选好代表团(组)正、副团(组)长。推选后,连同讨论情况,向局机关党委进行汇报。

◇各代表团(组)会议时间为今日上午10:00—10:30。请大会秘书组收集各代表团(组)讨论情况和各代表团(组)正、副团(组)长推选情况,根据代表提出的意见和建议,调整建议名单、修改完善有关会议材料,并及时把有关情况向局机关党委汇报,然后将会议材料、建议名单印发有关同志。

◇各代表团(组)选出的正、副团(组)长经确认后,请大会组织组将名单印发各代表团(组)和有关人员。

◇下午14:00在局大会议室召开党代表大会预备会议,请通知各位代表、列席人员准时参加会议。

▲同志们,各代表团(组)召集人会议各项议程已经完成,现在休会。

党的基层代表大会预备会议主持词的文本样例是什么?

大会预备会议主持词一般由党代表大会筹备工作领导小组秘书组负责起

草(不设秘书组的指定专人负责起草——编者注)。文本样例如下：

中国共产党×××第×次代表大会预备会议主持词

各位代表：

▲现在举行中国共产党×××第×次代表大会预备会议。

◇这次大会应出席代表115名,实到会代表108名,因事、因病请假7名,有选举权的代表实到会人数超过了应到会人数的五分之四,可以开会。

▲今天大会的议程有六项：

◇一、报告大会筹备工作情况；

◇二、通过大会主席团名单；

◇三、通过大会秘书长名单；

◇四、审议通过代表资格审查小组关于代表资格审查情况的报告；

◇五、审议通过党费收缴使用管理情况的报告；

◇六、通过大会议程。

▲大会主席团建议名单、秘书长建议名单是经党委常委会(不设常务委员会的为党委全体会议——编者注)征求各有关方面的意见后提出来的,大会议程(草案)是党委全体会议决议提出、并报中共×××委员会(指经批准召开党的基层代表大会的基层党组织的上级党组织——编者注)批准的。各代表团(组)已对2个建议名单和大会议程(草案)进行了认真的酝酿,现在提请大会预备会议通过。

▲现在进行第一项议程,报告大会筹备工作情况。

◇请大会筹备工作领导小组组长×××同志报告大会筹备工作情况；

◇(报告完毕后)各位代表对大会筹备工作有什么意见,请发表；

◇没有意见(或意见发表后)。现在进行表决：

◇同意的请举手,请放下；

◇不同意的请举手,没有(或请放下)；

◇弃权的请举手,没有(或请放下)；

◇全体通过(或通过)。

▲现在进行第二项议程,通过中国共产党×××第×次代表大会主席团名单。

◇主持人宣读大会主席团建议名单；
◇(名单宣读完毕后)各位代表对这个建议名单有什么意见,请发表；
◇没有意见(或意见发表后)。现在进行表决：
◇同意的请举手,请放下；
◇不同意的请举手,没有(或请放下)；
◇弃权的请举手,没有(或请放下)；
◇全体通过(或通过)。

▲现在进行第三项议程,通过中国共产党×××第×次代表大会秘书长名单。

◇主持人宣读大会秘书长建议名单；
◇(名单宣读完毕后)各位代表对这个建议名单有什么意见,请发表；
◇没有意见(或意见发表后)。现在进行表决：
◇同意的请举手,请放下；
◇不同意的请举手,没有(或请放下)；
◇弃权的请举手,没有(或请放下)；
◇全体通过(或通过)。

▲现在进行第四项议程,审议通过代表资格审查情况的报告。

◇请代表资格审查小组组长×××做代表资格审查报告；
◇(报告完毕后)各位代表对代表资格审查情况报告有什么意见,请发表；
◇没有意见(或意见发表后)。现在进行表决：
◇同意的请举手,请放下；
◇不同意的请举手,没有(或请放下)；
◇弃权的请举手,没有(或请放下)；
◇全体通过(或通过)。

▲现在进行第五项议程,审议通过党费收缴使用管理情况的报告。

◇请×××同志作党费收缴使用管理情况的报告；
◇(报告完毕后)各位代表对这个报告有什么意见,请发表；
◇没有意见(或意见发表后)。现在进行表决：
◇同意的请举手,请放下；
◇不同意的请举手,没有(或请放下)；

◇弃权的请举手，没有(或请放下)；

◇全体通过(或通过)。

▲现在进行第六项，通过中国共产党×××第×次代表大会议程。

◇主持人(或工作人员)宣读大会议程；

◇(议程宣读完毕后)各位代表对大会议程有什么意见，请发表；

◇没有意见(或意见发表后)。现在进行表决：

◇同意的请举手，请放下；

◇不同意的请举手，没有(或请放下)；

◇弃权的请举手，没有(或请放下)；

◇全体通过(或通过)。

▲请大会主席团成员到×××会议室召开主席团第一次会议。

▲预备会议的各项议程全部进行完毕，现在休会。

基层党代表大会各代表团(组)各次会议主持词的文本样例是什么？

在党的基层代表大会期间，各代表团(组)要召开多次会议，其主持词应根据代表团(组)会议议程安排来起草，一般由党代表大会筹备工作领导小组秘书组负责提供。文本样例如下：

中国共产党×市×局机关第×次代表大会
各代表团(组)会议主持词

(供会议主持人参考)

【各代表团(组)第一次会议主持词】

各位代表，同志们：

▲现在召开本代表团(组)第一次会议。这次会议的主要议程有七项：

◇一、传达代表团(组)召集人会议的内容；

◇二、推选本代表团(组)正、副团(组)长；

◇三、审议代表资格审查报告；

◇四、审议党费收缴、使用和管理情况的报告；

◇五、酝酿讨论大会主席团建议名单；

◇六、酝酿讨论大会秘书长建议名单；

◇七、酝酿讨论大会议程(草案)。

▲大会主席团建议名单、秘书长建议名单是经×××党委(**指召开党的基层代表大会的基层党组织，下同——编者注**)征求各有关方面的意见后提出来的;代表资格审查报告和党费收缴、使用和管理情况的报告都经×××党委讨论同意;大会议程(草案)是×××党委全体会议决议提出，并报经中共××委员会(**指召开党的基层代表大会的基层党组织的上级党组织——编者注**)批准的。建议名单、有关报告已印发各位代表，会议上不再宣读。现在提请各位代表审议、酝酿讨论。

▲先进行第一项，由我传达各代表团(组)召集人会议的主要内容。

▲(传达完毕后)现在进行第二项，推选本代表团(组)正、副团(组)长。

◇根据×××党委提出的各代表团(组)正、副团(组)长建议名单，本党代表团(组)团(组)长建议人选是向阳同志，副团(组)长是奉献同志。请各位代表考虑一下，(稍等后)有意见的请发表。

◇(注意观察，稍等后)没有意见(或请发表)。现在进行表决:

注意:只有在有意见、不同意、弃权情况下才使用括号内的请发表、请放下、通过，下同。

◇同意的请举手，请放下;

◇不同意的请举手，没有(或请放下);

◇弃权的请举手，没有(或请放下);

◇一致通过(通过)。

▲现在进行第三项，审议代表资格审查报告。请各位代表考虑一下，有意见的请发表。如果没有意见，我们就进行下一项内容(**或参照上一项议程的方法进行表决，下同——编者注**)。

▲现在进行第四项，审议党费收缴、使用和管理情况的报告。请各位代表考虑一下，有意见的请发表。如果没有意见，我们就进行下一项内容。

▲现在进行第五项，酝酿讨论大会主席团建议名单。请各位代表考虑一下，有意见的请发表。如果没有意见，我们就进行下一项内容。

▲现在进行第六项，酝酿讨论秘书长建议名单。请各位代表考虑一下，有意见的请发表。如果没有意见，我们就进行下一项内容。

▲下面进行第七项，酝酿讨论大会议程(草案)。请各位代表考虑一下，有意见的请发表。如果没有意见，我们就鼓掌通过(**或参照第二项议程的方法进**

行表决——编者注)。

▲同志们,本代表团(组)第一次会议各项议程进行完毕,现在休会。

【各代表团(组)第二次会议主持词——大会开幕式后召开】

各位代表,同志们:

现在召开本代表团(组)第二次会议。这次会议的主要内容是审议上届局机关党委的工作报告和局机关纪委的工作报告。

刚才,同志们认真听取了忠诚同志代表局机关第一届委员会所作的工作报告,这个报告和局机关纪委的工作报告均已印发各位代表。现在提请各位代表审议。

▲先审议上届局机关党委工作报告,后审议上届机关纪委工作报告。请各位代表发表意见,请工作人员注意记录。

◇**(各位代表发表意见后,如果大会主席团第二次会议仍未结束或没有拿到主席团第二次会议审议通过的大会选举办法、上届党委和纪委工作报告的决议等草案、人选名单等情况下)**刚才,各位代表认真审议了上届局机关党委工作报告、机关纪委工作报告,在充分肯定这两个报告的同时,也提出了许多很好的建设性的修改意见,我们将实事求是地向大会主席团汇报这些意见。请各位代表不要走远,于10点30分在这里继续召开本代表团(组)会议。

▲同志们,本代表团(组)第二次会议内容已进行完毕,现在休会。

【各代表团(组)第三次会议主持词——大会主席团第二次会议结束后召开】

[如果大会主席团第二次会议在各代表团(组)第二次会议进行中结束的,则各代表团(组)本次会议仍为第二次会议,审议完上届局机关党委、机关纪委工作报告后,进行以下内容。]

各位代表,同志们:

▲现在召开本代表团(组)第三次会议(继续召开本代表团(组)第二次会议)。根据大会主席团第二次会议的布置和要求,这次会议主要内容有四项(下面讨论以下四项内容):

◇1. 讨论大会《选举办法(草案)》;

◇2. 酝酿新一届局机关党委、机关纪委委员候选人建议名单;

◇3. 推选监票人;

◇4. 审议上届局机关党委、机关纪委工作报告的决议(草案)。

▲选举办法(草案)和上届局机关党委、机关纪委工作报告决议(草案)都已经大会主席团第二次会议审议通过,新一届局机关党委、机关纪委委员候选人建议名单经中共×××委员会(指组织召开党代表大会党组织的上级党组织——编者注)审查同意。现在提请各位代表讨论、审议。

▲第一项,讨论大会《选举办法(草案)》。

◇主持人或工作人员宣读大会《选举办法(草案)》(已印发代表的可不宣读——编者注);

◇(宣读完毕后)请各位代表发表意见,请工作人员注意记录;

◇(稍等后)如果各位代表没有意见(各位代表均没有意见的)或请发表……如果各位代表没有意见了(有代表发表意见的),下面进行第二项(也可以进行表决,下同——编者注)。

▲第二项,酝酿新一届局机关党委、机关纪委委员候选人建议名单。

◇主持人或工作人员宣读新一届局机关党委、机关纪委委员候选人建议名单及情况介绍(候选人建议名单在大会主席团第二次会议审议通过前为候选人预备人选名单——编者注);

◇(宣读完毕后)请各位代表发表意见,请工作人员注意记录;

◇(稍等后)如果各位代表没有意见(各位代表均没有意见的)或如果代表没有意见了(有代表发表意见的),下面进行第三项内容。

▲第三项,下面推选监票人。

◇根据大会主席团要求,本代表团(组)推荐2名监票人。建议负责、原则两位同志担任大会的监票人。请各位代表考虑一下,(稍等后)有意见的请发表。

◇(注意观察,稍等后)没有意见(或请发表)。现在进行表决(只有在有意见、不同意、弃权的情况下,才使用括号内的请发表、请放下、通过。下同——编者注):

◇同意的请举手,(左右观察、稍等后)请放下;

◇不同意的请举手,(左右观察后)没有(或请放下);

◇弃权的请举手,(左右观察后)没有(或请放下);

◇一致通过(或通过)。

▲现在进行第四项，审议上届局机关党委、机关纪委工作报告的决议（草案）。

◇请工作人员宣读上一届局机关党委、机关纪委工作报告的决议（草案）（该决议已印发各位代表的可不宣读——编者注）。

◇（宣读完毕后）请各位代表发表意见，请工作人员注意记录。

▲（没有代表发表意见后或发表意见视情进行表决后——编者注）各位代表，同志们，刚才，各位代表在审议中提出的有关意见和建议、推选的监票人，我们将向大会主席团第三次会议汇报这些意见。现在休会。

☛ 选举候选人预备人选与选举人见面会议主持词的文本样例是什么？

为使党员（代表）对下届党委、纪委组成人员候选人预备人选（召开代表大会的为建议人选，下同——编者注）有更多更直接的了解，除向党员（代表）印发选举候选人预备人选及情况介绍外，有的还在党员大会分组[各代表团（组）第二次会议——编者注]讨论上届党委和纪委工作报告过程中、召开党员大会选举（大会主席团第二次会议——编者注）前，组织新一届党委、纪委组成人员候选人预备人选与党员（代表）见面（党员人数多、代表来自不同单位的候选人预备人选或建议人选就有召开这个会议的必要——编者注）。见面会议主持词的文本样例如下：

中国共产党×市×局机关第二次代表大会

新一届党委、纪委委员候选人预备人选与代表见面会议主持词

（供会议主持人参考）

同志们：

现在召开下届局机关党委、机关纪委选举候选人预备人选与代表见面会议。

根据党的十七届四中全会精神和《中国共产党基层组织选举工作暂行条例》的规定，为进一步改革和完善候选人介绍方式，使代表对候选人预备人选有更多、更直接的了解，大会主席团研究决定，安排“两委”选举候选人预备人选与代表们直接见面，并安排党委委员候选人预备人选向代表做简要讲话，每人不超过5分钟，请各位候选人预备人选注意掌握好时间。

▲下面，按姓氏笔画为序，请新一届局机关党委委员候选人预备人选与代表见面并发言，顺序是：乙忠、于忠、云忠、方忠、甘忠、龙忠、丛忠、吉忠、江忠、迟

忠、武忠。请各位候选人预备人选做好准备，自动到发言席发言。现在开始。

▲（所有机关党委委员见面发言结束后）下面，以姓氏笔画为序，请新一届机关纪委组成人员候选人预备人选与代表见面，就不发言了。现在，我逐个介绍，请纪委组成人员候选人预备人选起立，和大家见面。

◇第一位：乙诚（乙诚同志现任××，是上届机关纪委委员）。

◇第二位：于诚（于诚同志现任××，是新提名人选）。

◇第三位：云诚（云诚同志现任××，是新提名人选）。

◇第四位：方诚（方诚同志现任××，是新提名人选）。

◇第五位：甘诚（甘诚同志现任局政法处副处长，是上届机关党委委员）。

◇第六位：龙诚（龙诚同志现任局执法处副主任科员，是新提名人选）。请各位纪委委员候选人预备人选坐下。

……

▲（逐个见面结束后）见面会就进行到这里，对两委组成人员候选人预备人选有什么不清楚的问题，可以向党委（大会主席团）反映。

▲见面会就到这里，下面继续进行讨论（或休会）。

☛ 党的基层代表大会主席团历次会议主持词的文本样例是什么？

党的基层代表大会期间要多次召开主席团会议，其主持词一般由党代表大会筹备工作领导小组秘书组起草（不设秘书组的指定专人起草安排——编者注），主要是围绕主席团会议议程来起草。其文本样例如下：

中国共产党×市×局机关第二次代表大会主席团会议主持词

（供主席团各次会议主持人参考）

【主席团第一次会议主持词——大会预备会议后即组织召开】

同志们：

现在召开大会主席团第一次会议。会议议程有六项：

1. 明确大会主席团任务；
2. 通过大会主席团常务委员名单；
3. 通过大会副秘书长名单；
4. 通过大会执行主席分组名单；
5. 通过大会日程；

6. 通过其他需要确定的事项如大会秘书处各组负责人名单等。

注意:以上的议程要根据实际决定,不一定要面面俱到。

▲现在进行第一项:明确大会主席团任务。

◇请古典同志宣读《大会主席团任务》(**如已印发主席团成员的可不再宣读——编者注**)。

注意:以下主持词中,只有在有意见、不同意、弃权等情况下,才使用括号内的"请发表""有×人,请放下""通过"等字句。

◇(宣读完毕后)下面请同志们审议,(稍等后)有什么意见,请发表。

◇(稍等后)没有。下面进行第二项(**也可采取举手方式进行表决——编者注**)。

▲现在进行第二项:通过大会主席团常务委员名单。

◇根据有关规定,本次党代表大会主席团设常务委员会,以便于及时处理大会期间的会务工作和可能出现的问题。上届局机关党委建议:于忠、云忠、方忠、甘忠、龙忠……(应按姓氏笔画为序)9人为大会主席团常务委员会委员。提请大家审议,(稍等后)有什么意见,请发表。

◇(注意观察,稍等后)没有(请发表)。现在进行表决:

◇同意的请举手,(左右观察、稍等后)请放下;

◇不同意的请举手,(左右观察后)没有(有×人,请放下);

◇弃权的请举手,(左右观察后)没有(有×人,请放下);

◇一致通过(通过)。

▲现在进行第三项:通过大会副秘书长名单。

◇根据大会会务需要,上届局机关党委建议由开放、开拓、创新3名同志担任大会副秘书长。提请大家审议,(稍等后)有什么意见,请发表。

◇(注意观察,稍等后)没有(请发表)。现在进行表决:

◇同意的请举手,(左右观察、稍等后)请放下;

◇不同意的请举手,(左右观察后)没有(有×人,请放下);

◇弃权的请举手,(左右观察后)没有(有×人,请放下);

◇一致通过(通过)。

▲现在进行第四项:通过大会执行主席分组名单。

◇根据上级党组织的有关规定,大会执行主席由大会主席团常务委员会委员轮流担任。大会筹备领导小组建议,大会执行主席的分工如下:(**宣读分工建议名单,按姓氏笔画为序——编者注**)。请大家审议,(稍等后)有什么意见,请发表。

◇(注意观察,稍等后)没有(请发表)。现在进行表决:

◇同意的请举手,(左右观察、稍等后)请放下;

◇不同意的请举手,(左右观察后)没有(有×人,请放下);

◇弃权的请举手,(左右观察后)没有(有×人,请放下);

◇一致通过(通过)。

▲现在进行第五项:通过大会日程。

◇大会日程已发给大家,这里就不具体说了。请同志们审议,(稍等后)有什么意见,请发表。

◇(注意观察,稍等后)没有(请发表)。现在进行表决:

◇同意的请举手,(左右观察、稍等后)请放下;

◇不同意的请举手,(左右观察后)没有(有×人,请放下);

◇弃权的请举手,(左右观察后)没有(有×人,请放下);

◇一致通过(通过)。

▲现在进行第六项:通过其他需要确定的事项如大会秘书处各组负责人名单等。

(同前,略)

▲主席团第一次会议的议程全部完成。请大会秘书组将刚才通过的名单和大会日程印发给大会代表。

▲散会。

【主席团第二次会议主持词——各代表团(组)开始审议上届两委工作报告后,根据大会进程适时召开】

同志们:

现在召开大会主席团第二次会议。会议议程有六项:

1. 讨论通过大会选举办法(草案);

2. 讨论通过新一届局机关党委、机关纪委委员候选人建议人选名单;

3. 布置推选监票人;

4. 听取各代表团(组)审议上届局机关党委、机关纪委工作报告情况汇报;

5. 审议通过关于上届局机关党委、机关纪委工作报告的决议(草案);

6. 通过需要确定的其他事项。

(以上的议程要根据实际决定,不一定要面面俱到)

▲现在进行第一项:讨论通过大会选举办法(草案)。

◇大会选举办法(草案)已印发给大家了,这里就不宣读了。

◇下面请同志们审议,(稍等后)有什么意见,请发表。

◇(注意观察,稍等后)没有(请发表)。现在进行表决:

◇同意的请举手,(左右观察、稍等后)请放下;

◇不同意的请举手,(左右观察后)没有(有×人,请放下);

◇弃权的请举手,(左右观察后)没有(有×人,请放下);

◇一致通过(通过)。

▲现在进行第二项:讨论通过新一届局机关党委、机关纪委委员候选人建议人选名单。

◇上届局机关党委提出的新一届局机关党委、机关纪委委员候选人建议人选名单已印发给大家。现在提请大家审议,(稍等后)有什么意见,请发表。

◇(注意观察,稍等后)没有(请发表)。现在进行表决:

◇同意的请举手,(左右观察、稍等后)请放下;

◇不同意的请举手,(左右观察后)没有(有×人,请放下);

◇弃权的请举手,(左右观察后)没有(有×人,请放下);

◇一致通过(通过)。

▲现在进行第三项:布置推选大会监票人。

◇根据有关规定和大会选举工作需要,本次党代表大会选举监票人由各代表团(组)从不是候选人的代表中推选,经党代表大会表决通过。本次大会选举设监票人 10 人,请每个代表团(组)从本代表团(组)中推选 2 人。提请大家讨论,(稍等后)有什么意见,请发表。

◇(注意观察,稍等后)没有(请发表)。

▲现在进行第四项:听取各代表团(组)审议上届局机关党委、机关纪委工作报告情况汇报。

◇请各代表团(组)汇报本代表团(组)审议上届局机关党委、机关纪委工作报告情况,请工作人员注意记录。

▲(汇报完毕后)现在进行第五项:审议通过关于上届局机关党委、机关纪委工作报告的决议(草案)。

◇这个决议(草案)已发给大家,这里就不具体说了。请同志们审议,(稍等后)有什么意见,请发表。

◇(注意观察,稍等后)没有(请发表)。现在进行表决:

◇同意的请举手,(左右观察、稍等后)请放下;

◇不同意的请举手,(左右观察后)没有(有×人,请放下);

◇弃权的请举手,(左右观察后)没有(有×人,请放下);

◇一致通过(通过)。

▲现在进行第六项:通过需要确定的其他事项。

(同前,略)

▲同志们,主席团第二次会议的议程已全部完成。请大会秘书组将刚才通过的名单和有关草案,印发给各代表团(组)讨论,然后提交大会通过。

▲散会。

【主席团第三次会议主持词——各代表团(组)会议结束后,即应召开】

同志们:

现在召开大会主席团第三次会议。本次会议议程有五项:

1. 听取各代表团(组)讨论选举办法(草案)的情况汇报;

2. 听取各代表团(组)酝酿讨论新一届局机关党委、机关纪委委员候选人建议人选名单的情况汇报,确定两委委员正式候选人;

3. 审议通过总监票人、监票人建议名单,确定计票人名单;

4. 听取各代表团(组)审议关于上届局机关党委、机关纪委工作报告决议(草案)的情况汇报;

5. 通过其他需要确定的其他事项。

(以上的议程要根据实际决定,不一定要面面俱到)

▲现在进行第一项:听取各代表团(组)讨论选举办法(草案)的情况汇报。

◇请各代表团(组)汇报本代表团(组)讨论选举办法(草案)的情况,请秘书组同志认真记录。

▲(汇报完毕后)现在进行第二项:听取各代表团(组)酝酿讨论新一届局机

关党委、机关纪委委员候选人建议人选名单的情况汇报，确定两委委员正式候选人。

◇请各代表团（组）汇报本代表团（组）酝酿、讨论上届局机关党委提出的、主席团会议确定的新一届局机关党委、机关纪委委员候选人建议人选名单情况。

◇（全部汇报完毕后）现在提请大家审议，（稍等后）有什么意见，请发表。

◇（注意观察，稍等后）没有（请发表）。现在进行表决：

◇同意候选人建议人选为正式候选人的，请举手，（左右观察、稍等后）请放下；

◇不同意的请举手，（左右观察后）没有（有×人，请放下）；

◇弃权的请举手，（左右观察后）没有（有×人，请放下）；

◇一致通过（通过）。

▲现在进行第三项：审议通过总监票人、监票人建议名单，确定计票人名单。

◇根据有关规定、大会选举工作需要和各代表团（组）推选情况，建议道德同志为选举总监票人，建议信息、时间、大会、团结、奋斗、理想、信念、创新……10名同志为选举监票人。现在提请大家审议，（稍等后）有什么意见，请发表。

◇（注意观察，稍等后）没有（请发表）。现在进行表决：

◇同意的请举手，（左右观察、稍等后）请放下；

◇不同意的请举手，（左右观察后）没有（有×人，请放下）；

◇弃权的请举手，（左右观察后）没有（有×人，请放下）；

◇一致通过（通过）。

确定记录、档案、理想、飞翔、独立……20名同志为选举计票人。

▲现在进行第四项：听取各代表团（组）审议关于上届局机关党委、机关纪委工作报告决议（草案）的情况汇报。

◇请各代表团（组）汇报本代表团（组）审议关于上届局机关党委、机关纪委工作报告决议（草案）的情况，请秘书组同志注意记录。

▲（全部汇报完毕后）现在进行第五项：通过其他需要确定的其他事项。

（同前，略）

▲同志们，主席团第三次会议的议程已全部完成。散会。

【主席团第四次会议主持词——预选计票结束后召开，不预选的不召开】

同志们：

现在召开大会主席团第四次会议。主要议程有2项：

1. 听取总监票人报告预选计票结果。

2. 确定下届机关党委、机关纪委委员正式候选人。

▲首先请总监票人道德同志报告预选计票结果（**进行预选的，总监票人先向大会主席团常务委员会报告计票结果，然后再向大会主席团报告计票结果——编者注**）。

▲（计票结果报告完毕后）现在确定新一届两委委员候选人。根据本次大会选举办法规定和预选计票结果，丁诚实、干诚实、于诚实、土诚实、大诚实、万诚实、山诚实、千诚实、么诚实9名同志为第二届局机关党委委员候选人（**进行预选的，正式选举时可实行等额选举——编者注**），广诚实、弓诚实、卫诚实、马诚实、全诚实5名同志为局机关纪委委员候选人，提交党员代表大会进行选举。

▲同志们，主席团第四次会议的议程已完成。散会。

【主席团第五次会议主持词——正式选举计票后即召开，不预选的为第四次】

同志们：

现在召开大会主席团第五次会议。主要议程有三项：

1. 听取大会选举计票结果报告。

2. 确定下届党委、纪委委员名单。

3. 确定新一届党委、纪委第一次全体会议主持人。

▲第一项：请总监票人（**不设总监票人的要确定一名监票人——编者注**）道德同志报告大会选举计票结果。

▲（计票结果报告完毕后）第二项：现在确定新一届党委、机关纪委委员。根据本次大会选举办法规定和大会选举计票结果，丁诚实、干诚实、于诚实、土诚实、大诚实、万诚实、山诚实、千诚实、么诚实9名同志当选为第二届局机关党委委员，广诚实、弓诚实、卫诚实、马诚实、全诚实5名同志当选为局机关纪委委员。

▲第三项：确定新一届局机关党委、机关纪委第一次全体会议主持人。请万诚实同志主持新一届局机关党委全体会议，请马诚实同志主持局机关纪委全体会议。

▲同志们，主席团第五次会议的议程已完成。现在散会。

☛ 党的基层代表大会（党员大会）预选主持词的文本样例是什么？

基层党组织换届选举、补选班子成员可以先进行差额预选，确定正式候选人后，再进行差额或等额（一般是等额）选举产生班子成员。预选可采取分团（组）投票、集中计票方式进行，也可采用集中投票、集中计票方式进行。不同选举方式主持词的文本样例如下：

中国共产党某市某局机关第二次代表大会预选会议主持词

（供会议主持人参考）

（主持词括号中“请发表”“有×人，请放下”“通过”等字句，只有在有意见、不同意、弃权等情况下才使用）

【采取分团投票、集中计票方式预选，即各代表团预选会议主持词】

各位代表：

根据大会日程安排和选举办法的规定，今天分代表团预选中国共产党×市×局第二届机关委员会委员和中国共产党某市某局机关纪律检查委员会委员。

▲清点到会人数。请监票人、计票人清点到会人数。

◇（监票人向预选会议主持人报告到会人数后）本代表团预选会议应到代表56名，实到会55名，因病、因事请假1名，实到会代表超过本代表团应到会代表的五分之四，可以进行预选。

▲现在开始预选。

◇请监票人查封票箱。

◇（监票人查封票箱后）请监票人领取选票。

◇（监票人领取选票后）请监票人、计票人分发选票。

◇（分发选票时）各位代表领到选票后，请不要马上填写。

◇（选票分发完毕后）请各位代表检查一下，有没有没拿到选票的？有没有多拿选票的？有没有拿错选票的？如果有，请举手。

◇（左右观察、判断各位代表都领到选票、都没拿错选票后）没有，请监票人报告选票分发情况。

（监票人向会议报告：本次预选领到选票60张，发出55张，多余5张。发出的选票与今天到会的代表人数相符。）

◇多余的选票除留2张存档外，其余的请监票人当场剪角作废。

◇请各位代表填写选票时注意以下几点：

①对选票上所列的候选人，可以投赞成票，可以投不赞成票，也可以另选他人。如赞成，就在其姓名上面的空格内画“○”；如不赞成，就画“×”；弃权的就不画任何符号；画其他符号的视同弃权；

②如要另选他人，可以在选票后面预留的空格内写上自己要选人的姓名，并在姓名上面的空格内画上“○”，不画“○”的无效；

③选票须用钢笔或圆珠笔或签字笔填写，符号要正确，笔迹要清楚；

④选票填写好后，要仔细核对选票上所选人数，不得超过应选名额9名，等于或少于应选名额的为有效票；超过应选名额的，全票作废。

▲现在开始填写选票。

▲(待各位代表全部划写好选票后)各位代表是否都已填写好选票了，如都已填写好了，现在开始投票。会场设1只票箱。先请监票人、计票人和在主席台上就座的代表投票，然后请各位代表按次序投票。请各位代表投票后，回到自己的座位上。

▲(投完票后)请监票人检查一下，各位代表是否全部投票完毕。

▲(投票后)现在请监票人启封票箱、清点选票。

▲(清点选票后)请监票人报告收回的选票数。

(监票人向会议主持人报告收回的选票数)

▲根据监票人的报告，本次选举收回选票55张，与发出的选票相符，本次选举有效。

◇请监票人和计票人抓紧把收回的选票送交大会总计票室。

▲各位代表，通过大家的共同努力，本代表团圆满完成了预选工作。散会。

×市×局机关党员大会(党员代表大会)预选会议主持词

(供主持人参考)

【采取集中投票、集中计票方式进行预选的主持词】

各位党员(代表)：

现在举行×市×局机关党员大会(现在举行中国共产党×××第×次机关代表大会第二次全体会议)。

▲今天有选举权的党员(代表)应到会456名(108名),实到会448名(105名),因病、因事请假8名(3名),实到会党员(代表)不少于(超过)应到会党员(代表)的五分之四,可以开会。

本次大会的执行主席是:改革、创新、继承、发展、调查、研究、实事、求是、完全同志(**召开党员大会的没有执行主席——编者注**)。

▲本次会议有三项议程:

1. 审议通过《×市×局机关党员大会预选办法(草案)》(《中国共产党×××机关第×次代表大会预选办法(草案)》);

2. 通过监票人名单,宣布计票人名单;

3. 预选中共×××局第×届机关委员会和机关纪律检查委员会委员。

▲现在进行第一项议程:通过大会预选办法。

◆请工作人员宣读预选办法(草案)。

◇(宣读完毕后)大家考虑一下,(稍等后)有什么意见,请发表。

◇(左右观察、稍等后)没有(或请发表),现在进行表决。

◇同意的,请举手。(稍等后)请放下。

◇不同意的,请举手(有×人,请放下)。

◇弃权的,请举手(有×人,请放下)。

◇一致通过(通过)。

◇请把预选办法(草案)中的"草案"两字划去。

▲下面进行第二项议程:通过监票人名单,宣布计票人。

◆根据《选举办法》和中共××局机关委员会建议,提名道德同志为本次会议总监票人(**不设总监票人的,将总监票人内容删除,或把总监票人改为监票人,下同——编者注**),历史、理事、蓓蕾、安静、团结……10名同志为本次会议的监票人。请大家考虑一下,(稍等后)有什么意见的,请发表。

◇(稍等后)没有(请发表)。下面进行表决。

◇同意的,请举手。(稍等后)请放下。

◇不同意的,请举手(有×人,请放下)。

◇弃权的,请举手(有×人,请放下)。

◇一致通过(通过)。

◇请总监票人道德同志到主席台就座。

◇根据选举工作需要和有关规定，请党员、代表、大会、选举、记录、检查……20名同志做本次会议计票人。

▲现在进行第三项议程：预选局机关党委委员、机关纪委委员。

◆请组织同志宣读中共×××局机关委员会、机关纪律检查委员会委员预选候选人预备人选（建议名单），介绍预选候选人预备人选的基本情况（召开党员代表大会的为委员预选候选人名单，不介绍委员预选候选人基本情况，且没有以下的酝酿确定正式候选人的程序——编者注）。

◇请各位党员（代表）考虑一下，（稍等后）有什么意见，请发表。

◇（稍等后）没有（请发表）。下面进行表决。

◇同意委员候选人预备（建议）人选为委员预选候选人的，请举手，（稍等后）请放下。

◇不同意的，请举手（有×人，请放下）。

◇弃权的，请举手（有×人，请放下）。

◇一致通过（通过）。

◆请总监票人、监票人执行任务，开始工作。

◇请监票人、计票人清点到会党员（代表）人数，请各位党员（代表）不要走动。

◇（总监票人向主持人报告到会人数后）出席今天会议的有选举权的党员（代表）共448人（105人），不少于（超过）应到会党员（代表）的五分之四，根据选举办法的规定，可以进行选举。

◆请监票人查封票箱。

◆（监票人查封好票箱后）请监票人领取选票。

◆（监票人领取选票后）请监票人、计票人分发选票（会前应明确每人分发区域——编者注）。

◇各位代表领到选票后，请不要马上填写（如果每位选举人要领到的选票是多于1种的，应简要说明如何区分选票，并请选举人认真核对，防止错领选票——编者注）。

◇（选票发完后）请各位党员（代表）检查一下，有没有没拿到选票的？有没有多拿、少拿选票的？有没有重样的？如果有，请举手。（稍等后）没有（有×人，请监票人抓紧处理）。

◇现在请总监票人宣布选票分发情况。

[总监票人宣布：本次会议领到2种选票各456张(110张)，发出2种选票各448张(105张)，多余各8张(5张)。发出的选票与今天到会的有选举权的党员(代表)人数相符。]

◇多余的选票请总监票人当场剪角作废。

◇请各位党员(代表)填写选票时注意以下几点：

①党员(代表)对选票上所列的候选人，可以投赞成票，可以投不赞成票，也可以另选他人。如赞成，就在其姓名上面的空格内画上"○"；如不赞成，就画上"×"；弃权的不画任何符号；画其他符号的视同弃权。

②代表如要另选他人，可以在选票预留的另选人姓名的空格内写上自己要选人的姓名，并在其上面的空格内画上"○"，不画"○"的无效。

③选票须用钢笔或圆珠笔或签字笔填写，符号要正确，笔迹要清楚。

④选票填写好后，要仔细核对选票上所选人数，不得超过规定的应选名额，等于或少于应选名额的为有效票，超过应选名额的全票作废。

◇各位党员(代表)还不清楚的，请举手。

◇(稍等后)没有(**如有，应再说明填写选票注意事项——编者注**)。

◇现在开始填写预选票。

◇(待选票填写完毕后)现在开始投票。

◇会场设5只(2只)票箱，先请总监票人、监票人、计票人和在主席台就座的党员(主席团成员)投票，然后请其他党员(代表)按次序投票，投票后请回到自己的座位上就座。请工作人员引导党员(代表)按指定的票箱和线路投票。

◇(投票完毕后)各位党员(代表)是否都投票了？没有投票的，请举手。

◇(稍等后)没有(**如有，则提醒"请抓紧投票"——编者注**)。现在请监票人、计票人启封票箱，清点选票。请各位党员(代表)在自己的座位上就座，不要走动。

◇(总监票人向主持人报告收回的选票数后)根据总监票人报告，本次选举收回2种选票各448张(105张)，与发出的选票相符(或少于发出的选票)，本次选举有效。

◇现在请总监票人、监票人、计票人开始计票。请各位党员(代表)就地休息(**人数比较多、计票时间比较长的，在计票期间，可组织观看电影或开展有意**

义的教育活动——编者注)。

◇(计票完成后)各位党员(代表),请抓紧回到自己的座位上,(待大家入座后)下面请总监票人报告计票结果。

◇(总监票人报告完后)根据刚才总监票人报告的计票结果,按照选举办法的规定,于忠、云忠、方忠、甘忠、龙忠……(应按姓氏笔画为序)9位同志为局机关党委委员正式候选人,王于忠、王云忠、王方忠、王甘忠、王龙忠(应按姓氏笔画为序)5位同志为局机关纪委委员正式候选人。

▲各位党员(代表),通过大家的共同努力,圆满完成了预选工作。现在散会。

党代表大会正式选举主持词(含闭幕式主持词)的文本样例是什么?

基层党组织先进行差额预选、确定候选人后再进行正式选举,与不进行预选的正式选举大会主持词略有不同。文本样例如下:

中国共产党某市某局机关第二次代表大会第三次全体会议正式选举主持词

(供会议主持人参考)

(在以下主持词中,只有在有意见、不同意、弃权等情况下,才使用括号内的"请发表""有×人,请放下""通过"等字句)

各位代表:

现在举行中国共产党某市某局机关第二次代表大会第三次全体会议。

今天大会应到代表108名,实到105,因病、因事请假3名,实到会代表超过应到会代表的五分之四,可以开会。

本次大会的执行主席是:××、××、××、××、××同志。

▲本次会议有四项议程(进行预选的,第二项议程改为介绍监票人、计票人产生情况——编者注):

1. 审议通过《中国共产党某市某局机关第二次代表大会选举办法(草案)》。

2. 通过监票人名单,宣布计票人名单。

3. 选举中国共产党某市某局第二届机关委员会、机关纪律检查委员会委员。

4. 直接选举中共某市某局第二届机关委员会书记、副书记和机关纪律检查委员会书记、副书记(**由委员会选举书记、副书记的,没有这项议程,以下与此相关的内容删除——编者注**)。

▲现在进行第一项议程:通过大会选举办法。

◇请工作人员宣读选举办法(草案)。

◇(宣读完毕后)各位代表考虑一下,(稍等后)有什么意见,请发表。

◇(左右观察、稍等后)没有(或请发表),现在进行表决。

◇同意的,请举手。(稍等后)请放下。

◇不同意的,请举手(有×人,请放下)。

◇弃权的,请举手(有×人,请放下)。

◇一致通过(通过)。

◇请把选举办法(草案)中的“草案”两字划去。

▲下面进行第二项议程:通过监票人名单,宣布计票人(**进行预选、监票人已经通过的,这里就是介绍监票人产生情况,宣布监票人、计票人名单后,直接进入第三项议程——编者注**)。

◇根据《选举办法》和中共某市某局机关委员会建议,提名道德同志为本次会议总监票人(**不设总监票人的,将总监票人内容删除,下同——编者注**),理事、蓓蕾、安静同志为本次会议的监票人。请大家考虑一下,(稍等后)有什么意见的,请发表。

◇(稍等后)没有(请发表)。下面进行表决。

◇同意的,请举手。(稍等后)请放下。

◇不同意的,请举手(有×人,请放下)。

◇弃权的,请举手(有×人,请放下)。

◇一致通过(通过)。

◇根据选举工作需要和有关规定,请忠诚、代表、大会、选举、记录、检查同志做本次会议计票人。

▲现在进行第三项议程:选举局机关党委委员、机关纪委委员。

◇请组织同志宣读中共某市某局机关委员会、机关纪律检查委员会委员候选人名单(**不进行预选的,为委员候选人建议人选——编者注**)。

◆请总监票人道德同志到主席台就座。

◇(总监票人就座后)请总监票人、监票人、计票人执行任务,开始工作。

◇请总监票人、监票人、计票人清点到会代表人数,请各位代表不要走动。

◇(总监票人向主持人报告到会代表人数后)出席今天会议的代表共105人,超过应到会代表的五分之四,根据选举办法的规定,可以进行选举。

◆请监票人当众查封票箱。

◆(监票人查封好票箱后)请监票人领取选票。

◆(监票人领取选票后)请监票人、计票人分发选票。

◇各位代表领到选票后,请不要马上填写(**如果选举人领到的选票多于1种的,应简要说明如何区分选票,并请选举人认真核对,防止错领选票——编者注**)。

◇(选票发完后)请各位代表检查一下,有没有没拿到选票的?有没有多拿、少拿选票的?有没有重样的?如果有,请举手。(稍等)没有(有×人,请监票人抓紧处理)。

◇现在请总监票人(**不设总监票人的为监票人——编者注**)宣布选票分发情况。

(总监票人宣布:本次会议领到2种选票各110张,发出2种选票各105张,多余各5张。发出的选票与今天到会的代表人数相符。)

◇多余的选票请总监票人(**不设总监票人的为监票人——编者注**)当场剪角作废。

◇请各位代表填写选票时注意以下几点:

①代表对选票上所列的候选人,可以投赞成票,可以投不赞成票,也可以另选他人。如赞成,就在其姓名上面的空格内画上"○";如不赞成,就画上"×";弃权的不画任何符号;画其他符号的视同弃权。

②代表如要另选他人,可以在选票后面预留的另选人姓名的空格内写上自己要选人的姓名,并在其上面的空格内画上"○",不画"○"的无效。

③选票须用钢笔或圆珠笔或签字笔填写,符号要正确,笔迹要清楚。

④选票填写好后,各位代表要仔细核对选票上所选人数,不得超过规定的应选名额×名,等于或少于应选名额的为有效票,超过应选名额的全票作废。

◇各位代表听清楚了没有?不清楚的,请举手。

◇(稍等后)没有(**如有,应再说明填写选票注意事项——编者注**)。

◇现在开始填写选票。

◇(待选票填写完毕后)现在开始投票。

◇会场设2只票箱，先请总监票人、监票人、计票人、主席团成员投票，然后请其他代表按次序投票，投票后回到自己的座位上就座。请工作人员引导代表按指定的票箱和路线投票。

(投票开始—投票完毕，有条件的在会场放音乐)

◇(投票完毕后)各位代表是否都投票了？没有投票的，请举手。

◇(稍等后)没有(**如有，则提醒“请抓紧投票”——编者注**)。现在请监票人、计票人启封票箱，清点选票。请各位代表在自己的座位上就座，不要走动。

◇(总监票人向主持人报告收回的选票数后)根据总监票人(**不设总监票人的为监票人——编者注**)报告，本次选举收回2种选票各105张，与发出的选票相符(或少于发出的选票)，根据大会选举办法规定，本次选举有效。

◇现在请监票人、计票人开始计票。请各位代表就地休息，不要离开会场(**人数比较多、计票时间比较长的，在计票期间，可组织观看电影或开展有意义的教育活动——编者注**)。

◇(计票完成后)各位代表，请抓紧回到自己的座位上，(待大家入座后)现在继续开会，请总监票人(**不设总监票人的为监票人——编者注**)向大会报告计票结果。

◇(总监票人报告完后)根据刚才总监票人(**不设总监票人的为监票人——编者注**)报告的计票结果，按照选举办法的规定，于忠、云忠、方忠、甘忠、龙忠……9位同志当选为局机关党委委员，王于忠、王云忠、王方忠、王甘忠、王龙忠5位同志当选为局机关纪委委员。

◇让我们以热烈的掌声，向当选委员表示热烈的祝贺！

▲(不是由党代表大会选举书记、副书记的，直接进入闭幕式内容——编者注)各位代表，为了全面贯彻落实党的十七届四中全会精神，进一步加强机关党内民主建设，经中共某市直属机关工作委员会批准，采取等额选举的办法，由党代表大会直接选举局机关党委书记、副书记和局机关纪委书记、副书记。

◇在酝酿推荐局机关党委、局机关纪委委员候选人的基础上，上届局机关党委确定发扬同志为局机关党委书记候选人预备人选，传统、光荣同志为局机关党委副书记候选人预备人选，王甘忠同志为局机关纪委书记候选人预备人选、王于忠同志为局机关纪委副书记候选人预备人选，并已报请中共某市直属机关工作委员会审查同意、经大会主席团确定为正式候选人，现在提请本次大会选举。

◇请监票人、计票人执行任务，开始工作，清点到会代表人数，请各位代表不要走动。

◇（总监票人或监票人向主持人报告到会代表人数后）出席大会的代表共105人，超过应到会代表的五分之四，根据选举办法的规定，可以进行选举。

◇请监票人当众查封票箱。

◇（监票人查封票箱后）请监票人领取选票。

◇（监票人领取选票后）请监票人、计票人分发选票。

◇本次选举采取4种选票（印在同一张纸上）、1次发票、1次投票办法进行。填写选票的注意事项同选举委员，这里就不重复了。

◇（选票发完后）请各位代表检查一下，有没有没拿到选票的？有没有多拿、少拿选票的？如果有，请举手。（稍等）没有（有×人，请监票人抓紧处理）。

◇现在请总监票人（监票人）宣布选票分发情况。

（总监票人或监票人宣布：本次会议领到4种选票各110张，发出4种选票各105张，多余各5张。发出的选票与今天到会的代表人数相符。）

◇多余的选票请总监票人（监票人）当场剪角作废。

◇现在开始划写预选票。

◇（待选票填写完毕后）现在开始投票。

◇会场设2只票箱，先请总监票人、监票人、计票人、主席团成员投票，然后请其他代表按次序投票，投票后回到自己的座位上就座。请工作人员引导代表按指定的票箱和线路投票。

（投票开始—投票完毕，条件具备的会场放音乐）

◇（投票完毕后）各位代表是否都投票了？没有投票的，请举手。

◇（稍等后）没有（**如有，则提醒“请抓紧投票”——编者注**）。现在请监票人、计票人启封票箱，清点选票。请各位代表在自己的座位上就座，不要走动。

◇（总监票人或监票人向主持人报告收回选票情况）根据总监票人（监票人）报告，本次选举收回4种选票各105张，与发出的选票相符（或少于发出的选票），根据大会选举办法的规定，本次选举有效。

◇现在请总监票人、监票人、计票人开始计票。请各位代表就地休息，不要离开会场（计票时间不长）。

◇（计票完成后）各位代表，请抓紧回到自己的座位上，（待代表入座后）现在继续开会，请总监票人（监票人）向大会报告计票结果。

◇（总监票人或监票人报告后）根据刚才总监票人（监票人）报告的计票结果，按照选举办法的规定，发扬同志当选为局机关党委书记，传统、光荣同志当选为局机关党委副书记，王甘忠同志当选为局机关纪委书记、王于忠同志当选为局机关纪委副书记。让我们以热烈的掌声，向他们表示祝贺！

★各位代表，为了节约时间，提高效率，我们就不休息了，下面举行中国共产党某市某局机关第二次代表大会闭幕式。

本次大会应到会代表108名，实到会代表105名，因病、因事请假3名，到会代表人数符合规定，可以开会。

▲大会闭幕式共有三项议程：

1. 通过局机关纪律检查委员会的报告的决议；

2. 通过局机关党委第一届委员会的报告的决议；

3. 致闭幕词或上级领导讲话或局领导讲话（**这项议程不是必需的，根据情况安排——编者注**）。

对于局机关党委第一届委员会、机关纪律检查委员会的报告，全体代表进行了认真的讨论，并提出了很好的意见。大会主席团认真听取了大会秘书处关于各代表团（组）讨论情况的报告，并责成大会秘书处根据代表们的意见对两个工作报告分别作了修改，今天提请全体代表会议通过。

▲现在进行第一项议程：通过局机关纪律检查委员会的报告的决议。

◇请工作人员宣读局机关纪律检查委员会的工作报告决议（修改草案）。

◇（宣读完毕后）请各位代表考虑一下，（稍等后）对这个决议（修改草案）有什么意见，请发表。

◇（左右观察、稍等后）没有（或请发表）。现在进行表决。

◇同意的，请举手。（稍等后）请放下。

◇不同意的，请举手，没有（有×人，请放下）。

◇弃权的，请举手，没有（有×人，请放下）。

◇全体通过（通过）。

▲下面进行第二项议程:通过局机关党委第一届委员会的报告的决议。

◇请工作人员宣读局机关党委第一届委员会的报告的决议(修改草案)。

◇(宣读完毕后)请各位代表考虑一下,(稍等后)对这个决议(修改草案)有什么意见,请发表。

◇(左右观察、稍等后)没有(或请发表)。现在进行表决。

◇同意的,请举手。(稍等后)请放下。

◇不同意的,请举手,没有(有×人,请放下)。

◇弃权的,请举手,没有(有×人,请放下)。

◇全体通过(通过)。

▲现在进行第三项议程:请×××同志致闭幕词。

◇(致闭幕词后)同志们,我们这次党代表大会从××月××日开幕以来,通过全体代表的共同努力,圆满完成了大会预定的各项任务,使这次大会开成了一个团结的大会,鼓劲的大会,振奋精神的大会,开拓进取的大会。

这次代表大会,总结了四年来我局机关党建工作取得的成绩,分析了当前面临的形势任务,提出了进一步加强局机关党的思想、组织、作风、反腐倡廉和制度建设的目标任务。大会还经过充分的酝酿和民主选举,产生了中国共产党某市某局机关第二届委员会和机关纪律检查委员会,选举产生了新一届局机关党委书记、副书记和机关纪委书记、副书记。在这里,我代表大会主席团,代表全局同志,向新当选的书记、副书记和各位委员,表示热烈的祝贺!

大会以后,全局各级机关党组织和全体共产党员要高举中国特色社会主义伟大旗帜,在局机关党委的领导下,全面贯彻落实党的十八届六中全会精神和市十二次党代会精神,认真执行大会的各项决议,努力实现大会确定的各项任务,进一步解放思想,振奋精神,同心同德,团结和带领全局机关党员干部职工,为开创我局全面建设新局面而奋斗!

在大会期间,中共某市直属机关工作委员会勤奋、任怨等同志对我们的大会给予了大力的指导和热忱的帮助,在此,我代表大会主席团和全体代表,向他们表示衷心的感谢!

为开好这次大会,全体工作人员和为大会服务的同志们,包括会务、安全、医务、生活服务工作的同志,做文件起草、宣传报道、通信联络的同志,都夜以继日,辛勤工作,为大会创造了良好的工作条件和生活环境,保证了大会的顺利进行。在此，我代表大会主席团和全体代表，向他们表示诚挚的感谢！

现在，我宣布：中国共产党某市某局机关第二次代表大会胜利闭幕！

▲全体起立，奏(唱)《国际歌》。

▲(歌毕)请坐下。散会。

基层党组织召开党员大会进行选举的主持词的文本样例是什么？

召开党员大会进行正式选举的主持词，根据党员大会议程和任务进行起草。文本样例如下：

某市某局机关党员大会正式选举主持词

(供主持人参考)

(在以下主持词中，只有在有意见、不同意、弃权等情况下，才使用括号内的“请发表”“有×人，请放下”“通过”等字句)

各位党员：

请坐好，某市某局机关党员大会现在开始。

今天大会，有表决权、选举权的党员共有210名、应到会200名、实到会190名，因事、因病请假的10名，有选举权的党员实到会人数不少于应到会人数的五分之四，可以开会。

▲请全体起立，奏(唱)《国歌》。

◇(歌毕)请坐下。

▲中共某市某局机关委员会任期已满，根据党章、《中国共产党基层组织选举工作暂行条例》等规定，经中共某市直属机关工作委员会批准，今天召开局机关党员大会，进行换届选举。本次大会共有四项议程：

1. 听取和审议中共某市某局第三届机关委员会的报告；

2. 听取和审议中共某市某局机关委员会党费收缴、使用和管理情况的报告；

3. 选举产生中共某市某局第四届机关委员会和纪律检查委员会；

4. 选举产生中共某市某局第四届机关委员会和纪律检查委员会书记、副书记(**非由党员大会选举书记、副书记的无此项议程——编者注**)。

▲现在进行第一项：听取和审议中共某市某局第三届机关委员会的报告。

◇请诚实同志代表中共某市某局第三届机关委员会作报告。大家欢迎！

◇(报告结束后)请各位党员考虑一下,(稍等后)对报告有什么意见请发表。

◇(左右观察、稍等后)没有(或请发表)。现在进行表决。

◇同意的,请举手。(稍等后)请放下。

◇不同意的,请举手,没有(有×人,请放下)。

◇弃权的,请举手,没有(有×人,请放下)。

◇一致通过(通过)。

▲现在进行第二项:听取和审议党费收缴、使用和管理情况的报告。

◇请组织同志作党费收缴、使用和管理情况的报告。大家欢迎!

◇(报告结束后)请各位党员考虑一下,(稍等后)对这个报告有意见的请发表。

◇(左右观察、稍等后)没有(或请发表)。现在进行表决。

◇同意的,请举手。(稍等后)请放下。

◇不同意的,请举手,没有(有×人,请放下)。

◇弃权的,请举手,没有(有×人,请放下)。

◇一致通过(通过)。

▲现在进行第三项:选举局第四届机关委员会和纪律检查委员会。

◇本次大会有选举权的党员实到会的有190名,不少于应到会党员人数的五分之四,可以进行选举。

▲现在通过《选举办法》。

◇请坚强同志宣读《选举办法(草案)》。

◇(宣读完毕后)请各位党员考虑一下,(稍等后)有什么意见,请发表。

◇(左右观察、稍等后)没有(请发表)。现在进行表决。

◇同意的,请举手。(稍等后)请放下。

◇不同意的,请举手,没有(有×人,请放下)。

◇弃权的,请举手,没有(有×人,请放下)。

◇一致通过(通过)。

◇请把《选举办法(草案)》中的"草案"二字划去。

▲通过监票人,指定计票人。

◇根据《选举办法》和中共某市某局第三届机关委员会建议,提名原则、认真同志为本次大会选举监票人，现在提请大会表决通过。

◇请各位党员考虑一下，（稍等后）有什么意见，请发表。

◇（左右观察、稍等后）没有（请发表）。现在进行表决。

◇同意的，请举手。（稍等后）请放下。

◇不同意的，请举手，没有（有×人，请放下）。

◇弃权的，请举手，没有（有×人，请放下）。

◇一致通过（通过）。

◇ 请负责、成效、计算、准确同志担任选举计票人。

▲根据有关规定，通过自下而上、上下结合、反复酝酿的方法，广泛征求党员和群众意见，局机关党委根据多数党组织和党员意见，提出于忠、云忠、方忠、甘忠、龙忠、薛忠 6 名同志为新一届局机关党委委员候选人预备人选，于忠、卫云忠、卫方忠、卫甘忠、卫真忠、卫理忠 6 名同志为新一届局机关纪委委员候选人预备人选，并按规定进行组织考察、报请了中共某市直属机关工作委员会审查同意。

◇下面请贡献同志宣读《中共某市直属机关工作委员会关于同意中共某市某局机关委员会换届选举及选举候选人预备人选的批复》。

◇请××同志介绍“两委”委员候选人预备人选基本情况。

◇（介绍完毕后）请党员考虑一下，对委员候选人预备人选有意见的请发表。

◇（左右观察、稍等后）没有（请发表）。现在进行表决

◇同意委员候选人预备人选作为正式候选人的，请举手，（稍等后）请放下。

◇不同意的，请举手，没有（有×人，请放下）。

◇弃权的，请举手，没有（有×人，请放下）。

◇一致通过（通过）。

▲下面正式进行选举。

◇本次选举产生新一届中共某市某局机关委员会委员 5 名、纪律检查委员会委员 5 名。选举采用 2 种选票（印制在同一张纸上）、1 次发票、1 次投票的办法进行。

◇现在请监票人、计票人执行任务，开始工作，清点到会党员人数。请各位党员不要走动。

◇（监票人向大会主持人报告到会党员人数后）出席今天大会的有选举权的党员190人，不少于应到会党员人数的五分之四，根据本次党员大会《选举办法》的规定，可以进行选举。

◇现在请监票人查封票箱。

◇请监票人领取选票。

◇请监票人、计票人分发选票。

◇请各位党员领到选票后，不要马上填写！

◇（选票发完后）请各位党员检查一下，有没有没拿到选票的？有没有多拿选票的？如果有的，请举手。

◇（左右观察、稍等后）没有（**如有，则提醒监票人抓紧处理——编者注**）。

◇现在请监票人宣布选票分发情况。

（监票人向大会宣布：本次大会领到两种选票各200张，发出各190张，多余各10张。发出的选票与今天到会的有选举权的党员人数相符。）

◇多余选票请监票人当场剪角作废。

◇请各位党员填写选票时注意以下几点：

① 有选举权的党员对选票上所列的候选人，可以投赞成票，可以投不赞成票，也可以另选他人。如赞成，就在其姓名上方的空格内画上"○"；如不赞成，就画上"×"；弃权的不画任何符号；画其他符号的视同弃权。

② 如要另选他人，在选票候选人姓名栏预留的空格内写上自己要选人的姓名，并在其姓名上方的空格内画上"○"，不画"○"的无效。

③ 选票须用钢笔或圆珠笔或签字笔填写，符号要正确，笔迹要清楚。

④ 选票填写好后，各位党员要仔细核对选票上所选人数，不得超过规定的应选名额5名，等于或少于应选名额的为有效票，超过应选名额的，全票作废。

◇现在开始填写选票……

◇（待选票填写完毕后）现在开始投票。会议设2只票箱，先请监票人、计票人、在主席台上就座的党员投票，然后请其他党员按次序投票。请各位党员投票后，回到自己的座位上。

（开始投票至投票结束，有条件的应放音乐）

◇（投票后）各位党员是否都已投票了？还没有投票的，请举手。

◇(注意观察后)没有(如有,则提醒“抓紧投票”——编者注)。

◇(全部投票后)现在请监票人启封票箱,清点票箱内的选票。

◇(监票人向主持人报告收回的选票数后)根据监票人报告,本次选举收回选票各 190 张,与投票人数相符(或少于投票人数),本次选举有效。

◇请监票人、计票人开始计票。请各位党员就地休息(党员人数多、计票时间长的,组织观看电影或开展教育活动——编者注)。

◇(计票后)请各位党员抓紧回到自己的座位上,现在继续开会,请监票人报告计票结果。

◇(监票人报告完毕后)根据刚才监票人报告的计票结果,按照本次党员大会《选举办法》的规定,于忠、方忠、甘忠、龙忠、薛忠 5 位同志当选为中共某市某局第四届机关委员会委员,于忠、卫云忠、卫甘忠、卫真忠、卫理忠 5 名同志当选为中共某市某局机关纪律检查委员会委员,让我们以热烈的掌声,对当选委员表示热烈祝贺。

▲[非由党员大会选举书记、副书记的,则将以下选举书记、副书记的内容删除,直接进入党员大会闭会(闭幕)程序——编者注]各位代表,为了全面贯彻落实党的十八届六中全会精神,推进机关党内民主建设,切实维护机关党员选举权,经中共某市直属机关工作委员会批准,采取等额选举的办法,由党员大会直接选举局机关党委、机关纪委书记、副书记。

◇上届局机关党委在酝酿推荐局机关党委委员候选人的基础上,确定龙忠同志为局机关党委书记候选人预备人选,于忠同志为局机关党委副书记、局机关纪委书记候选人预备人选,并已报请中共某市直属机关工作委员会审查同意,现在提请本次党员大会选举。

◇请各位党员考虑一下,(稍等后)对新一届机关党委、机关纪委书记、副书记候选人预备人选有什么意见,请发表。

◇(左右观察、稍等后)没有(请发表)。现在进行表决。

◇同意书记、副书记候选人预备人选作为正式候选人的,请举手,(稍等后)请放下。

◇不同意的,请举手,没有(有×人,请放下)。

◇弃权的,请举手,没有(有×人,请放下)。

◇一致通过(通过)。

▲请监票人、计票人执行任务，开始工作，清点到会党员人数，请各位党员不要走动。

◇(监票人向主持人报告到会党员人数后)有选举权的党员实到会190人，不少于应到会党员的五分之四，根据选举办法的规定，可以进行选举。

▲请监票人当众查封票箱。

▲(监票人查封票箱后)请监票人领取选票。

◇(监票人领取选票后)请监票人、计票人分发选票。

◇各位党员领到选票后，请不要马上填写，本次选举采取3种选票(印制在同一张纸上)、1次发票、1次投票的办法进行。

◇(选票发完后)请各位党员检查一下，有没有没拿到选票的？有没有多拿、少拿选票的？如果有，请举手。

◇(稍等)没有(有×人，请监票人抓紧处理)。

◇现在请监票人宣布选票分发情况。

(监票人宣布：本次会议领到3种选票各200张，发出3种选票各190张，多余各10张。发出的选票与今天到会的有选举权的党员人数相符。)

◇多余的选票请监票人当场剪角作废。

▲填写选票的注意事项同选举委员，这里就不重复了。

▲现在开始填写选票。

▲(待选票填写完毕后)现在开始投票。

◇会场设2只票箱，先请监票人、计票人、在主席台上就座的党员投票，然后请其他党员按次序投票，投票后应回到自己的座位上就座。请工作人员引导党员按指定的票箱和路线投票。

(投票开始—投票完毕，有条件的会场放音乐)

◇(投票完毕后)各位党员是否都投票了？没有投票的，请举手。

◇(稍等后)没有(**如有，则提醒“请抓紧投票”——编者注**)。

▲现在请监票人、计票人启封票箱，清点选票。请各位党员在自己的座位上就座，不要走动。

◇(监票人向主持人报告收回的选票数后)根据监票人报告，本次选举收回3种选票各190张，与发出选票相符，根据大会选举办法的规定，本次选举有效。

▲现在请监票人、计票人开始计票。请各位党员就地休息，不要离开会场（计票时间不长）。

▲（计票完成后）各位党员，请抓紧回到自己的座位上，（待大家入座后）现在继续开会，请监票人向大会报告计票结果。

◇（监票人报告完后）根据刚才监票人报告的计票结果，按照选举办法的规定，龙忠同志当选为局机关党委书记，于忠同志当选为局机关党委副书记、局机关纪委书记。让我们以热烈的掌声，向他们表示祝贺！

▲现在请龙忠同志代表新当选委员讲话（**不是必需的议程，可不进行——编者注**），大家欢迎。

▲（讲话完毕、各项议程完成后）各位党员，经过同志们的共同努力，本次党员大会的议程已圆满完成。

▲请全体起立，奏（或唱）《国际歌》。

▲（歌毕）请坐下。散会。

☛ 党的基层委员会第一次全体会议选举主持词的文本样例是什么？

这里提供的文本样例综合考虑了新一届党委、纪委第一次全体会议选举的情况，参考中应根据实际情况和有关规定修改。由党员大会或党员代表大会选举书记、副书记的，委员会第一次全体会议不选举书记、副书记。文本样例如下：

中共×××委员会第一次全体会议主持词

（供主持人参考）

各位委员：

我受中共×××第×届委员会（**指上一届委员会——编者注**）委托（**召开党员代表大会的为“我受中国共产党×××第×次代表大会主席团的委托”——编者注**），主持中共×××第×届委员会（中共×××纪律检查委员会）第一次全体会议。

今天应到会的党委（纪委）委员 15 名（5 名），实到会委员 13 名（5 名），到会委员人数符合规定人数，可以开会。

▲这次全体会议的议程主要有四项：

1. 选举中共×××第×届委员会（中共×××纪律检查委员会）常务委员

会委员、书记、副书记；

2. 通过中共×××纪律检查委员会第一次全体会议选举结果的报告（纪律检查委员会第一次全体会议，不设纪律检查委员会的党的基层委员会、总支部委员会、支部委员会，都没有此项议程——编者注）；

3. 新当选的×委书记×××同志讲话（根据需要确定，不是必需的议程——编者注）；

4. 讨论决定×××（根据需要确定，不是必需的议程——编者注）。

◇大家对会议议程有什么意见没有？

▲（稍等后）没有意见。下面进行第一项议程：选举中共×××第×届委员会（中共×××纪律检查委员会）常务委员会委员（不设常务委员会的，将本样例中有关选举常务委员会委员的内容删除——编者注）、书记、副书记。

▲首先通过《中共×××第×届委员会（中共×××纪律检查委员会）第一次全体会议选举办法》。

◇请坚强同志（或工作人员）宣读选举办法（草案）。

◇（宣读完毕后）大家对选举办法有什么意见，请发表。

◇（左右观察、稍等后）没有（请发表）。现在进行表决。

◇同意的，请举手。（稍等后）请放下。

◇不同意的，请举手。（稍等后）没有（有×人，请放下）。

◇弃权的，请举手。（稍等后）没有（有×人，请放下）。

◇一致通过（通过）。

◇现在把选举办法（草案）中的"草案"二字划去。

▲现在通过监票人，指定计票人。

◇我提议卫原则同志为监票人，大家有什么意见，请发表。

◇（左右观察、稍等后）没有（请发表）。现在进行举手表决。

◇同意的，请举手。（稍等后）请放下。

◇不同意的，请举手。（稍等后）没有（有×人，请放下）。

◇弃权的，请举手。（稍等后）没有（有×人，请放下）。

◇一致通过（通过）。

◇请楼负责、真以真同志担任选举计票人。

▲下面选举中共×××第×届委员会（中共×××纪律检查委员会）常务

委员会委员。

◇现在请监票人、计票人执行任务，开始工作，清点到会委员人数。

◇（监票人向主持人报告到会委员人数后）今天应到会委员15名（5名），实到会委员13名（5名），到会委员超过应到会委员的五分之四，可以进行选举。

◇穆于忠、穆云忠、穆方忠、穆甘忠、穆龙忠、穆薛忠6名同志为常务委员会委员候选人预备名单（**召开党代表大会的为建议名单，基层纪委一般不选举常委，下同——编者注**）。

◇请大家酝酿讨论常委候选人预备人选，有什么意见请发表。

◇（左右观察、稍等后）没有（请发表）。现在进行举手表决：

◇同意预备人选作为常委候选人的，请举手。（稍等后）请放下。

◇不同意的，请举手。（稍等后）没有（有×人，请放下）。

◇弃权的，请举手。（稍等后）没有（有×人，请放下）。

◇全体通过（通过）。

▲请监票人查封票箱。

▲（票箱查封后）请监票人、计票人领取、分发选票。

◇（选票发完后）各位委员有没有没拿到选票的？

◇（左右观察、稍等后）没有（**如有，则提醒监票人或计票人抓紧发选票——编者注**）。

◇有没有多领或少领选票的？

◇（左右观察、稍等后）没有（**如有，则提醒监票人或计票人抓紧处理——编者注**）。

◇现在请监票人宣布选票分发情况。

（监票人宣布：领到选票15张，发出13张，多余2张。发出的选票与到会委员人数相符。）

◇多余选票请监票人当场剪角作废。

▲请各位委员划写选票时注意以下几点：

① 对选票上所列的候选人，可以投赞成票，可以投不赞成票，也可以另选他人。如赞成，就在其姓名上方的空格内画上“○”；如不赞成，就画上“×”；弃权的不画任何符号；画其他符号的视同弃权。

② 如要另选他人,在选票候选人姓名栏预留的空格内写上自己要选人的姓名,并在其姓名上方的空格内画上“○”,不画“○”的无效。

③ 选票须用钢笔或圆珠笔或签字笔填写,符号要正确,笔迹要清楚。

④ 选票填写好后,各位委员要仔细核对选票上所选人数,不得超过规定的应选名额5名,等于或少于应选名额的为有效票,超过应选名额的,全票作废。

▲现在开始填写选票。

▲(选票全部填写好以后)现在开始投票。会议设1只票箱,现在请监票人、计票人投票。

◇请其余的各位委员投票。

◇(投票完毕)哪位委员还没有投票的?

◇(注意观察后)没有(**如有,则提醒“抓紧投票”——编者注**)。

◇(全部投票后)现在请监票人、计票人启封票箱、清点选票。

◇(监票人向主持人报告收回的选票数后)根据监票人报告,本次选举发出选票13张(5张),收回选票13张(5张),与投票人数相符,符合选举办法规定,本次选举有效。

◇请监票人、计票人开始计票。请各位委员就地休息。

◇(计票后)现在继续开会,请监票人报告计票结果。

◇(监票人报告完后)根据监票人报告的计票结果,按照选举办法的规定,穆于忠、穆云忠、穆方忠、穆甘忠、穆薛忠5名同志当选为常委。

▲现在选举中共×××第×届委员会(中共×××纪律检查委员会)书记、副书记。

◇上届委员会在酝酿推荐本届委员会委员、常委候选人基础上,确定穆于忠同志为党(纪)委书记候选人预备人选,穆方忠同志为党(纪)委副书记预备人选,并已报请中共×××委员会(**指召开第一次全体会议的委员会的上一级党组织——编者注**)审查同意。

◇大家对书记、副书记候选人预备人选有什么意见,请发表。

◇(左右观察、稍等后)没有(请发表)。现在进行表决。

◇同意书记、副书记候选人预备人选作为书记、副书记候选人的,请举手,(稍等后)请放下。

◇不同意的，请举手。（稍等后）没有（有×人，请放下）。

◇弃权的，请举手。（稍等后）没有（有×人，请放下）。

◇全体通过（通过）。

▲现在请监票人、计票人再清点一次到会委员人数。

◇（监票人向主持人报告到会委员人数后）今天应到会委员15名（5名），实到会委员13名（5名），到会委员超过应到会委员的五分之四，可以进行选举。

▲请监票人查封票箱。

▲（票箱查封后）请监票人、计票人领取、分发选票。

◇（选票发完后）各位委员有没有没领到选票的？

◇（左右观察、稍等后）没有（**如有，则提醒监票人或计票人抓紧发选票——编者注**）。

◇有没有多领或少领选票的？

◇（左右观察、稍等后）没有（**如有，则提醒监票人或计票人抓紧处理——编者注**）。

◇现在请监票人宣布选票分发情况。

[监票人宣布：领到选票15张（5张），发出13张（5张），多余2张（0张）。发出的选票与到会委员人数相符。]

◇多余选票请监票人当场剪角作废。

▲填写选票注意事项同选举常委，就不重复了。

▲现在开始填写选票。

▲（选票全部填写好以后）现在开始投票。先请监票人、计票人投票。

◇请各位委员投票。

◇（投票完毕）哪位委员还没有投票的？

◇（注意观察后）没有（**如有的，则提醒"抓紧投票"——编者注**）。

◇（全部投票后）现在请监票人、计票人启封票箱、清点选票。

◇（监票人向主持人报告收回的选票数后）根据监票人报告，本次选举发出选票13张（5张），收回选票13张（5张），与投票人数相符，符合选举办法的规定，本次选举有效。

◇请监票人、计票人开始计票。请各位委员就地休息。

◇（计票后）现在继续开会，请监票人报告计票结果。

◇(监票人报告完后)根据监票人报告的计票结果,按照选举办法的规定,穆于忠同志当选为党(纪)委书记,穆方忠同志当选为党(纪)委副书记。

▲现在进行第二项议程:通过中共×××纪律检查委员会第一次全体会议选举结果的报告(纪律检查委员会第一次全体会议,不设纪律检查委员会的党的基层委员会、总支部委员会、支部委员会,都没有此项议程。由党员大会或党员代表大会选举书记、副书记的,是通过党员大会或党的基层代表大会选举产生的纪委班子成员,下同——编者注)。

◇现在我宣读纪委第一次全体会议选举结果的报告:本届纪委第一次全体会议应到会委员5名,实到会委员5名,经过无记名投票、等额选举,书记候选人纪委同志得赞成票5票,当选为本届纪委书记。

◇对于这个选举结果,请各位委员进行表决。

◇同意的,请举手,(稍等后)请放下。

◇不同意的,请举手。(稍等后)没有(有×人,请放下)。

◇弃权的,请举手。(稍等后)没有(有×人,请放下)。

◇全体通过(通过)。

▲现在进行第三项议程:请新当选的党(纪)委书记穆于忠同志讲话(不是必需的议程,可不进行——编者注),大家欢迎。

▲(讲话完毕后)现在进行第四项:×××(根据需要确定,不是必需的议程——编者注)。

▲(各项议程完成后)同志们,经过大家的共同努力,本次全体会议的议程已圆满完成。

▲散会。

第五节　党的基层组织选举其他会议材料

☛ 党的基层组织制作党员(代表)大会会议证卡类证件的式样有哪些?

党员大会(党的基层代表大会)一般不需要制作会议证件,只有在大会规模大、确实需要制作会议证卡类证件的情况下,才视情制作证卡类证件。本书提供如下样例供参考:

中国共产党×× 党员(代表)大会 ××证 照片 姓名 2018年7月	姓名：________ 性别：________　(×章) 支部：________ 编号：2018001 2018年7月1日	××××·× 佩条类样例

注意：①样式中"××证"可以是党员大会(基层党代表大会)的出席证、列席证、工作证、记者证、签到证等；②除了标明证件名称外，还可以从颜色上加以区别不同名称的证件；③背面"(×章)"为召开党员大会的"中共×××委员会"或召开党代表大会的"中国共产党×××第×次代表大会秘书处"；④正面的"××证"指需要制作的出席证、列席证、工作证、记者证、签到证等。

党员代表大会(党员大会)佩条类会议证件式样有哪些？

《党组织选举工作手册》提供的党代表大会佩条类会议证件样例如上图中的"佩条类样例"。在实际工作中，把"佩条类样例"五个字替换为执行主席、秘书长、总监票人、监票人、计票人等即可。

党的基层组织进行换届选举(补选)的选票的文本样例是什么？

选票一般有"中共×××委员会委员选票""中共×××委员会常务委员会委员选票""中共×××委员会书记选票""中共×××委员会副书记选票""出席中国共产党×××第×次代表大会(代表会议)代表选票"几种。其文本样例如下：

中国共产党×××第×次代表大会(×党员大会，×委员会全体会议)

选举委员(常委，书记，副书记，代表)选票

(候选人9人，差额2人，应选人数7人)

(按姓氏笔画为序)

符号										符号							
候选人姓名	于忠	云忠	方忠	甘忠	龙忠	陈忠	穆于忠	穆云忠	穆方忠	另选人姓名							

说明：①赞成的，在候选人姓名上方的空格内画"○"；②不赞成的，在候选人姓名上方的空格内画"×"；③弃权的，不画任何符号；④画其他符号的为弃权；⑤另选他人的，在另选人姓名栏写上另选人姓名，并在其姓名上方的空格内画"○"，不画"○"或画其他符号的无效；⑥赞成的和另选他人的总额不能超过应选人数7人，否则为废票。

党的基层组织选举清点选举人到会人数报告单的文本样例是什么？

党的基层组织进行选举，需要多次清点选举人（即有选举权的党员或委员或代表——编者注）到会情况。目前，清点选举人到会人数报告单没有统一的格式，各地各级党的基层组织做法也不尽相同。这里提供如下的文本样例，供进行换届选举或补选班子成员的党的基层组织参考。

中国共产党×××第×次代表大会（×党员大会，×委员会全体会议）
清点选举委员（常委，书记，副书记，代表）到会人数报告单

中国共产党×××第×次代表大会（×党员大会，×委员会全体会议）有表决权的代表（党员，委员）×××名，应到会有选举权的代表（党员，委员）×××名，有选举权的代表（党员，委员）实到会×××名，因病、因事请假×名（为应到会人数减去实到会人数——编者注），有选举权的代表（党员，委员）实到会人数超过（不少于，超过）应到会代表（党员，委员）人数的五分之四，可以进行选举。

监票人：×××　×××　　　　计票人：×××　×××　×××　×××

2017 年 7 月 1 日

党的基层组织选举分发选票报告单的文本样例是什么？

党的基层组织进行换届选举、补选班子成员等要多次分发选票。目前，党的基层组织选举分发选票报告单没有统一的格式，各地各级党的基层组织做法也不尽相同。这里提供如下的文本样例，供进行换届选举或补选班子成员的党的基层组织参考。

中国共产党×××第×次代表大会（×党员大会，×委员会全体会议）
分发委员（常委，书记，副书记，代表）选票情况报告单

本次选举实到会有选举权的代表（党员，委员）×××名，发出×××选票×××张、×××选票×××张，发出的选票数与实到会有选举权的代表（党员，委员）人数相符（不符），经核对无误（有误），可以（不能）进行投票选举。

监票人：×××　×××　　　　计票人：×××　×××　×××　×××

2017 年 7 月 1 日

党的基层组织选举清点收回选票情况报告单的文本样例是什么？

党的基层组织进行换届选举、补选班子成员等要多次清点收回的选票数，并与投票的选举人人数进行核对。目前,党的基层组织选举清点收回选票情况报告单没有统一的格式。这里提供的文本样例,供进行换届选举或补选班子成员的党的基层组织参考。

中国共产党×××第×次代表大会(×党员大会,×委员会全体会议)
清点收回委员(常委,书记,副书记,代表)选票情况报告单

本次选举实到会有选举权的代表(党员,委员)×××名,发出×××选票×××张、×××选票×××张,收回×××选票、×××选票等于(少于,多于)投票人数,本次选举有效(无效)。

监票人:×××　×××　　　　计票人:××× ××× ××× ×××

2017 年 7 月 1 日

党的基层组织选举计票单的文本样例是什么?

党的基层组织进行换届选举、补选班子成员等一般要使用在选举前制作的计票单,以迅速、准确地做好计票工作。目前,党的基层组织选举一般要用到选举委员、常委、书记、副书记、代表计票单。这里提供如下文本样例,供进行选举的党的基层组织参考。

中国共产党×××第×次代表大会(×党员大会,×委员会全体会议)
选举委员(常委,书记,副书记,代表)计票单

发出选票××张,收回选票××张,其中无效票×张、有效票××张。候选人得票计票情况如下:

候选人姓　名	赞成票(画“正”字)	不赞成票(画“正”字)	弃权票(画“正”字)
×××		正	正正
×××		正正	正
×××		正	
×××			正
×××		正正正	
×××		正	正正正正
另选人姓名	赞成票(画“正”字)	另选人姓名	赞成票(画“正”字)
×××	正	×××	正

监票人：××× ×××　　计票人：××× ××× ××× ×××

2018 年 7 月 1 日

☛ 党的基层组织选举结果报告单的文本样例是什么？

党的基层组织进行换届选举、补选班子成员等一般要使用在选举前制作的选举结果报告单。目前，党的基层组织选举结果报告单一般有选举委员、常委、书记、副书记、代表选举结果报告单。这里提供如下文本样例，供进行选举的党的基层组织参考。

中国共产党×××第×次代表大会（×党员大会，×委员会全体会议）
选举委员（常委，书记，副书记，代表）选举结果报告单

本次党员代表大会（党员大会，全体会议）实到代表（党员，委员）××名，发出××党委委员、××纪委委员选票各××张，收回××党委委员选票××张（其中无效票××张、有效票××张），收回××纪委委员选票××张（其中无效票××张、有效票××张）。候选人得票情况如下（报告时一般只报告得赞成票数）：

姓　名	赞成票数	不赞成票数	弃权票数
×××	79 票	9 票	11 票
×××	73 票	11 票	15 票
×××	81 票	16 票	2 票
×××	45 票	29 票	25 票
×××	87 票	3 票	9 票
×××	76 票	9 票	14 票

另选人得赞成票数如下：

另选人姓名	得赞成票数	另选人姓名	得赞成票数
×××	5 票	×××	7 票

监票人：××× ×××　　计票人：××× ××× ××× ×××

2018 年 7 月 1 日

基层党组织换届选举当选委员表态发言的文本样例是什么？

党的基层组织进行换届选举可以安排新当选的委员（一般是新当选的书记或副书记）在党员大会或党的基层代表大会上作表态发言。这里提供的文本样例，仅供党的基层组织需要时参考。

在换届选举党员大会（党的基层代表大会）上表态发言提纲

（2016 年 12 月 5 日）

×××

各位党员（代表）：

首先，我谨代表当选为新一届机关党委、机关纪委班子成员的各位同志，衷心感谢同志们对我们的信任，我们决心在上级党组织的正确领导和同志们的大力支持下，牢记使命、恪尽职守，以人为本、服务至上，以身作则、继承创新，不断加强局机关党建工作，决不辜负同志们对我们的期望。我们决心做到以下三点：

一、坚持以科学理论指导局机关党建工作

始终加强理论武装，做到党的理论创新每推进一步，局机关党的理论武装工作就跟进一步。紧紧围绕党的基本路线、局工作大局来谋划局机关党建工作，以更加奋发有为的精神状态来推进局机关党建工作，从保持党员队伍先进性纯洁性的高度来加强局机关党建工作。

二、坚持以科学方法促进局机关党建工作

优化整合机关党建资源，着力形成配套管用的长效机制，为局机关党组织和党员更好地服务改革、服务发展、服务民生、服务群众搭建平台。切实加强局机关党委、机关纪委班子自身建设，扎实推进“领头雁”工程。积极组织开展领导班子好、党员队伍好、工作机制好、工作业绩好、群众反映好的先进基层党组织争创活动，不断夯实局机关党建工作基础。

三、坚持以科学制度保障局机关党建工作

牢牢把握机关党建工作特点和规律，善于借鉴机关党建工作新鲜经验，认真落实机关党建工作各项制度。建立健全局机关党建工作责任制，明晰局机关党建工作责任主体，明确班子成员职责。积极引进激励关怀帮扶机制，按照上级要求评选表彰各类先进，大力宣传好做法好经验好典型，努力调动各方面的积极性创造性，充分发挥局机关党组织推动发展、服务群众、凝聚人心、促进和谐的作用。

……

我的发言就讲这些，请同志们监督落实，谢谢大家！

关于选举结果的任职通知（批复）的文本样例是什么？

上级党组织接收进行选举（本处指基层党组织进行换届选举、补选班子成员，下同）的基层党组织呈报的关于选举结果的报告（当选人全部是上级党组织审批的候选人预备人选的）或关于选举结果的请示（当选人中有不是上级党组织审批的候选人预备人选的）后，应及时研究、发出《关于×××等同志任职的通知》（接收报告的）或《关于同意×××选举结果的批复》（接收请示的）。其文本样例如下：

关于×××等同志任职的通知

中共×××委员会（指呈报选举结果报告的基层党组织）：

你委《关于×××选举结果的报告》悉。经研究，同意中共×××委员会由×××、×××、×××、×××、×××等5名同志组成，×××同志任书记，×××同志任副书记。

中共×委员会

2018年12月18日

抄送：×××

关于同意×××选举结果的批复

中共×××委员会（指呈报选举结果请示的基层党组织）：

你委《关于×××选举结果的请示》悉。经研究，同意你委的选举结果，中共×××委员会由×××、×××、×××、×××、×××等5名同志组成，×××同志任书记，×××同志任副书记。

中共×委员会

2018年12月18日

抄送：×××

说明：补选班子成员的任职通知（批复）参照修改即可。

后　记

为了进一步规范党的基层组织换届选举及届中增补基层党组织领导班子成员的选举工作，编者根据党章等有关规定和党的基层组织实际情况，以及党的基层组织选举、基层党务工作者选举知识培训等实际需要，编写了《基层党组织选举工作一本通》一书。

在本书的写作过程中，大量使用和参考了中共中央组织部编著、党建读物出版社出版的《中国共产党组织工作辞典》《中国共产党组织工作教程》《党组织选举工作手册》和中共党史出版社 2006 年 4 月出版的《党的地方和基层组织选举工作流程》等，并引用了许多基层党组织选举工作理论创新成果、制度创新成果、实践创新成果和专家的研究成果，在此一并表示最衷心的感谢！

由于党的基层组织选举工作情况比较复杂、有关选举法规又非常多，加之编者水平有限，书中难免有疏漏或错误之处，敬请读者批评指正。

编　者

2017 年 5 月

图书在版编目（CIP）数据

基层党组织选举工作一本通 / 陈永法编著. —杭州 ：浙江人民出版社，2017.9(2020.4 重印)
ISBN 978-7-213-08346-4

Ⅰ. ①基… Ⅱ. ①陈… Ⅲ. ①中国共产党-基层组织-选举-工作-基本知识 Ⅳ. ①D267

中国版本图书馆 CIP 数据核字(2017)第 202487 号

基层党组织选举工作一本通

陈永法　编著

出版发行	浙江人民出版社(杭州市体育场路 347 号　邮编　310006) 市场部电话:(0571)85061682　85176516
责任编辑	陶辰悦
责任校对	姚建国
责任印务	陈　峰
封面设计	大漠照排
电脑制版	杭州大漠照排印刷有限公司
印　　刷	浙江印刷集团有限公司
开　　本	710 毫米×1000 毫米　1/16
印　　张	24.75
字　　数	366 千字
插　　页	2
版　　次	2017 年 9 月第 1 版
印　　次	2020 年 4 月第 5 次印刷
书　　号	ISBN 978-7-213-08346-4
定　　价	52.00 元

如发现印装质量问题，影响阅读，请与市场部联系调换。